# 現代中国語談話論

― その帰納的実証研究 ―

村松惠子 著

好文出版

# 現代中国語談話論

― その帰納的実証研究 ―

村松惠子

# はじめに

　倉石武四郎先生は『ことばと思惟と社会』(：76-77)の中で、中国語に対する言語観を次のように述べている。
　「中国語の根本的な性格として他の諸言語と最も大きな相違をなすものは、単音節ということである。・・・つまり単音節がこの言語の根本的性格であって、たとい実際には複音節になっていても単音節的性格はどこまでも抜けない。わたくしは今から十年ほど前に、ふと「中国人は一音節ごとに一つの概念を吐き出す民族だ」という事を覚った。」
　同書では、さらに続けてこう述べている。
　「中国人が吐きだす単音節に伴う概念が、他の言語に比べて抽象的なもの」(同書：79)であり、「しかし現実のことばではそうした抽象的な概念を綴り合わせることによって、これらを全体としてつかんだとき、少なくとも現実の用途に耐えるだけの具体性を持たねばならない。どこの国のことばでもセンテンスの中に用いられないことばというものはなく、センテンスとして用いられた場合について考えるのがことばの研究である。」(同書：84)
　倉石先生の言葉を借りれば、中国語は、一つ一つは抽象的な概念である漢字を綴り合わせて、現実の用途に耐えるだけの具体性を持ったセンテンスを作る工夫をしており、センテンスとして用いられたものについて研究する必要がある、ということになる。
　含蓄のある話である。しかし実際の言語生活においては、あるセンテンスが突然発せられるということは極めて稀なことであり、通常は、どのセンテンスも談話（discourse）[1]の中で用いられている。したがって、そのセンテンスが用いられている談話全体を見ずに、そのセンテンスだけを取り出して分析するという方法では、そのセンテンスの本質を考察するのに不十分である場合が多くある。さらに、中国語のセンテンスは現実の用途

---

1) 談話（discourse）については本書の序章0.2において定義する。

に耐えるだけの具体性を持つ工夫がされていてもなお、他の諸言語と比較すると、その抽象性は高く、抽象性の解消には文章の文脈や、発話の場面に対する依存度が高い。このような特徴を持った中国語は、談話の中でそのセンテンスが観察されて初めて、現実のどのような用途に用いられているのかということを明らかにできる場合が多くある。そして、センテンスに「文法」というものがあるように、談話には「談話の仕組み」というべきものがあるはずであり、その仕組みの中でセンテンスはそれぞれの機能を果たしている。もちろん中国語のセンテンスにおいても同じである。

　本書は、このような考え方に基づいて、現代中国語の幾つかの言語表現を、それが表出されている談話（discourse）の中で帰納的に検証していく。そしてそれによって、それぞれの言語表現がその抽象性を回避しながら、コミュニケーションを円滑に進めるために談話の中でどのような機能を果たしているのか、ということを実証し、「現代中国語の談話の仕組み」の一端を明らかにすることを目指していく。

　本書においては、中国語母語話者による自然発話の中国語を、重要な言語資料として分析の対象の一つとした。その資料収集にご協力下さった多くの中国語母語話者の方々、そして資料整理にご協力くださった中国語母語話者の方々、さらには中国語のネイティブ・チェックにご協力を下さった多くの中国語母語話者の方々に、この場を借りて謝意を表します。

　本書の出版に当たっては、好文出版の尾方敏裕社長に、細部に関しても多くのご助言をいただき、大変お世話になりました。ここに厚くお礼を申し上げます。

村松　恵子

# 目　次

はじめに

序　章 ..................................................................................................... 1
　0.1　本書の目的 ................................................................................. 1
　0.2　本書における「談話（discourse）」と「談話論（discourse theory）」
　　　 ....................................................................................................... 1
　0.3　本書の分析方法 ......................................................................... 2
　0.4　本書における言語資料 ............................................................. 3
　　0.4.1　本書における spoken discourse の言語資料 ................. 3
　　0.4.2　本書における written discourse の言語資料 ................. 8
　0.5　本書の内容構成 ......................................................................... 8

## 第Ⅰ部　談話の展開に重要な役割を果たす表現

### 第1章　談話のトピックの展開におけるキーワードとキーセンテンス
　1.1　'把'構文の機能 ......................................................................... 19
　　1.1.1　はじめに ............................................................................ 20
　　1.1.2　従来の研究 ........................................................................ 20
　　1.1.3　本節の言語資料 ................................................................ 21
　　1.1.4　'把'構文の具体性 ............................................................. 21
　　1.1.5　具体性を支える要因 ........................................................ 24
　　1.1.6　談話における'把'構文 .................................................... 35
　　1.1.7　文章の種類と'把'構文 .................................................... 41
　　1.1.8　'把'構文の「説得力」 .................................................... 49
　　1.1.9　'把'構文の修辞的効果 .................................................... 51

1.1.10　まとめ ..................................................... 61
　　1.1.11　おわりに ..................................................... 62
　　付記 ..................................................................... 63
　1.2　代名詞'它' ......................................................... 66
　　1.2.1　はじめに ..................................................... 67
　　1.2.2　先行研究における分析 ..................................... 67
　　1.2.3　本分析の言語資料における'它'の現れる位置の調査結果 ... 70
　　1.2.4　'它'の現れる位置と'它'の含意する内容について ......... 73
　　1.2.5　'它们'について ............................................. 118
　　1.2.6　まとめ ....................................................... 123
　　1.2.7　おわりに ................................................... 123

# 第2章　談話の展開における意味的連接機能
　2.1　「前置詞'在／到'＋場所名詞（句）」と述語動詞の語順 ........ 125
　　2.1.1　はじめに ................................................... 126
　　2.1.2　従来の統語論的分析 ....................................... 126
　　2.1.3　本分析での対象 ........................................... 127
　　2.1.4　談話の展開から見た「前置詞'在'＋場所名詞（句）」と
　　　　　述語動詞の語順 ........................................... 129
　　2.1.5　談話の展開から見た「前置詞'到'＋場所名詞（句）」と
　　　　　述語動詞の語順 ........................................... 139
　　2.1.6　まとめ ....................................................... 151
　　2.1.7　おわりに ................................................... 151
　2.2　「V的（N）」の表現 ............................................... 154
　　2.2.1　はじめに ................................................... 155
　　2.2.2　「V的N」におけるNの統語的特徴 ........................ 155
　　2.2.3　「V的（N）」の構文的特徴 ................................. 163
　　2.2.4　「V的N」の談話上の機能 ................................. 168
　　2.2.5　「V的N」と「V的」の相違 ................................ 171
　　2.2.6　「V的（N）」の構文的意味 ................................. 176

2.2.7　まとめ......176
　　2.2.8　おわりに......177

## 第Ⅱ部　談話における話し手のモダリティーに関与する表現

## 第3章　述部に関わる話し手のモダリティー......181
　3.1　'給'の表現―機能化からモダリティー化へ......181
　　3.1.1　はじめに......182
　　3.1.2　本分析における言語資料......184
　　3.1.3　前置詞の'給'＝N1＋給＋N2＋V（＋N3）......184
　　3.1.4　副詞の'給'＝N1＋給＋V（＋N2）......199
　　3.1.5　'給'の連用＝N1＋給＋N2＋給＋V......214
　　3.1.6　結果補語の'給'＝N1＋V給＋N2（＋N3）......221
　　3.1.7　おわりに......225
　3.2　可能表現の比較
　　　　助動詞の'能ＶＲ／不能ＶＲ'と補語の'Ｖ得Ｒ／Ｖ不Ｒ'......227
　　3.2.1　はじめに......228
　　3.2.2　統語論研究における従来の見解......228
　　3.2.3　本分析における言語資料......229
　　3.2.4　'能ＶＲ'と'Ｖ得Ｒ'......230
　　3.2.5　'不能ＶＲ'と'Ｖ不Ｒ'......238
　　3.2.6　'能ＶＲ／不能ＶＲ'と'Ｖ得Ｒ／Ｖ不Ｒ'の相違......246
　　3.2.7　従来の統語論研究において指摘されてきた問題点の検証......250
　　3.2.8　'能／不能'の可能の意味......262
　　3.2.9　おわりに......270
　3.3　副詞'オ'の機能......272
　　3.3.1　統語論研究における従来の見解......273
　　3.3.2　本分析の見解......276
　　3.3.3　本分析における言語資料......276
　　3.3.4　談話における'オ'......276

3.3.5　まとめ ......................................................................... 294

# 第4章　談話に登場する指示対象の人物に対する話し手のモダリティー
　4.1　人称代名詞'我'と'你' ........................................................ 297
　　4.1.1　はじめに ..................................................................... 298
　　4.1.2　本分析の言語資料 ........................................................ 300
　　4.1.3　'我'と'你' ................................................................... 301
　　4.1.4　'你'と'您' ................................................................... 303
　　4.1.5　'我'と親族呼称 ........................................................... 318
　　4.1.6　おわりに ..................................................................... 324
　4.2　特定の個人を指示する'人家' ............................................. 325
　　4.2.1　はじめに ..................................................................... 326
　　4.2.2　本分析の言語資料 ........................................................ 327
　　4.2.3　一人称としての'人家'の例 .......................................... 328
　　4.2.4　三人称としての'人家'の例 .......................................... 331
　　4.2.5　各人称における'人家'の使用意図 ............................... 350
　　4.2.6　'我／我们'、'你／你们'、'他（她）／他们（她们）'と'人家'
　　　　　 ..................................................................................... 352
　　4.2.7　各人称と'人家' ............................................................ 353
　　4.2.8　おわりに ..................................................................... 356
　4.3　指示語'这个人'と'那个人' ................................................ 358
　　4.3.1　はじめに ..................................................................... 359
　　4.3.2　本分析の言語資料 ........................................................ 360
　　4.3.3　'这个人／那个人'が選択される要因 ........................... 360
　　4.3.4　話し手が指示対象のみを「近／遠」の認識の判断の対象
　　　　　 とする場合 ................................................................... 361
　　4.3.5　話し手が聞き手と指示対象の両者を「近／遠」の認識の
　　　　　 判断の対象とする場合 ................................................ 389
　　4.3.6　おわりに ..................................................................... 403

# 第Ⅲ部　談話における対話の呼吸の日中語比較

## 第 5 章　話し手と聞き手の対話の呼吸 ─「あいづち」の日中語比較

5.1　はじめに ......................................................................... 409
5.2　本分析の言語資料 ......................................................... 409
5.3　あいづち ......................................................................... 411
　5.3.1　従来の研究 ............................................................. 411
　5.3.2　あいづちの定義 ..................................................... 411
5.4　話し手があいづちを要求する場合 ............................. 412
　5.4.1　句や節の切れ目 ..................................................... 413
　5.4.2　文の完結の直後 ..................................................... 423
5.5　聞き手の側から積極的にあいづちを打つ場合 ......... 439
　5.5.1　話し手の発話と重なったあいづち ..................... 439
　5.5.2　'participation' ......................................................... 445
5.6　あいづちの種類と頻度 ................................................. 455
5.7　日中両言語の対話のモデル ......................................... 463
5.8　おわりに ......................................................................... 465
付記（本節で取り上げた中国語対話例の日本語訳） ........ 465

参考および引用文献 ............................................................. 473

おわりに ................................................................................. 482

# 序　章

## 0.1　本書の目的

　本書は、現代中国語の幾つかの言語表現を、それが表出されている談話 (discourse) の中で帰納的に検証していくことによって、それぞれの言語表現が、コミュニケーションを円滑に進めるために談話の中でどのような機能を果たしているのか、ということを実証していくことを目的とする。

## 0.2　本書における「談話 (discourse)」と「談話論 (discourse theory)」

　「談話 (discourse)」という用語は、従来、多義的に用いられてきており、その定義はさまざまである。
　泉子・K・メイナード (1997:12-13) は、談話を以下のように定義している。「談話とは実際に使われている言語表現で、原則としてその単位を問わない。単語一語でも談話と言えるが実際には複数の文からなっていることが多く、何らかのまとまりのある意味を伝える言語行動の断片である。」

　また、金珍娥 (2013:2) は、談話を以下のように定義している。
「本書では＜談話＞ (discourse) と＜テクスト＞ (text) を区別する。＜話されたことば＞の実現体を＜談話＞と呼び、＜書かれたことば＞の実現体を＜テクスト＞と呼ぶ。」

　この他、福地 (1985:11) には、次のように記述されている。
「談話とはいつくかの文が連なったもので、全体として1つのまとまった内容をもっており、これが効果的に相手に伝わるためには、中心となるテーマがあり、それに沿って各文が有機的につながることによって文から文への流れがスムースになっていなくてはならない。」

福地（1985：32）には、Halliday（1970,etc.）の考え方をまとめて下記のように記述されている。
「Hallidayは、情報伝達の面から、談話が情報の単位（information unit）から成る、と考える。情報単位とは、話者が一定の伝達内容を自分が伝えたいように区切ったものであり、それが線的に連なってまとまった談話となる。」

　これらを踏まえて、本書では談話を以下のように定義する。

「「談話（discourse）」とは、情報単位の連続体であり、全体として形式面と内容面においてまとまりを持ったものである。それには話されたことばによるもの（spoken discourse）と、書かれたことばによるもの（written discourse）がある。情報単位とは、話されたことばの場合には、話し手が一定の伝達内容を自分が伝えたいように区切ったものであり、書かれたことばの場合には、書き手が一定の伝達内容を自分が伝えたいように区切ったものである。そして情報単位には、単語一語から句、節、文によるものなどがあり、話されたことばの場合であっても、書かれたことばの場合であっても、情報単位はそれぞれ有機的につながっている。」

　また、本書では「談話論（discourse theory）」を学問分野の名称として用いる。従来、文の内部構造を研究する学問分野を統語論と呼んできており、その名称は言語学の分野ですでに定着している。これに比べて「談話論（discourse theory）」という名称は、言語学の分野で、まだ学問分野の名称として定着していない。しかし本書では、上記のような定義に基づく談話の中で、現実に現れた言語現象について考察していく学問領域を「談話論（discourse theory）」と呼ぶ。

## 0.3　本書の分析方法

　0.1の本書の目的に示したことを検証するために、本書では全章にわたっ

て中国語の談話（discourse）を言語資料とし、談話という視点から、現代中国語の言語現象を帰納的に実証するという方法をとる。

## 0.4 本書における言語資料

　本書では、分析の対象として、話された言葉の談話である spoken discourse と、書かれた言葉の談話である written discourse の両方を言語資料として採用した。以下、0.4.1 において spoken discourse の言語資料について、0.4.2 において written discourse の言語資料について説明する。

### 0.4.1 本書における spoken discourse の言語資料
　本書における spoken discourse の言語資料には2種類ある。1つは小説の会話部分、映画のシナリオの対話部分、テキストとなっている'相声'であり、もう1つは中国語母語話者による自然発話である。以下でこれについて説明する。

#### 0.4.1.1 小説の会話部分、映画のシナリオの対話部分、テキストとなっている'相声'
　小説の会話部分と映画のシナリオの対話部分は、もともと書かれたものであるが、これらは発話されることを想定して書かれたものであるので、本書ではこれらを spoken discourse の言語資料として採用した。もう1つは、テキストとなっている'相声'であり、これも発話されることを想定して書かれたものである。したがって spoken discourse の言語資料として問題ないと判断した。なお、各言語資料の出典は、各節の中で明記した。

#### 0.4.1.2 中国語母語話者の自然発話
　中国語母語話者の自然発話については、1つは、筆者による中国語母語話者に対するインタビュー形式のもの（＝約2時間半分）で、もう1つは、中国語母語話者二名による自由対話（＝約18時間分）であり、その合計20.5時間分の自然発話を spoken discourse の言語資料とする。これらの

3

序章

言語資料のインフォーマントは、合計 24 名の中国語母語話者である。その自然発話（＝合計 20.5 時間分）を録音し、それを一字一句省略しないで文字転写したものを、分析の言語資料とした。

### 0.4.1.2.1　自然発話の spoken discourse の「まとまり」

　本書における談話（discourse）は、先の 0.2 において定義した通り、全体として形式面と内容面において「まとまり」を持ったものを指す。

　本書の中国語母語話者 24 名による 20.5 時間分の自然発話は、形式面と内容面において以下のような「まとまり」を持つ。

＜形式面＞
(1) 対話に参加する人数：それぞれ参加者は二名である。
(2) 対話に使用される言語：すべて現代中国語の共通語（＝'普通話'）である。
　　なお、インタビュー形式のものについては、インタビュアーは著者であるので、その発話部分については、分析の対象外とした。
(3) 対話が遂行される媒体：すべて、面と向かい合った一対一の直接対話である。
(4) 対話が遂行される場面：それぞれ親しい関係にあるインフォーマントによる、くつろいだ雰囲気の中での自由な対話であり、すべて私的なものである。
(5) 対話が遂行される手段：話し手の個人的な見解を述べるものである。
　なお、上記の (1) ～ (5) の形式面での「まとまり」は、その対話の開始から終了まで、一貫したものである。

＜内容面＞
　とりとめのない雑談ではなく、「何について話されているのか」ということが判断できる内容である。そしてこの「何について」を、その spoken discourse の「トピック」と呼び、内容面では、「トピック」を柱としたまとまりを持っている。

　参加者が二名である一対一の面と向かい合った対話形式を選んだ理由

は、参加者が三名以上に増えれば増えるほど、トピックとして選択されるものの要素が多くなり、トピックが一貫しにくくなるからである。参加者二名による一対一の直接対話は、話し手の関心や注意、あるいは聞き手の関心や注意が、対話の相手に集中しやすい。その結果、話し手と聞き手の両者によってトピックが一貫されやすく、また、聞き手が話し手の発話をさえぎったりすることが少なく、談話の展開がスムースに行われる。

　また、くつろいだ雰囲気の中での自由で私的な対話を言語資料として選んだ理由は、現実の言語実態が、より反映される可能性が高いと判断したからである。

### 0.4.1.2.2　自然発話の spoken discourse の言語資料のインフォーマントと録音状況

　中国語母語話者24名のインフォーマントの個人履歴およびその収録については、下記の通りである。

　なお、インフォーマント（A）～（X）の24名は、いずれも中国あるいは日本において大学あるいは大学院修了という学歴を持つ中国語母語話者である。また、その発話された言語は、すべて共通語（＝'普通话'）と認定できるものである。

　また、録音当時、インフォーマント（A）～（X）は全員、日本に在住しており、日本において録音を実施した。

［Ｉ］インタビュー形式による中国語 spoken discourse の資料
　(1)　インフォーマントの個人履歴
　　　（A）男性、1952年、北京生まれ、北京育ち
　　　（B）女性、1957年、北京生まれ、北京育ち
　　　（C）女性、1962年、北京生まれ、北京育ち
　　　（D）女性、1953年、上海生まれ、上海育ち

序章

(2) 録音状況

| インフォーマント | 録音年 | 録音時間 | 録音当時年齢 |
|---|---|---|---|
| 言語資料 01 ＝（A） | 1985 年 | 30 分 | 33 歳 |
| 言語資料 02 ＝（B） | 1985 年 | 30 分 | 28 歳 |
| 言語資料 03 ＝（C） | 1987 年 | 30 分 | 25 歳 |
| 言語資料 04 ＝（D） | 1988 年 | 60 分 | 35 歳 |

[Ⅱ] 二名の自由対話による中国語 spoken discourse の資料

(1) インフォーマントの個人履歴

（E）男性、1954 年、瀋陽生まれ、北京育ち
（F）男性、1963 年、太原生まれ、長春育ち
（G）男性、1946 年、大連生まれ、大連育ち
（H）男性、1957 年、天津生まれ、天津育ち
（I）男性、1957 年、北京生まれ、北京育ち
（J）男性、1957 年、大連生まれ、大連育ち
（K）男性、1967 年、上海生まれ、上海育ち
（L）男性、1954 年、南京生まれ、南京育ち
（M）男性、1966 年、山西省生まれ、山西省育ち
（N）女性、1963 年、北京生まれ、北京育ち
（O）女性、1966 年、安徽省生まれ、黒龍江省育ち
（P）女性、1956 年、天津生まれ、天津育ち
（Q）女性、1962 年、長春生まれ、長春育ち
（R）女性、1967 年、長春生まれ、長春育ち
（S）女性、1963 年、北京生まれ、北京育ち
（T）女性、1965 年、北京生まれ、北京育ち
（U）女性、1955 年、湖南省生まれ、湖南省育ち
（V）女性、1963 年、河北省生まれ、北京育ち
（W）女性、1967 年、北京生まれ、北京育ち
（X）女性、1968 年、北京生まれ、北京育ち

(2) 録音状況

|  | インフォーマント | 録音年 | 録音時間 | 録音当時年齢 |
|---|---|---|---|---|
| 言語資料 05 ＝ | （E）／（F） | 1987 年 | 46 分 | （E）33 歳／（F）24 歳 |
| 言語資料 06 ＝ | （E）／（G） | 1987 年 | 60 分 | （E）33 歳／（G）41 歳 |
| 言語資料 07 ＝ | （E）／（G） | 1987 年 | 46 分 | （E）33 歳／（G）41 歳 |
| 言語資料 08 ＝ | （H）／（I） | 1988 年 | 90 分 | （H）33 歳／（I）31 歳 |
| 言語資料 09 ＝ | （N）／（O） | 1990 年 | 60 分 | （N）27 歳／（O）24 歳 |
| 言語資料 10 ＝ | （P）／（Q） | 1990 年 | 〃 | （P）34 歳／（Q）38 歳 |
| 言語資料 11 ＝ | （N）／（Q） | 1991 年 | 〃 | （N）28 歳／（Q）29 歳 |
| 言語資料 12 ＝ | （J）／（K） | 1991 年 | 〃 | （J）34 歳／（K）24 歳 |
| 言語資料 13 ＝ | （Q）／（R） | 1991 年 | 〃 | （Q）29 歳／（R）24 歳 |
| 言語資料 14 ＝ | （F）／（J） | 1991 年 | 〃 | （F）28 歳／（J）34 歳 |
| 言語資料 15 ＝ | （J）／（L） | 1992 年 | 〃 | （J）35 歳／（L）38 歳 |
| 言語資料 16 ＝ | （H）／（L） | 1994 年 | 〃 | （H）37 歳／（L）40 歳 |
| 言語資料 17 ＝ | （S）／（M） | 1994 年 | 〃 | （S）31 歳／（M）28 歳 |
| 言語資料 18 ＝ | （H）／（T） | 1995 年 | 〃 | （H）38 歳／（T）30 歳 |
| 言語資料 19 ＝ | （U）／（V） | 1995 年 | 〃 | （U）40 歳／（V）32 歳 |
| 言語資料 20 ＝ | （N）／（W） | 1995 年 | 〃 | （N）32 歳／（W）28 歳 |
| 言語資料 21 ＝ | （V）／（W） | 1996 年 | 〃 | （V）33 歳／（W）29 歳 |
| 言語資料 22 ＝ | （W）／（X） | 1996 年 | 〃 | （W）29 歳／（X）28 歳 |

### 0.4.1.2.3　自然発話の言語資料中の記号

　上記の言語資料 01 ～言語資料 22 の中から、第Ⅰ部から第Ⅲ部までの本文で例として挙げた例文中の記号については、下記の通りである。

「，」　　＝句や節の切れ目
「、」　　＝並列関係
「。」　　＝文の切れ目
「" "」　＝直接発話
「｜」　　＝話し手の意識的な音声的停頓のあるところ
「：」　　＝話し手の言いよどみ（hesitation）があり、意識的でない音声

的停頓があったり、繰り返しや言い直しのあるところ
「(这个)／(那个)」＝'这个'や'那个'が指示詞としてではなく、話し手の言いよどみを表す語として発話されたもの

### 0.4.2　本書における written discourse の言語資料

本書で言語資料として使用した written discourse は小説、エッセーなどである。その出典は各節の中で明記した。

小説やエッセーなどの written discourse の形式面でのまとまりは、従来「文章論」などで扱われてきた。本書で言語資料とした written discourse は、すべてこれらを逸脱しないものである。

また、内容面においては「何について書かれているのか」ということが判断できる内容のものであり、この「何について」を、その written discourse の「トピック」と呼ぶ。

なお、0.2 において述べたように、「談話論 (discourse theory)」という名称は、言語学の分野で、まだ学問分野の名称として定着しているとは言い難い。中国語学の世界においても同様である。したがって、本書における言語資料についても試行錯誤の段階であり、今後、さらに詳細な分類と分析がなされていかなければならないと考える。

## 0.5　本書の内容構成

本書は次の3部5章から構成される。
第Ⅰ部　談話の展開に重要な役割を果たす表現
　第1章　談話のトピックの展開におけるキーワードとキーセンテンス
　第2章　談話の展開における意味的連接機能
第Ⅱ部　談話における話し手のモダリティーに関与する表現
　第3章　述部に関わる話し手のモダリティー
　第4章　談話に登場する指示対象の人物に対する話し手のモダリティー

第Ⅲ部　談話における対話の呼吸の日中語比較
　第5章　話し手と聞き手の対話の呼吸—「あいづち」の日中語比較

　第Ⅰ部では、談話の展開に焦点を当て、その際に重要な役割を果たしていると思われる4つの項目について考察していく。
　まず、第1章では、談話のトピックの展開におけるキーワードとキーセンテンスという観点から、以下の2つの項目について考察していく。
## 1.1　'把'構文の機能
　従来、統語論研究において多数の研究成果が見られる'把'構文について、談話という視点からその特徴と機能を分析していく。具体的には、まず、従来統語論研究において分析されてきた下記の(1)~(3)に対する見解について、談話の視点から分析していく。
　　(1) '把'の目的語の意味上の特徴
　　(2) '把'構文の述語動詞の統語上の特徴
　　(3) '把'構文の構文的意味
　(1)の'把'の目的語の特徴は、その談話の文脈や一般常識的判断を手掛かりとして、あるいは歴史的、文化的背景を手掛かりとして推測することによって、読み手あるいは聞き手が抽象性を取り除くことができ、具体的に認識することができる名詞（句）であることを検証していく。さらにその名詞（句）は、その談話のトピックの展開のキーワードであることを実証していく。(2)については、'把'構文の述語動詞には、行為者の'把'の目的語に対する動作・行為を具象化するための情報が付与されていることを検証していく。(3)については、'把'構文は読み手あるいは聞き手にとって推測可能な具体的な名詞（句）に対して、行為者がどのような具体的な動作・行為を行なったかということを表現するための構文であるということを実証していく。さらにこれらを踏まえて、4番目に'把'構文の談話における特徴と機能を分析していく。これについてはまず、'把'構文の持つ具体性と説得力を明らかにし、その結果、'把'構文は談話のトピックの展開におけるキーセンテンスとしての役割を果たしており、それによって、読み手あるいは聞き手に対して、談話の内容に「実感」や「共感」

序章

や「臨場感」を惹起する働きをしていることを実証していく。そして最後に、'把'構文が談話において上述の機能を果たしていることを、written discourse における修辞を検証することによって実証していく。

## 1.2 代名詞 '它'

　ここでは、代名詞 '它' が、中国語母語話者の自然発話の中で、どのように使用されているのかということに焦点を当てて分析していく。具体的には、本章の 0.4.1.2 で挙げた中国語母語話者の自然発話を精査した結果抽出した 546 例の代名詞 '它' の使用例を分析の対象とする。そしてそれをもとに、主に下記の 3 点について分析していく。

　　(1) '它' は sentence のどの位置に現れるのか
　　(2) '它' はどのような内容を含意しているのか
　　(3) '它' の談話における機能は何か

　(1) については、'它' は sentence のさまざまな位置に現れることを実証する。(2) については、'它' は談話のトピックそのものであるか、あるいはトピックと関連性の高い、談話におけるトピックのキーワードとしての内容を含意していることを明らかにする。(3) については、'它' は、その含意された内容がその談話のトピックにおけるキーとなる内容であるということを明示する機能を果たしているということを検証していく。そして '它' が sentence のどの位置に現れた場合でも談話における機能は同じであり、さらに '它们' についても同様であることを実証していく。

　次に、第 2 章では、談話の展開における意味的連接機能という観点から、2 つの項目について考察していく。

## 2.1 「前置詞 '在／到' ＋場所名詞（句）」と述語動詞の語順

　ここでは、「前置詞 '在／到' ＋場所名詞（句）」と述語動詞の語順について、談話の展開における意味的連接機能という観点から、本章の 0.4.1.2 で挙げた中国語母語話者の自然発話を分析の対象として、その語順の役割を検証していく。まず（ア）＝「'在' ＋ＰＮ＋'住'」と（イ）＝「'住' ＋ '在' ＋ＰＮ」の語順の相違を分析する。分析を通して、（ア）では、「'在' ＋ＰＮ＋'住'」の表現とこの表現の発話以降の談話の展開との意味的連

接において、場所名詞（句）の「ＰＮ」と述語動詞の'住'の両者には情報の重みに差がなく、（イ）では、「'住'＋'在'＋ＰＮ」の表現とこの表現の発話以降の談話の展開との意味的連接において、場所名詞（句）の「ＰＮ」が明確にその機能を果たしていることを実証していく。

次に（ウ）＝「'到'＋ＰＮ＋'来'」と（エ）＝「'来'＋'到'＋ＰＮ」の語順の相違を分析する。分析を通して、（ウ）では、「'到'＋ＰＮ＋'来'」の表現とこの表現の発話以降の談話の展開との意味的連接において、場所名詞(句)の「ＰＮ」と述語動詞の'来'の両者には情報の重みに差がなく、(エ)では「'来'＋'到'＋ＰＮ」の表現とこの表現の発話以降の談話の展開との意味的連接において、場所名詞（句）の「ＰＮ」が明確にその機能を果たしていることを実証していく。そして最後に、（ア）と（イ）、（ウ）と（エ）の表現の相違にこのような機能の差が生じる理由についても考察していく。

## 2.2 「Ｖ的（Ｎ）」の表現

ここでは、述語動詞の直後に'的'を伴う構文について考察してく。考察に際しては、述語動詞の直後の'的'の直後に、さらに名詞（句）が位置している表現を「Ｖ的Ｎ」、名詞（句）が位置していない表現については「Ｖ的」、両者を併せて論じる場合には「Ｖ的（Ｎ）」と表記し、以下の5点について分析していく。

(1)「Ｖ的Ｎ」におけるＮの統語的特徴

(2)「Ｖ的（Ｎ）」の構文的特徴

(3)「Ｖ的Ｎ」の談話上の機能

(4)「Ｖ的Ｎ」と「Ｖ的」の相違

(5)「Ｖ的（Ｎ）」の構文的意味

(1)については、「Ｖ的Ｎ」におけるＮが、本節で定義した「必須目的語」に限定されることを実証していく。(2)については、「Ｖ的（Ｎ）」で共起する項目が、本節で定義した「客観的事実項目」だけであることを実証していく。(3)と(4)については、先の0.4.1.2で挙げた中国語母語話者の自然発話を分析の対象として分析していく。(3)については、「Ｖ的Ｎ」のＮが、後続文との意味的な連接機能を担っていることを検証していく。(4)については、「Ｖ的」が「Ｖ的Ｎ」のＮが省略されたものではなく、「Ｖ的」と「Ｖ

的N」がそれぞれ談話の中で明確に使い分けられていることを検証していく。さらに(5)については、この表現が、「V的（N）」が表現される以前に、話し手と聞き手の間で実現済すであることがすでに共通知となっているVに関して、「客観的事実項目」について述べる表現であることを実証していく。

　第Ⅱ部では、談話における話し手のモダリティーという観点から、6つの項目について検証していく。

　まず、第3章においては、述部に関わる話し手のモダリティーという視点から、以下の3つの項目について考察していく。

### 3.1 '給'の表現―機能化からモダリティー化へ

　現代中国語において'給'は動詞として機能する他、前置詞、副詞（動詞の直前に置かれるものを指す）、結果補語などとしても機能している。ここでは、先の0.4.1.2で挙げた中国語母語話者の自然発話を分析の対象として、以下の（ア）～（エ）の'給'の機能について分析していく。

　　（ア）前置詞の'給'
　　（イ）副詞の'給'
　　（ウ）前置詞'給'と副詞の'給'の連用
　　（エ）結果補語の'給'

　（ア）では、もともと動詞であった'給'が前置詞という機能語になった結果、動詞の'給'が持っている動作・行為の方向性を失っていることを実証していく。（イ）では、機能語となった結果、動作・行為の方向性を失った'給'が動詞の直前に置かれると、話し手のさまざまなモダリティーを表出する機能を果たしていることを実証していく。（ウ）では（ア）と（イ）の'給'が連用される表現について見ていく。そして（ア）と（イ）が連用されることによって、話し手のモダリティーがより強く表出されていることを検証していく。（エ）では、動詞に後置する'給'もやはり話し手のモダリティーを表出していることを検証していく。そしてこれらの分析を通して、現代中国語においては、もともと動詞であった'給'が、機能語からさらに話し手のモダリティーを表すものとして表現さていることを検証

していく。

## 3.2 可能表現の比較

　ここでは、可能の助動詞'能ＶＲ／不能ＶＲ'による可能表現と可能補語による'Ｖ得Ｒ／Ｖ不'の可能表現を比較し、それらの本質的な意味の相違と、従来、問題とされてきた点について、検討していく。具体的には、先の0.4.1.2で挙げた中国語母語話者の自然発話を言語資料とし、談話の展開の中で両者の可能の意味の相違を検証していく。その結果、助動詞'能／不能'による可能表現は、話し手が個別の客観的な要因や条件を論理的整合性を持った根拠として、動作・行為が実現し得る、あるいは実現し得ないと判断したことを意味することを実証する。そしてその論理的判断の根拠となる個別の客観的な要因や条件は、行為者の内発的なものではなく、外的なものであることによって、本節では助動詞'能／不能'による可能表現を「外的要因、条件可能」と呼ぶ。また、可能補語による'Ｖ得Ｒ／Ｖ不Ｒ'の可能表現には、行為者個人の実現願望が含意されていることを検証していく。その結果、可能補語は「内発的実現願望可能」と呼ぶにふさわしい可能表現であることを実証する。さらに、従来問題とされてきた以下の７点について、本分析の見解をもとに検討していく。

　　(1) 'Ｖ得Ｒ'と'Ｖ不Ｒ'の使用頻度の差
　　(2)「'能'＋'Ｖ得Ｒ'」の表現
　　(3) '能ＶＲ／不能ＶＲ'と'Ｖ得Ｒ／Ｖ不Ｒ'の互換性
　　(4) '不能Ｖ'と'Ｖ不Ｒ'の連用
　　(5) 可能補語と様態的連用修飾語との相性
　　(6) 可能補語と連動文との相性
　　(7) 可能補語と'把'構文との相性

そして最後に、'能／不能'の可能の意味を再考し、'不能'が「禁止」の意味を表す理由についても考察する。

## 3.3 副詞'才'の機能

　従来'才'は複数の用法に分類されてきた。その主なものが下記の①～⑥である。
　　①実現した時間が遅いことを表す

②数量の少ないことを表す
　　③確定あるいは強調の語気を表す
　　④関連や関係を表す
　　⑤動作・行為が発生したばかりであることを表す
　　⑥動作・行為の順序を表す
　このように多数の用法分類されてきた'才'であるが、これらをさらに下位分類した研究もある。しかしこれらは従来の統語論研究の中で、単文のレベルで用法分類がなされたものであり、'才'の本質について分析、考察されたことはない。ここでは、従来の統語論研究において多数の用法に分類されてきた'才'について、その本質が1つであることを実証していく。具体的には、上記の①〜⑥に分類された用法にあてはまると判断できる例を、先の0.4.1.2で挙げた中国語母語話者の自然発話の中から抽出し、それらをそれらが発話されている談話の展開の中で分析していく。それによって'才'は、話し手が基準としている一般的な常識や通常の状況あるいは現実の状況と、実際に実現するかあるいはすでに実現しているコトガラとの間に大きな「差」や「ズレ」があると話し手が判断したり認識したりしていることを表明する表現であることを検証していく。

　次に、第4章においては、談話に登場する指示対象の人物に対する話し手のモダリティーという観点から、登場人物の指示の方法について、以下の3つの項目について考察していく。

## 4.1　人称代名詞'我'と'你'

　ここではまず初めに、中国語の人称代名詞である一人称の'我'と二人称の'你'が、情報伝達上、対等に対立した関係にあることを明らかにする。そして次に、このような'我'と'你'の関係によって、実際の言語活動においては、この'我'と'你'の対等に対立した関係を崩すための表現が存在することについて検証していく。言語資料としたのは、7本の映画作品の中の対話部分である。映画の中の対話を分析の対象としたのは、どのような状況において、話し手が自分自身を、あるいは話しの相手を、どのような語彙で表現しているのか、ということが具体的に明示されているから

である。具体的には、二人称に関しては'你'と'您'について、以下の2つの状況を考察する。
　(1) 話しの相手を'你'ではなく'您'で指示する場合
　(2) 同一人物に対して、'你'と'您'の転換が見られる場合
次に、一人称の'我'に関しては、親が自分を親族呼称で表現する場合について、以下の2つの状況を考察する。
　(3) 自分を青年期以降の自分の子どもに対して、'我'ではなく'爸爸／妈妈'と指示する場合
　(4) 自分を青年期以降の自分の子どもに対して、'我'ではなく'你爸爸／你妈妈'と指示する場合
そして(1)～(4)の表現において、'我'と'你'の対等に対立した関係を崩すための基準は、常に話し手の心的判断によるのであるということを実証していく。

## 4.2　特定の個人を指示する'人家'

本来、「'別人'（他人、よその人）」を意味する'人家'が、一人称と三人称として用いられる例を検証していく。また、一人称の'我'と二人称の'你'、さらには三人称の'他／她'が情報伝達上、対等に対立した関係にあることを明らかにすることによって、'人家'が、実際の言語生活においては、この'我'と'你'と'他／她'の対等に対立した関係を崩すめ働きをする人称代名詞として使用されていることを検証していく。言語資料としたのは、7種類の小説作品と、7本の映画作品の対話部分である。これらの言語資料に現れた例を詳細に観察することによって、一人称と三人称で'人家'と表現される場合の話し手の使用意図を考察し、さらに、'人家'がそれぞれの意図で使用されることが可能である理由についても、考察していく。

## 4.3　指示語'这个人'と'那个人'

この節では'这／那'と'这个／那个'を明確に区別し、'这／那'のみを指示詞と称し、'这个／那个'を指示語と称して区別する。その上で、'这个／那个'の文脈指示の用法について考察していく。具体的には、分析の対象を、指示対象を特定しやすい'这个人'と'那个人'に限定する。

序章

　中国語の指示詞'这／那'は、'这'＝「話し手から近いものを指す」、'那'＝「話し手から遠いものを指す」という対立関係にある。したがって文脈指示の'这个人'と'那个人'にも、'这个人'＝「話し手が近いと認識した人を指す」、'那个人'＝「話し手が遠いと認識した人を指す」という対立関係の存在することが推測される。そこでこの節では、先の0.4.1.2で示した中国語母語話者の自然発話を言語資料とし、文脈上の特定人物が'这个人'あるいは'那个人'と指示される場合、どのような要因によって「近／遠」と認識されるのか、その要因を検証していく。

　第Ⅲ部では、談話における対話の呼吸という観点から、日本語と中国語を比較する。具体的には、第5章において「あいづち」について比較する。

## 5　話し手と聞き手の対話の呼吸—「あいづち」の日中語比較

　ここでは、日本語と中国語における「あいづち」を比較分析することによって、spoken discourseにおける両言語の話し手と聞き手の対話の呼吸の相違を考察していく。

　通常の対話では、話し手は聞き手の存在を、聞き手は話し手の存在を常に意識しながら発話行為が交わされる。その際に両者間で送られるサインの1つである「あいづち」に関して、日本語と中国語においてどのような相違があるのか、実際の発話例を観察することによって検証していく。具体的には、まず、話し手の側からあいづちを要求するサインについて、両言語の話し手の音声的特徴の相違を観察していく。次に、聞き手の側から積極的にあいづちを打つ場合の両言語の相違について、話し手の発話と重なるあいづちについて観察する。さらに、聞き手の側からの積極的なあいづちである'participation'について、両言語の相違を観察する。そして最後に、上述の検証、考察の結果を踏まえて、日本語母語話者と中国語母語話者の対話のモデルをそれぞれ示し、それによって、日中両言語の相違の一端を明らかにしていく。

　以下、各章の分析に入る。

# 第Ⅰ部

## 談話の展開に重要な役割を果たす表現

# 第1章
# 談話のトピックの展開における
# キーワードとキーセンテンス

　この章では、談話のトピックの展開におけるキーワードとキーセンテンスという観点から、下記の2つの項目を取り上げる。

1.1　'把'構文の機能
1.2　代名詞'它'


## 1.1　'把'構文の機能

1.1.1　はじめに
1.1.2　従来の研究
1.1.3　本節の言語資料
1.1.4　'把'構文の具体性
1.1.5　具体性を支える要因
　　1.1.5.1　「具体的」とはどういうことか
　　1.1.5.2　'把'の目的語の意味上の制約
　　1.1.5.3　述語の統語上の制約
1.1.6　談話における'把'構文
　　1.1.6.1　'把'の目的語の談話上の特徴
　　1.1.6.2　'把'構文の談話上の特徴と機能
1.1.7　文章の種類と'把'構文
1.1.8　'把'構文の「説得力」
1.1.9　'把'構文の修辞的効果
　　1.1.9.1　「修辞」とは何か

1.1.9.2　隠喩
1.1.9.3　擬人法
1.1.9.4　対比
1.1.9.5　反復
1.1.9.6　引用
1.1.10　まとめ
1.1.11　おわりに
付記

## 1.1.1　はじめに

　本書では、前置詞'把'を用いた表現（＝「T +'把'+ N + VS」）を「'把'構文」と呼ぶ。本節では、談話という視点から、'把'構文の機能について考察していく。

## 1.1.2　従来の研究

　'把'構文については、従来、統語論研究において多数の研究分析がなされてきた。それらの共通の見解は、概ね以下の3つに集約できる。
　(1)'把'の目的語（N）は、特定あるいは既知である。
　(2) 述語動詞（V）には何らかの補足成分が必要である。
　(3) 述語（VS）の表す動作・行為が、'把'の目的語（N）に働きかけを行い、何らかの変化をもたらすことを意味する。
　この他、木村（2012：187-213）の「第8章　ヴォイスの意味と構造」では'把'構文を使役文であると言明している。木村（2012）は'叫'を「指示使役文」、'让'を「許容使役文」、'使'を「誘発使役文」とし、さらに、動詞が結果表現を伴う'把'構文を「プロトタイプの'把'構文」として「執行使役文」と呼び、使役文の一種であるとしている。しかし本書では、'把'構文を'叫'、'让'、'使'などと範疇を同じくする「使役文」とする見解

には立たない[1)]。

以下では、従来の統語論研究の成果を踏まえた上で、談話という視点から、'把'構文の特徴と機能を分析していく。

### 1.1.3 本節の言語資料

本節では分析にあたり、spoken discourse として、序章 0.4.1.2 に示した中国語母語話者による自然発話を言語資料とした。また、written discourse としては、下記に示したものを言語資料とした。
≪爱≫张爱玲、上海譯文出版社、2006 年
≪家≫巴金、人民文学出版社、1981 年
<坚硬的稀粥>王蒙、≪王蒙文集 (第四卷) ≫华艺出版社、1993 年
<柳家大院>老舍、≪老舍名作欣赏≫中国和平出版社、2007 年
<棋王>阿城、≪上海文学≫1984 年第 7 期
≪子夜≫茅盾、人民文学出版社、1978 年
≪中国博物馆旅游指南≫赵永芬・赵玉之、中国旅游出版社、1999 年
≪中国名菜谱 (上海风味) ≫上海新亚 (集团) 联营公司编写、中国财政经济出版社、1992 年

なお、本節で示した例 (1) 〜例 (18) の中の下線、太字や番号などはすべて筆者が加筆したものであり、また、例 (1) 〜例 (8) と例 (12) 〜例 (18) の日本語訳は筆者によるものである。

### 1.1.4 '把'構文の具体性

ここでは、老舍の短編小説<柳家大院>を言語資料として考察していく。
この小説は 1933 年に書かれたもので、当時の中国の下層社会に生きる人々、特にその中の女性に焦点を当てて描かれている。「柳家大院」とい

---
[1)] 本書において、'把'構文を'叫'、'让'、'使'などと範疇を同じくする「使役文」とする見解に立たない理由については、本節の最後にまとめて付記する。

第1章　談話のトピックの展開におけるキーワードとキーセンテンス

う長屋には20以上の部屋があり、そこには何家族も住んでいるが、その中で全編の語り手となっている'我'と、'老王'を家長とする王家の家族を中心に物語は展開していく。この小説の中で'把'構文は20箇所で用いられている。下記の例(1)はそのうちの1つであり、王家の家長である'老王'の人間性が表現されている部分である。

例(1)
他闹气，不为别的，专为学学"文明"人的派头。他是公公；妈的，公公几个子儿一个！我真不明白，为什么穷小子单要充"文明"，这是哪一股儿毒气呢？早晨，他起得早，总得也把小媳妇叫起来，其实有什么事呢？他要立这个规矩，穷酸！她稍微晚起来一点，听吧，这一顿揍！

例(1)の日本語訳
彼が腹を立てるのは、ほかでもない、もっぱら「ハイカラ」な人ぶった態度を真似するためだ。彼は舅だ。チクショウ、舅一人が何銭だというのか！どうして貧乏人はひたすら「ハイカラ」な人のふりをしたがるのか、私には本当にわからない。これはどんな怨念なのだろうか？早朝、彼は早く起きると、どうしても嫁を起こさないわけにはいかないが、実際にはどんな用事があるのだろうか。彼はこういう決まりを作りたいなんて、何て偉そうだ！彼女が少しでも遅く起きると、ほら、ひどくなぐる！

　王家の家長である'老王'は「ハイカラ」な人ぶった態度を取り、息子の嫁('小媳妇')に威張る舅である。そして例(1)では、息子の嫁に対する'老王'の威張った態度が'把'構文で表現されている。それは、自分が朝早く起きた時に嫁がまだ起きていないと、用もないのに、どうしても嫁を起こさないわけにはいかないというものである。そしてこの行為が'把'構文で具体的に表現されている（='总得也把小媳妇叫起来，其实有什么事呢?'）。ここでは、'老王'の嫁に対する態度を、「威張っている」とか「偉そうだ」と表現するよりも、'老王'の「早朝、自分が起きた時に、嫁がまだ起きていないと、用もないのに、まだ寝ている嫁を起こす」という嫁に対する具体的な行為が表現されることによって、'老王'の人間性がよ

り明確に伝えられている。

　'老王'の息子である'小王'の、自分の嫁に対する行為についても、'把'構文によって表現されている。下記の例(2)がそれである。
　'小王'の嫁は、舅と小姑のいじめに耐え切れず自殺してしまう。'小王'はいつも父親の'老王'の言いなりに嫁を殴ってきた。その'小王'が仕事から戻って来て、自殺した嫁の死体を見た後の描写が例(2)である。
例(2)
小王也回来了，十分的象个石头人，可是我看得出，他的心理很难过，…他一声没出，在屋里坐了好大半天，而且<u>把一条新裤子――就是没补钉呀――给媳妇穿上</u>。

例(2)の日本語訳
王の息子も帰ってきたが，まるで石でできた人間のようであった。しかし私にはわかった。彼の心はとてもつらく悲しかった。…彼は一言もしゃべらず，部屋の中でずいぶん長い間座っていた，そして<u>新しいズボン――継ぎが当たっていない――を自分の嫁に穿かせた</u>。

　自殺した嫁の死体を見た'小王'は、石のように硬く身体をこわばらせて無表情であった（'十分的象个石头人'）が、心中はそうではなかった。その'小王'の心中は、'把'構文を用いて表現されている'小王'の具体的な行為、つまり継ぎの当たっていない新しいズボンを嫁に穿かせるという行為（'<u>把一条新裤子――就是没补钉呀――给媳妇穿上</u>'）によってすべて理解される。ここで'小王'の嫁に対する心情は、「嫁を可愛そうだと思った」とか、「嫁には申し訳ないと思った」と表現されるよりも、'小王'の嫁に対する具体的な行為が表現されることによって、読者に共感と共鳴が惹起される。
　このように、'把'構文は具体的な行為を表現し、それによって、談話の展開の具象性が高められ、その結果、読み手に説得力が与えられる。
　以下では、'把'構文の「具体性」について詳細に考察していく。

## 1.1.5　具体性を支える要因

'把'構文（=「T +'把'+ N + VS」）の「具体性」を支えているのは、'把'で導かれる目的語（N）の意味上の制約と、述語（VS）の統語上の制約である。以下では、これらについて談話という視点から検証していくが、ここではまず、「具体的」とはどういうことであるのかということについて定義する。

### 1.1.5.1　「具体的」とはどういうことか
「具体的」とは、「抽象的」と対立関係にある。「抽象的」とは、同種の事物に共通した、一般的な、本質的な、観念的な性質をいう[2]。では「具体的」とはどういうことか。本節では「具体的」を次のように定義する[3]。

「具体的」とは、事物が個別性あるいは特殊性を備え、自立的で客観性を持っている性質をいう。

本節では「具体的」を上記の意味で用い、以下で、'把'構文の具体性を支える'把'の目的語の特徴と、述語の特徴を見ていく。

### 1.1.5.2　'把'の目的語の意味上の制約
まずここでは、先の例(1)と例(2)の中の'把'構文の'把'の目的語について見ていく。

例(1)の中で表現されている'把'構文は'总得也把小媳妇叫起来'であり、'把'の目的語は'小媳妇'である。これが'老王'の息子である'小王'の嫁のことであるということは、文脈から理解される。

また例(2)で表現されている'把'構文は'把一条新裤子——就是没补钉呀——给媳妇穿上'であり、'把'の目的語は'一条新裤子——就是没补钉'

---

[2] 『新版 哲学・論理用語辞典』（：279）参照
[3] 主に、『新版 哲学・論理用語辞典』、『岩波 哲学・思想事典』、『新装版 哲学用語辞典』の3冊における記述を参考にした。

である。ここで老舎は'一条新裤子（一本の新しいズボン）'に、'就是没补钉（継ぎが当たっていない）'という説明を加えている。この「新しいズボン（'新裤子'）」とは、まさに老舎が説明している通り「継ぎの当たっていない」、一度も穿いたことのない新品のズボンという意味である。つまり普段はボロボロの継ぎ当てだらけのズボンを穿いている嫁に、継ぎの当たっていない新しいズボンを穿かせたということを意味している。しかしそれはただ単に「一本の継ぎの当たっていない新しいズボン」ということを意味しているのではなく、当時の貧しい生活の中では、これがいかに貴重で大切なものであったかということは、その時代背景や文化的背景を理解していれば容易に理解できることである。例(2)の'把'の目的語である'一条新裤子——就是没补钉'には、そこまでのことが含意されている。

　もう1つ、下記の例(3)を見ていく。例(3)も＜柳家大院＞の例である。
例(3)
张二和我的儿子同行，拉车。他的嘴也不善，喝俩铜子的猫尿能<u>把全院的人说晕了</u>；穷嚼！

例(3)の日本語訳
張二は私の息子と同業で、車引きだ。彼もよくしゃべって、安酒を飲んで<u>長屋中の人たちを煙に巻く</u>ことができる。しゃべりまくる！

　例(3)の'把'構文の'把'の目的語は'全院的人'である。'全院的人'とはこの長屋の全員のことを指している。しかし、これは単に「長屋の全員」ということをだけを意味しているのではない。この小説はこの'把'構文が用いられる前段に7つの段落があり、そこでこの長屋の住人について紹介されている。例えば、この小説の語り手である'我'は、現在は易者をしていてまあまあの日銭を稼いでおり、車引きの息子と2人暮らしであること、この長屋には20以上の部屋があり、長屋の住人は入れ替わりが激しく、その中で'老王'を家長とする王家は古くからの住人であること、そして'老王'は外国人のところで植木職人をしているから、この長屋の中では易者をしている'我'と'老王'が一番文化的な人間だと認識されて

第1章　談話のトピックの展開におけるキーワードとキーセンテンス

いること、換言すれば、この長屋の住人は文化的レベルにおいて‘我’と‘老王’以下だということ、等々である。つまりこの‘全院的人’という名詞句の中には、この小説の最初から7段落目までに描写されている長屋の住人に関するすべての情報が込められている。

　次に、自然発話の例を見ていく。
　下記の例(4)は、序章0.4.1.2に示した自然発話の言語資料02のインフォーマント（B）の発話の一部である。（B）が春休みを利用して、出雲市の知合いのところへ遊びに行ったときのことが話されており、国鉄で名古屋駅から出雲駅に到着するまでの様子が説明されている。ここでは4-9で‘把’構文が用いられている。

例(4)

4-1　B ＝当时呢，我买的呢｜，是从名古屋到：冈山的（那个）新干线｜。从冈山到（那个）出云市呢，没有新干线｜，只得（那个）坐（那个）国铁｜。

4-2　　　＝结果而且(那个什么那个)国铁吧，从冈山到(那个)：出云市的(那个)国铁吧，还特别：就是摇得厉害｜，晃得厉害｜，很晃｜。所以呢，这样呢，碰上我这个（那个）晕车的人呢，就：更（那个）晕了｜。

4-3　　　＝当时我下了（那个）：就是从名古屋坐新干线吧，到（那个）冈山以后呢｜，还可以｜。因为很快｜，新干线呢，又挺稳的｜，所以我一点儿感觉也没有｜。

4-4　　　＝然后，从（那个）冈山吧｜，坐（那个）国铁到出云市｜，可给我折腾坏了｜。

4-5　　　＝上去了以后，那要乘（那个）三个多小时的车呢｜，就是国铁要坐三个多小时｜。

4-6　　　＝当时吧，二十分钟以后呢，我就不行了｜，我就要：好像要吐｜，特别恶心｜。

4-7　　　＝然后我索性呢，就让自己睡着｜。结果开始呢，老是睡不着｜，睡不着｜。

4-8 ＝到最后了，我记的吧，是：下午五点半：到出云市｜。
4-9 ＝我把时间记错了｜。
4-10 ＝其实呢，人家是四点半就到出云市｜。
4-11 ＝后来我一想呢，后面还有两个小时呢，因为这时候我看表的时候呢，是三点半｜。我一想后面到五点半呢，还：还有两个小时干脆睡一觉吧｜，结果我就睡着了｜。

例(4)の日本語訳
4-1 B ＝あの時、私が買ったのは、名古屋から：岡山までの新幹線（のチケット）です。岡山から出雲市まではね、新幹線がなくて、国鉄に乗るしかありません。
4-2 ＝しかも国鉄はね、岡山から：出雲市までの国鉄はね、特に：揺れがひどくて、すごく揺れます。だからね、私のような乗り物に酔う人はね、もっと酔います。
4-3 ＝あの時：名古屋から新幹線に乗ってね、岡山までは大丈夫でした。なぜならとても速くて、新幹線はね、揺れないから、だから私は酔うということは全く感じませんでした。
4-4 ＝その後、岡山からね、国鉄に乗って出雲市までは、私はすごく苦しめられました。
4-5 ＝乗車してから、3時間以上乗らなくてはいけません。国鉄は3時間以上乗る必要があります。
4-6 ＝あの時、私は20分乗ったらね、もうダメでした。私は：吐きそうになって、とても気分が悪いです。
4-7 ＝そして私はいっそのこと、寝てしまおうと思いました。最初はね、ずっと寝付くことができませんでした、寝付くことができませんでした。
4-8 ＝最後に、私が覚えていたのはね、午後5時半に：出雲市に到着するということでした。
4-9 ＝私は時間を記憶し間違えていました。
4-10 ＝実はね、友人たちは4時半に出雲市に着いていました。

4-11 ＝それから私はね、あとまだ2時間あると思っていました。なぜならこの時私が時計を見たらね、3時半でした。私は5時半まで、あと：2時間あるので寝てしまおうと思い、その結果私は寝付きました。

　4-9で表現されている'把'構文（＝'我把时间记错了。'）の'把'の目的語は'时间'である。ここで言う'时间'とは、「(B)が出雲市の知り合いと国鉄の出雲駅で待ち合わせした時間」のことである。このことは、この文脈から推測することができる。
　もう1つ、自然発話の言語資料の例を見ていく。
　下記の例(5)は、言語資料13の中で、インフォーマント（Q）が学生時代の恋人（'小王'）に恋をした理由を、(R)に語っている談話の一部である。ここでは5-6で'把'構文が用いられている。
例(5)
5-1 Q ＝当初就是和小王谈恋爱的时候吧｜，｛R＝嗯｝我们班也是：就是说：从外表上来看哈｜，｛R＝嗯｝挺帅的，个子高高的，｛R＝嗯｝长得挺有什么男子汉气质的哈｜，｛R＝嗯｝人也有的挺多的哈｜。｛R＝嗯｝

5-2 ＝但是（那个）：我们俩是怎么回事呢哈｜，我第一眼就是：第一次被他吸引的时候吧哈，｛R＝嗯｝是什么时候呢｜，他画画儿的时候｜。｛R＝嗯｝

5-3 ＝我们（那个）在学校住宿哈｜。｛R＝嗯｝哦：上午上课，下午自习，晚上自习｜。｛R＝噢｝就是：中午有一个午休：午睡的时间，午休的时间｜。｛R＝嗯｝午休的时间吧，大家都回寝室睡觉哈｜。｛R＝啊｝

5-4 ＝我不喜欢午睡｜，｛R＝哈哈嗯｝啊｜。他呢哈，也不喜欢午睡，｛R＝嗯｝觉得（那个）挺：（那个）时间都：都用在睡觉上挺没意思的哈｜。｛R＝嗯｝白天也睡觉，晚上总睡觉哈｜。｛R＝嗯｝

5-5 ＝所以呢，(那个)我经常在教室哈,｛R＝嗯｝有的时候，看小说啦哈｜，｛R＝嗯｝有的时候，听（那个）广播｜。他呢，经常也在教室｜。

　　　　　{R＝嗯}所以教室吧，经常是我们两个人｜。{R＝啊}

5-6　　＝那个教室桌子挺多，他<u>把几个桌子</u>哈，<u>对到一起</u>｜，{R＝嗯}完
　　　　了之后呢，他在上边（那个）画画儿｜。{R＝嗯}

5-7　　＝（那个）他喜欢画画儿，从小就画画儿哈｜，{R＝啊}喜欢画画
　　　　儿｜。画画儿的时候吧哈｜，那个表情特别专注哈。{R＝嗯}

5-8　　＝就象：之后吧，我在旁边坐吧哈｜，{R＝可以理解，嗯}我在旁
　　　　边坐着，旁若无人，就象没我这人在旁边坐着似的哈｜。

5-9　　＝我看了之后，就是（那个什么）：当时觉得（那个）{R＝嗯}起
　　　　码你跟我（那个那个）打招呼一下哈。{R＝对对对对}

5-10　＝我在旁边坐着呢哈｜，{R＝嗯}不：不说话｜，在那儿（那个）
　　　　画画儿，特别专注得画画儿哈。完了之后｜，（那个）：连理我都
　　　　不理哈｜。{R＝嗯}

5-11　＝我就是（那个）：第一眼就是觉得，啊，这个人就是说｜，{R＝
　　　　嗯}就是：我觉得人特别专注的时候：特别有魅力。啊，哈哈哈…

5-12 R＝对对对，特别是男的。对不对？


例(5)の日本語訳

5-1　Q＝初めはつまり王さんと恋愛した時はね、｛R＝うん｝私たちのク
　　　　ラスは：つまり：外見から見るとね、｛R＝うん｝とてもカッコ
　　　　よくて、背が高くて、｛R＝うん｝男気があるような人も、｛R＝
　　　　うん｝たくさんいました。｛R＝うん｝

5-2　　＝でも：私達二人はどうかというとね、私が初めて見て：最初に彼
　　　　に引きつけられたのはね、｛R＝うん｝どういう時かというとね、
　　　　彼が絵を画いている時でした。｛R＝うん｝

5-3　　＝私たちは学校の寮に住んでいました。｛R＝うん｝午前中は授業で、
　　　　午後と夜は自習です。｛R＝うん｝。お昼に：昼寝の時間、昼休み
　　　　の時間があります。｛R＝うん｝昼休みの時間はね、みんな（寮の）
　　　　寝室に帰って寝ます。｛R＝うん｝

5-4　　＝私は昼寝は好きではありません。｛R＝ハハハ｝彼はというとね、
　　　　彼も昼寝は好きじゃなくて、｛R＝うん｝時間を：寝るのに使う

29

第1章 談話のトピックの展開におけるキーワードとキーセンテンス

のはつまらないと思っています。｜R＝うん｜。昼間も寝て、夜も寝るなんて。｜R＝うん｜

5-5 　＝だからね、私はよく教室にいて、｜R＝うん｜小説を読んだり、｜R＝うん｜ラジオを聞いたりしていました。彼もね、よく教室にいました。｜R＝うん｜だから教室はね、いつも私達2人でした。｜R＝うん｜

5-6 　＝その教室には机がたくさんあって、彼は幾つかの机をね、くっつけて並べて、｜R＝うん｜そして彼は、その机の上で絵を画きました。｜R＝うん｜

5-7 　＝彼は絵を画くのが好きで、小さい時からね、｜R＝ああ｜絵を画くのが好きでした。絵を画いている時はね、その表情は特に集中していました。｜R＝うん｜

5-8 　＝それで：私はそばに座ってね、｜R＝わかる、うん｜私が座っていても、そばに誰もいないみたいで、私がそばに座っていないみたいでした。

5-9 　＝彼のそういう様子を見て、その時は、少なくとも私にちょっとあいさつはするだろうと思いました。｜R＝そうそうそう｜

5-10 ＝私がそばに座っていてもね、｜R＝うん｜話をしない。そこで絵を画いていて、ものすごく集中して書いているんです。それで、私に全くかまわない。｜R＝うん｜

5-11 ＝私が：初めて見た時感じたのは、この人はつまり、｜R＝うん｜人はものすごく集中している時：特に魅力的だということです。ハハハ…

5-12 R＝そうそうそう、特に男性はね。そうでしょ。

　5-6の'把'構文（＝'他把几个桌子対到一起'）の'把'の目的語は'几个桌子（幾つかの机）'である。これは「(Q)と'小王'が大学時代に共に学び、昼休みになるとクラスメートは昼寝のために寮に行くため、二人だけになる教室、その教室の中の幾つかの机」である。そして5-6から5-11まで、くっつけた幾つかの机を挟んでの二人の様子が語られていく。

さらに、使役のマーカーである'让'と共起している'把'構文（下記の例(6)）と、同じく使役のマーカーである'叫'と共起している'把'構文（下記の例(7)）を見ていく。この2例は決して例外的なものではなく、極めて自然な中国語である。

　例(6)は、言語資料09の中で、インフォーマント（N）と（O）が、視聴覚授業では何を基準としたら良いのか、ということについて話し合っている談話の一部である。（N）と（O）はこの発話当時、日本の大学院で日本語について研究しているが、中国では日本語教師をしていた。例(6)では、6-4で'让他先把音给听清楚，听准确了'という表現と、'让他把大致意思听出来'という表現が発話されている。

例(6)

6-1 N ＝而且我就想问一下，（这个）××中心的老师哈，比如说，他们教视听课｜，{O＝嗯}你教视听课，你以什么做为标准？

6-2 　＝你是说：就是说，因为咱们有初级的，有（那个）中级的，还有高级的，{O＝对对对}这种程度不同的啊｜。

6-3 　＝比如说，对于初学者来说，你以什么做为标准？｜

6-4 　＝你是让他先把音给听清楚呢，听准确了呢｜，还是说你：就是：以意思为主｜，让他把大致意思听出来｜。

6-5 O ＝嗯：这就得问△△老师了｜。

例(6)の日本語訳

6-1 N ＝ちょっと聞きたいんだけど、（日本の○○大学の）××センターの先生はね、たとえば彼らは視聴覚授業をする時は、{O＝うん}あなたが視聴覚授業をする時は、あなたは何を基準にしますか？

6-2 　＝つまり、なぜなら、私達には初級があり、中級があり、さらに上級があって、{O＝そうそうそう}これらのレベルは違うでしょ。

6-3 　＝たとえば初学者に対して、あなたは何を基準にしますか？

6-4 　＝まず音をはっきり聞き取らせるか、正確に聞き取らせるか、それとも：意味を主として、大体の意味を聞き取らせるか。

6-5 O ＝んー、それは△△先生に聞かなくちゃ。

例(6)は、インフォーマント（N）と（O）が、視聴覚授業では何を基準とすれば良いのか、ということについて話し合っている談話の一部であった。6-4Nの'把'構文の'把'の目的語は、'音'と'大致意思（大体の意味）'である。'音'とは、視聴覚授業で学ぼうとしている言語の音声のことであり、'大致意思'は、視聴覚授業で学ぼうとしている言語の'大致意思'である。

また、下記の例(7)は、言語資料16のインフォーマント（H）と（L）の談話の一部である。（H）と（L）はこの発話当時日本で生活しており、例(7)では、日本の小学校に通っている自分たちの子どもの教育について話し合っている。

（L）の小学生の娘は日本語の理解力が十分ではなく、また中国語も話せない。そして（L）は、日本の小学校の教育では娘が中国に帰っても中国の教育に付いていくことができないと、不安に思っている。このような内容に続いて発話されているのが例(7)である。ここでは7-2で、'<u>叫她把语言学好一点</u>'という表現が用いられている。

例(7)

7-1 L ＝（这个）比较起来，（这个）比较起来话，在日本：读的书的话｜，应该学到的东西也没学到｜。嗯。但是，回：回去：的话，那根本就赶不上｜，有这个问题｜。

7-2 　＝我：怎么办呢｜，那只好叫<u>她</u><u>把</u>语言学好一点算了吧｜。

7-3 H ＝那语言是个关｜。

7-4 L ＝哎，语言学好点｜。要学：要想学好语言的话｜，那只有去北京啊｜。嗯｜。

例(7)の日本語訳

7-1 L ＝（日本での勉強と中国での勉強を）比較すると、比較した場合、日本で：勉強すると、身に付いていなければならないものさえ身に付いていません。うん。しかし、(中国に) 帰国した：場合には、内容が全く追いつかないという、こういう問題があります。

7-2 　＝私は：どうするかというと、それは彼女（娘）に<u>言葉（中国語）</u>

　　　　をマスターさせるしか仕方がありません。
7-3 H ＝言葉が肝心です。
7-4 L ＝そう、言葉をマスターすることです。言葉をマスターするために
　　　　は、北京に行くしか仕方がありません。うん。

　例(7)の7-2 Lの'把'構文の'把'の目的語は'语言'である。ここでは「中国語」のことを意味しており、それは（L）の娘が中国へ帰国した場合に、必要不可欠なものである。

　以上の例から明らかなことは、'把'構文の'把'の目的語の意味的特徴とは、文脈や一般常識的判断を手掛かりとして、あるいは歴史的、文化的背景を手掛かりとして推測することによって、読み手あるいは聞き手が「抽象性」を取り除くことができ、「具体的」に認識することができる名詞（句）である、ということである。
　次に'把'構文の述語の特徴について考察していく。

## 1.1.5.3　述語の統語上の制約

　'把'構文の述語の統語上の制約についても従来詳細な分析がなされてきた。それらの制約が求めているのは、一言で言えばやはり述語の「具体性」である。
　中国語の動詞はコアの部分だけ、たとえば例(1)の'叫'、例(2)の'穿'、例(3)の'说'、例(4)の'记'、例(5)の'对'、例(6)の'听'、例(7)の'学'という情報が与えられても、それは対象に対するどのような行為であるのかということがあまりにも抽象的すぎる。中国語の動詞については倉石（1981：115）に次のような記述がある。
　「…（中国語の）動詞も名詞と同じように一つの概念を示しているだけで、…つまり一つの固まった概念にすぎないのです。」

　これはどう言うことかというと、たとえば例(1)の'叫'、例(2)の'穿'、例(3)の'说'、例(4)の'记'、例(5)の'对'、例(6)の'听'、例(7)の'学と

いう動詞が与えられても、それは一つの抽象的な概念を表しているに過ぎないということである。そこで実際の言語生活においては、上記の例(1)～例(7)の中で発話されているような表現、たとえば例(1)の'叫起来'、例(2)の'穿上'、例(3)の'说晕'、例(4)の'记错'、例(5)の'对到一起'、例(6)の'听清楚'、'听准确'、'听出来'、例(7)の'学好'、のように、それぞれその動作・行為を具体化するための情報が付加されることが必要となる。従来、'把'構文の統語論的分析において、述語動詞に必要不可欠とされてきた動詞の付加成分などが、正にこれに当たる。

　また、従来'把'構文は、述語の表す動作・行為が、'把'の目的語に働きかけを行い、何らかの変化をもたらすことを意味するとされてきた。そのためこの構文は'処置式（処置式）'と呼ばれてきた。しかし、例(4)で発話されている'把'構文(='我把时间记错了。')の述語である'记错'は、インフォーマント（B）が意図して、積極的に行った行為ではない。つまり（B）は、「意図的に、積極的に時間を記憶し間違えた」のではない。

　このように、'把'構文の述語動詞は、動作者の動作・行為を具体化するための情報が付加されていることが必要であるが、その述語の意味するところは、必ずしも動作者の意図的、積極的な動作・行為とは限らない。無意識的な結果である場合もある。

　さらに、その動作・行為を具体化するための情報は、述語を含む述部がどんなに情報量が多くて長いものであっても許容される。例えば下記の例(8)がその例である。

　例(8)は1930年代の上海が舞台となっている茅盾の＜子夜＞（第一章）からの抜粋である。

　上海から水路百キロ離れた双橋鎮の名門資産家の呉老人は、会社経営者で上海の共同租界の豪邸に住んでいる息子（呉蓀甫）に無理やり呼び寄せられた。そして上海の息子の豪邸に着いたとたん、ショックで死んでしまう。例(8)は呉老人が息子の呉蓀甫の家に着いて倒れ、みんなが慌てている場面である。

例(8)
"怎么冰袋还不来！佩瑶，这里暂时不用你邦助；你去亲自打电话请丁医生！

——王妈！催冰袋去！"于是他又对二小姐摆手："二娣,不要慌张！爸爸胸口还是热的呢！在这沙发椅上不是办法,我们先抬爸爸到那架长沙发榻上去罢。"这么说着,也不等二小姐的回答,荪甫就<u>把老太爷抱起来</u>,众人都来帮一手。
　刚刚<u>把老太爷放在一张蓝绒垫子的长而且阔的沙发榻上</u>,打电话去请医生的吴少奶奶也回来了。

例(8)の日本語訳
「どうして氷嚢がまだ届かないんだ！ 佩瑤（荪甫の妻）、こっちはいいから。お前は丁先生に来てもらうように電話しなさい！——王媽！氷嚢を催促して来い！」そして彼はまた姉の芙芳に手を振って「姉さん、落ち着いて！父さんの胸はまだ温かいんだから！ このソファーじゃ具合が悪いから、まずあっちの長いソファーに寝かせよう。」そう言いながら、姉の返事を待たずに、荪甫は<u>父親を抱きかかえ</u>、みんながそれを助けた。
　ちょうど<u>父親を青いビロードの長くて幅の広いソファーに寝かせる</u>と、電話をかけ終わった佩瑤が戻ってきた。

　この中では'把'構文が2回用いられている。ここでは2つ目の例について見ていく。2つ目の'把'構文の述部は「'放在一张蓝绒垫子的长而且阔的沙发榻上'（青いビロードの長くて幅の広いソファーに寝かせる）」である。この述部は非常に長く、情報量も非常に多い。そしてそれは、倒れた呉老人をみんなで運んで寝かせたソファーが、最初に寝かせようとしたソファーとは違って、この豪邸にふさわしい、いかに豪華なソファーであるかということを詳細に具体的に説明している。

## 1.1.6　談話における'把'構文

　以上の分析から、'把'構文は、行為者が、読み手あるいは聞き手にとって推測可能な具体的な名詞（句）に対して、具体的にどのような行為を行ったのか、ということを表現する構文であると言うことができる。

第 1 章　談話のトピックの展開におけるキーワードとキーセンテンス

　では次に、このような'把'構文が談話の中でどのような機能を果たしているのかということについて、考察していく。

### 1.1.6.1　'把'の目的語の談話上の特徴

　まず、1.1.4 で挙げた例 (1)、例 (2) と、1.1.5.2 で挙げた例 (3) について見ていく。これらは老舎の短編小説＜柳家大院＞の中の例であった。
　例 (1) の'把'の目的語は'小媳妇'である。'小媳妇'はこの小説の主人公そのものであり、この談話のトピックのキーワードである。例 (2) の'把'の目的語は'一条新裤子——就是没补钉'である。この新品の継ぎの当っていない 1 本のズボンがいかに貴重なものであったのかということが、この小説の舞台となっている時代を生きる下層社会の人々の貧しさを象徴しており、これはこの談話のトピックの展開を具象化するためのキーワードである言うことができる。また例 (3) の'把'の目的語は'全院的人（長屋の住人全員）'であり、これもこの小説の重要人物たちであり、この談話のトピックの展開を具象化するためのキーワードである。
　次に 1.1.5.2 で挙げた自然発話の例 (4) 〜例 (7) について見ていく。
　例 (4) の'把'構文は 4-9 の'我把时间记错了。'である。1.1.5.2 に示した例 (4) の発話は、インフォーマント（B）が、まだ時間が十分あると思って安心して眠ってしまったところで、話は終わっている。その続きでは、出雲駅に到着してもインフォーマント（B）はそれに気づかずに列車の中で寝ており、車掌に起こされてやっと到着に気付いた、という内容が語られている。さらにそれに続いて下記に示した内容が語られていく。

例 (4) の続き

・
・
・

4-12B ＝我当时下来｜，因为（那个什么）我到出云市以后｜，人家铃木先
　　　　生呢，和他的夫人要求接我｜，接站的｜。
4-13　 ＝结果到站上找不见我，都很着急。
4-14　 ＝我认识铃木先生吧｜，他已经是七十岁的老人了。他的夫人呢已经

六十二岁了丨。所以两位老人呢丨，在车站也急坏了丨。也找我，找半天找不着丨。

例(4)の続きの日本語訳

・
・
・

4-12 B＝列車を降りる時、出雲市に到着した後、鈴木先生とね、奥様は私を迎えに来てくださると言いました、駅に迎えに来ると。
4-13 ＝結局、駅で私を見つけられなかったので、(鈴木先生夫妻は)とても慌てました。
4-14 ＝知り合いの鈴木先生はね、すでに70歳の老人です。奥様は62歳です。二人とも駅でものすごく慌てました。いくら私を捜しても見つからなかったからです。

　ここでは出雲駅に(B)を迎えに来ていた鈴木夫妻が、(B)が見つからないので慌てた様子が語られている。これは(B)が鈴木夫妻との約束の時間を記憶し間違えた結果起きたことであり、「(約束の)時間」がキーとなっている。したがって、例(4)において'把'の目的語である'時間'は、この談話のトピックの展開のキーワードそのものである。
　次に、例(5)の'把'構文は5-6 Qの'他把几个桌子対到一起'である。「'小王'が、自分が絵を画くために幾つか机をくっ付けた」ということを言っているのだが、教室には(Q)と'小王'の二人だけしかおらず、'小王'がくっ付けたこの幾つかの机のそばで(Q)が'小王'が絵を画いている姿を見つめている。つまり、この'几个桌子(幾つかの机)'が5-6から5-11までの発話の内容の舞台であり、それは二人だけの世界である。したがって、例(5)の'把'構文の'把'の目的語である'几个桌子'は、この談話のトピックの展開を具象化するためのキーワードと見なすことができる。
　さらに、例(6)と例(7)について見ていく。
　例(6)は'把'構文が使役のマーカーである'让'と共起し、例(7)は'把'

第1章　談話のトピックの展開におけるキーワードとキーセンテンス

構文が使役のマーカーである'叫'と共起している例であった。

　例(6)は、インフォーマント（N）と（O）が、視聴覚授業では何を基準とすれば良いのか、ということについて話し合っている談話の一部であった。そこでは6-4Nで'你是让他先把音给听清楚呢，听准确了呢｜，还是说你：就是：以意思为主｜,让他把大致意思听出来｜。'と発話されている。ここでの'把'の目的語は'音'と'大致意思'である。これはどちらも視聴覚授業を進めていく上でのポイントであり、この談話の中では、この2つの重要性を比較している。したがって、両者ともにこの談話のトピックの展開におけるキーワードである。

　次に例(7)は、インフォーマント（H）と（L）が、自分の小学生の子どもの教育について話し合っている談話の一部であった。日本語の理解力が不十分で、さらに中国語を話すこともできない（L）の娘の教育について悩む（L）の発話が7-2Lの'我：怎么办呢｜，那只好叫她把语言学好一点算了吧｜。'である。（L）は日本の小学校教育に満足していない。しかし、娘を中国で学ばせるには、娘の中国語力が十分でない。そこで、娘を中国で学ばせるには、娘に中国語をマスターさせる（'叫她把语言学好一点'）以外に方法はないと考えている。ここでの'把'の目的語は'语言'（ここでは中国語のことを意味している）であり、これが（L）の娘の教育のキーとなっている。したがって'把'の目的語の'语言'は、その談話のトピックの展開におけるキーワードである。

　最後に、1.1.5.2の例(8)について見ていく。

　例(8)は茅盾の小説＜子夜＞（第一章）からの抜粋である。例(8)の'把'の目的語は'老太爷'であり、これはこの小説の主人公である呉蓀甫の父親のことであった。この小説の「第一章」について、中野（1973：150）には、「第一章の明らかな特質は、田舎から出てきたばかりの旧弊な呉老太爺の目を通して見た上海が描かれていることだ。…構成上から見て、第一章をつづく第二、三章と分けて考える所以である。」と記述されている。この中の「呉老太爺」とは例(8)の'把'の目的語である'老太爷'のことである。この中野の分析からも、'老太爷'が第一章において重要人物であることが解り、談話のトピックの展開におけるキーワードであると言う

ことができる。

　以上のことから、'把'構文の'把'の目的語である名詞（句）は、その談話のトピックの展開におけるキーワードそのものであるか、あるいはトピックの展開を具象化するために重要なキーワードであると言うことができる。

### 1.1.6.2 　'把'構文の談話上の特徴と機能
　次に、談話において'把'構文全体がどのような特徴を持ち、どのような機能をはたしているのか、ということについて見ていく。まず、先の例(1)～例(3)について見ていく。

　例(1)は行為者である'老王'の'小媳妇'に対する行為が、'把'構文によって具体的に表現され、それによって、'老王'の人間性や'小媳妇'に対する心情が、読み手にリアルに伝えられる効果がもたらされている。

　また例(2)は、行為者である'小王'の行為が'把'構文によって具体的に表現され、それによって、'小王'の人間性が、読み手にリアルに伝えられる効果をもたらしている。

　さらに、例(3)も行為者である'张二'の行為が'把'構文によって具体的に表現され、それによって、'张二'の人間性が、読み手にリアルに伝えられる効果をもたらしている。

　このように例(1)～例(3)にいては、それぞれの行為者の行為を'把'構文によって具体的に表現することによって、それぞれの登場人物の人間性が具象化されている。したがって、これらの'把'構文は、それぞれの談話のトピックの展開を具象化するためのキーセンテンスと見なすことができる。

　次に、自然発話の例を見ていく。

　例(4)における'把'構文は、4-9の'我把时间记错了。'である。これは例(4)で述べられているデキゴトのすべての原因である。したがって、当然この談話のトピックの展開におけるキーセンテンスそのものであると見なすことができる。

第1章　談話のトピックの展開におけるキーワードとキーセンテンス

　例(5)は、5-6Qで'他把几个桌子对到一起'という'把'構文が表現されている。この表現によって、5-6から5-11までの発話の内容が、「'小王'が、自分が絵を画くためにくっつけた幾つかの机」で絵を画く'小王'と、そのすぐそばで'小王'を見つめる（Q）に、まるでスポットライトが当たっているかのように聞き手に想像され、二人の情景が臨場感を伴って具体的に聞き手に伝わってくる。したがって、この'把'構文全体が談話のトピックの展開を具象化するためのキーセンテンスとしての機能を果たしていると言うことができる。

　例(6)は、インフォーマント（N）と（O）が、視聴覚授業では何を基準とすれば良いのか、ということについて話し合っている談話の一部であった。6-4Nの'把'構文の'把'の目的語は'音'と'大致意思'であり、これはどちらも視聴覚授業を進めていく上でのポイントであり、談話のトピックの展開におけるキーワードであった。'把'構文全体の意味は「音をはっきり、正確に聞き取ること」と、「大体の意味を聞き取ること」であり、これらは視聴覚授業の重要な目的である。したがって、'把'構文全体で述べられていることは、この談話のトピックの展開におけるキーセンテンスである言うことができる。

　また例(7)は、インフォーマント（H）と（L）が、自分の小学生の子どもの教育について話し合っている談話の一部であった。7-2Lの'把'構文の'把'の目的語は'语言'であり、これはこの談話のトピックの展開におけるキーワードであった。そして'把'構文全体で述べられていること、つまり「娘が中国語をマスターすること（＝她把语言学好一点）」は、娘が中国で満足のいく教育を受けるための重要なポイントである。したがって、'把'構文全体で述べられていることは、この談話のトピックの展開におけるキーセンテンスそのものである。

　最後に例(8)について見ていく。

　例(8)の'把'構文の目的語は'老太爷'で、これはこの小説の第一章のトピックの展開におけるキーワードであった。そしてここでの'把'構文全体は'把老太爷放在一张蓝绒垫子的长而且阔的沙发榻上'で、それは「父親を青いビロードの長くて幅の広いソファーに寝かせる」という意味だっ

た。これは'老太爺'の息子の豪邸を具象化する働きをしている。したがって、例(8)の'把'構文はそれ全体としては、談話のトピックの展開を具象化するためのキーセンテンスとしての機能を果たしている。

　以上のことから、'把'構文の表現内容は、その談話のトピックの展開におけるキーセンテンスであるという特徴を持つ。そしてさらに、'把'構文の表す内容が具体的な行為を意味していることから、その談話のトピックの展開を具象化することができる。そしてそれによって、読み手あるいは聞き手は自分自身でその行為を追体験することができ、その結果'把'構文は、読み手あるいは聞き手に対して、「実感」や「共感」や「臨場感」を惹起する機能を果たすこととなる。このような機能は、'把'構文の「説得力」によるものである。
　'把'構文の「説得力」については、1.1.8において詳述する。

### 1.1.7　文章の種類と'把'構文

　'把'構文は、一言で言えば、行為者が'把'の目的語に対してどのような行為を行ったかということを具体的に表現する構文である。この構文の対極にあるのが存在文や描写文である。これらは行為を表現しない。たとえば名所旧跡を紹介する文章や、自然描写文などがそれである。下記の例(9)は、《中国博物館旅游指南》（：122）の中で'上海孫中山故居'を紹介している文章である。ここでは'把'構文は用いられていない。
例(9)
　　　上海孙中山故居
　　　位于上海香山路7号
　　　上海孙中山故居**是**孙中山先生与夫人宋庆龄1918年7月初到1924年11月的住所。故居**是**一幢20世纪初欧洲乡村二层楼房，外墙饰以灰色卵石，屋顶铺红色鸡心瓦，南面**是**一个小花园，靠墙四周种植有玉兰、香樟、黄杨等花木。故居占地1013平方米，建筑面积452平方米。
　　　故居收藏文物**有**10716件，其中孙中山手迹9幅，历史照片880张，还

第1章　談話のトピックの展開におけるキーワードとキーセンテンス

保存<u>有</u>孙中山先生行医时的部分医疗器械和部分生活用品。
　故居现陈列内容<u>有</u>，楼下客厅，摆<u>放着</u>一套沙发，客厅的四周墙上<u>悬挂着</u>中山先生就任中华民国临时大总统，以及蒙难一周年纪念照片，还<u>陈列着</u>友人赠送的名人书画和象牙雕刻；…

　この文章の中で特徴的に用いられているのは、下記の3種類の表現形式である。
　ア．名詞述語文（'是'を用いた表現）
　イ．動詞'有'用いた表現
　ウ．「動詞＋事態助詞'着'」の表現

　また、作者自らの心情を表現する随筆などにも'把'構文が用いられることは少ない。下記の例(10)は張愛玲の随筆＜愛＞の全文であるが、この文章の中にも'把'構文は用いられていない。
例(10)
　这是真的。
　有个村庄的小康之家的女孩子，生得美，有许多人来做媒，但都没有说成。那年她不过十五六岁吧，是春天的晚上，她立在后门口，手扶着桃树。她记得她穿的是一件月白的衫子。对门住的年轻人同她见过面，可是从来没有打过招呼的，他走了过来，离得不远，站定了，轻轻的说了声："噢，你也在这里吗？"她没有说什么，他也没有再说什么，站了一会，各自走开了。
　就这样就完了。
　后来这女子被亲眷拐子卖到他乡外县去作妾，又几次三番地被转卖，经过无数的惊险的风流，老了的时候她还记得从前那一回事，常常说起，在那春天的晚上，在后面口的桃树下，那年轻人。
　于千万人之中遇见你所遇见的人，于千万年之中，时间的无涯的荒野里，没有早一步，也没有晚一步，刚巧赶上了，那也没有别的话可说，惟有轻轻的问一声："噢，你也在这里吗？"

　これに対して、'把'構文の独壇場とでも言えるような文章が、下記の

例(11)である。

　下記の例(11)は、≪中国名菜谱（上海风味）≫（:20）で、「干し貝柱（'干贝'）とクコの新芽（'枸杞头'）」の料理（='干贝枸杞头'）を紹介している文章であり、この料理の特徴と必要な材料およびその作り方の手順が説明されている。

例(11)

　　干贝枸杞头，采用春夏之交的枸杞嫩叶与来历有"海味极品"的干贝配伍，是格调朴实无华，贵在本色本味的时令菜肴。它以炝拌的烹调方法，令枸杞色泽橙绿清新，干贝甘香醇厚，具有明目去火，健胃利肺等作用。

原料　主料：干贝 50 克，枸杞头 250 克

　　　调料：葱结 5 克，姜片 5 克，绍酒 25 克，精盐 2 克，花椒 12 粒，花生油 50 克

制法

(1) <u>将</u>干贝洗净放入碗内，加入葱结、姜片、绍酒及少许清水，上笼蒸 1 小时左右，取出，拣取碗里的葱、姜，<u>将</u>原汤滗到汤盘内，再<u>将</u>干贝捏成细些，另放待用。

(2) <u>把</u>枸杞头洗净，放入沸水锅内焯过，捞出沥干，粗切一下后放入干贝原汤盘里，加精盐拌匀。

(3) <u>将</u>炒锅置火上，下花生油烧热，放入花椒炸出香味，然后捞出花椒粒，<u>把</u>热油炝在枸杞头上，随<u>将</u>干贝丝放入，拌匀即成。

　例(11)の最初の3行は、この料理の特徴を説明するための紹介文であり、次の'原料'では、この料理の材料と分量が分かりやすく箇条書きにまとめられている。そこでは'把'構文は用いられていない。その次の'制法'で、この料理の作り方が説明されている。料理の作り方の説明で重要なことは、何に対してどのような働きかけをするのかということが具体的に示されることである。

　'制法'の部分では'将'が5箇所、'把'が2箇所で用いられている。'将'は書き言葉で用いられ、'把'と同じ用法であり、例(11)の5箇所の'将'は'把'と同じ機能であると判断して差し支えない。したがってこの'制法'

43

の部分には'把'が7箇所で用いられていると言うことができ、'把'構文の独壇場と言っても過言ではない。

　'制法'の部分の7箇所の'把'構文を詳細に見ていくと、'把'の目的語は「'干贝'（干し貝柱）」が3箇所、「'原汤'（ゆで汁）」、「'枸杞头'（クコの新芽）」、「'炒锅'（中華鍋）」、「'热油'（熱した油）」がそれぞれ1箇所で表現されている。これらはすべてこの料理を作るにあたって必要不可欠なものであり、この料理のキーワードである。そして述語で表現されているのは、すべて'把'の目的語に対する具体的な行為である。

　次に、自然発話の中で'把'構文が多用されている例を見ていく。
　下記の例(12)は、言語資料05において、インフォーマント（E）と（F）が「中国人の'食'に対する考え方」について話し合っている中で、（F）が中国が貧しかった頃を題材とした、ある漫談の内容を語ったものである。
例(12)

12-1 F ＝你说起中国穷的事情来了哈｜，我听：听过一个相声｜，天津人说的哈｜，天津的一个说相声的老头｜，单口相声你听过没有？｜

12-2 　　＝就是：中国特别穷的时候｜，有一个村子｜，有一家（这个）：特别穷｜，老头、老婆｜，就是老夫妻呀｜，两个人在那儿住｜。

12-3 　　＝那房子吧｜，漏雨。夏天漏雨，冬天透风｜，就是：门子也（那个）：破门、破户的哈｜，住在里边｜。

12-4 　　＝家里边什么财产：财产都没有｜，就有一个坛子｜。坛子里边呢，放着半坛子小米｜。这就是｜。当时呀｜，因为是饥荒啊，那是他家最主要的就是：财产啊｜。

12-5 　　＝有一天晚上呢｜，老头、老太太还没睡着｜，老头呢，在炕上躺着：抽旱烟｜，老太太呢，迷迷糊糊地：半睡半醒的｜。哈哈哈

12-6 　　＝半夜了｜，（这个）小偷就来了｜。

12-7 　　＝那小偷儿呢｜，偷偷地就：因为它没有门呐｜，那门就开着呢，夏天｜。小偷就钻进来了｜，钻进来就摸｜，摸摸摸就摸着（这

|  |  |
|---|---|
|  | 个) 坛子了｜。手伸进去一摸｜,'啊！｜,是小米'｜。当时最贵重的就是吃的了｜。 |
| 12-8 | =这小偷说,"好咧｜,我就<u>把这小米拿回去吧</u>①｜。 |
| 12-9 | =他就准备<u>把这个小米</u>呢｜,<u>带回去</u>②｜。 |
| 12-10 | =他就<u>把上衣脱下来铺在地上</u>③｜,完了,拿这个坛子准备<u>把这小米</u>④… |
| 12-11 | =因为（这个）抱着坛子走：特别沉吧｜。 |
| 12-12 | =然后他<u>把这小米想倒在（这个）衣服上来一包</u>｜,<u>卷着就走了</u>⑤,不是｜。 |
| 12-13 | =当时呢｜,老头就发现了｜。老头烟袋锅子：就是：（那个）当时烟灰已经嗑掉了,没有火星儿了啊｜。 |
| 12-14 | =小偷还以为他俩都睡着了｜。 |
| 12-15 | =老头就<u>把（那个）小衫子啊</u>｜,<u>他的那个上衣呀,一勾</u>｜,<u>一团</u>｜,<u>放在自己被窝里</u>⑥｜,不吭气了｜。 |
| 12-16 | =那个小偷呢｜,拿这个坛子'哗叹'：回头啊｜,抱起来回头'哗'就倒地上了｜。完了,一摸｜,小褂没了｜。小偷怎么摸都没有｜,小偷就：特别着急｜,他纳闷啊。纳闷就："嗯？"（这个这个）'嗯'声就出来了｜。 |
| 12-17 | =当时那老婆呢｜,就醒了｜,老婆就"哎呀！｜,老头子啊,小偷进来了"｜。 |
| 12-18 | =老头就说"没小偷你放心吧！"｜。 |
| 12-19 | =那小偷一听让人发觉了｜,赶快就猫那儿｜,半天没吭声｜。 |
| 12-20 | =过了那么十来分钟｜,觉得可能又睡着了｜,他起来又摸。又摸又摸还没有｜。小偷怎么想都怎么不对头儿,就纳闷儿得不行啊｜,"嗯？"又"嗯？"出来了。哈哈哈 |
| 12-21 | =这老婆子赶快站起来说｜,"唉｜,老头子啊,快起来吧,还是小偷来了"｜。 |
| 12-22 | =老头儿说,"没有｜,绝对没小偷,你放心睡觉吧"｜。 |
| 12-23 | =那小偷不乐意了｜,小偷说,"没有？｜,没有我小褂哪儿啦？"哈哈哈 |

12-24 E ＝哈哈，完了｜，被抓住了｜。

12-25 F ＝反有这么一个笑话｜。

12-26 E ＝挺有意思的啊｜。

例(12)の日本語訳

12-1 F ＝中国の貧しい状況について話すとね、私は1つの漫才を聞いたことがあります、天津の人が話すやつで、天津のある漫談をする老人が話す、一人漫談を聞いたことがありますか？

12-2 ＝それはこんな話です。中国が特に貧しかった頃、ある村に、特別貧しい家があり、おじいさんとおばあさんの老夫婦がね、二人でそこに住んでいました。

12-3 ＝その家はね、雨漏りします。夏は雨漏りし、冬は風が通り、つまり：門も破れ、戸も破れていて、そういう家に住んでいました。

12-4 ＝家の中の財産は：財産は何もなくて、ただ1つかめがあるだけでした。かめの中にはね、かめの半分くらいの粟が入れてありました。これだけです。当時はね、飢饉だったので、それは彼らの家で一番大切な：財産でした。

12-5 ＝ある晩、おじいさんもおばあさんもまだ眠っていなくて、おじいさんはね、オンドルのところで横になって：煙草を吸っていました。おばあさんはね、うとうとと：していました。ハハハ

12-6 ＝夜中に、コソ泥がやって来ました。

12-7 ＝そのコソ泥はね、その家には門がありませんでした、入口は開いていました、夏だから。コソ泥はこっそりと忍び込み、かめを手探りしました。かめの中に手を伸ばすと、「あっ！粟だ」。当時一番貴重なものは食べる物でした。

12-8 ＝このコソ泥は（心の中で）「よし！この粟を持って帰ろう①」と言いました。

12-9 ＝コソ泥はその粟をね、持って帰る②準備をしました。

46

12-10　＝コソ泥は上着を脱いで地面に敷き③、それからそのかめを持って粟を④・・・

12-11　＝なぜならかめを抱えて行くには：重すぎたからです。

12-12　＝それからコソ泥は粟を上着にこぼして包み、巻いて行こうとしました⑤。そうでしょ。

12-13　＝その時、おじいさんが気付きました。おじいさんはキセルの雁首：つまりその時（キセルの雁首をトントンとやって）煙草を落とし、（タバコの）火が消えました。

12-14　＝コソ泥はおじいさんとおばあさんはもう寝てしまったと思いました。

12-15　＝おじいさんは、上着、コソ泥の上着を（キセルの雁首で）ゆっくり引き寄せて丸め、自分の掛布団の中に入れ⑥、黙っていました。

12-16　＝そのコソ泥は、かめを持ってザーッと：振り返り、抱きかかえて振り返ってザーッと地面に（かめの中の粟を）空けました。手探りすると、上着がありませんでした。コソ泥がどんなに手探りしても上着がないので、コソ泥は：とても慌て、訳が分かりませんでした。訳が分からなかったので、「ん？」という声が出てしまいました。

12-17　＝その時おばあさんがね、目を覚まし、おばあさんは「アレー！おじいさん、コソ泥が入ってきました」と言いました。

12-18　＝おじいさんは「コソ泥はいないから安心しなさい」と言いました。

12-19　＝コソ泥はそれを聞くとそう思わせるように、身を隠して、しばらく黙っていました。

12-20　＝10分くらい過ぎると、（おじいさんとおばあさんは）眠っただろうと感じたので、コソ泥は起き上がってまた手探りしました。手探りしても手探りしてもありません。コソ泥はどう考えてもおかしい、納得いかないと思い、「ん？」、また「ん？」と言ってしまいました。ハハハ

第1章　談話のトピックの展開におけるキーワードとキーセンテンス

12-21　＝おばあさんは急いで立ち上がって言いました、「ねえ、おじいさん、速く起きて！やっぱりコソ泥が来た！」
12-22　＝おじいさんは、「いない、絶対にコソ泥はいないから、安心して寝なさい。」と言いました。
12-23　＝それでコソ泥は怒って、「いない？いないんだったら俺の上着はどこだ？」と言いました。ハハハ
12-24 E　＝ハハ、それで捕まった。
12-25 F　＝こういう笑い話です。
12-26 E　＝とてもおもしろいですね。

　この話は、貧しい老夫婦の家に盗みに入った泥棒が、その老夫婦の唯一の財産である「粟」を盗もうとしたが、逆にその家の主であるおじいさんに、自分の「上着」を盗まれそうになったという内容である。（F）はこの中で'把'構文を6回用いている（12-8①、12-9②、12-10③と④、12-12⑤、12-15⑥）。この6回の'把'構文の目的語を見てみると、そのうち4回は「'小米'（粟）」で、残りの2回は「'上衣'／'小衫子'（上着）」である。しかしこの話においては、この2つはどちらも、ただ単にそれだけのことを意味しているだけではない。'小米'はこの貧しい老夫婦の唯一の財産であり、'上衣'は泥棒の唯一の財産である。そしてこの話は、この話の主人公である「おじいさん」と「泥棒」の、それぞれの唯一の財産である'小米'と'上衣'を巡る具体的な行為によって展開していく。それらをまとめると、下記のようになる。

12-4　　：この家の唯一の財産は'小米'である
12-8、9：泥棒が'小米'を持って帰ろうとする
　　　　＝（我就把这小米拿回去吧①）、(他就准备把这个小米呢，带回去②)
12-10　：泥棒が自分の'上衣'を地面に敷き、それに'小米'を包もうとする
　　　　＝（他就把上衣脱下来铺在地上③，完了，拿这个坛子准备把这小米④…）

48

12-12 ：泥棒が'小米'を自分の上着にくるんで、巻いて行こうとする
　　　　＝（他把这小米想倒在衣服上来一包，卷着就走了⑤）
12-15 ：おじいさんは泥棒の上着を引き寄せて丸め、自分の掛布団のなかに入れた
　　　　＝（老头就把小衫子啊｜，他的那个上衣呀，一勾｜，一团｜，放在自己被窝里⑥）

　この談話の展開から、この中の'小米'と'上衣／小衫子'という名詞は、この話の展開のキーワードであり、このキーワードを巡る具体的な動作・行為のすべてが'把'構文を用いて表現されていることが解る。

　以上、例(9)～例(12)から、書き手あるいは話し手の伝達意図の相違によって、その文章の中で選択される表現形式には著しい違いのあることは明白である。その中で'把'構文を用いるのは、'把'構文を用いることによって、動作者の動作・行為を具体的に表現し、それによって談話のトピックの展開に説得力を与えるためである。

## 1.1.8　'把'構文の「説得力」

　'把'構文は説得力を持つ。それはなぜか。ここではこれについて考察していく。
　平井（1986：137）では、「Ⅲ 文章の構想」の「9 論文の構想の展開」で、「説得」について次のように述べられている。
「一般に説得ということは、相手を納得させて、自分の考えに賛成させたり、特定の行動をさせたりすることです。自分の考えに賛成してくれることも相手の精神的な行動だとしますなら、説得というのは、要するに、相手がこちらの意図した行動をしてくれるようにすることです。」

　そして平井（1986：138-139）では、「論文を書く」という仕事をする際に、書き手が説得力のある文章を書くために用意しなければならない５つのこ

とを挙げている。その3つ目に「説得の段階について心得ています」と書かれており、そこでは「説得の段階」が、下記の5段階に分けて説明されている。
 (1) 注意の段階―――読み手の注意を引きます。
 (2) 必要の段階―――読み手の特定な必要（要求）を明らかにします。
 (3) 満足の段階―――読み手の必要を満足させるための具体的な提案をします。
 (4) 具体化の段階――具体的な提案の適用の結果について、読み手が自分で具体的に想像できるようさせます。
 (5) 行動化の段階――読み手が具体的な提案を行動化するようにしむけます。

　この5段階の(3)～(5)の説明から、「説得」にとって「具体的」な提案というものが非常に重要な要素であることが解る。何故なら、「具体的」であれば読み手および聞き手が想像しやすいからである。
　上記の(1)～(5)は、論文を書く際の説得の段階を示したものであるが、今、'把'構文の「説得力」を考察するにあたり、平井（1986）のこの説得の5段階を'把'構文に応用してみることにする。
 (1) 注意の段階　＝'把'で目的語をマークして、読み手あるいは聞き手の注意を引く。
 (2) 必要の段階　＝'把'でマークすることにより、その名詞（句）が、その談話のトピックの展開におけるキーワードであることを読み手あるいは聞き手に明示する。
 (3) 満足の段階　＝述部において'把'の目的語に対する行為者の具体的な動作・行為を、読み手あるいは聞き手に明示する。
 (4) 具体化の段階＝'把'構文で表現された具体的な内容を、読み手あるいは聞き手に想像させる。
 (5) 行動化の段階＝'把'構文で表現された具体的な内容を想像させることによって、読み手あるいは聞き手に実感、共感させる。

このような段階を経て、'把'でマークした目的語（＝その談話の展開におけるキーワード）に対する行為者の具体的な動作・行動を、その述部において表現する'把'構文は、談話のトピックの展開に説得力を与えることとなる。

## 1.1.9 '把'構文の修辞的効果

ここでは、'把'構文の持つ説得力が、修辞によって発揮されている例を written discourse の中で見ていく。
以下では、まず本節における「修辞」を定義する。

### 1.1.9.1 「修辞」とは何か
本節では「修辞」を次のように定義する[4]。

「修辞」とは、書き手が言語によって読み手に何かを伝達しようとする際に、読み手に共感や共鳴を起こすために、言語表現に「説得力」と「魅力」をもたせるための技術体系である。そしてその言語表現のもつ「魅力」は単なる美文や装飾などの技術的なことではなく、「説得力」を増すために効果的な働きをするものでなければならない。

以下で、隠喩、擬人法、対比、反復、引用の5種類の修辞の方法によって'把'構文の説得力が発揮されている例を、順に見ていく。

### 1.1.9.2 隠喩
「隠喩」とは比喩の一種であり、類似点を見つけて別のものに見立てて喩える方法である。中国語では'借喩'という。そして喩えることによって、喩えられる方は具象化される。

---
[4] 本節において「修辞」を定義するに際し、秦旭卿・王希杰（1989）、張志公顧問・周振甫・張寿康（1991）、佐藤（1981）、瀬戸（2002）の4冊の記述を参考にした。

第 1 章　談話のトピックの展開におけるキーワードとキーセンテンス

　下記の例(13)は＜柳家大院＞からの抜粋であり、下線部分の'把'構文に隠喩という方法が用いられている。

例(13)
他就是这么个人——和"文明"人要是过两句话，替别人吹几句，脸上立刻能红堂堂的，在洋人家里剪草皮的时候，洋人要是跟他过一句半句的话，他能<u>把尾巴摆动三天三夜</u>。他确是有尾巴。可是他摆一辈子的尾巴了，还是他妈的住破大院啃窝窝头，我真不明白！

例(13)の日本語訳
彼（老王）はこんな人間だ——「ハイカラ」な人と二言三言、言葉を交わしたことがあったら、その人のことについてお世辞を言い、すぐに顔を真っ赤にするだろう。外人の家で芝生を刈っているとき、外人がもし彼に一言でも話しかけたら、彼は<u>シッポを三日三晩振っている</u>に違いない。確かに彼にはシッポがある。しかし彼が一生シッポを振っていても、畜生！やはりぼろ長屋に住んでトウモロコシ団子を食べるのだ。私には本当に分からない！

　ここでは、王家の家長である'老王'の行為を'把'構文を用いて'他能<u>把尾巴摆动三天三夜</u>'と表現している。外人に一言でも話しかけられたら、三日三晩シッポを振っているような'老王'である。「シッポ」とは、もちろん「犬のシッポ」のことであり、「シッポを振る」という行為は、犬が自分の主人に対してその従順さを表現したり、また主人のご機嫌をとるときの行為である。ここでは'老王'を犬に喩え、犬が主人に対するように外人に対してご機嫌取りをする'老王'の行為が'把'構文によって具象化されている。そしてこの隠喩による'把'構文によって、'老王'の人間性が具体化され、説得力をもって読者に伝えられている。

### 1.1.9.3　擬人法

　「擬人法」とは、人間でないものを人間に見立てる方法であり、中国語では'比拟'という。人間でないものを人間に見立てるのであるから、そ

れは人間でないものに人間的な感情が込められるということである。
　下記の例(14)は王蒙の＜坚硬的稀粥＞からの抜粋であり、'把'構文が擬人法に用いられている例である。

例(14)
吾儿动情图治，第二天，果然，黄油面包摊生鸡蛋牛奶咖啡。徐姐与奶奶不吃咖啡牛奶，叔叔给他们主意用葱花炝锅，加花椒、桂皮、茴香、生姜皮、胡椒、紫菜、干辣椒，加热冒烟后放广东老抽——虾子酱油，然后用这些潲子加到牛奶咖啡里，压服牛奶咖啡的洋气腥气。我尝了一口，果然易于承受接受多了。我也想加潲子，看到儿子的杀人犯似的眼神，才为子牺牲口味，硬灌洋腥热饮。唉，"四二一"综合症下的中国小皇帝呀！他们会<u>把我国带到哪里去</u>？

例(14)の日本語訳
私の息子は家族のために一生懸命力を尽くし、翌日、果たして、バタートースト、生卵とミルクコーヒーがまとめて置かれていた。徐ねえさんと祖母はコーヒーとミルクを飲まない。そこで叔父が、葱のみじん切りをさっと炒め、そこに山椒、桂皮、茴香、生姜の皮、胡椒、紫のり、干し唐辛子を加え、加熱して煙が出たら広東老抽（えび醤油）を入れ、そのあとこれらのどろどろしたものをミルクコーヒーの中に入れて、ミルクコーヒーのバタ臭さを抑えることを、彼らに提案した。私がそれを一口飲むと、案の定とても飲みやすかった。私もそのどろどろしたものを入れようと思ったが、息子の人殺しのような目つきを見て、息子のために味を犠牲にして、バタ臭い熱い飲み物を無理やり流し込んだ。ああ、"四二一"症候群の中国小皇帝よ！彼らは<u>わが祖国をどこへ連れて行くのだろう</u>？

　＜坚硬的稀粥＞は、1980年代に改革・開放された中国の急激な西洋化を皮肉った小説である。この小説に描かれている家族は'爷爷（88歳）、奶奶（84歳）、父亲（63歳）、母亲（64歳）、叔叔（61歳）、婶婶（57歳）、我（40歳）、妻子（40歳）、堂妹、妹夫、儿子（16歳）'の11人で、さらにこの家で40年間家事をしている'徐姐（59歳）'が同居している。例

第1章　談話のトピックの展開におけるキーワードとキーセンテンス

(14)では、この家の「古臭い」伝統や習慣を改め、「現代的」な生活様式を取り入れようと、16歳の息子が、中国の伝統的な朝食をバタートーストと生卵とミルクコーヒーに替えたことによって、その他の家族全員が困惑している様子が描かれている。文中の「"四二一"综合症下的中国小皇帝("四二一"症候群の中国小皇帝)」の「"四二一"」とは、中国が国策として1979年から実施した一人っ子政策によって、各世代が半分の人数となっていくことを表したものである。ここではこのような状況下の一人っ子たちのことを'他们（彼ら）'と言っている。そして彼らの行為を'把'構文で「'他们会把我国带到哪里去？'（彼らはわが祖国をどこへ連れて行くのだろう？）」と表現し、'我国（わが祖国）'を人間に見立てている。人間に見立てることによって、それはただ単に政治機構としての「国家」ということを意味するだけではなく、そこで生きる人々と、その人々が長い年月をかけて築いてきた歴史や文化、たとえば例(14)の中で'叔叔'が作った「どろどろしたもの」の素材が示しているような、バターやパンや生卵やミルクやコーヒーではない文化をも含むこととなる。つまり、そこで長い年月をかけて築いてきた歴史や文化を背負っている人々（='我国'）を、一体どのような文化的価値観へ連れていこうとしているのかということを、'把'構文で表現している。

　もう1つ、擬人法の例を見ることにする。下記の例(15)は巴金の＜家＞からの抜粋である。
例(15)
风玩弄着伞，把它吹得向四面偏倒，有一两次甚至吹得它离开了行人的手。风在空中怒吼，声音凄厉，跟雪地上的脚步声混合在一起，成了一种古怪的音乐，这音乐刺痛行人的耳朵，好像在警告他们：风雪会长久地管治着世界，明媚的春天不会回来了。

例(15)の日本語訳
風は傘をもてあそび、傘を吹きまくって四方にひっくり返し、ひどいときには通行人の手から傘が離れそうになる。風は空中に怒号し、その音は凄

まじく、雪の上を歩く足音と一緒になって、奇異な音楽となり、通行人の耳を刺す。まるで、この風雪はずっと長く世界を治め、清らかで美しい春はもう帰ってこないと、人々に警告しているかのようである。

　巴金の＜家＞は1931年に書かれ、1919年の五四運動当時に崩壊した、四川省の大都市の富豪の大家族と、この激動期を生きた人々を描いた作品である。例(15)はこの小説の書き出しからわずか数行のところに描写されている部分である。例(15)では'把'構文を用いて「'<u>风玩弄着伞，把它吹得向四面偏倒</u>'（風は傘をもてあそび，<u>傘を吹きまくって四方にひっくり返す</u>）」と表現されている。
　ここで「風」は、1919年に起きた五四運動という時代の象徴として描かれている。そしてこの「風」に吹き飛ばされる「傘」は、まさにこの時代を生きた人々そのものであり、この「傘」が'把'でマークされ（'它' = '傘'）、擬人法で表現されている。つまり、五四運動という時代の象徴である「風」が、この時代を生きた人々を擬人化した「傘」を吹き飛ばすということが、'把'構文を用いて具象化して表現されているということである。さらに、この'把'構文による表現を、小説の書き出しから数行のところに置くことによって、この小説の登場人物たちの前途を暗示する働きをしている。

### 1.1.9.4　対比

　「対比」とは通常、同型であって意味が対称的あるものをいう。例えば日本語で言えば「売りことばに買いことば」の類である。中国語においても同様であるが、ここでは、'把'構文が他の構文と対比して用いられ、それによって、そこで表される意味が鮮明に対照的に表現されている例を挙げる。下記の例(16)がそれであり、阿城の＜棋王＞の中からの抜粋である。
　例(16)は、'我'と'他（王一生）'の二人が、下放先の農村に向かう列車の中で時間を過ごしているときの様子が描写されている部分である。最初二人は「食べること」について話をしているが、気分を変えるために'我'

第1章　談話のトピックの展開におけるキーワードとキーセンテンス

が'他（王一生）'に将棋を指すことを提案する。例 (16) はそれに続く部分である。

例 (16)

他摇摇头，说："这太是吃的故事了。首先得有饭，才能吃，这家子一囤一囤的粮食。可光穷吃不行，得记着断顿儿的时候，每顿都要欠一点儿。老话儿说'半饥半饱日子长'嘛。"我想笑但没笑出来，似乎明白了一些什么。为了打消这种异样的感触，就说："呆子，我跟你下棋吧。"他一下高兴起来，紧一紧手脸，啪啪啪就把棋码好①，说："对，说什么吃的故事，还是下棋。下棋最好，何以解不痛快？唯有下象棋。啊？哈哈哈！你先走。"我又是当头炮②，他随后把马跳好③。我随便动了一个子儿④，他很快地把兵移前一格儿⑤。我并不真心下棋，心想他念到中学，大约是读过不少书，就问："你读过曹操的《短歌行》？"

例 (16) の日本語訳

彼は首を横に振って言った。「これはまさに食うことの話だ。まず先に飯があって、それで初めて食うことができるのであって、この家には山のように食糧があった。だが、食べることばかり考えちゃいけないんだ、食べられない時のことも考えなくちゃいけなくて、毎回食べるときに全部食べちゃわないで残しておくんだ。昔から言うじゃないか、『全部食べちゃわないで残しておけば長く生きていける』ってね。」僕は笑おうと思ったが、何かが少し分かったようで、笑えなかった。この異様な感覚を打ち消すために、僕が「将棋をやろう」と言うと、彼はすぐにうれしそうに、サッと気合を入れて、パンパンパンと将棋の駒をきちんと並べて①言った、「そうさ、食う話なんかより、やっぱり将棋だ。将棋は最高さ。何を以ってゆううつを解かん、ただ将棋あるのみ。そうだろ？ハハハ！君からだ。」僕がまた「当頭炮（初手でもっとも多い形）」にする②と、彼はすぐに「馬」の駒を跳ねさせた③。僕がいい加減に1つ駒を動かす④と、彼はすばやく「兵」の駒を前に1つ進めた⑤。僕は本気で将棋を指す気はなく、心の中で、彼は中学まで行っているのだから、多分たくさん本を読んでいるだろうと思い、「君は曹操の《短歌行》を読んだことがあるかい？」と聞いた。

ここでの'我'と'他（王一生）'が将棋を指す描写の対比は出色である。二人が将棋を指す描写は、｛'他'='把'構文｝→｛'我'=名詞述語文｝→｛'他'='把'構文｝→｛'我'=動詞述語文｝→｛'他'='把'構文｝という構成になっている。これをまとめると下記の①～⑤のようになる。

① '他'='把'構文　⇒'他一下高兴起来,紧一紧手脸,啪啪啪就<u>把棋码好</u>'
② '我'=名詞述語文⇒ '我又是当头炮'
③ '他'='把'構文⇒ '他随后<u>把马跳好</u>'
④ '我'=動詞述語文⇒ '我随便动了一个子儿'
⑤ '他'='把'構文⇒ '他很快地<u>把兵移前一格儿</u>'

　ここでは'把'構文を異なる構文と対比させてして表現することによって、'我'と'他（王一生）'の将棋を指すという行為に対する思い入れや心構えの違いが、対照的に表現されている。具体的には、'我'がいい加減な気持ちで将棋を指している様子を、単なる名詞述語文や動詞述語文で表現している（=②と④）のに対して、'他'が一手一手真剣に将棋の駒を動かす行為が'把'構文で詳細に具象化して描写されている（=①、③、⑤）。
　さらに③の'把'構文（='他随后<u>把马跳好</u>'）と⑤の'把'構文（='他很快地<u>把兵移前一格儿</u>'）においては、先の1.1.9.2で見た隠喩の手法が用いられている。③の'把'構文では'他'が将棋の駒の'马（馬）'を勢いよく動かす様子を、将棋の駒の'马'をほんものの「馬」に見立てて「'跳好'（はねる）」と表現している。また⑤の'把'構文では、'他'が将棋の駒の'兵'を「兵士」に見立てて「'移前一格儿'（前に一つ進める）」と描写している。このように表現することによって、'他'の行為がさらに臨場感のある具象化された描写となり、それによって、'他'の将棋を指す行為に対する気合の入った心情が、説得力をもって読者に伝わってくる。
　このように例(16)では'把'構文を他の構文と対比して用いることで、行為者の将棋に対する意識の違いが対照的に表現されている。

## 1.1.9.5 反復

「反復」とは同じ形を繰り返すものを言う。中国語では'排比'と言うが、中国語の場合、その繰り返しは3回以上でなければならない。

下記の例(17)は＜坚硬的稀粥＞の中で'把'構文が'排比'に用いられている例である。

例(17)
徐姐浑然不觉，反倒露出些踌躇志满的苗头。她开始按照她的意思进行某些变革了。首先<u>把早饭里的两碟腌大头菜改为一碟分两碟装</u>①，<u>把卤菜上点香油变成无油</u>②，<u>把中午的炸酱由小碗肉丁干炸改为水炸</u>③，<u>把平均两天喝一次汤改为七天才喝一次汤</u>④，<u>把蛋花汤改为酱油葱花做的最简陋的"高汤"</u>⑤。

例(17)の日本語訳
徐ねえさんはそれには全然気づかず、かえって得意満面なきざしも見えた。彼女は自分の思う通りに改革し始めた。まず<u>朝食の2皿のキャベツの漬物を1皿分で2皿に分けるように改め</u>①、<u>タレで煮た肉にかけるゴマ油をなしにし</u>②、<u>昼食の味噌を油で炒めた小さなお椀のひき肉味噌から、油のかわりに水を入れて炒めたものに改め</u>③、<u>平均2日に1回飲んでいたスープを7日に1回に改め</u>④、<u>卵入りスープを醤油とネギで作る最も簡単な"だしスープ"に改めた</u>⑤。

この家で40年間家事を担当している'徐姐（徐ねえさん）'は、この家の16歳の長男（"四二一"症候群の中国小皇帝）の提案を受けて、自分なりの判断でこの家の食事を変えようとした。どのような食事をどのように変えようとしたのか、その内容が具体的に表現されている部分が上記の例(17)である。そしてその具体的な行為は'把'構文を用いて連続5回、同じ型（'把'＋N＋'改为/变成'）で繰り返されている。

① <u>把早饭里的两碟腌大头菜改为一碟分两碟装</u>
② <u>把卤菜上点香油变成无油</u>
③ <u>把中午的炸酱由小碗肉丁干炸改为水炸</u>
④ <u>把平均两天喝一次汤改为七天才喝一次汤</u>

⑤　把蛋花汤改为酱油葱花做的最简陋的"高汤"

　反復することによってそこにはリズムが生まれる。'徐姐'の行為を同型の'把'構文で連続5回反復させることにより、それはただ単に食事の内容の変化を具象化して読者に示すだけにとどまらない。そこからは、例(17)の中でも表現されているように、「'踌躇意满'（得意満面）」に意気揚々と食事を「'变革'（変革）」している'徐姐'の姿が、臨場感をもって読者に伝わってくる。

### 1.1.9.6　引用
　最後に'把'構文に引用が用いられている例を見ていく。
　例(18)は王蒙の＜坚硬的稀粥＞からの抜粋である。ここでは'把'構文の述語部分に四字成語と'歇后语'が引用されている。
例(18)
惧的是小子两片嘴皮子一沾就把积弊时弊抨击了个落花流水，赵括谈兵，马谡守亭，言过其实，大而无当，清谈误家，终无实用。积我近半个世纪之经验，凡把严重的大问题说得小葱拌豆腐一清二白千军万马中取敌将首级如探囊易如掌都不用翻者，早就会在亢奋劲儿过去以后患阳痿症的！

例(18)の日本語訳
恐れているのは，息子が口を開けば積もり積もった弊害とこの時代の弊害をこてんぱんに非難攻撃することで、しかし、それはまるで趙括が兵法を語り、馬謖が亭を守るようなもので、話が誇大で、実際とかけ離れ、大きいだけで使いものにならず、清談は家を誤るで、結局は何の役にも立たないのだ。私の半世紀に近い経験から言えば、おおよそ重大な問題を簡単に白黒はっきりさせて話したり、千軍万馬の戦場で敵の将軍の首を簡単に取れると言うような者は、たいてい興奮した後すぐに気を失って陰萎症にかかるのだ。

　例(18)は、西洋改革かぶれの16歳の息子の批判振りと、それを心配し

59

第1章　談話のトピックの展開におけるキーワードとキーセンテンス

ている父親の心情が描写されており、ここでは'把'構文が２回表現されている。前者の'把'構文（'<u>把积弊时弊抨击了个落花流水</u>'）では、息子の中国の伝統的慣習に対する批判振りを、四字成語の「'落花流水'（こてんぱんに非難攻撃する）」を引用して表現している。

　後者の'把'構文は述部に'歇后语'が引用されている。'凡<u>把严重的大问题说得小葱拌豆腐一清二白千军万马中取敌将首级如探囊易如掌都不用翻</u>'の中の'小葱拌豆腐一清二白'がそれである。豆腐に青ネギを混ぜる（='小葱拌豆腐'）と、白と青の色のコントラストが明確であることから、はっきりとしていること（='一清二白'）を意味する。

　その続きの部分（='千军万马中取敌将首级如探囊易如掌都不用翻'）では、「千軍万馬の戦場で敵の将軍の首を取ること（='千军万马中取敌将首级'）は（通常は容易なことではないが）、それは、袋の中の物を探って取り出す（='探囊'）ように容易なことで、手のひらを返す必要もないほど簡単な事だ（='易如掌都不用翻'）」と言っている。'易如掌都不用翻'は'易如反掌'という四字成語をもとにして作者が言い換えたものである。'易如反掌（手のひらを返す）'という四字成語は「簡単なことである」という意味であるが、'易如掌都不用翻'とは、「手のひらを返す必要もないほど簡単だ」という意味である。つまりこの'把'構文では、この16歳の息子たちのような若者のことを「重大な問題を簡単な事として言ってしまう（そういう者）」と言っているのだが、それを'歇后语'や四字成語を言い換えた表現で描写している。そしてこれも隠喩という修辞法であり、それによってこの息子のような若者たちのことが具象化して表現されている。

　このように、例(18)で示した'把'構文は、その述部に四字成語の引用、'歇后语'の引用、四字成語の変形、さらに隠喩というように、多様な修辞法が複合的に用いられている。そしてそれによって具体性が増し、読者に一層の説得力と高い芸術性を感じさせる表現となっている。

## 1.1.10 まとめ

　以上、'把'構文の特徴と機能を分析した。1.1.1で、従来の統語論研究における共通の見解を3つに集約した。それらに対する本分析の見解と、'把'構文の談話における特徴と機能を、以下にまとめる。

(1) '把'の目的語の特徴：'把'の目的語は、その談話の文脈や一般常識的判断を手掛かりとして、あるいは歴史的、文化的背景を手掛かりとして推測することによって、読み手あるいは聞き手が抽象性を取り除くことができ、具体的に認識することができる名詞（句）である。そしてその名詞（句）はその談話のトピックの展開におけるキーワードそのものであるか、あるいはトピックの展開を具象化するために重要なキーワードである。

(2) '把'構文の述語動詞の特徴：'把'構文の述語動詞には、行為者の'把'の目的語に対する動作・行為を具象化するための情報が付与されている。

(3) '把'構文の構文的意味：'把'構文は、読み手あるいは聞き手にとって推測可能な具体的な名詞（句）に対して、行為者がどのような具体的な動作・行為を行ったかということを表現するための構文である。そしてその動作・行為は意図的、積極的なものに限定されず、無意識的な場合もある。

(4) '把'構文の談話における特徴と機能：'把'の目的語は談話のトピックの展開におけるキーワード、'把'構文全体は談話のトピックの展開におけるキーセンテンスとしての役割を果たしている。そして'把'構文は、その意味するところの内容が具体的であることによって、談話のトピックの展開を具象化する働きをしている。その結果、読み手あるいは聞き手が自分でその動作・行為を追体験することができ、それによって、読み手あるいは聞き手に対して、談話のトピックの展開に「実感」や「共感」や「臨場感」を惹起し、その談話のトピックの展開に説得力を持たせる働きをする。

### 1.1.11 おわりに

　最後に、'把'構文が本節で述べたような機能を果たすことができるようになった理由について、考察を試みる。
　太田（1958：258）には'把'について、「《把》は動詞としては手に握りもつ、又は、手で捉える意に用いられるが、これがはっきりした動詞に限らなくなり、廣く用いられるようになったものが介詞としての用法である。」と記述されている。そして前置詞の'把'を6種類に分類している（同書：258-261）。また鈴木（1972）では'把'構文が通時的に研究されている[5]。これらの歴史的な研究成果から、'把'構文の変遷を見ることができ、この変遷をたどることによって、本節で述べた'把'構文の機能への実現を推察することができる。
　もともと動詞であった'把'は「手に握りもつ、手で捉える」という意味であり、'把'の後ろの名詞（句）が、手に握りもつ、あるいは手で捉える対象である。そして'把'は、動詞としての働きが明確でなくなり、動作・行為の及ぶ対象をマークする機能語となっていった。しかし、前置詞として機能する語となったとは言え、'把'という漢字が本来持っている原義が完全に消えて、完全な機能語になったと判断するのは危険である。他の前置詞、たとえば'在'や'給'がその原義を強く残しているように、'把'もその原義を残していると考えてもおかしくない。そのように考えれば、'把'は単に'把'の後ろの名詞（句）が述語に前置していることを明示する機能をはたしているだけではないはずである。本来'把'でマークする名詞（句）は、手に握りもつ、あるいは手で捉える対象である。したがって、本節で検証したように、それは単なる名詞（句）ではなく、談話のトピックの展開におけるキーワードであるものしか選ばれず、換言すれば、談話のトピックの展開におけるキーワードであるからこそ、'把'でマークするのである。
　そして、動作・行為の対象が述語に前置されていることにより、述部において、その動作・行為に関する情報量を増加して表現しても、読み手あ

---

5）　鈴木（1994：41-67）に拠る。

るいは聞き手に負担なくその情報を伝達することが可能となる。その結果、行為者がどのような動作・行為を行ったかということを、具体的に詳細に描写することの可能な表現となった。

また、鈴木（1972）では「「把」によって賓語を提前する表現は、もともと、その動作の方を強調するものとして発達して来たものであり、現代においても、これがその主たる用法であることを忘れてはなるまい。」と述べられている[6]。しかし、本節で検証した通り、現代中国語において'把'構文は、「その動作の方を強調するもの」ではなく、'把'構文で表現された文全体が、その談話のトピックの展開に具体性をもたらすキーセンテンスとしての役割を果たしていると見るべきであろう。

## 付記

本書において、'把'構文を'叫'、'让'、'使'などと範疇を同じくする「使役文」とする見解には立たない理由は、以下のとおりである。

木村（2012：187-213）は、下記の（Ⅰ）から（Ⅳ）の4つのタイプの中国語の有標ヴォイス構文に、さらに新たに'把'構文を「執行使役文」と呼んで使役文の一種とし、これを加えた5つの構文を中国語の有標ヴォイス構文としている。

（Ⅰ）X 叫 Y A ＝指示使役文
（Ⅱ）X 让 Y A ＝許容使役文
（Ⅲ）X 使 Y S ＝誘発使役文
（Ⅳ）X 被 Y A S ＝受影文
（Ⅴ）X 把 Y A S ＝執行使役文（番号（Ⅴ）は筆者による）

今回、本節で'把'構文について論ずるにあたり、序章0.4.1.2に示した自然発話の言語資料に表現されている'把'構文を精査した。その結果、'让'の使役文と'把'構文が共起した発話例および'叫'の使役文と'把'構文が共起した発話例があった（これらは1.1.5.2に示した例(6)と例(7)であり、これらについてはそこで詳述した）。木村（2012）の見解にしたがえば、'让'の使役文と'把'構文が共起した文は、「許容使役」と「執行使役」の「二重使役文」、'叫'の使役

---

6) 鈴木（1994：41-67）に拠る。

## 第1章 談話のトピックの展開におけるキーワードとキーセンテンス

文と'把'構文が共起した文は、「指示使役」と「執行使役」の「二重使役文」ということになる。その場合、「許容使役」と「執行使役」の「二重使役文」、あるいは「指示使役」と「執行使役」の「二重使役文」は、それぞれどのような内容を示す文となるのか。

木村（2012：204）では、上記の（Ⅰ）から（Ⅴ）の5つのタイプについて、次のようにまとめている。「いずれの事態も「Ｙが＜スル＞または＜ナル＞という状況に対して、他者Ｘがそれを広義に＜サセル＞立場で関与する」といったタイプの事態であるという類似性をもつ。この類似性の認識こそが、5つの事態をすべて同型の構文形態"ＸｃＹＶ"で具現化するという言語現象に反映し、ここに一つの構造的カテゴリ、すなわちヴォイスと呼ぶにふさわしいカテゴリが成立していると考えられる。」

さらに次のように続けている。「サブ・カテゴリとしての5つの事態およびそれに対応する5つの構文の対立は、2つの項——ＸとＹ——と、2種類の状況——スルとナル——の組み合わせのパタンによって特徴づけられる。具体的には、Ｘが＜スル＞主体であるか否か、そしてＹが＜スル＞と＜ナル＞のいずれの主体であるかの差である。例えば、「＜Ｙがスル＞という状況に［－スル］のＸが関与する」タイプの事態であれば"Ｘ让ＹＡ"のかたちで言語化され、「＜Ｙがナル＞という状況に［＋スル］のＸが関与する」タイプの事態であれば"Ｘ把ＹＡＳ"のかたちで言語化される」

上記の内容を'让'と'把'のタイプの相違に絞ってまとめると、下記のようになる。

（Ⅱ）Ｘ 让 Ｙ Ａ ＝許容使役文
　　＝「＜Ｙがスル＞という状況に［－スル］のＸが関与する」タイプの事態
（Ⅴ）Ｘ 把 Ｙ ＡＳ＝執行使役文
　　＝「＜Ｙがナル＞という状況に［＋スル］のＸが関与する」タイプの事態

「許容使役」と「執行使役」の「二重使役文」とは、上記の「（Ⅱ）Ｘ 让 Ｙ Ａ」のＡの部分が「（Ⅴ）Ｘ 把 Ｙ ＡＳ」の「把 Ｙ ＡＳ」となっている文である。混乱を避けるため、今、(Ⅴ)を「Ｙ 把 Ｚ ＡＳ」と表記する。これにしたがうと、

「許容使役」と「執行使役」の「二重使役文」は下記のように表記される。

　「許容使役」と「執行使役」の「二重使役文」
　　　＝　X　　　让　　Y　　A（＝把　　Z　　ＡＳ）

これを（Ⅱ）と（Ⅴ）に対する木村(2012)の見解で説明すると、下記のようになる。

　「許容使役」と「執行使役」の「二重使役文」
　　　＝　X　　　　让　　　　Y　　A（＝把　　Z　　ＡＳ）

（Ⅱ）＝［－スル］のXが関与　〈YがAスル〉
（Ⅴ）＝　　　　　　　　　　［＋スル］のYが関与　〈ZがＡＳにナル〉

　木村(2012)の論理にしたがえば、（Ⅱ）では「YがAスル」であり、（Ⅴ）では「A＝ZがＡＳにナル」となる。つまり同じ部分が、（Ⅱ）の解釈では「スル」という意味を表すが、（Ⅴ）の解釈では「ナル」という意味を表すこととなる。これは明らかに論理矛盾を来たしている。つまり、「許容使役」と「執行使役」の「二重使役文」というのは論理的に成立しないということであり、'把'構文を使役文と捉えるのは無理があるということを意味している。
　また、'叫'は木村(2012)では「指示使役」であり、'叫'と'把'の共起も木村(2012)の論理にしたがえば「二重使役文」となり、この場合も同様に論理矛盾を来す。
　以上のことから、'让'の「許容使役」と'把'の「執行使役」の「二重使役文」および'叫'の「指示使役」と'把'の「執行使役」の「二重使役文」は論理的に矛盾を来たし、成立しないと判断できる。したがって、本書では'把'構文を'叫'、'让'、'使'などと範疇を同じくする「使役文」とする見解には立たない。

## 1.2　代名詞'它'

1.2.1　はじめに
1.2.2.　先行研究における分析
  1.2.2.1　'它'の現れる位置についての従来の主な記述
  1.2.2.2　'它'の含意する内容についての従来の主な記述
1.2.3　本分析の言語資料における'它'の現れる位置の調査結果
1.2.4　'它'の現れる位置と'它'の含意する内容について
  1.2.4.1　'它'が話題語の例
  1.2.4.2　'它'が述語動詞の目的語の例
  1.2.4.3　'它'が連体修飾語の例
  1.2.4.4　'它'が前置詞の目的語の例
    1.2.4.4.1　前置詞'把'の目的語
    1.2.4.4.2　前置詞'给'の目的語
    1.2.4.4.3　前置詞'对'の目的語
    1.2.4.4.4　前置詞'让'の目的語
    1.2.4.4.5　前置詞'跟'の目的語
    1.2.4.4.6　前置詞'和'の目的語
  1.2.4.5　「その他」の例
    1.2.4.5.1　'它'が述語動詞の目的語の一部として表現される例
    1.2.4.5.2　'它'が「'得'補語」の一部として表現されている例
    1.2.4.5.3　'它'の直後に他の成分が付加されている例
  1.2.4.6　'它'の内容が'它'の直後に名詞で表現されている例
1.2.5　'它们'について
1.2.6　まとめ
1.2.7　おわりに

## 1.2.1　はじめに

　これまで、中国語母語話者の自然発話による談話を言語資料として'它'が分析されたことはない。そこで本節では、中国語母語話者の自然発話による談話の言語資料（序章 0.4.1.2 に示した、中国語母語話者 24 名のインフォーマントによる、合計 20.5 時間分の自然発話の言語資料）を分析することによって、代名詞'它'の使用実態と、談話における機能を検証していく。

## 1.2.2　先行研究における分析

　従来、'它'は主に 2 つの観点から論じられてきた。1 つは、sentence において'它'がどの位置に現れるかということについてであり、もう 1 つは、'它'の含意する内容についてである。以下では先ず、'它'の現れる位置についての先行研究の記述を紹介し、次に'它'の含意する内容についての先行研究の記述をまとめておく。

### 1.2.2.1　'它'の現れる位置についての従来の主な記述
　'它'が sentence のどの位置に現れるかということについては、主に下記のような記述が見られる。
(1) 倉石（1981：112）
「喝了它。(Hēle tā.) このように無生物のとき「它」という漢字で書きますが、つまり、無生物に「他」を絶対に使わないのではなくて、目的格ならば「它」を使う。主語としては使わない。無生物は自分が主体になって動作するということはないと考えるからです。」
(2) 杉村（1994：262-263）
「"它"は一風変わった代名詞で、目的語の位置にしか現れません。そのため"Tā 怎么样"のような文では、"Tā"が主語の位置にあるので、"Tā"は"他／她"と理解され、"它"と理解されることはありません。また、"它"には"它们"という集合形も存在しません。・・・但し、現代の書

面語においては、以上述べた二つの制限はともに打ち破られ、"它"が目的語以外の位置に現れることもあれば、"它们"が使われることもあります。」

(3) 森（1997：67）
「"它"には、主格や属格に用いにくい、という構文的制約がある。"它"は対格に用いるのが一般的であるが、それもまた圧倒的に処置式に現れるということは注意されてよい。」

(4) 西（2002：147）
《单口相声传统作品选》（张寿臣等、1981年、中国曲艺出版社）における50例の'它'が分析され、そのうち主語が16例で32％、賓語のうちの動詞賓語が9例で18％、介詞賓語が24例で48％、定語が1例で2％と示されている。

'它'がsentenceのどの位置に現れるかということについては、1.2.3において、本分析で対象とした言語資料の調査結果を表にして示す。

### 1.2.2.2 '它'の含意する内容についての従来の主な記述

'它'の含意する内容については、主に下記のような記述が見られる。

(5) 竹島（1991：46）
「"它"には'他/她'より多くの制約が有るように一般に思われているが、それはこの「共感度」という心理的な要因が小さからず働いているためだと考えられる。・・・「共感度」の強さはおおざっぱに言えば、人間＞生物＞物」であろうが、"它"に働く制約というのは、物の場合、単なる「物」に止まらず、舞台に上がるように、階層をひとつ飛び越えてより人間に近づけることができるかどうかということにあるようだ。」

(6) 森（1997：66）
「"它"と"这个/那个"はちょうど相補関係にあるということが明らかである。・・・代名詞の"它"はdeicticな機能がない代わりに、現実世界に存在するものだけでなく、仮想世界（人の想念・信念などの世界）

に存在するモノの同定にその力を発揮する。」
森（1997：69）
「主格の"它"は、主語主題位置という最も注目を浴びる位置に上がるために、人格を吹き込まれ、特に取りたてられてという感じがする。対格の"它"は、結束力の弱い中国語の文構造を支えるべく、テクストがテクストとしての一貫性やまとまりを失わないように"つなぎ"として存在意義が大きい。いずれにしても、"它"は marked な代名詞である。」

(7) 西（2002：156-157）
「"它"は、先のコンテキストにおいて既に話題となっているモノがある（＝顕著性の高い位置に話題となっている無生名詞がある）場合、特に、そのモノに対する判断や特徴・属性付けをする場合、総称的・一般的な叙述をする場合に使用される傾向が強く、その結果、"它"は、談話の小さな切れ目を示しながらも、ある話題が文を越えて続いていることを示す marker となり、また、先行詞と同格関係となる文内照応においては、日本語のように「は」と「が」という主題・主語の区別を表面的に持たない中国語において、主題を顕在化する働きを担っていると考えられる。」

(8) 木村（2012：23、注9）
「"这个/那个"が人間を対象に用いることのできないそのギャップを埋めるかのごとくにあるのが三人称代名詞の"tā（他/她）"である、といった見方もできなくはない。あるいは、逆に、人間以外の対象に用いられる代名詞系代用表現の"它"（= it）が、実際には多くの構文的制約により"他・她"ほど自由に機能しないため、"这个/那个"がそのギャップを補っていると考えるべきかもしれない。」

これらの記述については 1.2.4 において、本分析の言語資料の実例を分析することによって検証していく。

## 1.2.3 本分析の言語資料における'它'の現れる位置の調査結果

下記の表は、本分析の言語資料（序章0.4.1.2に示した中国語母語話者24名のインフォーマントによる、合計20.5時間分の自然発話）において、546例の'它'の現れる位置を調査した結果をまとめたものである。言いよどみや繰り返しなどで、同じ箇所に複数回'它'が発話されている場合には、'它'を1つとしてカウントしてある。

なお、いわゆる文頭に現れる'它'は、1.2.2.1の先行研究での記述では、「主格」、「主語」、「主題」など、さまざまな用語で示されているが、本分析においては、これらの'它'はすべて「話題語」としてカウントした。

また、本分析では「格」という文法用語は用いない。したがって、述語動詞と前置詞に後置する'它'については「目的格」や「対格」などの用語は用いず、すべて「目的語」とした。さらに「属格」という用語も用いず、「連体修飾語」とした。

<本分析の言語資料による'它'の調査結果>

| 言語資料 | 話題語 | 前置詞の目的語 | 述語動詞の目的語 | 連体修飾語 | その他 | 合計 |
|---|---|---|---|---|---|---|
| 01(30分) | 1 | 1 | 0 | 0 | 0 | 2 |
|  |  | ('把'=1) |  |  |  |  |
| 02(30分) | 1 | 0 | 0 | 0 | 0 | 1 |
| 03(30分) | 1 | 0 | 1 | 1 | 0 | 3 |
| 04(60分) | 4 | 2 | 0 | 1 | 0 | 7 |
|  |  | ('給'=1,'和'=1) |  |  |  |  |
| 05(46分) | 21 | 3 | 2 | 3 | 1 | 30 |
|  |  | ('把'=1,'給'=2) |  |  |  |  |
| 06(60分) | 47 | 2 | 2 | 2 | 0 | 53 |
|  |  | ('把'=1,'跟'=1) |  |  |  |  |
| 07(46分) | 11 | 2 | 4 | 1 | 4 | 22 |
|  |  | ('跟'=1,'让'=1) |  |  |  |  |
| 08(90分) | 16 | 0 | 1 | 0 | 2 | 19 |

| | | | | | | |
|---|---|---|---|---|---|---|
| 09(60分) | 25 | 5 | 0 | 4 | 0 | 34 |
| | | ('把'=1,'给'=3,'让'=1) | | | | |
| 10(60分) | 14 | 0 | 1 | 0 | 0 | 15 |
| 11(60分) | 18 | 0 | 0 | 0 | 1 | 19 |
| 12(60分) | 45 | 15 | 4 | 7 | 3 | 74 |
| | | ('把'=9,'给'=2,'对'=2,'跟'=1,'让'=1) | | | | |
| 13(60分) | 14 | 1 | 1 | 0 | 0 | 16 |
| | | ('把'=1) | | | | |
| 14(60分) | 55 | 15 | 11 | 1 | 3 | 85 |
| | | ('把'=14,'和'=1) | | | | |
| 15(60分) | 4 | 3 | 1 | 1 | 0 | 9 |
| | | ('把'=3) | | | | |
| 16(60分) | 30 | 1 | 1 | 0 | 4 | 36 |
| | | ('把'=1) | | | | |
| 17(60分) | 7 | 0 | 0 | 0 | 1 | 8 |
| 18(60分) | 12 | 0 | 3 | 0 | 1 | 16 |
| 19(60分) | 34 | 3 | 0 | 1 | 1 | 39 |
| | | ('把'=3) | | | | |
| 20(60分) | 5 | 2 | 0 | 0 | 1 | 8 |
| | | ('把'=1,'给'=1) | | | | |
| 21(60分) | 20 | 2 | 7 | 1 | 7 | 37 |
| | | ('对'=2) | | | | |
| 22(60分) | 12 | 0 | 1 | 0 | 0 | 13 |
| 合計(20.5時間) | 397 | 57 | 40 | 23 | 29 | 546 |

　上記の調査結果から、'它'の現れる位置の割合を整理すると、おおよそ下記のようになる。

第 1 章　談話のトピックの展開におけるキーワードとキーセンテンス

話題語 (72.7) ＞前置詞の目的語 (10.5％) ＞動詞の目的語 (7.3％)
　　　　　　　　　　　＞連体修飾語 (4.2％)：その他 (5.3％)

　ここに挙げた項目（＝話題語、前置詞の目的語、動詞の目的語、連体修飾語）は、'它'が単独で用いられている場合の数字である。このうち、前置詞の目的語 (57 例 = 全体の 10.5％) の内訳は、多いものから順に以下の通りである。
　1. '把' =  36 例
　2. '给' =　9 例
　3. '对' =　4 例
　4. '让' と '跟' ＝各々 3 例ずつ
　<u>5. '和' =　2 例</u>
　合計　 = 57 例

「その他」にカウントしたもの (29／546 例) の内容は、以下の通りである。
(1) '它'が述語動詞の目的語の一部として表現されているもの ( = 19/29 例 )
(2) '它'が「'得'補語」の一部として表現されているもの (1/29 例 )
(3) '它'の直後に他の成分が付加されているもの ( = 9/29 例 )

　この 546 例の他に、'它'の内容が '它'の直後に名詞で表現されている例が 1 例あり、さらに '它们'が 2 例あった。
　以下で、中国語母語話者の自然発話における発話例を示しながら、1.2.4.1 において '它'が話題語の場合、1.2.4.2 において '它'が述語動詞の目的語の場合、1.2.4.3 において '它'が連体修飾語の場合、1.2.4.4 において '它'が前置詞の目的語の場合、1.2.4.5 において「その他」の場合、1.2.4.6 において '它'の内容が '它'の直後に名詞で表現される場合について、'它'の含意する内容を順に検証していく。さらに、1.2.5 において '它们'の場合について検証していく。

## 1.2.4 '它'の現れる位置と'它'の含意する内容について

ここでは、'它'の現れる位置と、'它'の含意する内容について、順次、検証を進めていく。

### 1.2.4.1 '它'が話題語の例
下記の例 (1) は、言語資料 19 の中で、中国に一時帰国したインフォーマント（V）が、日本人の知り合いのために買って帰ってきたお土産について、(U) と話し合っている談話の一部である。
例 (1)
1-1 U ＝买 101，其他还买什么？｜
1-2 V ＝其他的：还有：（那个）像什么药之类的｜。
1-3 U ＝嗯｜，日本人就喜欢药哈？｜
1-4 V ＝对｜，日本人就喜欢药｜。
1-5 U ＝是不是买（那个）什么：冬虫：冬⋯
1-6 V ＝有**青春宝**｜。
1-7 U ＝青春宝？｜
1-8 V ＝啊｜。
1-9 U ＝青春宝是什么？｜
1-10 V ＝青春宝好像⋯
1-11 U ＝就（那个）抹脸油是么？
1-12 V ＝不是｜。
1-13 U ＝是什么？｜
1-14 V ＝青春宝就属于一种营养补剂｜。
1-15 U ＝咳。男的喝：吃的那种｜。
1-16 V ＝女的｜。
1-17 U ＝女的？｜
1-18 V ＝可能男女都可以｜。
1-19 U ＝药？｜
1-20 V ＝嗯：<u>它</u>不属于药吧｜，营养：保健⋯

73

第1章 談話のトピックの展開におけるキーワードとキーセンテンス

1-21 U＝就是保健：保健用品｜。
1-22 V＝对｜，保健用品｜，保健药｜，那种｜，嗯｜。
1-23 U＝青春宝｜。
1-24 V＝对｜。所以像托我买的这个人吧｜，她是一个（那个）日本的画家｜，一个：五十多的｜，一个：女的｜。
1-25 U＝嗯，她想买？
1-26 V＝对｜，她说原来她去北京的时候｜，{U＝买过}她说她买过｜，然后她吃｜。
1-27 U＝哦，然后<u>它挺好的</u>｜。
1-28 V＝对｜，吃了觉得还不错｜。
1-29 U＝吃了以后，人就是：比较有精神什么东西的，还是什么的？｜
1-30 V＝对｜，我估计可能就是：这方面吧！｜
1-31 U＝嗯｜，是吗？青春宝｜。我好像没听说过｜。
1-32 V＝青春宝，我也没听说过｜。
1-33 U＝我以为是：我以为是（那个）：是：又是什么化妆品什么的｜。噢｜，不是那个｜。
1-34 V＝是吗？开始我一听，我说青春宝｜，我以为（那个）是什么（那个）就像（那个）男宝女宝那种的。哈哈哈…
1-35 U＝哈哈，我也是｜，你刚说青春宝｜，我以为是不是那种：那种药什么的｜，不是的｜。{V＝不是}你后来给她买了吗？｜
1-36 V＝买了｜。
1-37 U＝（那个那个）挺贵？｜不贵？｜
1-38 V＝（那个）：好像还可以｜。
1-39 U＝嗯｜。<u>它也是一种：一：也是那种瓶装的什么的？</u>｜
1-40 V＝是瓶装的｜，{U＝嗯}胶囊性质的呀｜。
1-41 U＝胶囊，是吗？｜{V＝嗯}青春宝（那个）什么几：一次喝几颗什么东西的，是不是？｜
1-42 V＝嗯｜，<u>它那个好像是浙江出的</u>｜。
1-43 U＝啊，是吗？｜{V＝嗯}嗯｜。你给她买｜，反正就是主要是买药了｜。

74

例(1)の日本語訳

1-1 U ＝101を買って、その他には何を買いましたか？
1-2 V ＝その他の物は：その他に：薬みたいなものかな。
1-3 U ＝うん、日本人は薬が好きでしょ？
1-4 V ＝そうです、日本人は薬が好きです。
1-5 U ＝冬虫とかいうのを買いましたか？：冬虫・・・
1-6 V ＝青春宝というのがあります。
1-7 U ＝青春宝？
1-8 V ＝ええ。
1-9 U ＝青春宝って何ですか？
1-10 V ＝青春宝っていうのは・・・
1-11 U ＝顔に塗るクリームですか？
1-12 V ＝違います。
1-13 U ＝じゃあ何ですか？
1-14 V ＝青春宝っていうのはサプリメントみたいなものです。
1-15 U ＝へー。男性が飲む：飲むもの。
1-16 V ＝女性です。
1-17 U ＝女性？
1-18 V ＝どっちが飲んでもいいかも知れません。
1-19 U ＝薬ですか？
1-20 V ＝んー：多分あれ（青春宝）は薬じゃなくて、サプリメント・・・
1-21 U ＝つまり健康：健康用品。
1-22 V ＝そうです、健康用品、健康の薬、そういうものです、うん。
1-23 U ＝青春宝。
1-24 V ＝そうです。だから私に買って来てと言った人はね、彼女は日本の画家で、50過ぎの：女性なんです。
1-25 U ＝うん、彼女が買いたかったんですか？
1-26 V ＝そうです、彼女が北京に行ったときに、{U＝買った} 買って、その後飲んだと言っていました。
1-27 U ＝へー、それ（青春宝）はとても良かったということですね。

75

第1章　談話のトピックの展開におけるキーワードとキーセンテンス

1-28 V＝そうです、飲んで調子いいと感じたんです。
1-29 U＝飲んだ後、ちょっと元気になるか、それとも他に何か？
1-30 V＝そうです、多分元気になるんだと思います！
1-31 U＝うん、そうですか？青春宝。私は聞いたことがないと思います。
1-32 V＝青春宝は、私も聞いたことがありませんでした。
1-33 U＝私は：何か：化粧品かと思いました。へー、そうじゃない。
1-34 V＝そうですか？私は聞いてすぐに、青春宝は何か：「男宝」「女宝」のようなものかと思いました。ハハハ…
1-35 U＝ハハ、私も、あなたが青春宝と言ってすぐに、そういう：そういう薬かと思ったけど、違うんだ。｛V＝違います｝それで彼女のために買ったんですか？
1-36 V＝買いました。
1-37 U＝高いですか？高くないですか？
1-38 V＝んー：まあまあです。
1-39 U＝うん。それ（青春宝）も：ああいう瓶入りですか？
1-40 V＝瓶入りです、｛U＝うん｝カプセルですよ。
1-41 U＝カプセル、そうでか？｛V＝うん｝青春宝は何か：1回に何粒か飲むようなやつですね？
1-42 V＝うん、あれ（青春宝）は浙江省のもののようです。
1-43 U＝あ、そうですか？｛V＝うん｝うん。彼女に買ったのも、主には薬を買ったんですね。

　この談話の中では、1-20 V、1-27 U、1-39 U、1-42 Vの4箇所で話題語の'它'が表現されている。これらの'它'はいずれも'青春宝'のことを指している。
　1-6 Vで'青春宝'という固有名詞が発話され、これ以後、インフォーマント（U）と（V）の両者によって「'青春宝'＝'它'」として表現されていることから、両者によって共通の情報として認識されていると判断することができる。そしてこの「'它'＝'青春宝'」は、1-6 V～1-43Uまでの談話のトピックのキーワードそのものである。

なお、1-42 V の'它那个'については、1.2.4.5.3 で述べる。

もう1つ、'它'が話題語として表現されている例を見ていく。
　下記の例(2)は、言語資料05の中で、インフォーマント（E）と（F）が、最近（1987年6月の録音当時）、中国人が文化や精神的なことにお金を投資する傾向が出てきたということについて話し合っている談話の一部である。例(2)では 2-4 F で話題語として'它'が表現されている。

例(2)
2-1 E＝另外｜，就是前些日子啊｜，据说在北京：北京展览馆：举行一次卖（那个）港台：香港和：{F＝嗯}台湾的（那个）就是唱片｜，和磁带的（那个）展销会呀｜。
2-2 F＝啊，是吗？｜
2-3 E＝嗯｜。据说｜，就是有的人就是敢出大价钱｜，{F＝嗯}去买唱片｜。我觉得{F＝嗯}这是一个比较好的现象｜。如果他：{F＝在文化方面…} 这笔钱：吃了喝了呢｜，吃了喝了也就吃了喝了｜，什么都没了｜，吃完就化为乌有｜，就没了啊｜。{F＝对}但是，如果买了唱片呢｜，买了磁带呢｜，可以（这个）：起码可以：半永久｜，{F＝嗯}半永久地欣赏啊｜，就是可以从精神上得到满足啊｜。
2-4 F＝**它是一种文化投资**｜，对｜。
2-5 E＝对｜。

例(2) の日本語訳
2-1 E＝その他に、数日前、北京：北京展覧館で、香港と台湾：香港と：{F＝うん} 台湾のレコードとカセットテープの展示即売会が行われたそうです。
2-2 F＝あ、そうですか？
2-3 E＝ええ。大金を出して、{F＝うん} レコードを買った人もいたそうです。私は {F＝うん} これは割といい現象だと思います。もし {F＝文化面で…} そのお金で：食べたり飲んだりね、食べ

たり飲んだりしたら、何も残らない、食べ終わったらすっからかんになります。｛F＝そうです｝ でも、もしレコードを買ったり、カセットテープを買ったりしたらね、最低限：半永久的に、｛F＝うん｝ 半永久的に鑑賞できて、精神的に満足できますね。

2-4 F＝<u>それは一種の文化投資です</u>、そうです。
2-5 E＝そうです。

　例(2)の2-4 Fの話題語としての'它'は、2-1 Eと2-3 Eの発話内容を受けた、「食べることや飲むということにお金を使うのではなく、レコードやカセットテープを買うという文化的なことにお金を使う」という「コトガラ」全体を含意している。そしてその内容は、この談話のトピックそのものである。

　以上、話題語として表現されている'它'を2例見た。'它'が例(1)に示したような、名詞（句）を受けるものも多くあったが、例(2)で示したような「コトガラ」を含意するものも多くあった。どちらにしても話題語としての'它'が照応している内容は、その談話のトピックにおけるキーワードであるか、あるいはトピックそのものである。
　以下では、談話における'它'のこの役割が、話題語に限定されたものではないことを、本分析の例を示しながら検証していく。

### 1.2.4.2　'它'が述語動詞の目的語の例

　下記の例(3)は、言語資料07の中で、インフォーマント（E）と（G）が、中国へ一時帰国して、日本に再入国する際の手続きについて話し合っている談話の一部である。ここでは3-10 Eで'它'が述語動詞の目的語として表現されている。

例(3)
3-1 G　＝今年：今年你不准备回国看一看？
3-2 E　＝今年：我看看八月份有时间没有｜，八月份有时间，如果时间：还长，那我就跑回去一趟｜，跑回去一趟｜。

3-3 G ＝跑回去一趟｜，得：现在（那个）：市政府的那个什么？法务局？｜
3-4 E ＝啊，对｜。
3-5 G ＝在那搞什么？｜再入国‥‥
3-6 E ＝有一个再入国申请｜，再入国还得花三千块钱呢｜。
3-7 G ＝啊，那个好办吗？｜
3-8 E ＝据说：你先跟学校打个招呼｜，假期期间也不用（这个）：指导教官的认可｜，自己去就行了｜。拿着护照，拿着（那个）外国人证儿什么的｜，去就行了｜。
3-9 G ＝嗯｜。
3-10 E ＝只要是你在（那个）居留期内｜，比如说，你是：你现在是：<u>我现在办它一年的啊</u>｜，｛G＝嗯｝只要是我在这一年之内，还可以进来｜。如果（这个）：等我回来的时候，<u>已经超过它一年了</u>｜，那你就进不来，你就必须得先延长｜，才什么的｜。
3-11 G ＝嗯｜。


例(3)の日本語訳
3-1 G ＝今年は：今年はあなたは帰国する予定はないんですか？
3-2 E ＝今年は：私はもし8月に時間があったら、8月に時間があって、もし時間が：長かったら、1度帰国します、1度帰国します。
3-3 G ＝帰国するには、今えー：市役所か法務局に何かする必要がありますか？
3-4 E ＝ええ、そうです。
3-5 G ＝そこで何をしますか？再入国‥‥
3-6 E ＝再入国申請があると、再入国申請には3千円かかりますよ。
3-7 G ＝ああ、申請はやりやすいですか？
3-8 E ＝聞いた話ですが：まず（日本で在籍している）大学に知らせて、休み期間は：指導教官の許可は必要なくて、自分で手続きに行けばいいそうです。パスポートを持って、外国人登録証明書を持って行けば、いいそうです。
3-9 G ＝うん。

3-10 E＝中国での居留期間内であれば、たとえばあなたは：今、それ（中国での居留期間）を1年間申請したら、｛G＝うん｝この1年以内であれば、（日本に）入国できます。もし、（日本に）戻って来る時に、すでにそれ（中国での居留期間）が1年を超えていたら、（日本に）入国することはできず、必ず先に延長の手続きをしなければなりません。

3-11 G＝うん。

　3-3と3-5で（G）が日本への再入国申請の手続きについて質問している。この談話のトピックは「日本への再入国申請の手続き」であり、これについて（E）が3-6、3-8、3-10で説明している。3-10の'它'は2箇所とも「中国での居留期間」を意味しており、どちらも述語動詞の目的語である。この時代（1987年録音当時）、中国へ一時帰国する際には、前もって中国での居留期間を申請しておく必要があった。3-10 Eでは、「中国へ一時帰国する際に前もって申請しておく必要のあった中国での居留期間」を'它'と表現している。このことから、述語動詞の目的語の'它'が含意する内容は、談話のトピックと非常に関連性が高いと言うことが解る。

### 1.2.4.3 '它'が連体修飾語の例

　下記の例(4)は、言語資料06の中で、インフォーマント（E）と（G）が、日本と中国のいろいろなシステムの相違について話し合っている談話の一部である。ここでは4-3 Gで'它'が連体修飾語として表現されている。

例(4)

4-1 G＝我看啊，一个是跟中国现在的经济水平｜，还有（这个）社会形态有关｜。再有跟中国传统的｜，封建式的｜，小农的｜，自给自足的｜，自然经济，跟这个东西｜，有非常大的关系｜。

4-2 E＝对｜。

4-3 G＝哎｜。日本从明治社会｜，从明治维新以来｜，然后，<u>它的社会</u>｜，逐渐就向西欧那样｜，西方那样发展｜。

4-4 　＝所以说，<u>它到现在</u>｜，各各方面都适应于：这种新的社会环境｜。

4-5　　 =中国呢,不行｜。毎个単位,你看,自己套个大墙｜,就是独立王国｜。
4-6 E =嗯,而且：修上围墙｜。
4-7 G =修上围墙｜,就差没有电网了｜。哈哈哈…没办法｜,啊｜。赶一半会儿都赶不了｜。

例(4)の日本語訳
4-1 G =私が見たところ、1つには中国の現在の経済のレベル、さらには社会のシステムと関連があると思います。さらに中国の伝統的、封建的、零細農業的、自給自足的、自然経済などのものと、非常に関係があります。
4-2 E =その通りです。
4-3 G =ええ。日本は明治の社会以来、明治維新以来、<u>その（日本の）社会</u>は、だんだんと西欧に向かって、欧米のように発展しました。
4-4　　 =だから、<u>それ（日本）</u>は現在まで、いろいろな方面で：この新しい社会環境に適応してきました。
4-5　　 =中国はというと、だめです。それぞれの組織が、自分で大きな壁を作り、独立王国です。
4-6 E =うん、さらに：取り囲んだ壁を作っています。
4-7 G =取り囲んだ壁を作っています、電流の流れている鉄条網はまだないけど。ハハハ…どうしようもない。だからこんな短時間で追いつこうとしても追いつけません。

　例(4)では、4-3 Gで'它的社会'というように、'它'が連体修飾語として表現されている。さらに4-4 Gで'它'が話題語として表現されている。この2箇所の'它'はどちらも「日本」を意味している。ここでの談話のトピックは「日本と中国のシステムの相違」である。このことから、「日本」はこの談話のトピックのキーワードであると言うことができる。つまり例(4)から、'它'が連体修飾語として表現されている場合であっても、話題語として表現されている場合であっても、'它'は談話のトピックのキーワードとしての機能を果たしていることが解る。

第1章　談話のトピックの展開におけるキーワードとキーセンテンス

## 1.2.4.4　'它'が前置詞の目的語の例

ここからは'它'が前置詞'把'、'给'、'对'、'让'、'跟'、'和'の目的語として表現されている例を、順に見ていく。

### 1.2.4.4.1　前置詞'把'の目的語

下記の例 (5) は、言語資料 05 の中で、インフォーマント（E）と（F）が、アメリカ式のユーモアについて話し合っている談話の一部である。

例 (5)

5-1 E ＝我觉得：嗯：美国式的幽默挺有意思的｜。

5-2 F ＝对｜。他们美国人有这个传统，好像。你比如说，他们的（那个）总统竞选的时候啊｜，讲演不是要？｜它不光总统｜，就是一些州长啊｜，或者市长啊｜，他们（那个）竞选时候，都要讲演｜。没有幽默感的人呐，就不能得到人们的好感｜，就是说，被投票：投票数也少｜。确实｜，有这么一说｜。他们好像更要求这个｜，｛E＝啊｝和英国人还不太一样，可能｜。

5-3 E ＝啊｜。英国人好像显得比较郑重一些，｛F＝哎，认真｝老是尽量：出绅士风度啊｜。

5-4 　 ＝美国人呐,可能是跟历史有关系｜。｛F＝嗯｝他就是一个（这个）：怎么说呢｜，就是：即一切都是特别特别开化，｛F＝嗯｝一些特别豪放｜。愿意（这个）｛F＝自然是最好的｝通过：通过一切方法去：表现自己心情的人｜，｛F＝对｝是好像就成为这么一个民族啦哈｜。｛F＝嗯｝跟他祖先英国人：远远不一样啦｜。

5-5 　 ＝所以：美国式的玩笑吧｜，怎么说，一开起来吧｜，怎么说：一开始：好像有人会：觉得不理解｜。可是一当你：理解的时候｜，就觉得很有意思｜。

5-6 　 ＝卓别林的电影哈｜，｛F＝嗯｝就好像他的每个动作，好像都是一个玩笑｜。但是｜，如果：（这个）：如果你一开始，不太理解它｜，刚开始看他｜，就觉得好像他是做一个怪动作啊｜，｛F＝嘿嘿｝做一个怪动作。

5-7 　 ＝可是呢｜，你如果把它连起来看｜，｛F＝对｝连起来看｜，等

       你：觉得这里有内容的时候｜，就觉得，'哎呀！这是一个：（这
       个）特别大的幽默啊｜，特别有意思｜。'
5-8 F ＝対｜。卓别林：之所以在中国特别有（这个）受欢迎哈｜，也是
       那个原因｜。中国人能理解他的那种笑话｜，一般的中国人都特
       别喜欢他｜。


例(5)の日本語訳
5-1 E ＝私は：アメリカ式のユーモアはとても面白いと思います。
5-2 F ＝その通りです。彼らアメリカ人にはこういう伝統があるようです。た
       とえば、彼らの大統領選挙の時、スピーチする必要があるでしょ？
       それ（スピーチ）は大統領だけでなく、州知事や、あるいは市長
       の選挙でも、選挙戦の時には、スピーチしなくてはなりません。
       ユーモアのセンスのない人はね、人々の好感を得ることができず、
       つまり、投票されても：投票数が少ないです。確かに、こういう
       ふうに言われています。彼らはユーモアを要求するようで、{E
       ＝ええ} イギリス人と違うようです。
5-3 E ＝ええ。イギリス人は割と厳粛で、{F＝ええ、まじめです} いつ
       もできるだけ：紳士的風格を出そうとするように見えます。
5-4   ＝アメリカ人はね、歴史と関係があるかも知れません。{F＝うん}
       何と言うか、つまり：すべてすごく開放的で、{F＝うん}非常
       に豪放です。{F＝自然体が一番いいです}あらゆる方法によって：
       自分の気持ちを表す人々で、{F＝その通りです}それによって
       こういう民族になったようですね。{F＝うん}彼らの祖先であ
       るイギリス人とは：非常に異なりますね。
5-5   ＝だから：アメリカ式のジョークはね、何というか、初めは、何と
       いうか：初めは理解できない人もいるようです。でも、理解すれ
       ば、おもしろいと感じます。
5-6   ＝チャップリンの映画はね、{F＝うん}彼の1つ1つの動作は、み
       な1つ1つのジョークのようです。でも、もし：最初にそれ（チャッ
       プリンの1つ1つの動作）が理解できなかったら、彼を見たばか

りの時は、彼が変な動作をしているように、{F＝ハハ} 変な動作をしていると感じます。

5-7　＝でもね、もし<u>それ（チャップリンの1つ1つの動作）を繋げて見て</u>、{F＝そうです}繋げて見て、そこに内容があると感じた時は、「へー、これは1つの：ものすごいユーモアだ、すごくおもしろい」と感じます。

5-8 F　＝その通りです。チャップリンが：中国ですごく人気があるのも、それが原因です。中国人は彼のああいうパロディーを理解することができ、普通の中国人はみなすごく彼が好きです。

　例(5)においては、5-1で（E）がアメリカ式のユーモアを提示し、これ以後、これがこの談話のトピックとなっていく。続く5-2で（F）がアメリカ人にとってスピーチが重要であるということを述べている。ここでは'它'が話題語として表現されており、この'它'は「スピーチ」を意味している。そして5-2Fと5-3E、5-4Eで、アメリカ人とイギリス人の気質の相違が語られている。

　続く5-5からは（E）によって、アメリカ人のジョークについて述べられていく。続く5-6Eでは、チャップリンの映画における彼の1つ1つの動作について語られていき、'它'が述語動詞の目的語として表現され、5-7Eでは、'它'が前置詞'把'の目的語として表現されている。そして、この2箇所（5-6Eと5-7E）の'它'は両者ともに「チャップリンの1つ1つの動作」を意味しており、5-6から5-8まではこの「チャップリンの1つ1つの動作」について語られていく。このように例(5)では、「アメリカ式のユーモア」を語るのに、「スピーチ」と「チャップリンの1つ1つの動作」が具体例として説明されている。そしてこれらが、下記のように、'它'で表現されている。

　　5-2 Fの'它'＝話題語で、「スピーチ」を意味する。
　　5-6 Eの'它'＝述語動詞の目的語で、「チャップリンの1つ1つの動作」を意味する。
　　5-7 Eの'它'＝前置詞'把'の目的語で、「チャップリンの1つ1つの動

作」を意味する。

　以上のことから、'它'が話題語として表現された場合であっても、述語動詞の目的語として表現された場合であっても、また前置詞'把'の目的語として表現された場合であっても、'它'はその談話のトピックと関連性の高いキーワードであることが解る。

　もう1つ、'它'が前置詞'把'の目的語として表現されている例を見ていく。
　下記の例(6)は、言語資料01の中で、インフォーマント（A）が大学時代に実習で日本からの代表団の日本語通訳をした時の体験を語っている談話の一部分である。

例(6)

6-1　A　＝比如说，我在上三年级的时候儿呢，为了搞（那个）什么就是说，中国教育实习：语言实习（那个）和我的老师一起呢，陪一个日本的代表团。

6-2　　　＝当时呢，去参观了一个人民公社。参观人民公社的时候儿呢，因为我去实习，所以老师呢叫我来做翻译。

6-3　　　＝翻译的时候儿呢，一开始呢大家问了很多问题，就回答了大家很多问题，而且给大家介绍人民公社的情况。最后的时候儿呢，人民公社的（那个）负责人呢，拿了很多小水萝卜。

6-4　　　＝小水萝卜呢，日本没有。红色的，有半尺长，有四五寸长。把皮剥了以后呢，有些发甜，水分很多，很好吃。日本没有，中国人一般习惯于生着吃。

6-5　　　＝拿过来以后呢，日本人一看呢很新鲜，就说，"这是什么？"当时（那个）公社的负责人说，"这叫小水萝卜，日本没有，这是中国的特长，请你们尝一尝。"

6-6　　　＝当时呢，我就给大家翻译。但是翻译到'尝'的时候儿呢，因为中文的（那个）"尝一尝"的意思就是说稍微吃一点儿，品品味儿，"'尝一尝，尝一尝"怎么翻呢我当时也不知道，就写上一个汉字，写一个'尝'字，问（那个）离我坐的最近的一个日本人，我问他。

第1章　談話のトピックの展開におけるキーワードとキーセンテンス

6-7　＝我说这个'尝'字怎么念？他说的日文呢应该念「なめる」。所以我一看，噢「なめる」，那'尝'可能日文既然念「なめる」意思一样的话，我估计翻成「なめる」没问题了。所以我就翻成了「みなさんなめてください。」

6-8　＝所以大家听了以后，都很吃惊。当时一开始是很吃惊，大家一下儿就全愣住了。后来我一说以后，大家哗哗哗全笑起来了。

6-9　＝这样呢，就是说，我陪那一个团，陪了三个星期。<u>大家经常把它做为笑话</u>。大家一起说，说，好啊，你不叫我们吃，叫我们舔一舔。

6-10　＝中文要如果说"舔一舔"的话呢，有些太不礼貌了。所以由于当时刚学习日文，而且呢又是当学生的时候儿，避免不了发生错误。

例(6)の日本語訳

6-1 A　＝例えば、私が大学3年生の時、何というか、中国教育実習：言語実習をやるために私の先生と一緒にね、ある日本の代表団に付き添いました。

6-2　＝その時ね、ある人民公社を参観しました。人民公社を参観した時に、私は実習に行っているので、先生はね私に通訳させました。

6-3　＝通訳している時に、最初はねみなさんたくさん質問し、みなさんのたくさんの質問に答え、さらにみなさんに人民公社の状況を紹介しました。最後にね、人民公社の責任者がね、たくさんの'小水萝卜'を持ってきました。

6-4　＝'小水萝卜'はね、日本にはありません。赤い色をしていて、15センチくらい、15センチくらいの大きさです。皮を剥くとね、少し甘くて、水分が多く、とてもおいしいです。日本にはなくて、中国人は普通生で食べるのに慣れています。

6-5　＝持って来てからね、日本人は（それを）見てみるととても新鮮で、「これは何ですか」と言いました。その時人民公社の責任者は、「これは'小水萝卜'と言います、日本にはありません、これは中国の特産です、みなさんどうぞ味わってください。」と言いました。

6-6　＝その時ね、私がみなさんに通訳しました。でも'尝'を通訳しよ

うとした時に、中国語で"尝一尝"の意味はちょっと食べてみて下さいとか、味わってくださいとかですが、"尝一尝"はどう訳したらいいのかその時の私は知りませんでしたから、漢字を書いて、「嘗」という字を書いて、私の一番近くに座っていた日本人に、質問しました。

6-7 ＝私が「この「嘗」という字はどう読みますか？」と聞くと、その人は「日本語では「なめる」と読みます」と言いました。だから私は「ああ、なめるなんだ」と思い、それじゃあ'嘗'は日本語でなめると読んで意味が同じなら、私は「なめる」と訳せば問題ないと思いました。それで「みなさんなめてください」と通訳しました。

6-8 ＝だからみなさんはそれを聞いた後、とても驚きました。最初はとても驚いて、みなさんはしばらくポカンとしていました。その後、私が説明すると、みなさんはワハハと笑い出しました。

6-9 ＝このように、私はその団体に、3週間付き添いました。<u>みなさんはいつもそれを笑い話にしました</u>。みなさんは私に、「あなたは私たちに食べろと言わずに、私たちになめろと言いました」と言いました。

6-10 ＝中国語ではもし「なめてください」と言ったら、とても失礼です。その頃日本語を学び始めたばかりで、さらに学生の時だったので、間違えるのは避けられませんでした。

　例(6)の6-9の'它'は、「中国語の「'尝(嘗)'（＝味わう）」を「なめる」と通訳した学生時代の失敗」というデキゴト全体を含意している。そしてこのデキゴトは、この談話のトピックそのものである。

## 1.2.4.4.2　前置詞'给'の目的語

　下記の例(7)は、言語資料05の中で、インフォーマント（E）と（F）が、日本社会のいろいろな世相について話し合っている中で、特に日本の若者のファッションについて語り合っている談話の一部である。ここでは7-3

第1章　談話のトピックの展開におけるキーワードとキーセンテンス

Eで'它'が前置詞'给'の目的語として表現されている。

例(7)

7-1 E ＝另外，日本穿的衣服也是一样的｜。{F＝嗯}按理说呢，就是：漂漂亮亮的衣服啊｜，{F＝嗯}整整齐齐的｜，{F＝嗯}合身的衣服给人一种（这个）：美的感觉啊｜。可是呐｜，（这个）：有些日本人呐｜，就是：也许他们（这个）：漂亮的衣服穿腻了｜。

7-2 ＝现在就是：去追求（那个）：比如说｜，{F＝嗯}袖子很长的衣服啊｜，{F＝嘿！}还有（这个）：有的女孩儿呢｜，哦：穿男的西装啊｜。

7-3 ＝而且呢、（这个这个）比如说：穿的（这个）哦：牛仔裤啊｜，{F＝嗯}故意给它弄一个窟窿啊｜。{F＝嗯}弄一个窟窿｜，就是以这个为时髦儿啊｜。

7-4 ＝而且（那个）就是：用（这个）：衣服上：衣服上故意补一些补钉：什么的啊｜。

7-5 ＝（这个）：反正从我们角度看来吧｜，就是都觉得是不可思议的｜，好好的衣服为什么非要弄破了｜。（那个）本来：有很合身的衣服｜，日本：西装做得很漂亮的啊｜，为什么不穿很漂亮的西装，为什么非要穿这肥肥大大的西装呢？｜{F＝嗯}这个我们就不理解｜。

7-6 ＝当然｜，从日本人角度看来吧｜，他们可能觉得这是一种时髦儿｜。（这个）：怎么说｜，就是：未曾体验过的东西啊｜，新颖新的东西｜。{F＝嗯}所以，也许我们跟日本人现在（这个）所处的环境啊｜，不一样｜，想法不一样｜。

例(7) の日本語訳

7-1 E ＝その他、日本で着ている服についても同じです。{F＝うん}理屈から言えばね、きれいな服はね、{F＝うん}きちんと整っていて、{F＝うん}体に合っている服は人に：美しいという感覚を与えます。でも、いくらかの日本人は、きれいな服を着ることに飽きたのかも知れません。

88

7-2　　＝今：例えば、｜F＝うん｜ 袖の長い服を追い求めていて、｜F＝へえ！｜ さらに：男性用の洋服を着ている女の子もいます。

7-3　　＝それにね、たとえば：ジーンズを穿くと、｜F＝うん｜ <u>わざとそれ（ジーンズ）に穴をあけます</u>。｜F＝うん｜ 穴をあけて、それをファッションだと思っているんです。

7-4　　＝さらに：洋服に：洋服にわざと継ぎを当てたりも：します。

7-5　　＝いずれにせよ私たちから見ればね、なぜ良い服を傷めるのか、不可思議に感じます。もともと：体に合っている服は、日本の：洋服はとてもきれいなのにね、どうしてきれいな洋服を着ないで、どうしてダブダブの洋服を着なければならないのでしょうか？｜F＝うん｜ これは私たちには理解できません。

7-6　　＝当然、日本人から見ればね、彼らはこれを流行と感じているのかも知れません。何というか、かつて経験したことのないものはね、ユニークで新しいものはね。｜F＝うん｜ だから、我々は日本人が今いる環境と、違うから、考え方も違うのかもしれません。

　ここでは、日本の若者のファッションセンスが、(E)にとっては不可思議に感じられるということが述べられていき、その具体例が7-2から7-4で紹介されていく。その1つとして7-3Eで「わざわざジーンズに穴をあける」ということが話され、そこでは'它'が前置詞'给'の目的語として表現されている。この'它'は直前に発話されている「'牛仔裤'（ジーンズ）」を意味している。'牛仔裤'は、日本の若者のファッションの代表であり、この談話とトピックと非常に関連性の高い名詞である。

### 1.2.4.4.3　前置詞'对'の目的語

　下記の例(8)は、言語資料21の中で、インフォーマント（V）と（W）が、アメリカが中国を脅威と感じているということについて話し合っている談話の一部である。ここでは、8-17Wで'它'が前置詞'对'の目的語として表現されている。また、例(8)では合計10箇所で'它'が表現されている。

例 (8)

8-1 V ＝不过我觉得呀｜，真的｜，我觉得如果就说｜，一直：就说，如果国内比较安定的话｜，{W＝嗯}而且就说（那个）等于像发展速度｜，比如说一直在百分之十左右哈｜，这样：保持这个速度，真的,到二〇一〇年左右｜，那么：我：曾经看过，就说，杂志呀，或者报纸｜，说的，有可能要超过美国，你知道吗？

8-2 W ＝W＝嗯｜。

8-3 V ＝所以美国现在也很担心｜，<u>就觉得中国成为它的一个强大的对手</u>｜。

8-4 ＝那么原来这种苏联、前苏联已经不存在了｜，{W＝就是}好像就说吧，我觉得（这个）美国怎么讲呢｜，<u>它好像就说：以世界这种：老大自居</u>哈。哈哈哈···

8-5 W ＝所以：就是｜，<u>它：就是</u>哈。不过：觉得世界上如果：总得有这么一个老大了｜，你要没有的话呢｜，互相之间，都互相打架，没有人管｜。你觉得吗？

8-6 V ＝哈哈哈···是吗？

8-7 W ＝你觉得那个海湾战争的时候｜，如果说：（那个）没有美国哈｜，<u>当然不是说提倡它这种了</u>｜，就说但是···

8-8 V ＝嗯｜。如果没有美国插手｜，那么就说这个科威特会···

8-9 W ＝没有一个：没有美国插手｜，或者没有一个大家就：特别怕的一个国家哈｜，{V＝嗯}中国也好，美国也好｜，嗯：以前苏联哈，也好｜，没有担心的话，哎｜，我要是进｜，就是进攻的话，也没什么，没有人会管我的话，那就互相之间哈｜，就乱了｜。{V＝哈哈哈···}嗯｜。

8-10 V ＝所以：就是：世界这种秩序吧｜，不管是经济秩序，还是这种军事各方面的哈｜，就说，在某种程度上，好像总要有一种平衡的这种｜，{W＝嗯}嗯｜，关系哈｜。{W＝嗯}像原来是苏联和美国抗衡，那么现在苏联不存在了这种｜，嗯：慢慢儿中国哈｜，就说，要成为美国的这种哈哈哈···强大对手｜。

8-11 W ＝就是｜。{V＝嗯}所以：以前（什么）大学的时候，听过一个就是博士生哈｜，{V＝嗯}他讲过这样的事情｜，听他的分析我觉

得挺有道理的。
8-12 V ＝噢，是吗？
8-13 W ＝他说，世界上如果：嗯：比如说：如果（那个）就是核问题，核的问题哈｜，{V＝嗯}当然现在不：不支持（那个）开发核｜，{V＝嗯}但是呢，你如果说：比如说就美国一个：这个国家有核，那<u>它</u>想怎么着怎么着｜。
8-14 V ＝那，这倒是。
8-15 W ＝<u>它就想用，没有人（那个）攻击它</u>｜。
8-16 V ＝对对对，而且···
8-17 W ＝<u>正因为中国对它是个威胁</u>｜，<u>它才不敢随便</u>：<u>对它有制约作用</u>｜。
8-18 V ＝啊｜。
8-19 W ＝嗯｜。


例(8)の日本語訳

8-1 V　＝でも、私は思います、本当に、私は思います、もし、ずっと：もし国内が安定したら、{W＝うん}そして発展のスピードが、例えばずっと10％前後でね、このスピードを維持したら、本当に、2010年くらいまでに：えー：雑誌か、新聞で読んだことがありますが、（中国が）アメリカを追い越すかも知れないと言っていました。知っていますか？

8-2 W　＝ええ。

8-3 V　＝だからアメリカは今もとても心配していて、<u>中国がそれ（アメリカ）の強大なライバルになると思っています</u>。

8-4　　＝もとのソ連、前のソ連はもうすでに存在していませんから、{W＝そうです}何と言うか、アメリカは何と言うか、<u>それ（アメリカ）はまるで：自分が世界のボスだと思っているみたいです</u>。ハハハ···

8-5 W　＝だから：<u>それ（アメリカ）は確かにそうです</u>。でも：世界にもし：どうしてもこういうボスが必要で、もしいなければ、国と国の間で、お互いに喧嘩したら、仲裁に入る人がいません。そう思

第1章　談話のトピックの展開におけるキーワードとキーセンテンス

|  |  |  |
|---|---|---|
| | | いませんか。|
| 8-6 | V = | ハハハ…そうですか？ |
| 8-7 | W = | 湾岸戦争の時、もし：アメリカがいなかったら、もちろんそれ（アメリカ）のああいうことを提唱するというわけではありません、しかし… |
| 8-8 | V = | うん。もしアメリカが介入しなかったら、クエートはきっと… |
| 8-9 | W = | もしアメリカが介入せず、あるいはみんなが特に恐れている国家はね、｜V＝うん｜、たとえば、中国でも、アメリカでも、んー：以前のソ連でもいいけど、こういう国家が気にかけなかったらね、みんなが恐れずに侵攻したら、誰も介入しなければ、お互いの間でね、混乱します。｜V＝ハハハ｜うん。 |
| 8-10 | V = | だから：世界という秩序はね、経済の秩序であろうと、軍事の方面であろうとね、ある程度は、どうしてもある種のバランスの、｜W＝うん｜関係が必要です。｜W＝うん｜たとえばもともとソ連とアメリカが対抗したけど、今はソ連が存在しなくなりましたから、ゆっくりと中国がね、アメリカのハハハ…強大なライバルになるでしょう。 |
| 8-11 | W = | そうです。｜V＝うん｜だから：以前、大学生の時、ある博士課程の学生がね、｜V＝うん｜彼がこういう状況を話すのを聞いたことがあり、彼の分析を聞いて私はなるほどと思いました。 |
| 8-12 | V = | へー、そうですか？ |
| 8-13 | W = | 彼はね、世界にもし：たとえば：もし核問題、核の問題がね、｜V＝うん｜当然今は核開発を支持しませんが、｜V＝うん｜でもね、もし：たとえばアメリカ一国だけが：この国だけが核を持っていたら、それ（アメリカ）はやりたい放題です。 |
| 8-14 | V = | それはそうですね。 |
| 8-15 | W = | それ（アメリカ）が使用しようと思っても、それ（アメリカ）を攻撃する人がいません。 |
| 8-16 | V = | そうそうそう、しかも… |

8-17 W　＝中国はそれ（アメリカ）にとって１つの脅威だから、それ（アメリカ）は勝手に（行動）しない：(中国は) それ（アメリカ）に対して抑制する働きがあります。
8-18 V　＝ええ。
8-19 W　＝うん。

　例(8)では、'它'が8-17 Wの２箇所で前置詞'对'の目的語として表現されている。例(8)ではこの他に、8-3 Vで連体修飾語として、8-4 V、8-5 W、8-13 W、8-15 W、8-17 Wで話題語として、8-7 W、8-15 Wで動詞の目的語として、それぞれ'它'が表現されている。そして例(8)で表現された10箇所の'它'はすべて'美国（アメリカ）'を意味している。さらに（V）と（W）の両者によって'它'が用いられていることから、「'它'＝'美国（アメリカ）'」は両者に共有された認識であるということも解る。この談話において、'美国（アメリカ）'はトピックの重要なキーワードである。この例(8)からも、'它'の談話における機能には、'它'が表現される文中における位置によって差異のないことは明白である。

### 1.2.4.4.4　前置詞'让'の目的語

　下記の例(9)は、言語資料21の中で、インフォーマント（J）と（K）が、日本の大学で日本人の学生に中国語を教える際、良い授業をするにはどうしたらよいかということについて話し合っている談話の一部である。（J）と（K）は言語資料の録音当時、日本の大学で中国語を教えるという仕事をしていた。例(9)では、9-7 Jで'它'が前置詞'让'の目的語として表現されている。

例(9)

9-1 J　＝再说还有个什么问题呢，就是说：（那个）：反正上课的时候就是说：当然需要和大家：一块地：都高：高兴高兴｜。但现在就是说：你觉没觉得在民族这个问题上，还有：区别？
9-2 K　＝啊，对｜。
9-3 J　＝中国人：本来就相对来说，比日本人能：就是在性格上呢｜，能快

93

活一点儿｜。{K＝嗯}一般的日本人比较认真｜。{K＝对}所以现在咱们：中国人上课的话｜，反过来说，在日本大学你看，老师开玩笑比较多｜。{K＝嗯}但真正每：作为学生的当中呢，这学生本身（这个）就是：丁是丁，卯是卯的，比较：{K＝对对对}刻板的人比较多｜。{K＝对}所以：对来说的话｜，开玩笑：在某种意义上讲本来是对学外语是一个：相当有效的方法｜。{K＝对}但是，<u>它有时候，用不起来</u>｜。{K＝嗯}哎，不太好办｜。

9-4 ＝再说：日本人学别的行｜，学语言的话，就是：嗯：就好像有那种什么：什么说法？就是那种：已经定论的，说是明治以来的{K＝嗯}那种英语教育带来的那种危险哈｜，{K＝对}带来的那种：那种（这个）影响｜。

9-5 K ＝就象你说的，丁是丁，卯是卯的｜。

9-6 J ＝啊，就是说，不见汉：不见文字不行｜。{K＝对}不写上不行｜。{K＝对}所以说，象咱们这种：你我这种想法咱们是共通的。{K＝嗯}就是说：应该在课堂当中形成一种气氛，大家都挺快活的｜，{K＝对}高高兴兴的。

9-7 ＝完了｜，尽量让大家都讲｜，{K＝对}<u>尽量让它创造大家说的机会</u>｜。

9-8 K ＝对｜。

9-9 J ＝<u>它</u>已往呢，他们都感觉什么呢？就是说读课文｜。把这课文拿出来｜，课文怎么读｜，读完课文怎么翻译｜。哎，最后就是说什么东西都是仔仔细细写在上边，{K＝对}噢，我学着东西了｜。{K＝对对对。}嘿，我这是学到东西了｜，一点儿用不上｜。

例(9)の日本語訳

9-1 J ＝さらにどういう問題があるかというとね、授業中に：当然みんな（＝日本人の学生）と：一緒に：楽しむ必要があります。でも今：民族によって：差があると感まじませんか？

9-2 K ＝ええ、その通りです。

9-3 J ＝中国人は：もともと相対的に言って、日本人より：性格がね、ちょっ

と快活です。｛K＝うん｝普通の日本人は割とまじめです。｛K＝その通りです｝だから今我々：中国人は授業の時、日本の大学で、（中国人の）先生は冗談が割合と多いです。｛K＝うん｝でも本当に：（日本人の）学生の中には、その学生自身が：AはA、BはBと、割と｛K＝そうそうそう｝杓子定規の人が多いです。｛K＝そう｝だから：冗談を言うのは：ある意味においてもともと外国語を学ぶのに対して1つの：かなり有効的な方法です。｛K＝そうです｝でも、それ（中国語の授業中に冗談を言うこと）は時には、うまくいきません。｛K＝そうです｝ええ、あまりうまくいきません。

9-4 ＝もっと言うと：日本人は他のものを学ぶのは大丈夫だけど、言語を学ぶのは、んー：何と言うか：すでに定説で、明治以来の｛K＝うん｝あの英語教育がもたらした悪い伝統、｛K＝そうです｝もたらしたあの：あの影響です。

9-5 K＝あなたの言うように、杓子定規ですね。

9-6 J＝ええ、つまり、文字を見ないと：いけない。｛K＝そうです｝ちゃんと書かないとダメです。｛K＝そうです｝私たちの：私たちの考え方は共通しているようです。｛K＝うん｝つまり：教室でみんな（＝日本人の学生）が快活で、｛K＝そうです｝楽しい雰囲気を作らないといけません。

9-7 ＝それから、できるだけみんなに話させ、｛K＝そうです｝できるだけ中国語の授業中にみんなが話す機会を造るということです。

9-8 K＝その通りです。

9-9 J＝それ（中国語の授業）についてこれまでのやり方はね、みんなはどういう感じかというとね、つまり本文を読むということです。本文を取り出して、本文をどのように読むのか、本文を読み終わったらどのように訳すのかということです。つまり何でも細かく書けば、｛K＝そうです｝「ああ、マスターした。」｛K＝そうそうそう｝それはマスターしたといっても、何の役にも立ちません。

第1章　談話のトピックの展開におけるキーワードとキーセンテンス

　例(9)では、'它'が9-7 Jで前置詞'让'の目的語として表現されている。この他にさらに、9-3 Jと9-9 Jで'它'が話題語として表現されている。

　この3箇所の'它'の意味する内容は、完全に同じというわけではない。これらを順に見ていくと、9-3 Jの'它'は「中国語の授業中に冗談を言うこと」、9-7 Jの'它'は「中国語の授業中」、9-9 Jの'它'は「中国語の授業」を、それぞれ意味している。この3箇所の'它'はいずれも「(J)が日本の大学で経験した日本人の学生を対象とした中国語の授業」ということを共通の前提として含意している。これは、この談話のトピックである。しかしこの3箇所の'它'は、この共通の前提の下に、それぞれ少しづつ異なる内容を意味している。

### 1.2.4.4.5 前置詞'跟'の目的語

　下記の例(10)は、言語資料07の中で、インフォーマント(E)と(G)が、日露戦争について話し合っている談話の一部である。ここでは10-13 Gで'它'が前置詞'跟'の目的語として表現されている。

例(10)

10-1 G ＝那次打仗啊, 现在看：从历史上来看啊｜, 当时（这个）乃木｜, 日本的乃木大将｜, 就是第三军的军长｜, 和（那个）俄国战着战着｜, 当时俄国：不行了｜, 日本本身｜, 也不行了｜。｛E＝好像就是｝再坚持：｛E＝对对对｝十几天什么玩艺儿哈｜, 然后日本也吃不住劲儿了｜。

10-2 E ＝（那个）乃木他就觉得已经没希望, 所以自杀了｜。｛G＝嗯｝刚自杀, 然后就攻下来了｜, 据说是｜。

10-3 G ＝不是｜。（那个）乃木希典哪, 他最后就：（那个）：日本谁？（那个）明治天皇｜,｛E＝嗯｝去世的时候｜, 他｜, 自杀的｜。一九一二年｜。

10-4 E ＝啊, 是吗？

10-5 G ＝一九一二年｜, 乃木大将｜。

10-6 E ＝嗯｜, 那是谁呀？就是：指挥攻旅顺口的｜, 东乡？｜

10-7 G ＝那可能是东乡｜。

10-8 E ＝东乡平八郎｜。

10-9 G ＝东乡平八郎｜，哎｜。

10-10 ＝因为当时哈｜，｛E＝哎｝日本跟俄国打仗｜，俄国根本就没有想到｜。

10-11 E ＝对｜。

10-12 G ＝从领土来看的话｜，日本是俄国领土的六十分之一｜。从历史上来看哈｜，俄国当时是欧洲的（那个）：帝国：帝国主义同盟霸主｜，哎。而且，俄国跟拿破仑之战之后｜，然后，战胜了拿破仑｜，在欧洲的话，实际上是盟主地位｜。

10-13 ＝日本刚刚起来，<u>就敢跟它干</u>｜。所以那次对日本｜，当时那个政府哈｜，信心挺足的｜。｛E＝对｝战争完了之后得了：得了不少便宜｜。

10-14 E ＝反正是怎么说呢｜，（这个）老毛子他战线拉得太远了｜。

10-15 G ＝哎｜。

10-16 E ＝另外，<u>它的后路啊</u>，从金州这边儿被人抄了｜。｛G＝对｝是吧｜。被人抄了。然后（这个）所以：觉得：觉得供应｜，一个是粮弹药｜，另一个（这个）人员补充：补充不过来呀｜。就是投降还有二万多人｜，｛G＝对｝二万多人呢｜。

例 (10) の日本語訳

10-1 G ＝その戦いはね、今：歴史的に見るとね、当時乃木、日本の乃木大将が、第3軍司令官で、ロシアと戦って、当時ロシアは：だめになり、日本自身も：だめになりました。｛E＝そうみたいです｝ さらに：｛E＝そうそうそう｝ あと十数日間（戦いが）続いていたら、その後日本も持ちこたえられなくなっていました。

10-2 E ＝乃木はすでに望みがないと感じて、自殺しました。｛G＝うん｝自殺直後に攻めたようです。

10-3 G ＝違います。乃木希典はね、彼は最後は：えー：日本の誰？えー明治天皇が、｛E＝うん｝ 逝去した時に、彼は、自殺したんです。

97

第1章　談話のトピックの展開におけるキーワードとキーセンテンス

```
              1912年です。
10-4 E ＝あそうですか？
10-5 G ＝1912年です、乃木希典。
10-6 E ＝うん、じゃあ誰ですか？んー：旅順口を指揮したのは、東郷？
10-7 G ＝それは多分東郷です。
10-8 E ＝東郷平八郎です。
10-9 G ＝東郷平八郎です、ええ。
10-10  ＝当時はね、｛E＝ええ｝日本がロシアと戦うなんて、ロシアは
         思いもしなかったです。
10-11 E ＝その通りです。
10-12 G ＝領土から見れば、日本はロシアの領土の60分の1です。歴史
         的に見ればね、ロシアは当時欧州の：帝国：帝国主義同盟の
         盟主です。さらに、ロシアはナポレオンとの戦いの後、ナポ
         レオンに勝ち、欧州では、事実上盟主の地位にありました。
10-13   ＝日本は立ち上がったばかりなのに、それ（ロシア）と戦う勇
         気があるなんて。あの戦争は日本政府にとって、当時その政
         府はね、かなり自信を持っていたんです。｛E＝その通りです｝
         戦争が終わった後、（日本は）多くの利益を得ました。
10-14 E ＝何というか、ロシア人は戦線を拡大し過ぎました。
10-15 G ＝ええ。
10-16 E ＝その他、それ（ロシア軍）の後方はね、金州のところで潰さ
         れました。｛G＝そうです｝そうでしょ。潰されました。だから：
         1つは弾薬の補給や、もう1つ、人員の補充：補充ができま
         せんでした。投降した人だけで2万人以上です、｛G＝その通
         りです｝2万人以上です。
```

　10-13 Gで前置詞'跟'の目的語として表現されている'它'は'俄国（ロシア）'という国家そのものを意味している。これはこの談話のトピックと非常に関連性の高いキーワードである。例(10)ではさらに10-16 Eで'它'が連体修飾語として表現されている。しかしこれは「ロシア」という国

家そのものではなく、「ロシア軍」を意味している。これも談話のトピックと非常に関連の性の高いキーワードである。例(10)の2箇所の'它'は、この談話のトピックである「日露戦争」を共通の前提としながら、少し異なる内容を意味している。

### 1.2.4.4.6 前置詞'和'の目的語

下記の例(11)は、言語資料04の中で、インフォーマント（D）が、改革開放後の中国の物価の高騰と給料との関係について、自身の見解を述べている部分の発話である。ここでは11-5Dで、'它'が前置詞'和'の目的語として表現されている。

例(11)

11-1 D ＝我有一个表弟吧，今年二十：二十二岁｜，在上海××大学｜。他念的是国际金融｜。他那个专业吧｜，在××大学是一个比较好的专业｜，就是现在的（那个）物价问题吧，是人们议论的一个中心问题｜。

11-2 ＝就是大家对物价上涨这么快｜，上涨的幅度这么大｜，感到就是：承受不了｜，就受不了啦，就是｜。

11-3 ＝但是呢，我觉得这个问题应该：怎么看呢，就是物价，就是涨价吧｜，这是一个在改革过程当中：是一个必须的现象｜，一定要涨｜。不涨的话，你没法改革｜。

11-4 ＝因为你和国际水平相差太大了｜，你现在要：就是和别人同步不了｜。就是：你那物价太低｜，一定要改｜。

11-5 ＝但是就是：在改：在改革物价的同时，也就是在涨价的同时吧，你工：工资呢｜，<u>也得和它</u>同步进行，就是这边在涨价，那边在涨工资｜，反正就是同步，你上一步，我也上一步｜。这样就不：不会造成，就是人民的实际生活水平不会下降｜。

11-6 ＝但是现在呢，就是：工：工资吧｜，在原来的水平上｜，但是物价拼命朝上涨｜。

11-7 ＝所以人民就感觉到承受不了｜，承受不了（那个）物价（那个）涨价涨得特别厉害｜。

第1章　談話のトピックの展開におけるキーワードとキーセンテンス

例(11)の日本語訳

11-1 D ＝私には一人従弟がいてね、今年22歳で、上海××大学にいます。彼が学んでいるのは国際金融です。彼のその専門はね、××大学では割と良い専門で、今の物価の問題はね、人々の議論の中心的な問題です。

11-2 ＝物価の上昇が速すぎて、上昇の幅が大きすぎることに対して、(みんなは)耐えられない、耐えられないと感じています。

11-3 ＝でもね、私はこの問題を：どう見るかというと、物価、つまり値上がりするのはね、これは改革のプロセスの中においては：1つの必須の現象で、必ず上がると思います。上がらなければ、改革することができません。

11-4 ＝なぜなら国際レベルと差が大き過ぎて、今は：他の国と歩調を合わせることができないからです。つまり：物価が低すぎるから、改めなければなりません。

11-5 ＝でも：物価を改革すると同時に、つまり値上がりと同時にね、給料もね、<u>それ(値上がり)と歩調を合わせて進めなければなりません</u>。つまりこちらが値上がりして、あちらで給料が上がるというように、歩調を合わせて、物価が一歩上がれば、給料も一歩上がるというようにね。こうすれば、人々の生活水準が下がるはずがありません。

11-6 ＝でも今はね、給料：給料はね、もともとのレベルなのに、でも物価はひどく上昇しています。

11-7 ＝だから人々は耐えられない、物価の上昇がすごくひどくて耐えられないと感じています。

　談話の展開から解るように、11-5Dの'它'は'涨价(＝物価の上昇)'のことである。そして'涨价'はこの談話のトピックのキーワードである。

　以上、6種類の前置詞('把'、'给'、'对'、'让'、'跟'、'和')の目的語として表現されている'它'を見てきた。例(5)～例(11)の例から明らかで

あるように、前置詞の目的語の'它'も、話題語の'它'、述語動詞の目的語の'它'、連体修飾語の'它'と同様、談話のトピックのキーワードであると言うことができ、談話の中で同じ機能を果たしていると言うことができる。

また、今回の言語資料において、'它'が前置詞の目的語として表現されている例は57例あり、そのうちの36例が'把'の目的語であった。これは前置詞の目的語の例の約63%にあたる。本書の1.1において、'把'構文の機能について分析し、そこで、'把'の目的語は、その談話のトピックの展開におけるキーワードであることを述べた。したがって、前置詞'把'と'它'の相性が良いのは至極当然のことであり、その結果、'它'は前置詞'把'の目的語として多く用いられるのである。

### 1.2.4.5 「その他」の例
ここでは、「その他」とした3種類の'它'の例について見ていく。

### 1.2.4.5.1 '它'が述語動詞の目的語の一部として表現される例
下記の例(12)は、言語資料12の中で、インフォーマント（K）が、大学進学の時に文系を選んだ理由について、インフォーマント（J）に説明している談話の一部である。ここでは、12-7 Kで、述語動詞'觉得'の目的語の一部として'它'が表現されている。

例(12)

12-1 K ＝不过：我考虑问题，也许是我爸妈的影响。我爸妈都是搞理的｜。
　　　 一个是：原先都是搞数学｜，后来我···

12-2 J ＝他们是不是没想到你会搞文？

12-3 K ＝对｜。｛J ＝呵呵呵···｝我原先确实在中学高中时候，｛J ＝也想搞理科｝刚开始的时候：搞理呀｜。然后：因为那个时候，走：什么'学会数理化，走遍天下都不怕'嘛，有这句话｜。然后我周围的一些以前的小学同学什么，他们很多都是搞理呀｜，什么的｜。所以我也是｜。

12-4 ＝但我进的学校是外语学校｜。当然我对理科很感兴趣｜。后来说，

为什么到文科呢？当然是我自己的想法也变｜。

12-5 ＝再另外一个客观条件呢，就是说：客观因素呢，就是我学数理化｜，生物四门嘛｜，我数学和物理学得很好｜，但是化学呢，学得中不溜湫｜，不怎么好｜。

12-6 J ＝什么原因呢？不习：不习惯？不喜欢做实验｜，还是怎么？｜

12-7 K ＝哦：<u>我觉得它没有数学物理那么就容易推理，有道理呀</u>｜。

12-8 J ＝对对｜。

12-9 K ＝（那个）：就是<u>它有很多东西要记</u>｜，什么少一个'2'少一个'1'什么的就不行了。{J＝嘿嘿嘿···}然后：然后比如说，你做实验，你多放点儿什么东西，就变这个了，多放那种东西：我觉得：这东西没什么道理。

例(12)の日本語訳

12-1 K ＝でも、私は問題を考える時も、両親の影響を受けているのかも知れません。私の両親はどちらも理系をやっていました。1つには：もともと二人とも数学をやっていて、それから私は···

12-2 J ＝あなたの両親はあなたが文系をやるとは思わなかったんでしょ？

12-3 K ＝そうです。↓J＝ハハハ···↓ 私はもともと確かに中学高校の頃、↓J＝理系をやろうと思った↓ 初めは：理系をやっていました。なぜならその頃：何か「数学物理化学をマスターすれば、どこへ行っても怖くない」という言い方がありましたから。それで私の周囲の小学校の同級生は、多くが理系なんかをやりました。だから、私もそうしました。

12-4 ＝でも私が入学したのは外国語の学校でした。当然私は理系に興味を持っていました。後になって、どうして文系に進んだのかというと、当然私自身の考えも変わったからです。

12-5 ＝さらに他の客観的条件はね、客観的要因はね、私は数学物理化学、生物の4科目でね、私は数学と物理はよくできましたが、でも化学はね、中くらいで、あまりよくありませんでした。

12-6 J ＝どういう原因ですか？慣れなかったんですか？実験が好きでは

なかったか、それともどうしてですか？
12-7 K＝んー：私はそれ（化学）は数学物理ほど推理しやすくなくて、法則がないと感じていました。
12-8 J＝その通りです。
12-9 K＝えー：それ（化学）は暗記しなければならないものが多く、（化学式で）2か1が少なかったらダメになったり。｛J＝ハハハ…｝それから：たとえば、実験して、何か少し多く入れると、変化する：私は：こういうものは法則がないと思いました。

12-7 Kの述語動詞'觉得'の目的語は「'它没有数学物理那么就容易推理,有道理'（＝それ（化学）は数学物理ほど推理しやすくなくて、法則がない）」である。この中では'它'は話題語として表現されており、この'它'は'化学'のことを意味している。例(12)では、12-7 Kの他に、12-9 Kで'它'が話題語として表現されており、この'它'も'化学'のことを意味している。'化学'は、（K）が大学進学において理系でなく文系を選ぶきっかけとなった科目であり、この談話のトピックのキーワードである。

なお、12-7 Kと同様の'它'は、述語動詞'想""嫌'など、19例あった。

### 1.2.4.5.2 '它'が「'得'補語」の一部として表現されている例

下記の例(13)は、言語資料07の中で、インフォーマント（E）と（G）が、新中国成立後の中国において、新政府から知識人が迫害を受けたことについて話し合っている談話の一部である。ここでは13-4 Gで'它'が'得'補語（様態補語）の一部として表現されている。

例(13)
13-1 E＝可是, 一有什么政治运动, 这知识分子老是：｛G＝首当其冲｝（这个）处：挨打的地位, 挨打被打｜, 让人打｜。
13-2 G＝哎｜。打完之后, 还一个劲地还说｜, 说好话｜。｛E＝对｝那个钱伟长, 是谁呀？｜他说了这么一句话, 报纸上还一个劲地吹｜。｛E＝嗯｝我听完之后, 就特别讨厌｜。他说是什么呢？｜｛E＝嗯｝就是文化大革命｜, 知识分子挨打什么的｜, 还有（这个）过去

第 1 章　談話のトピックの展開におけるキーワードとキーセンテンス

党的政策被践踏｜，然后，知识分子任劳任怨｜。

13-3 　＝说了一句话什么：还是中国的知识分子好｜，叫做什么：'家鸡打得团团转｜，野鸡打得满天飞'｜。

13-4 　＝说这是中国的知识分子都是家鸡｜。我马上：我就想到｜，既然家鸡给你下蛋｜，野鸡不给你下蛋｜，你看｜，<u>它又给你下蛋</u>｜，<u>你为什么还要打得它团团转呢？</u>｜你不是个畜生吗？

13-5 E ＝对。<u>你干嘛</u>｜，<u>非得打它呢？</u>｜

13-6 G ＝就是呀｜。

13-7 E ＝好好伺候｜，<u>它不是下蛋更多吗？</u>｜

13-8 G ＝就是呀｜。所以说哈，当时报纸上宣传这些内容哈｜，什么'家鸡打得团团转｜，野鸡打得满天飞'。我们知识分子就：家鸡一样任劳任怨｜。既然是任劳任怨｜，你为什么要打他？｜一直在迫害他？｜想一想真令人伤心｜。从：五十年代初期｜，五十年代初期｜，从刚一建国以后｜，开始搞（这个什么）：武训传的批判｜。然后···

例 (13) の日本語訳

13-1 E ＝しかし、何か政治運動があると、インテリはいつも：｛G＝真っ先に災難に遭います｝ たたかれる立場になって、たたかれ、殴られ、人にたたかれます。

13-2 G ＝そうです。たたいた後で、ひたすら褒めます。｛E＝その通りです｝ あの銭偉長は何者なのですか？彼はこういうことを言って、新聞に賞賛されました。｛E＝うん｝私はそれを聞いた後、すごく嫌でした。彼は何と言ったかというと、｛E＝うん｝文化大革命で、インテリは殴られたとか、さらに過去の党の政策は踏みつけられたとか、それから、インテリは苦労をいとわず、恨み言を言われても気にしない、とか言いました。

13-3 　＝何を言ったかというと：やはり中国のインテリは良いとか、「家畜のニワトリは殴るとぐるぐる回るが、野生のニワトリは殴ったら散らばっていく」とか、こんなことを言っていました。

13-4 ＝つまり中国のインテリはみんな「家畜のニワトリ」だということを言っています。私はすぐに：家畜のニワトリは卵を産むけど、野生のニワトリは卵を産まないというなら、それ（インテリ＝家畜のニワトリ）は卵を産むのに、どうしてそれ（インテリ＝家畜のニワトリ）を殴ってぐるぐるまわらせるんですか？殴った人は畜生じゃないんですか？と思いました。

13-5 E ＝その通りです。どうして、それ（インテリ＝家畜のニワトリ）を殴らなければならないんですか？

13-6 G ＝その通りです。

13-7 E ＝十分世話をしたら、それ（インテリ＝家畜のニワトリ）はたくさん卵を産むんじゃないですか？

13-8 G ＝その通りです。だからね、当時新聞で、「家畜のニワトリは殴るとぐるぐる回るが、野生のニワトリは殴ったら散らばっていく」という内容を宣伝をするなんて。我々インテリは：家畜のニワトリのように苦労をいとわず、恨み言を言われても気にしない。苦労をいとわず、恨み言を言われても気にしないというならば、どうしてインテリを殴る必要があるのでしょうか？ずっとインテリを迫害するのでしょうか？考えると本当に心が痛いです。50年代初めから、50年代初めから、建国直後から、武訓伝の批判が始まりました。それから…

　例(13)では、13-4 Gで'它'が'得'補語の様態補語の一部として表現されている（＝'打得它団団転'）。例(13)ではこの他に、13-4 Gと13-7 Eで話題語として、さらに13-5 Eで述語動詞の目的語として'它'が表現されている。例(13)の4箇所の'它'はすべて'知识分子(インテリ)' ＝'家鸡(家畜のニワトリ)'を意味しており、これはこの談話のトピックのキーワードそのものである。そして'它'が（E）と（G）の両者によって表現されていることから、両者がこれを共有して認識していることが解る。

### 1.2.4.5.3 '它'の直後に他の成分が付加されている例

1.2.4.1〜1.2.4.5.2では、談話において'它'が先行の内容と照応し、さらに単独で表現されている例を見てきた。ここでは'它'の直後に他の成分が付加されている例を見ていく。

まず、1.2.4.1で挙げた例(1)の1-42Vの'它那个'について見ていく。

例(1)では、'青春宝'が4箇所で話題語として'它'で表現されていた。その中の1-42Vでは、'青春宝'が'它那个'と表現されており、'它'の直後に指示詞の'那个'が付加されていた。これは、'它'の直後に'那个'を付加することで、'它'が指示しているもの（='青春宝'）が、話し手（V）にとって、心理的に遠いものであるということを示す働きをしている。

同様に、下記の例(14)では、14-4Qで'它'の直後に'这个东西'が付加され、'它这个东西'と表現されている。例(14)は言語資料11の中で、インフォーマント（N）と（Q）が、（N）の後輩の愚痴の内容について話し合っている談話の一部である。（N）の後輩は、自分が勤務する中国の大学で新しい科目を開設したいと考えているが、大学側がそれに理解を示さないことについて、先輩である（N）に愚痴をこぼしている。例(14)では14-4Qで**它这个东西吧，事在人为。**'と表現されており、'它'の直後に'这个东西'が付加されている。

例(14)

14-1 N ＝ 现在我那后辈来了哈｜，｛Q＝啊｝就是我们学校来的｜。｛Q＝啊｝新来的那天打电话跟我发牢骚，说的没意思｜，｛Q＝嗯嗯｝说特没劲，说在这儿特别寂寞什么的。

14-2 Q ＝ 嗯｜。

14-3 N ＝ 我说，"你真是的，这么一个大男孩儿，你说跑这儿来，你为什么跑这儿来，就为了发牢骚啊？"我给他说一顿｜。哈哈哈…｛Q＝嘿嘿嘿…｝然后后来，我说，"我告诉你，你要是真是想回去开一门课话…"

14-4 Q ＝ <u>**它这个东西吧，事在人为。**</u>

14-5 N ＝ 没错｜。其实你要是真想回去开一门课的话哈｜，｛Q＝嗯｝这一年课程学的东西足够你回去开一门课的，我觉得｜。

14-6 Q＝嗯｜。
14-7 N＝尤其是，你比如说，你想开会话课｜，{Q＝嗯}你把（这个）：你在这儿学的这些东西哈｜，{Q＝嗯}带回去，教给学生｜，我觉得特别管用｜。
14-8 Q＝嗯嗯｜。

例(14)の日本語訳

14-1 N＝今私の後輩が（中国から日本に1年間留学に）来ていてね、{Q＝ええ} 私たちの大学から来ました。{Q＝ええ} 来たばかりのその日に電話で私に愚痴を言って、つまらないと言ったり、{Q＝うん} やる気が出ないと言ったり、ここ（日本）ですごく寂しいと言うんです。
14-2 Q＝うん。
14-3 N＝「全く、あなたは男でしょ、どうしてここ（日本）に来たの？愚痴を言うために来たの？」と言ってやりました。ハハハ···{Q＝へへへ···} 私は彼に言いました、「あなたがもし本当に帰国して新しい科目を開きたいなら···」
14-4 Q＝そういうものはね、努力次第です。
14-5 N＝その通りです。本当にもし帰国して新しい科目を開きたいならね、{Q＝うん} この1年のカリキュラムで学ぶ内容は帰国して新しい科目を開くのに十分だと私は思います。
14-6 Q＝うん。
14-7 N＝特に、たとえば、会話の授業を開設したいなら、{Q＝うん} ここで学んだものをね、{Q＝うん} 持って帰って、学生に教えたら、特に役に立つと思います。
14-8 Q＝うんうん。

　14-3で（N）は、自分の後輩が勤務する中国の大学で、その後輩が新しい科目を開設したいと考えているが、大学側がそれに理解を示さないということ説明している。そして14-4で（Q）は、「大学で新しい科目を開

第1章　談話のトピックの展開におけるキーワードとキーセンテンス

設すること」を'它'と表現している。この'它'が含意している内容は、この談話のトピックそのものであり、14-4 Qでは'它'の直後に'这个东西'が付加されている。この'这个东西'は何を意味しているのか。(N)と(Q)は、日本に留学に来る前は、中国の大学で教員をしていた。このことから、両者ともに中国の大学の内部の状況に詳しく、さらに「中国の大学で新しい科目を開設すること」が容易なことではないと理解していると推測できる。したがって、'它'の直後に'这个东西'と付加することによって、'它'の含意する内容が、(Q)にとって心理的に近いということを示していると判断できる。

　1.2.2.2において、森（1997）や木村（2012）における、'它'と'这个／那个'の関係に対する見解を紹介した。森（1997）では「"它"と"这个／那个"はちょうど相補関係にあるということが明らかである。」と述べられていた。また木村（2012）では「人間以外の対象に用いられる代名詞系代用表現"它"（＝it）が、実際には多くの構文的制約により"他・她"ほど自由に機能しないため、"这个／那个"がそのギャップを補っていると考えるべきかもしれない。」と述べられていた。しかし、上記の例(1)の1-42 Vや例(14)の14-4 Qの例のように、'它'と'这个／那个'が連続して共起することから、'它'と'这个／那个'は「補い合う関係」でないことは明らかである。何故ならば、補い合う関係であるということは、'它'と'这个／那个'の機能が同じ範疇のものであるということになる。しかし、機能が同じ範疇のものを連続して共起させて繰り返して表現するということは、情報伝達上、意味の混乱を招くことになる。したがって、'它'と'这个／那个'は、その機能範疇が異なるものであると考えるのが妥当である。

　ここでもう一度、例(1)の1-42 Vと例(14)の14-4 Qについてそれぞれ詳述すれば、両者の'它'は供に、その含意する内容がその談話のトピックと非常に関連性の高いものであるということを明示する働きをしている。そして、1-42 Vの'它那个'の'那个'と14-4 Qの'它这个东西'の'这个东西'については、次のように判断できる。1-42 Vの'它那个'の'那个'は、その指示するものが、話し手（V）にとって心理的に遠いものであるとい

うことを示しており、また14-4 Qの'它这个东西'の'这个'は、その指示するものが、話し手（Q）にとって心理的に近いものであるということを示している。つまり、1-42 Vと14-4 Qの'它'は、談話のトピックの範疇の問題であり、1-42 Vの'它那个'の'那个'と14-4 Qの'它这个东西'の'这个'は、話し手のモダリティーの範疇の問題である。したがって、現代中国語においては、'它'と'这个／那个'は範疇を異にする要素であり、相補関係にあるとの分析は妥当ではない。

　さらに、下記の例(15)は、'它'に'那儿'という場所を表す指示代名詞が付加された'它那儿'が、前置詞'到'の目的語として表現されている例である。また、例(16)は、'它'に方位詞の'里头'が付加された'它里头'が、前置詞'对'の目的語として表現されている例である。以下で、これらを順に見ていく。

　下記の例(15)は、言語資料16の中で、インフォーマント（H）と（L）が、中国の国営商店の変化（1994年録音当時）について話し合っている談話の一部である。ここでは15-11 Hで、'它'に'那儿'という場所を表す指示代名詞が付加されてた'它那儿'が、前置詞'到'の目的語として表現されている。

例(15)

15-1　L　＝现在方便多了｜。确实（这个）我觉得也是：嗯：不错｜。东西多了｜。

15-2　　　＝我：我就在(那个)：医科大学旁边都是些小店儿｜。但是(那个)比如说，以前的（那个）国家的（那个）：商店｜，就是卖茶叶的地方｜，{H＝噢}以前我在北京呆过一年多｜，想买乌龙茶什么，买不到的｜。{H＝啊}唉｜。现在是什么茶：茶都有｜。方便极了｜，就是贵点儿｜。哈哈哈…

15-3　H　＝就是你有钱的话｜，是吧｜。

15-4　L　＝唉｜。那就是国营商店它也在卖｜。唉｜。(那个)米店｜，米店做什么呢，竟做的（那个）：汉堡包｜。{H＝噢}（那个）那就是和日本的汉堡包，我看没什么两样｜。它光卖米，我看也

不：也不赚钱了｜。{H＝对对对} 光卖面也不赚钱了｜。

15-5　H　＝对｜。

15-6　L　＝**它**就把那个：唉，做好，这个比（那个）：私人做得要漂亮｜，{H＝对} 要好｜。而且他们大量专门做这个｜，就这两三种｜，又便宜｜。我看，他们老师：出门都买这个吃｜。哎哟，做得（嘿嘿···）这不做得挺好和日本一样｜。{H＝嘿嘿} 老大一个就是日本的。比如说，（那个）这么大一个大嘛，这么大一个｜。嘿嘿···

15-7　H　＝嗯｜，对｜。现在粮店，因为前：去年{L＝嗯}是前年｜，就什么粮本｜，{L＝嗯}粮票，不都没有了嘛｜。

15-8　L　＝噢，北京也取消了，我估计可能是取消了｜。

15-9　H　＝都没有了｜。{L＝嗯}北京先取消的，然后天津才取消｜。{L＝噢}最早大概是：就是南方｜。从南方···

15-10 L　＝唉，对，我们那边早就：嗯｜。

15-11 H　＝所以都没有，所以粮店原来<u>它</u>就靠（那个）：粮本上的粮食，<u>都要到它那儿去买</u>｜。{L＝对}现在呢，<u>你可以不到它那儿去买</u>｜。

15-12 L　＝是啊｜。

15-13 H　＝所以<u>它</u>就没有生存的（这个）原来的（那个那个）：收入就没有了｜。{L＝对对对}所以象你说的｜，都是干（那个）弄什么，北方吧，<u>它</u>轧（那个）面条｜，{L＝嗯，对}：你说（那个）：烤面包｜。

15-14 L　＝噢，烤面包，对对对｜。


例(15)の日本語訳

15-1　L　＝今はとても便利になりました。確かに：良いと感じます。物が多くなりました。

15-2　　　＝医科大学のそばには小さい店がいくつかあります。でも、たとえば、以前の国の：商店、えーお茶の葉を売っているところは、{H＝うん}以前私は1年余り北京に居ましたが、ウーロン茶を買おうと思っても、買えませんでした。{H＝ああ}今はど

んなお茶も：あります。とても便利になりましたが、ちょっと高いです。ハハハ…

15-3 H ＝お金があればの話ですね。

15-4 L ＝ええ。国営商店（それ）も物を売っています。米屋は、米屋は何をしているかというと、何と：ハンバーガーを作っています。｛H＝へー｝それは日本のハンバーガーと、全く同じです。それ（米屋）は米だけ売っても、儲からなくなりました。｛H＝そうです、そうです｝小麦粉だけ売っても儲からなくなりました。

15-5 H ＝その通りです｜。

15-6 L ＝それ（米屋）はハンバーガーを：うまく作ります、これは：自分で作るよりもっときれいに作っています。｛H＝そうです｝それに彼らは大量に専門にそれを2、3種類作り、また安いです。先生たちは：出て行ったらみんなそれを買って食べます。作るのはハハ…かなりよくできていて、日本と同じです。｛H＝ハハ｝大きくて、日本のと同じです。たとえばえー1つがこんなに大きいです、こんなに大きいです。ハハハ…

15-7 H ＝ええ、そうです。今、米穀食料販売店は、一昨年：去年｛L＝うん｝一昨年、穀物手帳、｛L＝うん｝食料配給切符は、すべて無くなりましたね。

15-8 L ＝ええ、北京も取り消しました、たぶん取り消したと思います。

15-9 H ＝すべて無くなりました。｛L＝うん｝北京がまず取り消して、その後天津が取り消しました。｛L＝へー｝一番早かったのは多分：南方です。南方から…

15-10 L ＝ええ、そうです、我々のところは早くに：うん。

15-11 H ＝だから全部無くなって、だから米穀食料販売店はもともとそれ（米穀食料販売店）は：穀物手帳の食糧を頼りにしていて、みんなそこ（米穀食料販売店）に買いに行きました。｛L＝そうです｝今は（穀物手帳がないから）ね、そこ（米穀食料販売店）に買いに行かなくてもいいです。

第1章　談話のトピックの展開におけるキーワードとキーセンテンス

15-12 L ＝そうです。
15-13 H ＝だから<u>それ（米穀食料販売店）</u>はもともとの：生活になる収入がなくなりました。｛L＝そうそうそう｝だからあなたが言ったように、みんな何をやっているかというと、北方ではね、<u>それ（米穀食料販売店）</u>は麺類を作ったり、｛L＝ええ、そうです｝あなたが言ったように：パンを焼いています。
15-14 L ＝パンを焼いている、そうですそうです。

　例(15)では、8箇所で'它'が表現されている。これらの'它'を順に見ていく。例(15)ではまず、15-4 Lで'它'が2箇所で話題語として表現されている。前者の'它'はその直前の'国営商店'を指し、後者の'它'はその前で発話されている'米店'のことを指している。また15-6 Lと15-11 Hでも話題語として'它'が表現されており、15-6 Lの'它'は'米店'を、15-11 Hの'它'はその直前の'粮店（米穀食料販売店）'を指している。
　次に、15-11 Hでは2箇所で'它那儿'と表現され、両者ともに'它那儿'が、前置詞'到'の目的語として表現されている。以下で、これについて詳述する。
　15-11 Hの'它那儿'は2箇所とも'粮店'を意味している。しかし'它'だけで表現した場合、それは'粮店'そのものを意味することとなる。ここでは'粮店'が「買いに行く、行き先の場所」であるという意味を明確にするため、'它那儿'と表現されている。また、'那儿'だけで表現した場合、それは単に場所を指示するだけであるが、'它那儿'と表現することによって、それがこの談話のトピックと関連性が高いことを意味することとなる。さらに15-11 Hでは、'它这儿'ではなく、'它那儿'と表現している。それは、'粮店'が以前と変化したことによって、心理的に遠い存在であることを（H）は示している。
　また、15-13 Hでは'它'が2箇所で話題語として表現され、両者ともに'粮店'を指している。
　このように、例(15)では、中国の国営商店の変化について語られており、例(15)の6つの話題語の'它'（='国営商店'、'米店'、'粮店'）と、

15-11 Hの2箇所の'它那儿'の'它'（='粮店'）は、すべてこの談話のトピックと関連性の高い内容を指しており、談話のトピックのキーワードであると判断できる。

続いて下記の例(16)を見ていく。

例(16)は、言語資料15の中で、インフォーマント（K）が中国で入学した大学を選択した理由を、インフォーマント（J）に説明している談話の一部である。ここでは16-3 Kで、'它'に方位詞の'里头'が付加された'它里头'が、前置詞'对'の目的語として表現されている。

例(16)

16-1 J ＝哎，对了！｜你从〇〇外语学：外院的附中｜，{K＝嗯}完了，直接就到嘛〇〇外院｜，为什么没进〇〇外语学院呢？｜

16-2 K ＝啊，这个说来话长｜。哈哈哈…我因为：怎么说：我不太喜欢：〇〇外语学院这类学校｜，这种学校｜。因为也许<u>对它</u>太熟悉了｜。{J＝可能}嗯。

16-3 ＝因为我们是：它的附中｜，{J＝对}然后<u>对它里头</u>｜，情况也很<u>熟悉</u>｜，<u>它</u>到底是个什么学校｜，<u>它</u>以后要学什么东西｜。还有我还有一个想法，换换环境｜。

16-4 ＝再一个呢，就是说，<u>它</u>的面太窄｜。{J＝对}嗯：我呢：就是喜欢些：以前：怎么说呢，喜欢杂七杂八的东西｜，{J＝嗯}喜欢多看点儿书啊，多：多想点儿事。然后｜，在学校里头呢：不怎么被老师所（那个：怎么）哦：尤其是我们班主任什么的，不被他所欣赏，他…

16-5 J ＝他喜欢那种刻苦用功的｜，老老实实的学生？｜

16-6 K ＝对｜。尤其是…

16-7 J ＝一般的老师都是喜欢这种嘿嘿嘿…

例(16)の日本語訳

16-1 J ＝あ、そうそう！あなたは〇〇外国語大学：外国語大学の附属高校から、{K＝うん}直接〇〇外国語大学に入れるのに、どう

第1章 談話のトピックの展開におけるキーワードとキーセンテンス

　　　　　　　して○○外国語大学に進学しなかったのですか？
16-2 K　＝ああ、それは話せば長くなります。ハハハ・・・私は、何というか：
　　　　　　私は○○外国語大学のような、ああいう学校はあまり好きでは
　　　　　　ありません。なぜならそれ（○○外国語大学）についてとても
　　　　　　よく知っているからかも知れません。｜J＝そうでしょう｜うん。
16-3　　　＝なぜなら私は：<u>その（○○外国語大学の）附属高校で、</u>｜J＝
　　　　　　そうです｜<u>その中（○○外国語大学の中）について、状況も詳
　　　　　　しく知っています。</u>たとえば<u>それ（○○外国語大学）が一体ど
　　　　　　ういう学校で、それ（○○外国語大学）は進学したらどういう
　　　　　　ものを学ぶのか</u>。それから環境を換えたいという考えもありま
　　　　　　した。
16-4　　　＝さらにもう1つ、<u>その（○○外国語大学の）知識はとても狭い
　　　　　　です。</u>｜J＝そうです｜んー：私はね：以前：何と言うか、い
　　　　　　ろいろなものが好きで｜J＝うん｜たくさん本を読んだり、た
　　　　　　くさんの：たくさんのことを考えたりするのが好きでした。そ
　　　　　　れで学校の中でね、何と言うか先生に：特に担任の先生なんか
　　　　　　にね、彼に気に入られなくて・・・
16-5 J　　＝先生は一生懸命勉強する、まじめな学生が好きでしょ？
16-6 K　　＝その通りです。特に・・・
16-7 J　　＝普通の先生はみんなこういう学生が好きですハハハ・・・

　例(16)では、6箇所で'它'が表現されている。具体的には、前置詞'対'の目的語（16-2 Kと16-3 K）、連体修飾語（16-3 K、16-4 K）、話題語（16-3 Kで2箇所）である。そしてこれらはすべて'○○外语学院'を意味している。この中で、16-3 Kで'它里头'と表現しているのは、16-2 Kでの'対它'という表現よりも、さらに'○○外语学院'の中の状況のこと、つまり、それがどのような大学で、どのようなものを学ぶ大学であるのかという、いわばその大学の「中身」ということを意味しているというこを明確にするためである。
　このように、'它'の直後に'这个／那个'や'那儿'、'里头'などが付

加されるのは、話し手が聞き手に対して伝達する情報の内容を明確化し、混乱を避けるために執られる方策である。そしてその場合にも、'它'が、その談話のトピックと関連性の高い内容を含意する、その談話のトピックのキーワードであることに違いはない。

## 1.2.4.6 '它'の内容が'它'の直後に名詞で表現されている例

　従来、'它'は承前形式とされてきた。本節の1.2.4.1～1.2.4.5で見てきた例もすべて承前形式である。しかし、下記の例(17)の17-3 Hでは'它南方'というように、'它'が発話された直後で、その内容である'南方'が表現されている。ここではこれについて見ていく。

　下記の例(17)は、言語資料16の中で、インフォーマント（H）と（L）が、広州と北京の食事の値段の状況（1994年録音当時）について話し合っている談話の一部である。17-3 Hでは、話題語の'它'の後ろでその内容を意味する'南方'が発話されている。

例(17)

17-1 L ＝你比如说，你来个客人到我们家来的话，我们倾家荡产都要把这个客人招待好｜。何况现在如果经济条件好一点的话啊｜。日本人那是｜，他是量力而行的｜。嗯｜。唉｜。

17-2 　　＝我想这个现象不光是北京｜，那不到广州去更加不得了嘛｜。我去年：前年去的广州｜。嗯｜。前年去的广州，但是广州在（那个）饭店｜，唑，我们同学我们一块去吃过饭，那：那比北京现在便宜｜。

17-3 H ＝所以他们有人说，就是说现在（这个）：北方啊｜，{L＝嗯}普遍的北方：这方面还不行就是｜。{L＝嗯}因为<u>它南方</u>（这个）有点儿接近：香港｜，{L＝嗯}<u>日本</u>｜，{L＝嗯}（这个）消费水平随着提高呢。

17-4 　　＝但是<u>它</u>好多（这个）吃的｜，特别是小吃呢｜，<u>它</u>反倒不是：无限的贵｜，<u>它</u>让你多消费｜。

17-5 L ＝刚开始就这么贵，<u>它</u>所以：没有一直往上涨价｜。北京是不断地都在一直往上涨｜。

17-6 H ＝我想南方（这个）：它让你：不是让你这：一个月吃这一次｜,{L
＝对} 而是让你每天吃, 每天吃｜。嘿嘿嘿···

17-7 L ＝每天吃, 每天吃, 对｜。我想在广州的话, 肯定花钱要花得多｜,
嗯｜。花钱肯定要花得多｜, 但是你光去吃一顿的话, 那北京也
便宜不了｜。我们去吃一顿烤鸭, 我：一千四百多块钱｜, 在和
平门饭店：吃烤鸭｜。

例(17)の日本語訳

17-1 L ＝たとえば、私たちの家に客が来たら、私たちは家の財産を使い
尽くすくらいに客を十分に接待します。まして今は経済状況が
良くなったからなおさらですよ。日本人は、自分の力に応じて
やっています。うん。

17-2 ＝私はこの現象は北京だけでないけれど、広州に行ってなかった
らもっと大変だと思いましたね。私は去年：一昨年広州に行き
ました。うん。一昨年広州に行き、広州のホテルで、私たち同
級生は一緒に食事しましたが、それは：それは北京の今（の値
段）より安かったです。

17-3 H ＝だから、今は：北方はね、{L＝うん} 一般的に北方は：こう
いうところがまだだめだと言う人がいます。{L＝うん} なぜ
かというと (それ) 南方は香港、日本に近いから、{L＝うん}
消費レベルがそれにつれて上がりました。

17-4 ＝でもそれ（＝南方）は食べ物が多くて、特に軽食はね、それ（＝
食べ物）は逆に：無限に値段が高いのではなくて、それ（＝食
べ物）は人に多く消費させます。

17-5 L ＝最初からそういう高い値段で、それ（＝食べ物）はだから：ずっ
と値上がりしているのではありません。北京は絶えずずっと値
上がりしています。

17-6 H ＝南方では：それ（＝南方）は：1ヶ月に1回食べさせるのでは
なくて、{L＝そうです} 毎日食べさせる、毎日食べさせると
思います。ハハハ···

17-7 L ＝毎日食べるんです、毎日食べるんです、その通りです。私は広州はね、きっとたくさんお金がかかると思いました、うん。きっとたくさんお金がかかると思いましたが、1回の食事だけなら、北京も安くありません。私たちは1度北京ダックを食べに行ったら、1400元あまりでした、和平門のレストランで：北京ダックを食べました。

　例(17)の談話の展開を見ていくと、17-2で（L）が、広州と北京の食事の値段を比較しているが、その発話の中心は広州についてである。そして17-2 Lの発話を受けて、17-3で（H）がまず北京について述べ、次に'它南方'と発話している。しかし'南方'という名詞はそれまで（H）も（L）も発話していない。では、何故ここでは'它'の後ろでその内容を意味する'南方'を付加する必要があったのか。

　例(17)の談話のトピックのキーワードは'广州'と'北京'であるが、両者を比較すると、談話の展開の中心は'广州'についてである。そして、'广州'の特徴をきわ立たせるために、'北京'のことが比較して述べられている。したがって、(H)は17-3では'北京'を'它'で指示せず、'广州'を含む'南方'を'它'と指示している。しかし、17-3 Hではまず'北京'について述べられ、それに続けて'它'が表現されている。このような発話のつながりでは、'它'が'北京'を指示していると誤解を招く可能性が非常に高い。したがって、17-3 Hでは、'它'が'北京'を指示しているのではなく、'广州'を含む'南方'を指示していることを明確にするために、このような表現になったと判断することができる。但し、このような表現の場合、'它'の直後に表現される名詞（句）は、'它'が発話される以前に提示された情報から類推可能な内容を表すものに限定されると推測される。

　中国語母語話者に確認したところ、このような表現は極自然な発話であるということであったが、このように、'它'が発話された直後で、その内容を明示する名詞が表現される例は、今回の資料においては、この1例のみであった。これは今回の分析では「話題語」の'它'としてカウントした。

## 1.2.5 '它们'について

最後に'它们'について見ていく。

今回精査した言語資料の中で'它们'が表現されていたのは、下記の例(18)と例(19)だけであった。その2例を見ていく。

下記の例(18)は、言語資料11の中で、インフォーマント（N）と（Q）が、自分の経済状況に合った生活をするということについて話し合っている談話の一部である。ここでは18-11 Qで話題語として'它们'が表現されている。

例(18)

18-1 Q ＝所以说吧，就是说，一般来说呢，就是：你比如说，就是外国人和中国人来日本以后哈｜，他觉得首先：觉得各方面特别受刺激哈｜，觉得特别新鲜哈，受刺激。各方面：哪儿：一看哪儿就是：就是有很多欲望哈｜。那以前在家的时候，因为什么也没有，他也不想那么多哈。哈哈哈…

18-2 N ＝真是的｜。反正是没有接触到太多东西，他就不知道｜，反正｛Q＝对｝反正也就不会想那么多了。｛Q＝对｝接触以后，总是（那个）｛Q＝嗯｝刺激人的欲望｜，真是的｜，嗯｜。挺有意思的哈｜。

18-3 Q ＝嗯｜。

18-4 N ＝不过｜，我认识一个日本人哈｜，｛Q＝嗯｝有的时候｜，吃饭那种的哈｜，｛Q＝嗯｝吃完饭，有的时候，比如说｜，逛商店什么的哈｜。｛Q＝嗯｝然后他就问，他说的｜，"你是不是看见这些东西，你就想要吗？｜"后来我说的｜，"我也不是要，我喜欢看｜。"哈哈哈…

18-5 Q ＝我也是｜。

18-6 N ＝因为我也知道我自己经济：经济条件，在那块儿摆着｜，你再怎么想的话哈｜。｛Q＝啊｝我不知道别人怎么想｜，我就是说，我就是这个经济条件，我没有更高的这种（那个）：｛Q

|         |   |                                                                                                                                                             |
|---------|---|-------------------------------------------------------------------------------------------------------------------------------------------------------------|
|         |   | ＝嗯｝生活水准的（那个）要求｜。｛Ｑ＝嗯｝所以我没办法，我就：看看，我觉得挺好玩的｜。我喜欢看｜。                                                                                                          |
| 18-7  Q | ＝ | 我也是啊。                                                                                                                                                       |
| 18-8  N | ＝ | 不喜欢买｜。                                                                                                                                                      |
| 18-9  Q | ＝ | 那东西吧，如果你买回来放在那儿吧，还不见：不见觉得有意思。                                                                                                                              |
| 18-10 N | ＝ | 对，没错｜。                                                                                                                                                      |
| 18-11 Q | ＝ | 就是（那个）：就是吧，你当时吧｜，因为<u>它们都摆在一起</u>哈｜，所以，'啊！<u>它有意思</u>。'完了玩一玩。｛Ｎ＝嗯｝完了，<u>它吧，有对比</u>哈，｛Ｎ＝嗯｝完了之后（那个什么）玩儿就有意思｜。你单独买回来一个吧哈｜，就当时那种买这个东西的（那个）心情吧哈｜，｛Ｎ＝噢｝也就是那：当时有｜，我觉得。嗯｜。 |
| 18-12 N | ＝ | 就是当时有一会儿过了也就是那么回事儿了｜。｛Ｑ＝对｝而且你说：真是：比如说，真是要是想要的话｜，你想要的东西太多，没有的东西太多，想要的东西太多了｜，｛Ｑ＝嗯｝你不可能，没有这个经济条件｜。                                                         |
| 18-13 Q | ＝ | 对，嗯｜。                                                                                                                                                       |
| 18-14 N | ＝ | 嗯｜。所以咱们也没有那么多奢望｜。｛Ｑ＝嗯｝还是居于现状比较好一点儿。嘿嘿嘿···｛Ｑ＝嘿嘿嘿···｝知足者长乐哈｜。                                                                                              |
| 18-15 Q | ＝ | 就是嘛｜。                                                                                                                                                       |

例(18)の日本語訳

| 18-1 Q | ＝ | だからね、一般的に言って：たとえば、外国人と中国人は日本に来てからね、まず：いろいろな面ですごく刺激を受けますね、すごく新鮮だと感じて、刺激を受けます。いろいろな面で：どこを見ても：たくさん欲を持ちますね。以前（中国の）家にいた時は、何もなかったから、そんなにたくさんことを考えませんでした。ハハハ··· |
|--------|---|------------------------------------------------------------------------------------------------------------------------------------------------------------------------|
| 18-2 N | ＝ | 本当にそうです。たくさんのことに接触しなければ、知らなくて、｛Q＝そうです｝そんなにたくさんのことを考えないでしょ                                                                                                              |

う。｜Q＝そうです｜接触したあとは、どうしても｜Q＝うん｜人の欲望を刺激します、本当に、うん。とても面白いですね。

18-3 Q ＝うん。

18-4 N ＝でもね、私の知っているある日本人はね、｜Q＝うん｜時々、（一緒に）食事なんかして、｜Q＝うん｜食事が終わって、時々、たとえば、お店をぶらぶらしました。｜Q＝うん｜それで彼が私に言いました、「あなたはこれらのものを見て、欲しいと思いますか？」。それで私は、「欲しいのではなくて、見るのが好きです。」ハハハ・・・

18-5 Q ＝私もそうです。

18-6 N ＝私も自分の経済：経済状況は分かっているから、そこに置いてあって、どんなに欲しくてもね。｜Q＝ええ｜私は人がどう思うか知らないけど、私は、私のこの経済状況だから、私はもっと上の：｜Q＝うん｜生活レベルの要求はありません。｜Q＝うん｜だから私は仕方がないです、私は：見るだけで、とても面白いと思います。私は見るのが好きです。

18-7 Q ＝私もそうですよ。

18-8 N ＝買うのは好きではありません。

18-9 Q ＝物はね、もし買って帰って来てそこに置いたらね、必ずしも：面白いと感じるとは限りません。

18-10 N ＝その通りです。

18-11 Q ＝つまりそのー：見ているその時はね、<u>それら（＝店に置いてある商品）は一緒に並べてあるから、だから、「あ！それ（＝店にある商品を見ること）は面白い」</u>と思いました。それからちょっと手に取って。｜N＝うん｜それから、<u>それ（＝店にある商品を見ること）はね、比べられるし、</u>｜N＝うん｜それからえーちょっ<u>と手に取ると面白いです。</u>（欲しくて）1個買って帰りたいと思う気持ちはね、その時それを買いたいと思う気持ちはね、｜N＝ええ｜その時だけだと、私は思います。うん。

18-12 N ＝少し時間が過ぎると全然平気です。｜Q＝そうです｜しかも：

本当に：たとえば、本当にもし欲しいなら、欲しいものが多すぎて、ない物も多すぎて、欲しいものが多すぎるから、|Q＝うん| とても買えません、そういう経済条件がないから。
18-13 Q ＝その通りです。うん。
18-14 N ＝うん。だから私たちもそれほど高望みはありません。|Q＝うん| やはり少し現実的な方がいいです。ハハハ…|Q＝ハハハ…| 足るを知る者は長く幸福である、ですね。
18-15 Q ＝その通りですね。

　18-11 Qでは、'它们'が1箇所で表現されており、これは「店に置いてある商品」を意味している。したがって、ここでは明らかに意図的に複数形の'它们'が表現されている。この他に'它'が18-11 Qで2箇所表現されており、これらはいずれも「店にある商品を見ること」を意味している。このように、例(18)では、'它们'と'它'は明確に意図的に使い分けられている。そして両者ともに、この談話のトピックと関連性の高いキーワードであるということができる。

　もう1つ、'它们'の例を見ていく。
　下記の例(19)は言語資料04の中で、インフォーマント（D）が、教育問題について語っている談話の一部である。ここでは19-5 Dと19-7 Dで'它们'が表現されている。
例(19)
19-1 D ＝教育問題特别大｜。日本好像：教育：公：公費：国立大学好像国家経費挺多的啊，一般｜。那私立大学呢，<u>它</u>全靠自己挣来的钱啊｜。
19-2 C ＝不一定｜。
19-3 D ＝不一定？｜。国家也给一点？
19-4 C ＝对对｜。
19-5 D ＝啊，私立大学国家也给钱，<u>它们</u>？
19-6 C ＝啊，对了｜。

19-7 D ＝也给一点啊｜，国家给它们钱的｜。
19-8 　 ＝它主要是靠学费｜，学生的学费｜。
19-9 C ＝对对对。

例 (19) の日本語訳
19-1 D ＝教育の問題は特に大きいです。日本は教育：公費：国立大学は国の経費がとても多いですね、一般的に。それでは私立大学はね、それ（＝私立大学）は全部自分で稼いだお金に頼っていますね。
19-2 C ＝そうとは限りません。
19-3 D ＝そうとは限らない？国もお金を少し支給するのですか？
19-4 C ＝そうです。
19-5 D ＝ああ、私立大学も国がお金を支給する、それら（私立大学）に？
19-6 C ＝ええ、そうです。
19-7 D ＝少し支給する、国がそれら（＝私立大学）にお金を支給する。
19-8 　 ＝それ（＝私立大学）は主に学費、学生の学費に頼っている。
19-9 C ＝その通りです。

　ここでは、19-1 D と 19-8 D で '它' と表現され、19-5 D と 19-7 D で '它们' と表現されている。これらはいずれも '私立大学' を意味している。これらを詳細に見ていくと、19-1 D と 19-8 D で '它' と表現された場合、それは '私立大学' を総称して '国立大学' と対比させて捉えている。これに対して 19-5 D と 19-7 D で '它们' と表現された場合には、'私立大学' の1校1校を複数の私立大学として認識して表現しているということが解る。
　'它们' については、1.2.2.1 で記述した通り、杉村（1994：262）において「現代の書面語においては…"它们"が使われることもあります」との記述が見られる。しかし、ここで挙げた例 (18) や例 (19) のように、'它们' は話し言葉においても使用されており、その場合、'它们' は '它' と明確に意図的に区別して使い分けられている。そして '它们' も '它' と同様に、談話のトピックと関連性の高いキーワードとしての内容を含意していると言うことができる。

## 1.2.6 まとめ

　以上、中国語母語話者の自然発話を言語資料として、代名詞'它'について分析した。最後に、分析の結果明らかとなったことを、3つの観点からまとめておく。

(1) '它'は sentence においてどの位置に現れるのか。
　'它'は現代中国語においては、sentence のあらゆる位置に現れると言っても過言ではない。今回の言語資料において表現されていない位置においても表現されている可能性はあり、さらに現在はまだ使用されていない表現においても、今後拡大して使用されていく可能性は大きいと推測できる。

(2) '它'はどのような内容を含意しているのか。
　'它'は談話において、話し手と聞き手の共通知となっている内容のうち、その談話のトピックそのものであるか、あるいはトピックと関連性の高い、談話におけるトピックのキーワードとしての内容を含意している。そしてそれらは、名詞（句）の内容を含意するものから、コトガラ全体の内容を含意するものまである。

(3) '它'の談話における機能は何か。
　'它'は、その含意された内容がその談話のトピックにおけるキーとなる内容であるということを明示する機能を果たしている。そして'它'が sentence のどの位置に現れた場合でも、談話における機能は同じである。
　また'它们'は、書き言葉のみならず、話し言葉でも使用されている。そして'它们'の談話における機能は'它'と同じである。

## 1.2.7 おわりに

　太田（1958：99）では'他'の項目の中で、'它'について次のように記述されている。
　「《他》はがんらい《它》で、蛇を意味する。太古において人は草居して

第 1 章　談話のトピックの展開におけるキーワードとキーセンテンス

いたため、蛇の害をおそれ、あいさつにも《無它乎》〈蛇はいませんか〉〈變ったことはありませんか〉といったという。かくして〈無它〉は異状なし、別状なしの意となったが、この《它》が〈ほかのもの、ほかのこと〉、から、〈ほかの人〉の意に轉じ、ついに〈あの人〉の意となって三人稱代名詞となった。三人稱代名詞として用いられている確實な例は、唐代にはじめて見える。」

　そしてさらに太田（1958：100）は、次のように続けている。
　「以上のように《他》は人間（男女）のみならず動物や無生物にも用いるが、これを《他》《她》《牠》《它》などと書きわけるのは民國以後のことで、いわゆる歐化語法である」

　このように、欧化語法の影響を受けて、'他'、'她'、'牠'、'它' が使い分けられるようになり、現代中国語においては '他' と '她' が明確に人間の男女を区別して使い分けられている。'牠' は人間以外の動物のことを指すが、しかし現在大陸ではあまり使用されず、'它' が用いられる。そして、もともと '他' より先に存在していた '它' が無生物を指すのに用いられるようになり、「無生物の目的格に '它' は使うが、主語には使わない」（倉石（1981：112））という変遷を経て、現代中国語においては、sentence のあらゆる位置に表現されるようになった。さらに、意味的にも単に無生物を指すにとどまらず、その談話におけるトピックマーカーと言うべき機能を担うようになったと言うことができる。
　今回分析の対象とした言語資料は、中国語母語話者の自然発話であり、書き言葉の場合については稿を改めて精査する必要がある。しかし、話し言葉で現実に使用されている表現例について、書き言葉では「存在しない」と証明することは極めて難しいと言うことができよう。

# 第2章　談話の展開における意味的連接機能

　この章では、談話の展開における意味的連接機能という観点から、以下の2つの項目を取り上げる。

2.1　「前置詞'在／到'＋場所名詞（句）」と述語動詞の語順
2.2　「V的（N）」の表現


## 2.1　「前置詞'在／到'＋場所名詞（句）」と述語動詞の語順

2.1.1　はじめに
2.1.2　従来の統語論的分析
2.1.3　本分析での対象
　2.1.3.1　分析の対象とする言語資料
　2.1.3.2　分析の対象とする表現形式
2.1.4　談話の展開から見た「前置詞'在'＋場所名詞（句）」と
　　　　述語動詞の語順
　2.1.4.1　（ア）＝「'在'＋ＰＮ＋'住'」
　2.1.4.2　（イ）＝「'住'＋'在'＋ＰＮ」
　2.1.4.3　両者の相違
2.1.5　談話の展開から見た「前置詞'到'＋場所名詞（句）」と
　　　　述語動詞の語順
　2.1.5.1　（ウ）＝「'到'＋ＰＮ＋'来'」
　2.1.5.2　（エ）＝「'来'＋'到'＋ＰＮ」
　2.1.5.3　両者の相違
2.1.6　まとめ
2.1.7　おわりに

第2章　談話の展開における意味的連接機能

## 2.1.1　はじめに

ここでは、談話の展開における意味的連接機能という観点から、「前置詞'在' + 場所名詞(句)」と述語動詞の語順、「前置詞'到' + 場所名詞(句)」と述語動詞の語順について考察していく。

「前置詞'在' + 場所名詞(句)」は、述語動詞に前置する場合と後置する場合がある。これ以後、前者を(ア)=「'在' + PN + V」、後者を(イ)=「V + '在' + PN」と略記して記述していく。

　　　(ア)の表現=「'在' + PN + V」
　　　(イ)の表現=「V + '在' + PN」

また、「前置詞'到' + 場所名詞(句)」についても、述語動詞に前置する場合と後置する場合がある。これ以後、前者を(ウ)=「'到' + PN + V」、後者を(エ)=「V + '到' + PN」と略記して記述していく。

　　　(ウ)の表現=「'到' + PN + V」
　　　(エ)の表現=「V + '到' + PN」

以下、2.1.2において、(ア)と(イ)、(ウ)と(エ)の相違に関する従来の統語論的分析を概観し、2.1.3において、本分析で対象とする言語資料と、分析の対象とする表現形式について述べる。次に2.1.4において、「前置詞'在' + 場所名詞(句)」と述語動詞の語順について、2.1.5において、「前置詞'到' + 場所名詞(句)」と述語動詞の語順について、それぞれ分析していく。

## 2.1.2　従来の統語論的分析

従来、(ア)と(イ)の相違については、統語論的観点から、次のような分析がなされてきた。なお、下記の例文の①～⑧の通し番号は、筆者が記したものである。

劉月華等(2001：635)では、下記の①と②を比較して、①は動作をきわだたせた表現('突出动作')、②は場所をきわだたせた表現('突出处所')

としている。
　　①小明在床上睡。＝（ア）の表現（'突出动作'）
　　②小明睡在床上。＝（イ）の表現（'突出处所'）
　この他、張黎（2000：106-107）では、下記の③と④を比較して、③は「ＰＮ」が意識的（'有意'）であり、④は「ＰＮ」が無意識的（'无意'）であるとしている。
　　③他在医院死了。＝（ア）の表現（'有意'）
　　④他死在医院了。＝（イ）の表現（'无意'）
　また張黎（2000：108）では、下記の⑤と⑥を比較して、⑤は未然であり、⑥は已然であるとしている。
　　⑤妈妈在东屋睡。＝（ア）の表現（'未然'）
　　⑥妈妈睡在东屋。＝（イ）の表現（'已然'）
　さらに張黎（2000：109）では、下記の⑦と⑧を比較して、⑦の「ＰＮ」は特定であり、⑧の「ＰＮ」は非特定であるとしている。
　　⑦我在饭店住。＝（ア）の表現（'特定'）
　　⑧我住在饭店。＝（イ）の表現（'非特定'）
　丸尾（2005：90）においても、（ア）と（イ）の相違について触れられており、「後者（本分析の（イ）の表現）の方にＶの表す出来事とＬ（本分析の「ＰＮ」）との結び付きをより強く見出そうとする立場をとる」と述べられている。しかし（ア）と（イ）の相違について、これ以上の分析はなされていない。
　また、（ウ）と（エ）の相違については、従来の統語論研究において見るべきものはない。丸尾2005においても、（ウ）と（エ）を比較した記述は見られない。

## 2.1.3　本分析での対象

　本分析を進めていくに当って、ここでは、本分析で対象とする言語資料と表現形式について述べる。

第2章　談話の展開における意味的連接機能

### 2.1.3.1　分析の対象とする言語資料

本分析においては、(ア) と (イ) および (ウ) と (エ) の相違を考察するにあたって、序章の 0.4.1.2 に示した 20.5 時間分の中国語母語話者の自然発話を言語資料とした。

### 2.1.3.2　分析の対象とする表現形式

(ア) と (イ) および (ウ) と (エ) の相違については、本来はそれぞれ知的意味が同じであるものについて比較検討されるべきである。しかし今回の言語資料においては、(ア) と (イ) および (ウ) と (エ) において、知的意味が同じであるものは見つからなかった。そこで今回の分析では、述語動詞については、単純で理解しやすい動作行為を選び、また、それぞれの前置詞の目的語については、情報量の少ないものを選んだ。具体的には、(ア) と (イ) については述語動詞を'住'に限定し、(ウ) と (エ) については述語動詞を'来'に限定した。また、(ア) と (イ) における前置詞'在'の目的語である場所名詞（句）は、それぞれ下記で示した通り、(ア) の例 (1) は'一社那付近'、例 (2) は'北方'、(イ) の例 (3) は'学校里'、例 (4) は'○○大留学生会館'である。さらに、(ウ) と (エ) における前置詞'到'の目的語である場所名詞(句)は、それぞれ下記で示した通り、(ウ) の例 (5) は'我们这儿'、例 (6) は'名古屋'、(エ) の例 (7) は'日本'と'这儿'、例 (8) は'日本'である。

　(ア) の表現＝「'在'＋ＰＮ＋'住'」
　　例 (1) ＝'在一社那付近住'
　　例 (2) ＝'在北方住'
　(イ) の表現＝「'住'＋'在'＋ＰＮ」
　　例 (3) ＝'住在学校里'
　　例 (4) ＝'住在○○大留学生会馆'
　(ウ) の表現＝「'到'＋ＰＮ＋'来'」
　　例 (5) ＝'到我们这儿来'
　　例 (6) ＝'到名古屋来'
　(エ) の表現＝「'来'＋'到'＋ＰＮ」

例 (7) = '来到日本' と '来到这儿'
例 (8) = '来到日本'

以下で、順次、これらについて考察していく。

## 2.1.4　談話の展開から見た「前置詞'在'＋場所名詞（句）」と述語動詞の語順

ここでは、「前置詞'在'＋場所名詞（句）」と述語動詞の語順について考察していく。まず2.1.4.1で（ア）について、次いで2.1.4.2で（イ）について考察し、最後に2.1.4.3で両者の相違についてまとめる。

### 2.1.4.1　（ア）＝「'在'＋ＰＮ＋'住'」

下記の例(1)は、言語資料05の中で（ア）＝「'在'＋ＰＮ＋'住'」の表現が発話されている部分を抽出したものである。ここでは1-8で（ア）の表現（='他家就在一社那付近住.'）が用いられている。

例(1)では、インフォーマント（F）が、名古屋の金山で開催されたさだまさしのコンサートに行った時の、行きと帰りのことについて語っている。

例 (1)
1-1　F　＝昨天晚上我去听：佐田雅治的音乐会去了｜，在（那个）金山｜。
1-2　E　＝还挺远的啊｜。
1-3　F　＝嗯，金山的市民会馆｜。
1-4　E　＝你回来：怎么回来的？｜还有车？｜
1-5　F　＝回来：当时我是（那个）：去的时候儿我是坐地铁去的｜。是六点开始｜，完了的时候儿已经九点半了｜，三个半小时啊｜。
1-6　E　＝啊｜，那么长｜，还挺长呐｜。
1-7　F　＝真挺长｜。
1-8　　　＝但是呢：就是跟我一起听的吧｜，还有一个老师｜，<u>他家就在一社那附近住</u>｜。
1-9　　　＝所以说呢｜，就坐他的车就顺便回来了｜。

第 2 章　談話の展開における意味的連接機能

例 (1) の日本語訳
1-1 F ＝昨夜私は：さだまさしのコンサートを聴きに行きました、金山でありました。
1-2 E ＝遠いですねえ。
1-3 F ＝ええ、金山の市民会館です。
1-4 E ＝あなたは帰りは：どうやって帰ってきたんですか？交通機関はあったんですか？
1-5 F ＝帰りは：行くときは私は地下鉄で行きました。6時開演で、終わった時はもう9時半で、3時間半です。
1-6 E ＝ああ、そんなに長い、とても長いですね。
1-7 F ＝確かにかなり長かったです。
1-8 　＝でもね：私と一緒に聞きに行った人の中にね、一人先生がいて、<u>彼は一社の近くに住んでいます。</u>
1-9 　＝だから、ついでに彼の車に乗って帰ってきました。

　例(1)の1-8で発話されている（ア）の表現（＝'他家在一社那附近住。'）は、文法的には（イ）の表現（＝'他家住在一社那附近。'）も成立する。ここで敢えて（ア）の表現が用いられている理由を、以下で考察していく。
　例(1)の内容を順に追っていくと、まず1-1で（F）が、さだまさしのコンサートを聴くために「金山」まで行ったということを（E）に伝えている。そしてそれを受けて1-2で（E）が「'还挺远的啊。'（＝遠いですねえ。）」と言っているのは、（E）が（F）の居住地からコンサート会場のある「金山」までが遠い距離であることを、この発話以前から知っているからである。次に、（F）がコンサート終了後に夜遅く金山からどのようにして帰宅したのかということを疑問に思った（E）が1-4で、（F）が「金山」からどのように帰宅したのか質問している。この質問に対して（F）は1-9で、コンサートに一緒に行った先生の車に「ついでに乗って帰ってきた」と答えている。（F）はこの答え前に、1-8で（ア）の表現を用いて、「'他家就在一社那付近住。'（＝その先生は一社の近くに住んでいる）」という情報を提供している。これは、その先生が（F）を自宅

まで送るという行為が「ついでに」なされた行為であるということを、(E)に納得させるために必要な情報である。

(F)は1-8の情報を提供することによって、次の2つのことを(E)に伝えようとしている。まずその1つは、「一社」というところが、その先生の「住んでいる」ところだということ。そしてもう1つは、「一社」というところと、コンサートの行われた「金山」と、(F)が住んでいるところの位置関係である。つまり、コンサートの行われた「金山」から、先生が車で自宅の「一社」まで帰るルートの途中に(F)が住んでいるということである。コンサートが終わればその先生は当然自分の「住んでいる」ところへ帰ることになる。そして、(F)が次の1-9で答えているように、その先生に車で「ついでに」送ってもらうということが成立するためには、コンサートの終了後、その先生が「一社」という自分の「住んでいる」ところへ帰るという行為がなされなければならない。つまり「一社」というところがその先生の「住んでいる」ところであり、(F)の居住地が、先生が車で帰宅する「一社」の途中にあることによって、「ついでに送ってもらう」という行為が成立可能となる。

従来の統語論的分析によれば、(ア)の表現は「動作に重点をおいた」あるいは「動作を強調した」表現であった。そうだとすれば、1-8の表現は動詞'住(＝住んでいる)'に重点をおいている、あるいは'住'を強調しているということになる。しかし上で見てきたように、1-8を次の1-9の発話との意味的つながりから見ると、1-8において'一社'と'住'は、どちらにより重点がおかれているとも、どちらがより強調されているとも判断を下すことはできない。つまりここでは、両者はどちらも同等に重要な情報である。

もう1つ、(ア)=「'在'＋PN＋'住'」の例を見ていく。

下記の例(2)は言語資料22の中で、インフォーマント(X)が仕事で広州に行くことになった時の状況について、(W)に語っている談話の一部である。ここでは2-4で(ア)の表現(='咱们在北方住吧。')が用いられている。

第2章　談話の展開における意味的連接機能

例 (2)

2-1 W ＝广州哇，那：在那儿（那个那个什么）你：你那工作是自己找的？｜自己…

2-2 X ＝嗯，对，也是一个人介绍｜。{W＝噢}而且他当时是招聘｜，{W＝噢}所以说是从全国各地招聘｜。{W＝噢}当时我爱人也是那样过去的｜。

2-3 W ＝噢｜。那你为什么要去广州哇？｜

2-4 X ＝主要是当时上大学的时候哈｜，{W＝嗯}就很想到：到南方看看｜，{W＝啊}因为毕竟：<u>咱们在北方住</u>吧｜。

2-5 W ＝就是就是｜。

2-6 X ＝南方的变化确实当时给人的感觉又：好像不可思议的{W＝嗯嗯}那种感觉哈｜。

2-7 ＝所以很想，哎呀｜，什么时候能去广州看看呀，住住哇｜，去深圳｜。当时这种想法｜。

例 (2) の日本語訳

2-1 W ＝広州は、あそこで（えっと）、あなたは：仕事は自分で見つけたんですか？自分で…

2-2 X ＝ええ、そうですが、ある人に紹介もしてもらいました。{W＝へー}彼は当時募集していて、{W＝へー}全国から募集しました。{W＝へー}当時私の主人もそのようにして（広州に）行きました。

2-3 W ＝へー。それじゃあなたはどうして広州に行きたかったんですか？

2-4 X ＝主には当時大学に行っていたころね、{W＝うん}とても：南方へ行ってみたかったんです、{W＝ああ}やはり：<u>私たちは北方に住んでいましたから</u>。

2-5 W ＝そうそう。

2-6 X ＝南方の変化は確かに当時人に与えた感じは：不思議な{W＝うんうん}感じでした。

2-7 ＝だから、ああ、いつか広州に行けたら行ってみたい、住んでみたい、シンセンに行ってみたいと思っていました。当時はこのよ

132

うに考えていました。

例(2)の2-4で発話されている（ア）の表現（='咱们在北方住。'）は、文法的には（イ）の表現（='咱们在住北方。'）も成立する。ここで敢えて（ア）の表現が用いられている理由を、以下で考察していく。

（X）が日本に来る前に広州で仕事をしていたことを知っていた（W）は、2-1でそのことについて（X）に質問している。そしてさらに（W）は2-3で、どうして広州に行きたかったのかということについて（X）に質問している。その理由が2-4と2-6、2-7で説明されている。（X）はまず2-4で（ア）の表現を用いて「'咱们在北方住吧'（=私たちは北方に住んでいた）」と述べ、そして「北方に住んでいた」から、「南方」に興味があったと述べている。そして2-6で、南方の変化は当時不思議な感じであったと語り、さらに2-7で「'所以很想，哎呀，什么时候能去广州看看呀，住住哇，去深圳。'（=だから、いつか広州に行けたら行ってみたい、住んでみたい、シンセンに行ってみたいと思っていました。）」と続けている。これらの一連の発話から明らかであるように、（X）はもともと「北方」に「住んでいた」からこそ「南方」に興味があって、ただ行ってみたいだけでなく、「住んでみたい」という願望があった。このような発話の展開から見ると、2-4の'咱们在北方住吧'において、'北方'と'住'は両者ともに同等に重要な情報であり、どちらにより重点があると言うことはできない。

次に、（イ）=「'住'+'在'+ＰＮ」の表現例を見ていく。

## 2.1.4.2 （イ）=「'住'+'在'+ＰＮ」

下記の例(3)は、言語資料06の中で（イ）=「'住'+'在'+ＰＮ」の表現が発話されている部分を抽出したものである。ここでは3-10で（イ）の表現（='我住在学校里。'）が用いられている。

例(3)では、3-1～3-7で、インフォーマント（Ｅ）の中国での勤務先の大学と実家との位置関係、距離関係について話され、3-10からは中国と日本の大学のシステムの違いについて語られていく。

例 (3)

3-1 E ＝所以北京这城里边就是有农村，也有城市｜。所以，叫（那个）叫什么，叫：叫（这个）啊：'城市里的村庄'｜，经常这样说啊｜。所以北京总面积还是大｜。

3-2 ＝我要回家呀，我从学校回家，得两个半小时｜，到我家｜。

3-3 G ＝哦，你从××大学？｜你家是在···

3-4 E ＝因为××大学是在北京最东头｜，××大学那墙那边，就不算△△区啦｜，就是（这个）〇〇县了｜，墙那头｜。

3-5 ＝（这个）：我家呢｜，是在北京的（这个）：最西北角的（那个）香山｜。我家呀｜，是在（那个）最西北角的香山｜。

3-6 ＝所以从学校：到我的家｜，是个大对角啊｜，而且，要通过北京市里。

3-7 ＝北京市里呢，红灯特别多不是吗｜，公共汽车也慢。有的时候，坐不上车，特别挤｜。所以得：两个半小时｜。

3-8 G ＝那你也是每天通勤吗？｜

3-9 E ＝不是，不是通勤。

3-10 ＝我学校里有房子｜，<u>我住在</u>学校里｜。

3-11 ＝因为中国的大学呀，跟日本的大学不一样。

3-12 ＝它：日本大学呀｜，学校就是学校｜，没有教员、教工宿舍，没有学生宿舍呀｜。

3-13 ＝我们中国呢，就是小城市啊｜，什么都有｜。

3-14 ＝所以：就哪怕就：这怎么说，除了（这个）生活设施，服务设施，就：哪怕就：就是修下水道的｜，都有专门有一个：（这个）管道班｜，然后：烧锅炉的，还有一个锅炉班｜，还有：司机有一个司机班什么的｜，就简直就跟一个小城市的：这么一个：（这个）：机能啊｜。

3-15 ＝日本就不一样，日本就是学校是学校｜。

3-16 ＝学校修下水道呢｜，就到外面请（这个）：（那个）：（这个）：ぎょーしゃ啊｜，就请ぎょーしゃ的来修｜。

3-17 ＝所以：学校的结构不一样哈｜。

例(3)の日本語訳

3-1 E ＝だから北京という都市の中には農村があり、町もあります。だから:「街の中の村」と呼ばれ、通常このように言います。だから北京の総面積はやはり広いです。

3-2 ＝私が自宅に帰ろうと思うとね、(勤め先の)学校から帰るのに、2時間半かかります、自宅までは。

3-3 G ＝へー、××大学から？あなたの自宅は···

3-4 E ＝××大学は北京の最も東の端にあり、××大学の塀のあっち側は、△△区ではなくて、○○県になります、塀のあっち側は。

3-5 ＝えー:私の自宅はね、北京の:最も西北の端の香山にあります。私の自宅はね、最も西北の端の香山にあります。

3-6 ＝だから学校から:自宅までは、対角線でね、しかも、北京市内を通る必要があります。

3-7 ＝北京市内はね、信号が特に多いでしょ、市バスも遅いです。乗車できない時もあって、特に混んでいる時は。だから:2時間半かかります。

3-8 G ＝それではあなたも毎日通勤していますか？

3-9 E ＝いいえ、通勤していません。

3-10 ＝私の学校には宿舎があって、<u>私は学校の中に住んでいます。</u>

3-11 ＝なぜなら、中国の大学はね、日本の大学と違いますから。

3-12 ＝日本の大学はね、学校は学校で、教員や職員の宿舎はなく、学生寮はありません。

3-13 ＝中国はね、(大学は)小さい都市で、何でもあります。

3-14 ＝だから:たとえ:何というか:生活施設、サービス施設の他に、たとえ:下水道工事をする人でも、専門に担当する:下水道班があり、それから:ボイラーを燃やす人はボイラー班、それから:運転手には運転手班などがあり、まるで1つの小さな都市のように:機能しています。

3-15 ＝日本は違います、日本は学校は学校です。

3-16 ＝学校の下水道工事はね、外へ行って:ぎょうしゃ(業者)に頼

第2章　談話の展開における意味的連接機能

みます、ぎょうしゃ（業者）に来てやってもらいます。
3-17　＝だから：学校のシステムが違います。

　例(3)の3-10で発話されている（イ）の表現（＝'我住在学校里。'）は、文法的には（イ）の表現（＝'我在学校里住。'）も成立する。ここで敢えて（イ）の表現が用いられている理由を、以下で考察していく。

　例(3)の発話の内容を順に追っていくと、3-1で（E）が北京という都市の面積の広さについて語っている。そして北京に実家のある（E）は、3-2〜3-7で、実家と自分の勤め先の大学との位置関係と距離関係を説明している。その説明を聞いた（G）は3-8で、（E）が実家から大学まで毎日通勤しているのかどうか質問している。これに対して（E）は3-9でそれを否定し、次の3-10で、自分が勤務している大学に宿舎があることを説明した後、（イ）の表現を用いて「'我住在学校里。'（＝私は大学のキャンパス内に住んでいる。）」と述べている。

　3-10で（E）が（ア）の表現（'我在学校里住。'）ではなく、（イ）の表現（'我住在学校里。'）を選択している理由は、それ以下の3-11〜3-17の談話の展開にその答えを見つけることができる。3-11〜3-17で一貫して述べられていることは、中国の大学と日本の大学の「学校のシステムの相違」である。つまり、そこで述べられている内容は、（E）が「（学校の中に）住んでいる（＝'住'）」ことよりも、（E）が「（住んでいる）学校の中（＝'学校里'）」と、より深く関連している。したがって、（E）は3-11以降で語る内容が'学校里'（＝学校の中）と意味的に連接していくことを（G）に示すために、（ア）の表現ではなく、（イ）の表現（'我住在学校里。'）を選択していると判断することができる。

　もう1つ、（イ）＝「'住'＋'在'＋ＰＮ」の表現例を見ていく。
　下記の例(4)は、言語資料17の中で、インフォーマント（M）と（S）が、1989年に起きた天安門事件の後で、日本に在留している中国人留学生の意識がどのように変化したのかということについて話し合っている談話の一部である。ここでは4-3で（イ）の表現（＝'我住在〇〇大留学生会館嘛。'）

136

が用いられている。

例 (4)

4-1 M ＝这几年就说：我发现从（这个）天安门事件以后啊｜，{S＝嗯} 留学生（这个）变化特别大｜。{S＝啊} 就是各方面意识｜，{S＝嗯} 不只是说政治上｜，{S＝嗯嗯} 思想上，这方面哈，意识上变化特别大｜。

4-2 S ＝什么意识？｜

4-3 M ＝嗯｜，比如说，在那天安门事件以前的话｜，{S＝嗯} 当时<u>我住在○○大留学生会馆嘛</u>｜。

4-4 S ＝啊｜。

4-5 M ＝每天晚上｜，{S＝嗯}（这个）大厅那儿｜，坐的全是中国人｜。{S＝啊} 就有一、二十个人｜，{S＝啊} 在那儿聊大天儿｜。{S＝啊} 要不那去（那个）旁边那儿乒乓球室啊｜，{S＝啊} 打乒乓球｜，{S＝啊}（那个）往往啊：都在等着｜，{S＝嗯} 轮：轮：轮不着｜，{S＝哎哟} 等一个小时还轮不着｜，{S＝啊…} 那么热闹｜。

4-6 ＝但是天安门事件以后，再也没人了｜。没人去了｜。大伙就说没有那种向心力了｜。


例 (4) の日本語訳

4-1 M ＝ここ数年：つまり天安門事件以後ね、{S＝うん}（日本に在留している中国人の）留学生の変化は特に大きいと気付きました。{S＝うん} 各方面の意識が、{S＝うん} 政治の面だけでなく、{S＝うんうん} イデオロギーの面でもね、意識の変化は特に大きいです。

4-2 S ＝どういう意識ですか？

4-3 M ＝うん、たとえば、天安門事件の前は、{S＝うん} <u>当時私は○○大学の留学生会館に住んでいました</u>。

4-4 S ＝ああ。

4-5 M ＝毎晩、{S＝うん}（留学生会館の）ホールに座っているのは、全部中国人でした。{S＝ああ} 10人から20人が、{S＝ああ}

137

あそこでおしゃべりしていました。|S＝ああ| そうでなければ、そばの卓球ルームへ行ってね、|S＝ああ| 卓球をしようとする時、|S＝ああ| 時々:待っていて、|S＝ああ| なかなか順番が来なくて、|S＝へー| 1時間待っても順番が来なくて、|S＝ああ| とても賑やかでした。

4-6 ＝でも天安門事件後は、(ホールに) もう誰もいなくなりました。(ホールに) 行く人がいなくなりました。みんなそういう求心力がなくなったと言いました。

　例(4)の4-3で発話されている（イ）の表現（='我住在〇〇大留学生会館。'）は、文法的には（ア）の表現（='我在〇〇大留学生会館住。'）も成立する。ここで敢えて（イ）の表現が用いられている理由を、以下で考察していく。

　例(4)では、まず4-1において（M）が、1989年に起きた天安門事件以後、日本に在留している中国人留学生の意識が、政治的な面だけでなく、いろいろな考え方の面でも大きく変化したと語っている。そして（M）は4-3～4-6で、その内容を具体的に説明していく。具体的に説明していくにあたって（M）は、自分が住んでいた「〇〇大学の留学生会館」での中国人留学生の行動の変化を説明している。

　4-3以降の談話の展開を見ていくと、まず4-3で（M）は（イ）の表現を用いて「'当时我住在〇〇大留学生会馆嘛'（＝当時私は〇〇大学の留学生会館に住んでいました。）」と述べている。そして4-5で、天安門事件が起きる前の留学生会館の様子が語られ、次の4-6では天安門事件以後の留学生会館の様子が語られている。つまり、4-3以降に語られている内容は、(M) が「(留学生会館に) 住んでいたこと」ではなく、「(Mが住んでいた) 留学生会館」の中で起きたコトガラについてである。したがって、(M) は4-5以降で語る内容が'〇〇大留学生会館'と意味的に連接していくことを(S)に示すために、(ア)の表現（='我在〇〇大留学生会館住。'）ではなく、(イ)の表現（='我住在〇〇大留学生会館。'）を選択していると判断することができる。

### 2.1.4.3　両者の相違

　以上、(ア)＝「'在' ＋ PN ＋ '住'」の表現と（イ）＝「'住' ＋ '在' ＋ PN」の表現を、談話の展開における意味的連接という観点から考察した。これらの考察の結果、(ア)と(イ)の相違は以下のようにまとめることができる。

　(ア)＝「'在' ＋ PN ＋ '住'」の表現の場合、これ以後の発話内容のつながりは、「PN」と述語動詞'住'の両者が同等であり、どちらにより重点がおかれているとも、どちらがより強調されているとも判断を下すことはできない。つまり(ア)で表されるコトガラ全体が、これ以後の発話内容と連接している。

　一方、（イ)＝「'住' ＋ '在' ＋ PN」の表現の場合、これ以後の発話内容のつながりには、「PN」と述語動詞'住'で明らかに差があり、これ以後の発話内容は述語動詞'住'ではなく、「PN」と強く連接している。

## 2.1.5　談話の展開から見た「前置詞'到' ＋ 場所名詞（句）」と述語動詞の語順

　ここからは、「前置詞'到' ＋ 場所名詞（句）」と述語動詞の語順について考察していく。まず 2.1.5.1 で（ウ）について、次いで 2.1.5.2 で（エ）について考察し、最後に 2.1.5.3 で両者の相違についてまとめる。

### 2.1.5.1　（ウ）＝「'到' ＋ PN ＋ '来'」

　下記の例(5)は、言語資料16の中で、インフォーマント（L）が、日本で一緒に生活している小学生の娘について、（H）に語っている談話の一部である。ここでは 5-5 で（ウ）の表現（＝'中国△△大学的老师**到**我们这儿**来**。'）が用いられている。

例(5)

5-1　L＝现在能说｜，现在她想说了｜，我女儿啊｜。可是说什么呢？说日语｜，说起来的汉语就是日语｜。{H＝噢}嗯｜。"你水喝呀！"｜就这：哈哈哈···{H＝哈哈哈···} 不说：不说"喝水"吧，"你水喝呀！"这：这：唉呀，我真急坏了我了｜。嘿嘿嘿···

第 2 章　談話の展開における意味的連接機能

・・・・・・・・・・・・・・・・・・・・・・・・・・・・・・・・

5-2　L ＝这小孩学语言的事情：你象小崔那孩子｜。我想这次回去：估计也可以学不少：汉语回来｜。

5-3　H ＝那天（那个）中山老师说嘛｜，{L＝唉} 说他回去以后，跟他们亲戚家的 {L＝唉} 孩子说话什么的｜，人家说他是小日本儿｜。{L＝是啊} 你听着｜，人家说他小日本儿｜。他呢｜，{L＝嗯} 用日语回答人家｜，{L＝嗯嗯}「日本人じゃない｜，中国人だよ」哈哈哈···

5-4　L ＝对对对｜，我孩子一直是这样｜。她听得懂｜，嗯｜，听得懂｜。我们用汉语给她说吧｜，她呢，就用日语回答我们｜。唉｜，嗯｜。

5-5　　 ＝突然有一天，怎么回事呢，你比如｜，我们的朋友来了｜。唉：中国△△大学的老师<u>**到我们这儿来**</u>｜。

5-6　　 ＝他不会说（这个）日语｜，他讲汉语｜。

5-7　　 ＝那我们孩子就听了他的汉语以后，用日语讲给我们日本朋友听｜，很流利很快｜，{H＝噢} 嘿嘿嘿···比我们做翻译时要快呀｜。唉：小孩真是···。

5-8　H ＝噢｜。


例 (5) の日本語訳

5-1　L ＝今は（中国語を）話すことができます、今彼女（Lの娘）は（中国語を）話したいと思うようになりました、私の娘は。でも、何を話すかというと、日本語で、話す中国語は日本語です。{H＝ヘー} うん。"你水喝呀！" こんなふうですハハハ···{H＝ハハハ···}"喝水"と言わないで、"你水喝呀！"です。これは：ああ、私は本当に焦りました。ハハハ···

・・・・・・・・・・・・・・・・・・・・・・・・・・・・・・・・

5-2　L ＝子どもが言葉を学ぶこと：例えば崔ちゃん（LとHの共通の友人である崔さんの小学生の息子）みたいです。今回（崔ちゃんは中国に）帰国して：中国語をたくさん勉強して日本に戻ったと思います。

140

5-3 H ＝中山先生が言っていたけど、｛L＝ええ｝（中山先生の教え子の中国人留学生である崔さんの息子の）崔ちゃんが（中国に）帰国して、親戚の｛L＝うん｝子どもと話をしたら、みんなは彼のことを"小日本儿"と言ったそうです。｛L＝そうです｝みんなが彼のことを"小日本儿"と言ったそうです。彼はね、｛L＝うん｝日本語でみんなに答えたんです、｛L＝うん｝「日本人じゃない、中国人だよ」ってハハハ…

5-4 L ＝そうですそうです、私の子どもも全くそういうふうです。彼女は聞いて分かる、うん、聞いて分かります。私たちが中国語で彼女に言うとね、彼女はね、日本語で私たちに答えます。うん。

5-5 ＝突然ある日、何があったかというと、私たちの友人が来ました。<u>中国△△大学の先生が私たちの家に来ました。</u>

5-6 ＝彼は日本語が話せないので、彼は中国語で話しました。

5-7 ＝それで私たちの子どもは彼の中国語を聞いた後、日本語で私たちの日本人の友人に訳しました、とても流暢で速くて、｛H＝へー｝ハハハ…私たちが通訳する時より速かったんですよ。子どもは本当に…

5-8 H ＝へー。

　例(5)の5-5で発話されている（ウ）の表現（＝'中国△△大学的老师**到**我们这儿**来**。'）は、文法的には（エ）の表現（＝'中国△△大学的老师**来到**我们这儿。'）も成立する。ここで敢えて（ウ）の表現が用いられている理由を、以下で考察していく。

　例(5)の談話の内容を順に追っていくと、まず5-1で（L）は、自分の小学生の娘が中国語を話す時、日本語の語順で話すということを述べている。そして5-2と5-3で（L）と（H）が、互いの共通の友人である崔さんの子どもも同様に、中国語に問題があるという状況を話し合い、5-4で（L）が、自分の小学生の娘も同じ状況であると説明している。次に5-5で（L）が（ウ）の表現を用いて「'中国△△大学的老师**到**我们这儿**来**'（＝中国の△△大学の先生が私たちの家に来ました）」と述べている。そして

第2章 談話の展開における意味的連接機能

この後の談話の展開を見ていくと、5-6では、この中国人の先生が日本語が話せないので中国語で話したこと、そして5-7では、(L)の小学生の娘がこの中国人の先生の中国語を聞いて、日本語で(L)の日本人の友人に通訳したこと、そして(L)の娘の日本語による通訳が(L)より流暢で速かったことなどが語られている。つまり5-6と5-7で話されているのは、日本語の話せない中国の△△大学の先生が、「(L)の自宅に来た(5-5の'中国△△大学的老师**到我们这儿来**')」ことによって(L)の娘と会うことになり、そしてそのことによって起きたデキゴトが述べられている。このような談話の展開から解るように、5-5の(ウ)の表現において、「PN」(='我们这儿')と「V」(='来')はどちらも同等に重要な情報であり、この2つの情報の重要度に差を見出すことはできない。

もう1つ、(ウ)の例を見ていく。

下記の例(6)は、言語資料22の中で、インフォーマント(W)が名古屋での生活について、(X)に語っている談話の一部である。ここでは6-4と6-8で(ウ)の表現(='**到名古屋来**')が用いられている。

例(6)

6-1 W ＝在中国总的来说就一种：轻松｜。{X＝对}你：没：没有钱吧，也是轻松｜。

6-2 X ＝嗯。而且一个它这个生活挺丰富的感觉｜,在儿,毕竟是个外国,还是感觉怎么样,融不到：这种生活里边儿去｜。

6-3 W ＝需要时间｜。{X＝是吧？}我听说啊,特别是名古屋｜。{X＝嗯}比如说吧,大阪哈就比较好｜。{X＝啊,这样}就说在那地方｜,{X＝嗯}人很好。{X＝嗯}就说：比如说｜，九州那边福冈什么的哈{X＝嗯}人和中国人的性格差不多｜。

6-4 ＝说名古屋人呢｜,不用说你外国人就说你（那个）同是日本人**你到名古屋来**,都很难融进去｜。

6-5 X ＝啊,是吗？

6-6 W ＝嗯｜。说名古屋,在名古屋这儿特别难。比如说,和名古屋人做生意｜,如果会和名古屋人做生意的话｜,在日本什么地方做生

　　　　　意都不怕｜。{X＝哦？} 有这么一个说法｜。
6-7　X　＝真的啊？
6-8　W　＝嗯。就说你：比如说从外地哈，{X＝嗯} <u>到名古屋来</u>｜，想进入他们的生活圈子｜，很难｜。但是你一旦进入了的话，就会很：很好｜。
6-9　X　＝是吧？｜
6-10　W　＝嗯。这么一个｜。
6-11　X　＝噢，这样｜。
6-12　W　＝嗯｜。所以：挺难的｜。


例(6)の日本語訳

6-1　W　＝中国で（の生活）は総じて：気楽です。{X＝そうです｜} お金がなくてもね、気楽です。
6-2　X　＝うん。しかも中国での生活はとても豊かな感じですが、ここ（名古屋）では、やっぱり外国だから、何と言うか：こういう（名古屋の）生活には溶け込めないです。
6-3　W　＝時間が必要です。{X＝そうですか？｜} 特に名古屋はそうだと聞きました。{X＝うん｜} たとえばね、大阪はね割合といいそうです。{X＝ああ、そうですか｜} そこの地域は、{X＝うん｜} 人がいいそうです。{X＝うん｜} たとえば、九州の福岡はね、{X＝うん｜} 人が中国人の性格とだいたい同じだそうです。
6-4　　　＝名古屋人はというとね、外国人じゃなくて同じ日本人でも<u>名古屋に来ると</u>、みんな溶け込むことが難しいそうです。
6-5　X　＝ああ、そうですか？
6-6　W　＝うん。名古屋は、名古屋は特に難しいそうです。たとえば、名古屋人と商売をして、もし名古屋人と商売をすることができたら、日本のどこでも商売するのは心配ない。{X＝へー？｜} こういう言い方があります。
6-7　X　＝本当ですか？
6-8　W　＝うん。たとえば名古屋以外の土地からね、{X＝うん｜} <u>名古屋に</u>

143

来て、彼らの生活圏に入ろうと思うと、とても難しいです。でも一旦入ってしまえば、とても：とてもいいです。
6-9 X ＝そうですか。
6-10 W ＝うん。こんなふうです。
6-11 X ＝へー、そんなふうですか。
6-12 W ＝だから：とても難しいです。

　例(6)の6-4と6-8で発話されている（ウ）の表現（＝'**到名古屋来**'）は、文法的には（エ）の表現（＝'**来到名古屋**'）も成立する。ここで敢えて（ウ）の表現が用いられている理由を、以下で考察していく。

　例(6)の談話の展開を順に追っていくと、まず6-1で（W）が中国での生活は精神的にリラックスしているということを述べ、6-2からは（X）と（W）が名古屋での生活には溶け込めないということを話し合っている。そして6-3で（W）が、大阪や福岡と比較しても特に名古屋での生活に慣れるのには時間が必要であることを述べている。さらに（W）は6-4で、外国人でなくて同じ日本人でも、「名古屋に来ると、溶け込むのは難しい」と述べている。そして（W）は6-6で「名古屋人と商売するのは難しい」と述べ、6-8で、「名古屋以外の所から名古屋に来て、名古屋人の生活圏に入ろうとすると、とても難しいが、一旦入ってしまうと、とてもいい」と述べている。

　つまりここでは、名古屋の土地柄が談話の重要なテーマとして、他の地域と比較しながら語られており、「（そういう）名古屋に来る」→「（そういう）名古屋に入る」ということの難しさが語られている。したがって、6-4と6-8の（ウ）の表現（＝'**到名古屋来**'）は、'名古屋'と'来'の両者が同等に重要な情報であり、どちらにより重点がおかれているとも、どちらがより強調されているとも判断を下すことはできない。

　次に、（エ）＝「'来'＋'到'＋ＰＮ」の表現例を見ていく。

## 2.1.5.2 （エ）＝「'来'＋'到'＋ＰＮ」

　下記の例(7)は、言語資料09の中で、インフォーマント（O）と（N）

が、生活環境の違いについて語っている談話の一部である。ここでは 7-1 で（エ）の表現（='来到日本'）が、7-4 で（エ）の表現（='来到这儿'）が、それぞれ用いられている。

例(7)

7-1 O ＝有好多东西好像：真的**来到日本**，就象进到另外一个世界似的｜。

7-2 N ＝是｜。

7-3 O ＝你说，就是中国，你说，咱们仨来，你说，你从北京｜，小陈是从广州过来的，{N＝嗯} 我从东北来的｜。所以：在国内本来那生活环境就不一样｜。

7-4 ＝**来到**这儿呢，更：差距就更大了｜。语言也不一样，嗯：挺好玩的｜。不过，也好像：现在倒也自然就…

7-5 N ＝慢慢适应就行了，嗯｜。

7-6 O ＝不｜。我来的时候，我也没有感到太奇怪什么：特别吃惊｜。

7-7 N ＝哎呀！我第一次来的时候，我可是最忍受不了的就是日本那饭｜。

7-8 O ＝怎么了？｜

7-9 N ＝就是我住的那个地方啊，它（那个）楼下就是（那个）食堂啊，也挺好的｜。但是我不知道为什么，我就觉得它那个饭吧，它炒菜吧，放好多的糖｜，特别甜｜。

7-10 O ＝对！你发没发现还有一个问题，那日本那汤啊，那个汤啊｜，到哪个饭店都一个味儿｜。哈哈哈…

7-11 N ＝它可能用的是一个方便食品吧｜。

例(7)の日本語訳

7-1 O ＝いろいろな面から言って：本当に日本に来て、まるで別の世界に入ったみたいです。

7-2 N ＝そうです。

7-3 O ＝たとえ中国でも、たとえば私達三人は、あなたは北京から、陳さんは広州からやって来て、{N＝うん} 私は東北から来ました。だから：（中国）国内でもともと生活環境が違います。

7-4 ＝ここ（日本）に来てね、もっと：差がもっと大きくなりました。

第2章　談話の展開における意味的連接機能

　　　　　　　言語も違うし、んー：とっても面白い。でも、今は自然に…
7-5 N ＝だんだん慣れればいいですよ、うん。
7-6 O ＝違います。私は（日本に）来たときは、そんなに違和感はなくて：特に驚きませんでした。
7-7 N ＝ああ！私は初めて来たとき、私が一番たえられなかったのは日本の料理でした。
7-8 O ＝どうしたんですか？
7-9 N ＝私が住んでいたところはね、その下が食堂でね、とてもよかったんです。でもなぜだか知らないけど、その食堂の料理はね、その食堂の炒め料理はね、たくさん砂糖が使ってあって、すごく甘かったんです。
7-10 O ＝その通り！もう1つ問題があることにあなたは気が付いていますか、日本のスープはね、あのスープはね、どのお店も同じ味です。ハハハ…
7-11 N ＝それはだぶん使っているのがインスタント食品なんでしょう。

　例(7)の7-1で発話されている（エ）の表現（＝'来到日本'）と、7-4で発話されている（エ）の表現（＝'来到这儿'）は、文法的にはそれぞれ（ウ）の表現（＝'到日本来／到这儿来'）も成立する。ここで敢えて（エ）の表現が用いられている理由を、以下で考察していく。
　例(7)では、（O）が7-1で（エ）の表現を用いて「'真的**来到日本**'（＝本当に日本に来て）」と発話し、その後に「'就象进到另外一个世界似的'（＝まるで別の世界に入ったみたいだ）」と続けている。ここでの「'另外一个世界'（＝別の世界）」とは「日本」のことを指している。次に7-3で、（O）と（N）と友人の'小陈'の、中国での出身地の違いによる中国での生活環境の相違が語られている。そして、7-4で再び（O）が（エ）の表現を用いて「'**来到这儿呢**'（＝ここ（日本）に来て）」と発話し、その後に「'差距就更大了。语言也不一样'（＝差がもっと大きくなった。言語も違う）」と続けている。これは日本と中国の相異である。さらに7-7からは（N）によって発話の内容が引き継がれて、初めて日本に来た時の日本料理に対

146

する感想が語られ、続く7-10では（O）によって日本料理についての感想が述べられていく。

　以上のことから、7-1と7-4で（エ）の表現＝（'**来到日本**'と'**来到这儿**'）が用いられた後の談話の内容は、述語動詞'来'よりも'日本／这儿'と強く連接していくと言うことができ、このことを（N）に示すために、（O）が（エ）の表現を選択していると判断できる。

　もう1つ、（エ）の例を見ていく。

　下記の例(8)は、言語資料17の中で、インフォーマント（M）と（S）が、日本と中国の交通機関やホテルの違いについて話し合っている談話の一部である。ここでは8-7で（エ）の表現（＝'我的上司**来到**日本'）が用いられている。

例(8)

8-1 M ＝不过话说回来｜，在中国国内旅行｜，你要坐飞机也没有什么意思｜。

8-2 S ＝受罪｜。

8-3 M ＝受罪倒不受罪哈｜。马上就到了没有什么意思｜。

8-4 S ＝我说的（那个）国内旅行受罪不是坐飞机。｛M＝对对对｝国内旅行｛M＝嗯｝受罪｜，没有旅馆｜。｛M＝嗯｝没有：不象日本那种｜，饭店里头都是：日本人住中国的那些饭店，还是主要面向外国人｜。｛M＝对｝中国人旅游还没有达到达那种地步｜。｛M＝对｝什么时候到日本这样，我觉得真的｜。你看，日本的旅游多方便呀｜。｛M＝对呀，嗯｝而且，你说···

8-5 M ＝而且，安心｜。｛S＝安心｝日本：就说你利用什么交通工具也好｜，｛S＝对呀｝你就说住什么旅馆也好｜，｛S＝唉｝你放心｜。｛S＝放心｝不管多贵的也好，多便宜的也好,｛S＝嗯｝你放心｜。中国的话：你总是不放心｜，对吧｜。

8-6 S ＝它总体上来讲，｛M＝嗯｝还是这个国家就是基本：一种：基本的生活让你保证｜。

8-7 　＝你比如说在饭店里｜，在一般的饭店的酒吧里哈｜，｛M＝嗯｝你

第 2 章　談話の展開における意味的連接機能

　　　　　　比如说正好（那个）前两天我的（那个）上司来到日本｜。{M＝
　　　　　　啊}
8-8　　　＝然后：和（那个）他们新闻社的人｜，{M＝啊} 嗯：吃完饭以后，
　　　　　　就去（那个）：喝酒｜。{M＝嗯} 在这饭店里的（那个）：酒吧
　　　　　　里呀｜，{M＝嗯} 按：按道理讲就是：应该比较贵吧。
8-9　　　＝如果要是中国的话｜，{M＝嗯} 那饭店里的酒吧，那还不得贵死
　　　　　　你｜。
8-10 M　＝对。宰人｜。
8-11 S　＝可是这个地方｜，怎么样啊｜，一杯咖啡四百块钱啊｜。{M＝对
　　　　　　啊} 一般的那种小的那种：咖啡店｜，三百多块钱｜，{M＝对}
　　　　　　这儿四百块钱｜。{M＝嗯} 你说谁付不起呀｜。{M＝对对} 顶
　　　　　　多加百分之十的这种：哎（那个）：服务费｜。{M＝对} 但是｜，
　　　　　　当然了比其他地方稍微贵一：一百多一点｜，你不老喝：偶而可
　　　　　　以喝一次两次，{M＝对} 对不对｜。{M＝啊}
8-12　　　＝我觉得中国一次也喝不起呀｜。{M＝啊} 谁喝得起饭店去呀｜。
　　　　　　据说北京饭店一杯咖啡几十块钱｜。{M＝太宰人了哈} 你说：哪
　　　　　　有这样的呀｜。{M＝嗯} 我觉得：基本上还是水平生活水平低｜，
　　　　　　{M＝对} 你不能不承认｜。{M＝对} 这差距还是太大你说是不
　　　　　　是？｜
8-13 M　＝嗯｜。


例 (8) の日本語訳

8-1 M　＝だけどね、中国国内で旅行すると、飛行機に乗っても何も面白
　　　　　　くないです。
8-2 S　　＝辛いです。
8-3 M　＝辛いんじゃないです。すぐに到着して何も面白くないです。
8-4 S　　＝（中国の）国内旅行で辛いのは飛行機に乗ることではありませ
　　　　　　ん。{M＝そうですそうです} 国内旅行で {M＝うん} 辛いのは、
　　　　　　旅館がないことです。{M＝うん} 日本のようなホテルはなくて、
　　　　　　中国のホテルは：日本人が泊まるようなホテルは、やはり主に

148

外国人向けです。{M＝その通りです}中国人の旅行はまだこういうレベルに達していません。{M＝その通りです}いつになったら日本のようになるのかと、本当にそう感じます。日本の旅行は本当に便利ですね。{M＝その通りです、うん}それに‥‥

8-5 M ＝それに、安心です。{S＝安心です} 日本は：どんな交通機関を使っても大丈夫だし、{S＝その通り}どんな旅館に宿泊しても大丈夫で、{S＝そう} 心配ありません。{S＝心配ない} 高くても良いし、安くても良くて、{S＝うん} 安心です。中国の場合には：いつも心配です、そうでしょ。

8-6 S ＝総じて言うと、{M＝うん}やはりこの国（日本）は基本的な：基本的な生活が保証されています。

8-7 ＝たとえばホテルではね、一般的なホテルのバーではね、{M＝うん}たとえばちょうど2日前に、<u>私の（中国での勤務先の）上司が日本に来ました</u>。{M＝ああ}

8-8 ＝それで：彼ら通信社の人たちと、{M＝うん}ご飯を食べた後、お酒を飲みに行きました。{M＝うん}そのホテルの中の：バーでね、{M＝うん}普通の考えでは：当然割合と高いはずです。

8-9 ＝<u>もし中国だったら</u>、{M＝うん}ホテルの中のバーは、死ぬほど高いです。

8-10 M ＝その通りです。暴利をむさぼる。

8-11 S ＝でもそこは、どうかというとね、一杯のコーヒーが400円です。{M＝そうです}普通のああいう小さいああいう：喫茶店は、300円くらいで、{M＝そうです}そこは400円です。{M＝うん}誰でも払えます。{M＝その通りです}最大で10％の：サービス料がプラスされます。{M＝そうです}でも、もちろん他の店と比べて少し100円ちょっと高いけど、いつもじゃなくて：たまに1回か2回飲むのはかまわない、{M＝その通りです}そうでしょ。{M＝ええ}

8-12 ＝私は中国では高くて一度も飲めないと感じています。{M＝ああ}誰がホテルで飲めるのでしょうか（誰も飲めません）。北京飯

第2章　談話の展開における意味的連接機能

店は一杯のコーヒーが数十元だそうです。{M＝暴利をむさぼりすぎです}全くこんなことがあり得ますか（あえり得ない）。{M＝うん}基本的にやはり生活水準が低いから、{M＝その通り}認めなければなりません。{M＝その通り}この差はやはりあまりにも大きいでしょ？

8-13 M＝うん。

　例(8)の8-7で発話されている（エ）の表現（＝'我的上司**来到**日本。'）は、文法的には（ウ）の表現（＝'我的上司**到**日本**来**。'）も成立する。ここで敢えて（エ）の表現が用いられている理由を、以下で考察していく。

　例(8)では、8-1で（M）が中国の国内旅行を話題として提示している。それを受けて8-4で（S）が中国で国内旅行する際の旅館やホテルについて、日本と比較して述べている。さらにそれを受けて8-5で（M）が、日本の交通機関や旅館は安心であることを語っている。このことについて次に8-7で（S）が日本のホテルについて話しを絞り、具体的な例を示すために（エ）の表現を用いて「'前両天我的上司**来到**日本'（＝2日前に私の（中国での勤務先の）上司が日本に来ました）」と発話している。そしてこれ以後の発話の内容を見ていくと、そこで述べられているのは、日本のホテルの素晴らしさと中国のホテルとの相違についてである。8-9で（S）が「'如果要是中国的话，'（＝もし中国だったら）」と発言していることからも、（S）が日本のホテルと中国のホテルを対比していることは明らかである。つまり、8-7で（S）が、（ウ）の表現（＝'到日本来'）ではなく、（エ）の表現（＝'来到日本'）を用いているのには、これ以後の談話において、日本の素晴らしさを中国と対比して述べようとする（S）の意図が読み取れる。したがって、8-7で（エ）の表現（＝'我的上司**来到**日本'）が用いられたのは、これ以後の談話の内容が、述語動詞'来'よりも'日本'と強く連接していくことを（M）に示すためである。

### 2.1.5.3　両者の相違

　以上、（ウ）＝「'到'＋ＰＮ＋'来'」の表現と（エ）＝「'来'＋'到'

＋ＰＮ」の表現の相違を、談話の展開における意味的連接という観点から考察した。これらの考察の結果、(ウ)と(エ)の相違は以下のようにまとめることができる。

(ウ)＝「'到'＋ＰＮ＋'来'」の表現の場合、これ以後の発話内容のつながりは、「ＰＮ」と述語動詞'来'の両者が同等であり、どちらにより重点がおかれているとも、どちらがより強調されているとも判断を下すことはできない。つまり(ウ)で表されるコトガラ全体が、これ以後の発話の内容と連接している。

一方、(エ)＝「'来'＋'到'＋ＰＮ」の表現の場合、これ以後の発話内容のつながりには「ＰＮ」と述語動詞'来'で明らかに差があり、これ以後の発話内容は「ＰＮ」と強く連接している。

### 2.1.6 まとめ

今回の分析結果は、談話の展開における意味的連接機能という観点から、以下のようにまとめることができる。

(ア)と(イ)の相違
  (ア)の表現＝「'在'＋ＰＮ＋'住'」は、この表現の意味する内容全体がこれ以降の談話の内容と連接している。
  (イ)の表現＝「'住'＋'在'＋ＰＮ」は、文末の「ＰＮ」がこれ以降の談話の内容との連接機能を強く担っている。
(ウ)と(エ)の相違
  (ウ)の表現＝「'到'＋ＰＮ＋'来'」は、この表現の意味する内容全体がこれ以降の談話の内容と連接している。
  (エ)の表現＝「'来'＋'到'＋ＰＮ」は、文末の「ＰＮ」がこれ以降の談話の内容との連接機能を強く担っている。

### 2.1.7 おわりに

鈴木(1969)では、「漢語には、後置するものに重点をおくということが、そのもののいいかたの基本的な規律として、古くから存在していたもののように考えられる。この基本的な規律が、漢語における重点表示の表現法

第2章　談話の展開における意味的連接機能

の発達の基礎をなしていると考えられる。」と述べられている[1]。また福地（1985：47）にも、英語の文末の位置について「より重要な情報をもつ部分を、文の後部に置くのが自然なのである。最もよく知られているのは「後部の重み」(end-weight)とでも言うべき傾向であろう。」との記述が見られる。つまり文末という位置は、言語を問わず、最も聞き手の印象に残りやすい位置だということである。しかし、本分析における（ア）と（イ）を比較した場合、（イ）においては「後部の重み」の論理は適合するが、（ア）においては「ＰＮ」と述語動詞（='住'）にその重みの差はない。したがって、（ア）の表現はこの表現の意味する内容全体がこれ以降の談話の内容と連接し、（イ）においては、文末の「ＰＮ」が談話の意味的な連接機能を強く担っていると言うことができる。また（ウ）と（エ）を比較した場合にも、同様のことが言える。（エ）においては「後部の重み」の論理は適合するが、（ウ）においては「ＰＮ」と述語動詞（='来'）にその重みの差はない。したがって、（ウ）の表現はこの表現の意味する内容全体がこれ以降の談話の内容と連接し、（エ）においては、文末の「ＰＮ」が談話の意味的な連接機能を強く担っていると言うことができる。

　以上、談話の展開における意味的連接機能という観点から、「前置詞'在'＋場所名詞（句）」と述語動詞の語順と、「前置詞'到'＋場所名詞（句）」と述語動詞の語順について考察した。中国語における前置詞は、もともと動詞として機能していた語である。そして中国語は動作・行為が時系列順に表現される言語であり、時系列順に「Ｖ１＋目的語＋Ｖ２＋目的語」と表現される。このうち、「Ｖ１」が機能語化した表現が、現代中国語において前置詞表現とされている構文である。今回の分析で取り上げた例で言えば、（ア）の表現（=「'在'＋ＰＮ＋'住'」）と（ウ）の表現（=「'到'＋ＰＮ＋'来'」）がこれに当たる。そしてこの場合には、「ＰＮ」と述語動詞に情報の重みに差はない。

　また、中国語は孤立語であり、漢字が語形変化したり、活用変化するということのない言語である。したがって、語順という手段が大きく意味を持つ言語であると言うことができる。本分析における（イ）の表現（「'住'

---

1)　鈴木（1994：39）に拠る。

+'在'+ＰＮ」）と（エ）の表現（=「'来'+'到'+ＰＮ」）がまさにそれである。つまり「ＰＮ」を文末に表現することで、これに談話の展開の意味的連接機能を担わせたのだと考えることができる。これが本分析の結論である。

　今回の分析は述語動詞を'住'と'来'に限定したものであった。さらに前置詞に後置する場所名詞（句）も、それぞれ異なるものであった。今後は、（ア）と（イ）、（ウ）と（エ）の知的意味が同じである場合についても検証する必要があり、さらには、他の動詞についても同様の結果が得られるか、検証する必要がある。しかしながら、今回の結果は、これらの問題を考察する上で、示唆的な結果が得られたと言うことができよう。

## 2.2 「V 的 (N)」の表現

2.2.1 はじめに
2.2.2 「V 的 N」における N の統語的特徴
  2.2.2.1 本分析における見解
  2.2.2.2 「V 的 N」の N に数量表現が置かれない理由
2.2.3 「V 的 (N)」の構文的特徴
  2.2.3.1 「V 的 (N)」と様態表現との非共起性に関して
  2.2.3.2 「V 的 (N)」と原因表現との非共起性に関して
2.2.4 「V 的 N」の談話上の機能
  2.2.4.1 「N」の談話上の機能
  2.2.4.2 「N」の既知性について
2.2.5 「V 的 N」と「V 的」の相違
2.2.6 「V 的 (N)」の構文的意味
2.2.7 まとめ
2.2.8 おわりに

## 2.2.1 はじめに

述語動詞の直後に'的'を伴う構文については、すでに多くの先行研究がある。その中で木村（2012：239-264）の「第10章 "的"構文の意味と構造」では、杉村（1982a, 1982b, 1983, 1995, 1999）の一連の研究と小野（2001）に対する詳細な検討がおこなわれ、さらに、これらの研究の成果を踏まえた上で、両者とは異なる見解が述べられている。

本分析では、これまでの研究成果を踏まえた上で、これらとは異なる観点から、述語動詞の直後に'的'を伴う表現について考察していく。具体的には、下記の(1)～(5)の5点について考察していく。

なお、本分析においては、述語動詞の直後の'的'の直後に、さらに名詞（句）が位置している表現を「V的N」と表記する。また、名詞（句）が位置していない表現については「V的」と表記し、両者を併せて論じる場合には「V的（N）」と表記する。

(1)「V的N」におけるNの統語的特徴
(2)「V的（N）」の構文的特徴
(3)「V的N」の談話上の機能
(4)「V的N」と「V的」の相違
(5)「V的（N）」の構文的意味

また、従来、「V的（N）」の表現の'的'の解釈をめぐっては、2つの立場、すなわち、名詞句を構成するための構造助詞'的'と同一の形式と見なす立場と、これとは異なる形式と見なす立場がある。本分析ではこの問題には触れない。この問題に関しては、別稿において検討していく。

## 2.2.2 「V的N」におけるNの統語的特徴

中国語においては、述語動詞に後置する名詞的成分はすべて「目的語」とされており、「V的N」におけるNも「目的語」として扱われている。この目的語とされているNの統語的特徴に関しては、杉村（1982b、

1995)、小野（2001）、木村（2012）において、すでに指摘、考察されている。本分析においても「V 的 N」の N を「目的語」として扱うが、その統語的特徴に対する本分析の見解は、これらの先行研究における見解とは異なるものである。そこで以下では、まず 2.2.2.1 において、「V 的 N」における N の統語的特徴について、本分析における見解を示す。次に 2.2.2.2 において、従来から指摘されている、「V 的 N」の N に数量表現が置かれない理由について論じていく。

### 2.2.2.1　本分析における見解

中国語において、述語動詞（下線部＿）に後置する目的語（下線部＿）には、従来、一般的に次の①～⑤のようなものがあるとされている。

①目的語が動作・行為の対象であるもの

　　　买 书 ／ 写 信 ／ 吃 饭 ／ 学 英语 ／ 访问 你
　　（買う 本）（書く 手紙）（食べる ご飯）（勉強する 英語）（訪問する あなた）

②目的語が動作・行為の移動先であるもの

　　　去 上海 ／ 到 大阪 ／ 回 日本
　　（行く 上海）（到着する 大阪）（戻る 日本）

③目的語が動作・行為を遂行するための道具であるもの

　　　写 毛笔 ／ 洗 肥皂
　　（書く 毛筆）（洗う 石けん）

④目的語が動作・行為の数量を表すもの

　　　买 一个 ／ 吃 两个 ／ 学 三年 ／ 去 五次
　　（買う 1つ）（食べる 2つ）（勉強する 3年）（行く 5回）

⑤二重目的語をとるもの

　　　教 小李 日语 ／ 给 他 那本书
　　（教える 李さん 日本語）（あげる 彼 あの本）

上記の①～⑤の例から明らかであるように、述語動詞と、それに後置する名詞項との意味的関係は多様であり、さらに両者の意味的結びつきの強さも一様ではない。

そこで、本分析では、述語動詞と、それに後置する名詞項の意味的な結びつきの強さの差異を、「反問誘発」という方法[1]を用いて検証を試みた。そのネイティブ・チェックの結果が、下記の例(1)～例(7)である。

下記の例(1)～例(7)における話し手Aの発話に関して、聞き手であるBには、述語動詞（下線部＿）とその動作・行為の主体（すべて'我'）の他に、その発話内容に関する情報や場面による助けがないと想定した場合、通常、聞き手であるBには、それぞれ下記のようなの反問が誘発される。

| Aの発話 | Bの反問 |
|---|---|
| 例(1)A：我买了。（＝①と④で挙げた述語動詞）<br>（私は買いました。） | B：买了什么?<br>（何を買いましたか？） |
| 例(2)A：我吃了。（＝①と④で挙げた述語動詞）<br>（私は食べました。） | B：吃了什么?<br>（何を食べましたか？） |
| 例(3)A：我学了。（＝①と④で挙げた述語動詞）<br>（私は勉強しました。） | B：学了什么?<br>（何を勉強しましたか？） |
| 例(4)A：我写了。（＝①と③で挙げた述語動詞）<br>（私は書きました。） | B：写了什么?<br>（何を書きましたか？） |
| 例(5)A：我去了。（＝②と④で挙げた述語動詞）<br>（私は行きました。） | B：去了哪儿?<br>（どこへ行きましたか？） |
| 例(6)A：我给了。（＝⑤で挙げた述語動詞）<br>（私はあげました。） | B：给了谁?<br>（誰にあげましたか？）<br>／给了什么?<br>（何をあげましたか？） |
| 例(7)A：我教了。（＝⑤で挙げた述語動詞）<br>（私は教えました。） | B：教了谁?<br>（誰に教えましたか？）<br>／教了什么?<br>（何を教えましたか？） |

例(1)～例(7)のBが反問している内容を見ていくと、例(1)B～例(4)Bは'什么'＝「何を」、例(5)Bは'哪儿'＝「どこへ」、例(6)Bと例(7)Bは'谁'＝「誰に」あるいは'什么'＝「何を」という情報である。例(6)と例(7)

---

1) 「反問誘発」という手法は、寺村（1982：83）の考え方からヒントを得た。

については、それぞれAの発話に対するBの反問は、'誰'と'什么'に分かれた[2]が、それ以外の反問は起きなかった。

　これらを詳細に解説していくと、例(1) Aの発話に対してBは"买了什么？（何を買ったの？）"と反問するのであり、"买了几个？（いくつ買ったの？）"とは反問しないということである。同様に例(2)Aの発話に対してBは"吃了什么？（何を食べたの？）"と反問するのであり、"吃了几个？（いくつ食べたの？）"という反問は起きない。例(3)Aに関しても、Bは"学了什么？（何を勉強したの？）"と反問し、"学了几年？（何年勉強したの？）"などの反問は起きない。また例(4)の発話に対してBは"写了什么？（何を書いたの？）"と反問するのであり、"用什么写？（何を使って書いたの？）"とは反問しない。さらに、例(5)Aの発話に対してBは"去了哪儿？（どこへ行ったの？）"という反問が起きるのであり、"去了几次？（何回行ったの？）"という反問は起きない。例(6)Bと例(7)Bにおいては"给了谁？（誰にあげたの？）"、"教了谁？（誰に教えたの？）"か、あるいは"给了什么？（何をあげたの？）"、"教了什么？（何を教えたの？）"という反問が起きるのであり、"给了几次？（何回あげたの？）"と"教了几次（何回教えたの？）"という反問は起きないということである。

　以上のことから解るのは、例(1)〜例(7)においてBが反問している発話内容というのは、それぞれその述語動詞が表す事象を1つの完成したものとして認識するために必要不可欠な情報だ、ということである。換言すれば、聞き手Bは、それぞれの反問による情報が何らかの方法で得られて初めて、その述語動詞が表す事象を1つの完成したものとして認識することができるということである。

　例(1)〜例(7)のAの発話に対するBの反問の内容を、上記の①〜⑤の目的語の分類に当てはめると、下記のようになる。

例(1)A：我买了。　B：买了什么？
　　　　　　（＝反問で要求している情報は①の「動作・行為の対象」）

---

2)　この結果は、二重目的語をとる述語動詞の'教'や'给'は、目的語である動作・行為の相手と対象を比較して、どちらの方が、より述語動詞と意味的に結びつきが強いかということは、判断しがたいと言うことを意味している。

例(2)A：我吃了。　B：吃了什么？
　　　　　（＝反問で要求している情報は①の「動作・行為の対象」）
例(3)A：我学了。　B：学了什么？
　　　　　（＝反問で要求している情報は①の「動作・行為の対象」）
例(4)A：我写了。　B：写了什么？
　　　　　（＝反問はで要求している情報は①の「動作・行為の対象」）
例(5)A：我去了。　B：去了哪儿？
　　　　　（＝反問で要求している情報は②の「動作・行為の移動先」）
例(6)A：我给了。　B：给了谁？／给了什么？
　　（＝反問で要求している情報は⑤の「動作・行為の相手あるいは対象」）
例(7)A：我教了。　B：教了谁？／教了什么？
　　（＝反問で要求している情報は⑤の「動作・行為の相手あるいは対象」）

　例(1)～例(4)のBの反問の内容は①の「動作・行為の対象」、例(5)のBの反問の内容は②の「動作・行為の移動先」、例(6)と例(7)のBの反問の内容は⑤の「動作・行為の相手あるいは対象」である。つまり、これらは述語動詞と意味的な結びつきが非常に強いということを意味している。換言すれば、一般的に目的語とされている③の「動作・行為の道具」と④の「動作・行為の数量」は、①と②と⑤の目的語と比較して、それぞれの述語動詞との意味的な結びつきが弱い言うことができる。

　そこで本分析では、述語動詞と、それに後置する名詞項の意味的な結びつきの強弱の差異から、①、②、⑤を、その述語動詞が表す事象を１つの完成したものとして認識するために必ず必要な目的語であると捉え、これらを「必須目的語」と呼ぶ。そして③と④を「副次目的語」と呼ぶ[3]。

---

3)　寺村（1982：83）には、「状況についての知識による助けということが全くない場合に限って考えるのであるが、あるコトの表現において、言い換えれば述語にとって、それがなければそのコトの描写が不完全であると感じられるような補語を「必須補語（primary complement）、そうでないものを「副次補語」（secondary complement）と呼ぶことにする。」との考察が記述されている。本分析において、①の「動作・行為の対象」を表す目的語、②の「動作・行為の移動先」を表す目的語および⑤の二重目的語を「必須目的語」と呼び、③の「動作・行為を遂行するための道具」を表す目的語と④の「動作・行為の数量」を表す目的語を「副次目的語」と呼んだ点についても、寺村のこの考察をヒントとしている。

次に、「V 的 N」の表現における目的語「N」の統語的特徴を考察するために、「V 的 N」における述語動詞と目的語「N」の組み合わせを見ていく。

下記の例 (8)～例 (10) は、N が「必須目的語」の場合と「副次目的語」の場合の成立・不成立をネイティブ・チェックした結果である。

例 (8-a)　　我　昨天　写　的　信。
　　　　　　私　きのう　書く　　手紙
　　　　　　（私はきのう手紙を書いた。）

例 (8-b) ＊　我　昨天　写　的　毛笔。
　　　　　　私　きのう　書く　　毛筆
　　　　　　（私はきのう毛筆で書いた。）

例 (8-c) ＊　那封信，　我　昨天　写　的　毛笔。
　　　　　　あの手紙　　私　きのう　書く　毛筆
　　　　　　（あの手紙は、私はきのう毛筆で書いた。）

例 (9-a)　　我　去年　去　的　北京。
　　　　　　私　昨年　行く　　北京
　　　　　　（私は昨年北京に行った。）

例 (9-b) ＊　我　去年　去　的　五次。
　　　　　　私　昨年　行く　　5回
　　　　　　（私は昨年 5 回行った。）

例 (9-c) ＊　北京，　我　去年　去　的　五次。
　　　　　　北京、　私　昨年　行く　　5回
　　　　　　（北京は、私は昨年 5 回行った。）

例 (10-a)　　那本书，　我　给　的　他。
　　　　　　　あの本、　私　あげる　　彼
　　　　　　　（あの本は、私は彼にあげた。）

例 (10-b)　　我　昨天　给　的　那本书。
　　　　　　　私　きのう　あげる　　あの本
　　　　　　　（私はきのうあの本をあげた。）

例 (8) は述語動詞が '写' の例である。この場合、例 (8-a) のように、N が述語動詞 '写' の「必須目的語」である '信'（＝動作・行為の対象）の場合には成立する。しかし例 (8-b) と (8-c) のように、N が「副次目的語」

の'毛笔'(=動作・行為を遂行するための道具)の場合には成立しない。

次に、例(9)は述語動詞が'去'の例である。この場合、例(9-a)のように、Nが述語動詞'去'の「必須目的語」である'北京'(=動作・行為の移動先)の場合には成立する。しかし例(9-b)と(9-c)のように、Nが「副次目的語」の'五次'(=動作・行為の回数)の場合には成立しない。

また例(10)は二重目的語(=動作・行為の相手+動作・行為の対象)を「必須目的語」とする述語動詞'给'の例である。この場合には例(10-a)と例(10-b)から明らかであるように、Nが例(10-a)のように動作・行為の相手の場合にも、例(10-b)のように動作・行為の対象の場合にも成立する。

以上のことから、「V的N」におけるNは、その述語動詞が表す事象を1つの完成したものとして認識するために必ず必要な目的語である「必須目的語」に限定される、と言うことができる。

### 2.2.2.2 「V的N」のNに数量表現が置かれない理由

木村(2002:12)には、「数量とは本来「その事物」自身が内包する属性ではあり得ず」との記述がみられる[4]。この見解は妥当であり、数量詞が本分析でいう「必須目的語」となり得ない理由もここにある。つまり動作行為の量を表す数量表現は、その動作行為が内包する属性ではないことによって、単独では「V的N」のNの位置に置くことはできない。換言すれば「動作・行為が内包している属性」こそが、本分析で言う「必須目的語」なのであり、そして「V的N」におけるNは、「必須目的語」に限定されるのである。

「V的N」の表現におけるNに、数量表現を用いることはできない理由として、木村(2012:262)には、「事物の数量を数える数量表現が区分限定の基準になり得ないように、動作行為を数えるための回数表現もまた区分限定の基準にはなり得ない」からであるとしている。

そして木村(2012:262-263)においては、さらに以下のように記述されている。

「"的"構文において数量表現が焦点対象になり得ないもう一つの理由とし

---

[4] 木村(2012)「第10章」においては、この記述は削除されている。

ては、動作行為を区分限定するための基準には、＜人＞＜もの＞＜地点＞＜時点＞など離散的な関与項がふさわしく、＜量＞という非離散的な概念はそれにはふさわしくないということが考えられる。区分基準に適する項目というのは、＜我、你、他、小王、老李……＞や＜东单、西单、王府井、白石桥……＞のように、各メンバーが対比項として互いに対立しつつ一つの範疇を構成しているというような、離散的な成員であることが望ましく、離散的であってこそ対立的であり、対立的であってこそ区分性をもち得る。"三本"［3冊］か"五本"［5冊］か、"三个小时"［3時間］か"五个小时"［5時間］かといった差は質量的な多寡の差であって、離散的な項目間の対立とは認識されにくい。動作区分の基準に適するのはやはり、＜人＞＜もの＞＜地点＞＜時点＞など離散的な対立を喚起しやすい表現——すなわち典型的には名詞表現——から構成される関与項である。」

しかし、上記の本分析の考察から明らかであるように、「V的N」のNに数量表現が用いられないのは、＜量＞が非離散的な概念であるからではない。「V的N」におけるNにふさわしいのは、その動作・行為が内包している属性そのものである「必須目的語」だけだからである[5]。

次に、「V的(N)」の構文的特徴について考察していく。

---

5) また、木村（2012：245）では、「V的N」の表現においてNに疑問詞表現を置くことができる理由については、明確な解答が与えられていない。このことについて、木村（2012）で取り取り上げられているのが、下記の例(11)である（木村（2012：245）では(11)という番号になっている）。
　例(11)甲：你都要的什么菜？［あなたはどんな料理を注文したのですか？］
　　　　乙：我要的醉蟹和红烧鱼翅。［私はかにの紹興酒漬けとフカヒレ煮込みを注文したのです。］
　例(11)甲の発話が成立するのは何も不思議なことではない。甲の発話がなされる前に甲と乙の間では、「動作・行為の主体である'你（＝乙）'」が必須目的語である「'菜'（料理）」を述語動詞「'要'（注文した）」＝「乙が何か料理を注文した」という「コト」が、必ず了解済となっている。例(11)甲の発話はそれが前提となってた上での発話であり、その了解後に「必須目的語」の具体的な内容を知るために、その部分が疑問詞で表現されているのである。

### 2.2.3 「V 的 (N)」の構文的特徴

ここでは「V 的 (N)」の構文的特徴を考察する。考察するにあたっては、従来指摘されてきた、「V 的 (N)」と様態表現、原因表現との非共起性に関して検討していく。

### 2.2.3.1 「V 的 (N)」と様態表現との非共起性に関して

「V 的 (N)」の表現は、述語動詞「V」を核として、それにその他の成分が付加して構成されている表現である。したがって、この表現は述語動詞を中心に考察していくのが妥当である。

先の 2.2.2.1 で述べたように、ある述語動詞が表す事象を１つの完成したものとして認識するために必ず必要である目的語を、本分析では「必須目的語」と呼んだ。以下では、さらに「述語動詞」、「動作・行為の主体」、「必須目的語」の３項を、ある述語動詞が表す事象を１つの完成したものとして認識するために必ず必要である「必須項目」と呼び、「「必須項目」＝「述語動詞＋動作・行為の主体＋必須目的語」」を「コト」と呼ぶことにする。

「コト」＝「必須項目」＝「述語動詞＋動作・行為の主体＋必須目的語」

また、「コト」は、話し手が誰であるかに関わらず、検証が可能な普遍の客観的事実項目である。個別の言語表現は、「コト」を中核とし、それを個別化し、特定化するために必要な客観的事実項目と、それらに対する話し手の主観的評価項目が付加されて構成されている。このことは、日本語においても同様であり、これを、日本語の例である下記の例 (12-a) を見ながら、具体的に述べていく。

例 (12-a) ＝彼はきのううれしそうに新鑑真[6]で上海に行った。

---

6) 上海と大阪・神戸間を就航している定期貨客フェリーのこと

例(12-a)を構成している項目は下記の通りである。
　　　(ア) 行為の主体＝「彼」
　　　(イ) 時＝「きのう」
　　　(ウ) 行為の様態＝「うれしそう」
　　　(エ) 手段＝「新鑑真」
　　　(オ) 行き先（場所）＝「上海」
　　　(カ) 述語動詞＝「行く」

　このうち、(カ)の「行く」は述語動詞であり、(ア)の「彼」は述語動詞「行く」の行為の主体、(オ)の「上海」は述語動詞「行く」の必須目的語である。つまり、(カ)の「行く」、(ア)の「彼」、(オ)の「上海」の3項目が、述語動詞「行く」が表す事象が、1つの完成した「コト」として認識されるために必ず必要な「必須項目」である。そして「必須項目」は、話し手が誰であるかによってその内容が変わることのない客観的事実項目である。

　　　「(ア)の行為の主体（彼）」＋「(オ)の行き先（上海）」
　　　　＋「(カ)の述語動詞（行く）」
　　　　　　　＝「必須3項目」＝1つの完成した「コト」

　その他、(イ)の時（＝「きのう」）と(エ)の手段（＝「新鑑真」）も、「彼が上海に行く」という「コト」の生起を、個別化し、特定の「コト」として限定するための客観的事実項目である。これらの客観的事実項目を「副次項目」と呼ぶ。
　これに対して(ウ)の行為の様態を表す「うれしそう」は客観的事実項目ではなく、話し手の主観的評価項目である。主観的評価項目とは、話し手が誰であるかによって、その表現内容を異にする。たとえば例(12-a)において、この「(コト＝必須項目)＋(副次項目)」を「うれしそう」と捉えるか、あるいは「楽しそう」と捉えるかは、話し手の主観によって異なる。
　これらを図式化すると、下記の《図Ⅰ》のようになる。

《図Ⅰ》

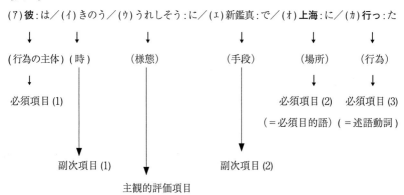

また、客観的事実項目（＝「コト＝必須項目」と「副次項目」）と、主観的評価項目の関係を図式化すると、下記の《図Ⅱ》のようになる。

《図Ⅱ》

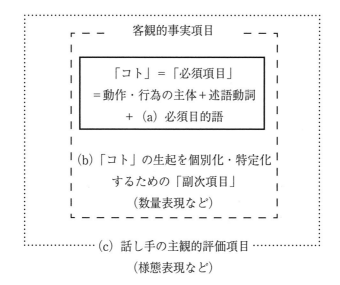

例(12-a)は中国語では、例(12-b)あるいは例(12-c)のように表現される。

  例(12-b) = 他 昨天 高兴地  坐 新鉴真 去 上海 了。
       彼 きのう うれしそう -に -で 新鑑真 行く 上海 le
      (彼はきのううれしそうに新鑑真で上海に行った。)

  例(12-c) = 他 昨天 高兴地  坐 新鉴真 去 了 上海。
       彼 きのう うれしそう -に -で 新鑑真 行く le 上海
      (彼はきのううれしそうに新鑑真で上海に行った。)

例(12-a)は中国語では「V 的 N」で表現できない(下記の例(12-d))。「V 的 N」で表現するためには、様態表現である'高兴地(うれしそうに)'を表現せずに、下記の例(12-e)のようにする必要がある。

  例(12-d) = *他 昨天 高兴地  坐 新鉴真号 去 的 上海。
       彼 きのう うれしそう -に -で 新鑑真 行く de 上海
      (彼はきのううれしそうに新鑑真で上海に行った。)

  例(12-e) = 他 昨天 坐 新鉴真 去 的 上海。
       彼 きのう -で 新鑑真 行く de 上海
      (彼はきのう新鑑真で上海に行った。)

以上のことから解ることは、「V 的(N)」の表現では、客観的事実項目のみが表現対象であるということである。したがって、主観的評価項目である様態表現は、「V 的(N)」とは共起しない。

### 2.2.3.2 「V 的(N)」と原因表現との非共起性に関して

次に、「V 的(N)」が原因表現と共起しない理由について考察する。

個別の言語表現は、「コト」=「必須項目」を中核とし、それを個別化し、特定化するために、さらに必要な客観的事実項目=「副次項目」と、それらに対する話し手の主観的評価項目が付加されて構成されていることについてはすでに述べた。では、原因表現は、どのように位置づけされるのか。

これについて、先の例(12-a)の「彼はきのううれしそうに新鑑真で上海に行った。」を例に挙げて説明していく。

今仮に、「彼はきのううれしそうに新鑑真で上海に行った」、その理由を「彼は船旅が大好きだから」だとする。「彼は船旅が大好きである」ということは、「彼はきのううれしそうに新鑑真で上海に行った」というコトガ

ラの内部の要素ではなく、それは、「彼はきのううれしそうに新鑑真で上海に行った」というコトガラの、さらに外枠に位置する。換言すれば、「彼は船旅が大好きである」ということは、「コト」＝「必須項目」を中核として、それを個別化し、特定化するためにさらに必要な客観的事実項目＝「副次項目」と、それらに対する話し手の「主観的評価項目」が付加されて表現された情報の、さらに外側に位置するということである。

これを図式化すると、下記の《図Ⅲ》のようになる。

《図Ⅲ》

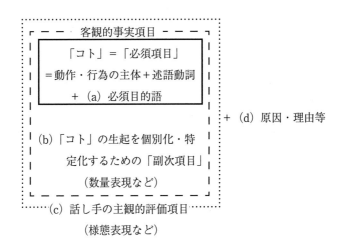

以上の分析から、「V 的（N）」の表現が原因表現と共起しない理由は、原因や理由が、「コト」に関わる客観的事実項目や、話し手の主観的項目を超えた、さらに外枠の表現範疇に存在していることによる[7]。

---

[7)] 「V 的（N）」が様態表現と原因表現と共起しない理由について、木村（2012：263）では「離散的で対立的な項目を喚起しにくいという点では、＜様態＞表現や＜原因＞表現もまた同様である。」と述べられている。つまり、木村（2012）では、「V 的（N）」が様態表現や原因表現と共起しない理由についても、「V 的 N」の N の位置に数量表現が置かれない理由と同様、様態表現、原因表現が「離散性を欠く」ということを根拠としている。しかし、本分析では、「V 的（N）」表現が様態表現と共起しない理由と、「V 的（N）」表現が原因表現と共起しない理由、さらには、N の位置に数量表現が置かれない理由は、2.2.2 および 2.2.3 で詳述したように、それぞれ別のレベルの要因によるものであると考える。

### 2.2.4 「V 的 N」の談話上の機能

　次に、ここでは、「V 的 N」の談話上の機能について検証していく。併せて、「V 的 N」における「N」が既知でなければならない理由についても考察していく。
　検証していくにあたっては、序章 0.4.1.2 に示した、中国語母語話者 24 名のインフォーマントによる自然発話の対話を言語資料として分析を進めていく。

### 2.2.4.1 「N」の談話上の機能

　下記の例 (13) は、言語資料 13 におけるインフォーマント（Q）と（R）の談話である。ここでは（Q）の恋愛と結婚について話し合っており、13-4 Q で「V 的 N」の表現（= '四年以后<u>结的婚</u>'）が用いられている。

例 (13)

13-1R ＝你们谈恋爱谈了几年？｜
13-2Q ＝大学二年级开始吧｜，到现在大概十年了｜。
13-3R ＝到结婚为止？｜
13-4Q ＝大学二年级谈恋爱｜，大学毕业一年以后：<u>四年以后结的婚</u>｜，结婚到现在已经第五年了。就是加上谈恋爱｜，加上大学在一起认识｜，加上：哦：九年半了吧｜，不到十年｜。

例 (13) の日本語訳

13-1R ＝あなたたちの恋愛期間は何年ですか？
13-2Q ＝大学 2 年生からですからね、今までだいたい 10 年になります。
13-3R ＝結婚までが？
13-4Q ＝大学 2 年で恋愛して、大学を卒業して 1 年後：(恋愛してから) <u>4 年後に結婚して</u>、結婚して今現在ですでに 5 年になります。だから恋愛期間を加えて、大学で知り合った期間を加えると、えー：9 年半になりますね、10 年にはならないです。

ここでは 13-4Q において「V 的 N」(=‘结的婚’) と表現され、恋愛が始まってから 4 年後に結婚したことが話されている。「V 的 N」の発話の直後（＿の部分）を見ていくと、N で表現された‘结婚’についての情報が、「‘结婚到现在已经第五年了’（＝結婚して現在 5 年になる）」というように続けて話されている。この例から、「V 的 N」の表現を用いることによって、その直後においても、N に関する内容が展開されているということが解る。
　もう 1 つ、下記の例 (14) を見ていく。
　下記の例 (14) は、言語資料 09 において、インフォーマント (N) と (O) が、(N) が卒業した中国の大学の魏先生について話し合っている談話の一部である。二人は魏先生が非常に日本語の運用に堪能であることについて話し合っている。ここでは、14-1 N で「V 的 N」(=‘你在哪儿学的日语？’) が表現されている。

例 (14)

14-1 N ＝话又说回来｜，你要说｜，在国内学日语学不成吧｜，学不好吧｜。也不见得｜。就是我们学校的那魏老师｜，她是从来没出过｜。就是学成之前吧｜，从来没出过：没到日本来过｜，她说得特别好｜。后来：她第一次到日本来｜，人家特别惊奇｜，人家问说"你在哪儿学的日语？"

14-2 O ＝她说什么呀？｜

14-3 N ＝她说"我是在国内学的"。｜人家以为她是在日本哪个大学毕业的｜。

14-4 O ＝嗯｜。但是：她在国内肯定经常和日本人接触吧？｜

14-5 N ＝不知道｜。不过｜，好像她当过周总理的翻译｜。而且她现在有一个资格｜。就是说：她在新华社给人家审稿，那个：就是日语｜。她写的稿子，不用让人家审查｜。就是说：她已经达到这种水平了｜。

例 (14) の日本語訳

14-1 N ＝だけど、国内（中国国内）で日本語の勉強をしてもダメでしょ、マスターできないと思うでしょ。でもそうとは限りません。私

たちの学校の魏先生は、彼女は全然（中国から）国外に出たことがありません。つまり（日本語を）マスターする前にね、（中国から）国外に出たことがなくて、日本に来たことがないのに、彼女はものすごく（日本語が）上手です。後で：彼女が初めて日本に来たとき、みんなはものすごくびっくりして、彼女に「<u>どこで日本語を勉強したんですか？</u>」と聞いたんです。」

14-2 O ＝彼女は何と答えたんですか？

14-3 N ＝「私は国内で勉強しました」と答えたんです。みんなは彼女は日本のどこかの大学を卒業したと思っていたんです。

14-4 O ＝うん。でも：彼女は（中国の）国内できっといつも日本人と接触していたんでしょ？

14-5 N ＝それは知りません。でも、<u>彼女は周総理の通訳をしたことがあるようです。それに彼女は今、資格を持っています。それは何かと言うと：彼女は新華社で原稿チェックをしていて、それは：日本語です。彼女の書いた原稿は、他の人はチェックする必要がありません。つまり：彼女はもうすでにこんなレベルに達しているんです。</u>

　例(14)では14-1Nで（N）が卒業した中国の大学の魏先生の日本語の運用力のすばらしさについて紹介している。そして14-1Nで「V的N」（＝'学的日语'）が発話されており、ここでのNは「'日语'（＝日本語）」である。14-1の（N）の発話を受けて14-2で（O）が、魏先生が日本語を学んだ場所について質問し、その質問に対して14-3で（N）が答えている。しかし（N）は次の14-4の（O）の発話には関心を示さず、14-5Nでは、また魏先生の「日本語」の運用力のすばらしさについての内容が展開されている。このように、この談話においては、魏先生が日本語を学んだ場所については、14-3Nでの発話で終わり、これ以上話題として取り上げられておらず、それ以後はあくまで14-1Nの下線部の「V的N」のNの内容である'日语'について談話が展開されている。

以上、例(13)と例(14)から、「V的N」の表現は、これに続く談話の内容がNに関して展開されていくことを示していると見ることができる。換言すれば、「V的N」のNは、談話をスムーズに展開させるための意味的連接の機能を果たしていると言うことができる。

次に、「V的N」におけるNの既知性について考察していく。

### 2.2.4.2 「N」の既知性について

例(13)と例(14)から明らかであるように、「V的N」におけるNは、談話において、「V的N」が発話された後の内容が、Nと連接していることを明示するための機能を果たしている。しかし、談話において、それ以降の発話の内容に連接していく機能を担っているNが、聞き手にとって未知の情報であると、情報伝達をスムースに行うことは困難となることは、容易に予測できる。したがって、「V的N」においては、Nは既知の情報でなければならないということになる。

次に、以上で述べた「V的N」の談話上の機能的特徴をさらに明確にするために、「V的N」と、必須目的語を表現しない「V的」を、談話のレベルで比較検討していく。

### 2.2.5 「V的N」と「V的」の相違

下記の例(15)は、言語資料09におけるインフォーマント(N)と(O)が、生活環境の違いについて語っている談話の一部である。ここでは15-3 Oで、「V的」(='小陈是从广州过来的, 我从东北来的')が表現されている。

例(15)
15-1 O ＝有好多东西好像：真的来到日本，就象进到另外一个世界似的。
15-2 N ＝是|。
15-3 O ＝你说，就是中国，你说，咱们仁来，你说：你从北京|，<u>小陈是从广州过来的</u>，{N＝嗯}<u>我从东北来的</u>|。所以：在国内本来那生活环境就不一样|。
15-4 ＝来到这儿呢，更：差距就更大了|。语言也不一样，挺好玩的|。

例(15)の日本語訳

15-1 O ＝いろいろな面から言って：本当に日本に来て、まるで別の世界に入ったみたいです。

15-2 N ＝そうです。

15-3 O ＝たとえ中国でも、たとえば私達3人は：あなたが北京から、<u>陳さんが広州からやって来て、</u>|N＝うん| <u>私が東北から来ました。だから：(中国)国内でもともと生活環境が違います。</u>

15-4 ＝ここ（日本）に来てね、差はもっと大きくなりました。言語も違うし、とっても面白い。

　'你'と'小陈'と'我'がそれぞれ「北京から」、「広州から」、「東北から」留学してやって来た先は'日本'である。しかし、15-3 Oの下線部の発話の「V的」の直後に、必須目的語である'日本'は表現されていない。15-3 Oの「V的」の発話に続く下線部（＿の部分）では、この3地域(北京と広州と東北)の中国国内での生活環境の違いが大きいということが発話されている。

　もう1つ、下記の例(16)を見ていく。

　例(16)は、言語資料22におけるインフォーマント（W）と（X）の談話である。日本に留学中の（W）と（X）は、中国語を勉強している84歳の日本人女性について話し合っている。例(16)の中の'她'とは、(W)と（X）の共通の知人であるこの84歳の日本人女性のことである。ここでは16-11 Wで「V的」（='她用中文<u>写</u>的。'）が用いられている。

例(16)

16-1 W ＝她也挺有水平的｜。她吧｜，不是到中国去｜，满洲的时候教过日语嘛｜。教了十年｜。然后呢，回到日本｜，没有结婚。

．．．．．．．．．．．．．．．．．．．．．．．．．．．．．．．．．．．．．．．．．．．．．．．．．．．．．．．．．．．．．．．．．．．．．．．．．．．．

16-2 X ＝她说现在她还订人民日报呢｜。我特别惊讶｜。

16-3 W ＝她说了｜，她订人民日报｜。不是海外版｜，是国内的｜。

16-4 X ＝噢，就是国内的那种报纸啊｜。 哎哟，真可以呀｜。

．．．．．．．．．．．．．．．．．．．．．．．．．．．．．．．．．．．．．．．．．．．．．．．．．．．．．．．．．．．．．．．．．．．．．．．．．．．．

16-5 W ＝然后她：那个人我挺佩服她的｜。
16-6 X ＝对。 我觉得我也挺佩服她的｜。
16-7 W ＝但是中文说得挺好｜，她学了十几年了吧｜。
16-8 X ＝而且我觉得她自己啊｜，没有一种：怎么说呢：老想是：好像有点儿追求感似的哈｜。好像没有一种：没有觉着：啊：老了｜，算了吧｜。
16-9 W ＝就是啊，有这种追求｜。然后说：而且就是北大｜，北京大学有老师｜， 是她以前在满洲的时候教过的学生｜。北大｜， 复旦｜，什么的。 上海也有很多｜，北京也有很多那样的｜。
16-10X ＝是吗？
16-11W ＝嗯｜。后来：<u>把地址留给我说让我给她写信｜</u>，那张条子，<u>她用中文写的</u>｜。
16-12X ＝哟，真不错｜。
16-13W ＝挺好的一个老太太。觉得跟她聊天的话呢｜， 就是精神上哈｜，可以有：很多…
16-14X ＝好像：还有一种学习那种感觉似的哈｜。确实是等到我老的时候，会不会象人家这样，那就不知道了哈｜。
16-15W ＝我觉得不会｜。你看她一个人｜， 一个人吧｜， 一点也不那种｜。
16-16X ＝没有寂寞那感觉哈｜。
16-17W ＝嗯，哎呀｜， 怎么办？｜现在我：我想想她，我就觉着自己有时候，老泄气哈｜。觉得当一天和尚撞一天钟，那种感觉｜。
16-18X ＝哎呀，那个人确实是｜。

例(16)の日本語訳
16-1W ＝彼女も（中国語の）レベルは高いです。彼女はね、中国へ行って、満州時代に日本語を教えていたでしょ。10年教えました。その後ね、日本に戻って、結婚はしませんでした。
・・・・・・・・・・・・・・・・・・・・・・・・・・・・・・・・・・・・・
16-2 X ＝彼女は今、人民日報を購読していると言っていましたよ。私は

173

とてもびっくりしました。
16-3 W ＝彼女は人民日報を購読していると言いました。それは海外版ではなくて、国内版です。
16-4 X ＝へえー、国内版の新聞ですか。本当にすごいですね。
・・・・・・・・・・・・・・・・・・・・・・・・・・・・・・・・・・・・・・・・・・・
16-5 W ＝それから彼女は：あの人は私はとても彼女に敬服しています。
16-6 X ＝そうです。私もとても彼女に敬服しています。
16-7 W ＝中国語を話すのがとても上手で、彼女は10数年勉強したでしょう。
16-8 X ＝それから彼女自身ね、何と言うか：いつも何かを探求しようとしている感じがしますね。何か：年を取ったからもうやめようという感じがないでしょ。
16-9 W ＝そう、探求しています。それから：北大、北京大学の先生で、彼女が以前満州時代に教えたことのある学生がいます。北大や、復旦などに（教え子が）います。上海にもたくさんいて、北京にもたくさんいます。
16-10X ＝そうですか？
16-11W ＝ええ。それから：(彼女の)住所を私に渡して私に手紙を書いてという、そのメモを、彼女は中国語で書きました。
16-12X ＝へえー、本当にすごい。
16-13W ＝すばらしい老夫人です。彼女とおしゃべりをするとね、精神的にね、たくさん・・・
16-14X ＝まるで：何か（彼女から）勉強したような感じがありますね。自分が年を取った時に、この人のようになれるかどうか、わかりません。
16-15W ＝私は無理だと思います。彼女は一人だけど、一人だけど、そんな感じがしません。
16-16X ＝寂しいという感じがしませんね。
16-17W ＝うん、本当に、どうしよう？今私は：私は彼女のことを考えると、自分にとてもがっかりする時があります。（自分は）やる気が

なく、ただその日その日を過ごしている、そういう感じです。
16-18X ＝本当に、あの人は確かにすごい。

　（W）と（X）は、この84歳の日本人女性を非常に尊敬している。この女性は、旧満州時代に中国で日本語を教えた経験を持っており、その当時の教え子が、現在（1996年録音当時）では北京大学や復旦大学などの教員となっている。また現在（1996年録音当時）、この女性は'人民日報'の中国国内版を定期購読するなど、84歳にして熱心に中国語を勉強している。このような内容が、16-1W から 16-9W で話されている。そしてその後の16-11Wにおいて、「私（＝W）が彼女に手紙を書くようにという内容のメモ（下線部__）」に続いて、そのことを「彼女は中国で書いた」（='她用中文写的。'）ということが「V 的」で表現されている。しかしここでは「V 的 N」の N にあたる必須目的語の'那张条子（＝そのメモ）'は、「V 的」に前置されている。そしてこの後の談話の展開を見ていくと、16-13W以降、'那张条子（＝そのメモ）'そのものについての発言は(W)も(X)もしておらず、そのことに全く関心が及んでいないことが解る。つまり、16-11W の関心事は、'她'が「'那张条子（＝そのメモ）'」を「中国語で書いたこと」にあり、'那张条子（＝そのメモ）'の内容そのものは談話の中で続けて展開されていくトピックの中心にはなっていない。したがって、ここではNにあたる必須目的語の'那张条子（＝そのメモ）'は「V 的」に後置されていない。

　以上の例から、「V 的」の表現は、決して「V 的 N」のNが省略されたものではなく、談話上、両者は明確に使い分けられているということがわ解る。「V 的 N」と表現された場合、Nは、それ以後の談話の内容が、Nと連接していることを明示する機能を果たしており、したがって、「V 的 N」が表現された後は、Nについて談話が展開されていく。
　一方、「V 的」と表現された場合には、この表現によって客観的事実項目が情報提供された、ということに過ぎない。

### 2.2.6 「V 的 (N)」の構文的意味

　以上、例(13)～例(16)において、「V 的 (N)」の自然発話の表現例を検証した。これらに共通しているのは、「V 的 (N)」表現の V が、すでに実現済みであることが、話し手と聞き手の間で、「V 的 (N)」が表現される以前にすでに共通知となっているということである。

　たとえば、例(13)においては、インフォーマント (Q) がすでに既婚者であることは、この 13-4Q で「V 的 N（= '结的婚'）」が発話される以前に、聞き手である (R) にとってはすでに既知の情報である。例(14)においては、インフォーマント (N) は 14-1N で「V 的 N（= '学的日语'）」と発話する前に、(N) が学んだ中国の大学の '魏老師' が中国国内で日本語を学んだことを (O) に情報提供している。例(15)においては、15-3 O でインフォーマント (O) が「V 的（= '来的'）」と発話する以前に、ここで表現されている内容、つまり、(N) が北京から、陳さんが広州から、(O) が中国東北地方から、それぞれ日本に来たことは、(N) と (O) の共通知である。さらに例(16)においては、16-11W でインフォーマント (W) が「V 的（= '写的'）」と発話する直前の発話で、(W) と (H) の共通の知人である 84 歳の日本人女性が、(W) にメモを書いたことは、(X) にも了解済みである。

　以上のことから、「V 的 (N)」の表現とは、話し手と聞き手の間で、「V 的 (N)」が表現される以前に実現済みであることがすでに共通知となっている V に関して、「客観的事実項目」（= 2.2.3.1 で示した《図Ⅱ》と、2.2.3.2 で示した《図Ⅲ》参照）について述べる表現であると言うことができる。

### 2.2.7 まとめ

　以上の分析結果は、以下のようにまとめることができる。
(1)「V 的 N」における N の統語的特徴：
　　　「V 的 N」における N は、客観的事実項目の中の「必須目的語」に

限られる。数量表現は必須目的語ではないので、Nの位置に置くことはできない。
(2)「V的(N)」の構文的特徴：
　「V的（N）」で共起する項目は、客観的事実項目だけである。したがって、話し手の主観的評価項目である様態表現は「V的（N）」とは共起しない。
　さらに原因や理由には「コト」そのものを個別化、特定化する働きはなく、それらは「コト」に関わる客観的事実項目や、話し手の主観的項目を超えた、さらに外枠の表現範疇に存在している。したがって、「V的（N）」とは共起しない。
(3)「V的N」の談話上の機能：
　「V的N」のNは、後続文との意味的な連接の機能を担っており、談話の展開をスムースにするための役割を果たしている。したがって、Nは話し手と聞き手との間で共通知となっている既知の情報に限定される。
(4)「V的N」と「V的」の相違：
　「V的」は、決して「V的N」のNが省略されたものではなく、談話上、両者は明確に使い分けられている。「V的N」と表現された場合、Nは、それ以後の談話の内容が、Nと連接していることを明示する機能を果たしている。一方、「V的」と表現された場合には、この表現によって客観的事実項目が情報提供されたということに過ぎない。
(5)「V的（N）」の構文的意味：
　話し手と聞き手の間で、「V的（N）」が表現される以前に実現済みであることがすでに共通知となっているVに関して、「客観的事実項目」について述べる表現である。

## 2.2.8　おわりに

以上、第2章において、談話の展開における意味的連接機能という観点から、2つの項目について考察した。中国語は孤立語であり、漢字が語形

変化したり、活用変化するということのない言語である。したがって、この章で見てきたような表現方法、つまり、語順に、談話の展開における意味的な連接機能を担わせるという方法は、当然あり得ることである。今回扱った問題の他にも、「V + N +'了'」と「V +'了'+ N」の問題、複合方向補語とその目的語の語順の問題なども、談話というレベルで、本章と同様の観点から分析することが可能であると予測できる。

# 第Ⅱ部

# 談話における話し手のモダリティーに関与する表現

# 第3章
# 述部に関わる話し手のモダリティー

　この章では、述部に関わる話し手のモダリティーという観点から、以下の3つの項目を取り上げる。

3.1　'給'の表現—機能化からモダリティ化へ
3.2　可能表現の比較
　　　助動詞の'能ＶＲ／不能ＶＲ'と補語の'Ｖ得Ｒ／Ｖ不Ｒ'
3.3　副詞'オ'の表現


## 3.1　'給'の表現—機能化からモダリティー化へ

3.1.1　はじめに
3.1.2　本分析における言語資料
3.1.3　前置詞の'給' = N1 ＋給＋ N2 ＋ V（＋ N3）
　3.1.3.1　統語論における従来の研究
　3.1.3.2　本分析における見解
　3.1.3.3　言語資料による検証
3.1.4　副詞の'給' = N1 ＋給＋ V（＋ N2)
　3.1.4.1　統語論における従来の分類
　3.1.4.2　本分析における見解
　3.1.4.3　言語資料による検証
3.1.5　'給'の連用 = N1 ＋給＋ N2 ＋給＋ V
　3.1.5.1　「'給'の連用」とは何か
　3.1.5.2　言語資料による検証

3.1.6 結果補語の'給' = N1 + V給 + N2（+ N3）
　3.1.6.1 統語論における従来の分類
　3.1.6.2 言語資料による検証
3.1.7 おわりに

## 3.1.1 はじめに

　'給'の語源について、池田（1962）では、〈給〉(gěi) が「過與」の縮合に由来すると述べられており、さらに平山（2000）では、「軽読変化」の観点から池田（1962）におけるこの論が裏付けされている[1]。
　「軽読変化」とは、「使用頻度の著しく高い語が弱く或いは粗雑に発音される結果、その語形が崩れて生ずる個別の音韻変化」である（平山（2000: 66））。池田（1962）と平山（2000）によれば、「手渡す」という意味の動詞「過」に、介詞化した動詞「與」が付いて複合語となったのが「過與」であり、(gěi) は「過與」の「軽読変化」である。そして平山（2000:58）には、「「給」は「恐らく当て字であるというのは一般に認められた通念」であると述べられている。
　池田（1962）と平山（2000）は'給'に関する音韻学的成果であるが、これらは意味論的あるいは統語論的成果へとつながるものでもある。つまりこの二論文から解ることは、'給'は単に「与える」ということを意味していたのではなく、もともとは、与え手が受け手に「直接手渡しして与える」ということを意味していたということである。これにより現代中国語においては、たとえば'小王给小李一本书.'は「王さんが李さんに本を与える」（王→李）ということを意味し、その動作・行為の方向は、王さんから李さんへの方向に限定され、決して「王さんが李さんから本をもらう」（王←李）という意味にはならない。
　このような歴史的経緯を持つ'給'が前置詞として用いられた場合、従来の統語論研究においては、'給'は「受領者」や「受益者」をマークす

---
[1] '給'は、池田（1962）においては〈給〉(gěi) と表記され、平山（2000）においては「給」と表記されている。

182

るとか、'为'や'替'と同義であるとか、受け身を表す'被'と類似の機能を果たすとか、さらには'把'と類似の機能を果たすとされてきた。現代中国語における'給'は、さらに副詞[2]や結果補語としても用いられ、また動詞の'給'と前置詞の'給'が連用されたり、'被'、'把'、'叫'、'让'と'給'が連用される場合もある。これらを具体的に示すと、下記の（ア）～（ク）のようになる。

(ア) 前置詞の'給' ＝ N1 ＋給＋ N2 ＋ V（＋ N3）
(イ) 副詞の'給' ＝ N1 ＋給＋ V（＋ N2）
(ウ) '給'の連用 ＝ N1 ＋給＋ N2 ＋給＋ V
(エ) 結果補語の'給' ＝ N1 ＋ V 給＋ N2（＋ N3）
(オ) '被'と連用される'給' ＝ N1 ＋被＋ N2 ＋給＋ V
(カ) '把'と連用される'給' ＝（ⅰ）N1 ＋把＋ N2 ＋給＋ N3 ＋ V
　　　　　　　　　　　　　＝（ⅱ）N1 ＋把＋ N2 ＋給＋ V
　　　　　　　　　　　　　＝（ⅲ）N1 ＋把＋ N2 ＋ V 給＋ N3
(キ) '叫'と連用される'給' ＝（ⅰ）叫＋ N1 ＋給＋ N2 ＋ V(＋N3)
　　　　　　　　　　　　　＝（ⅱ）叫＋ N1 ＋給＋ V（＋N2）
(ク) '让'と連用される'給' ＝（ⅰ）让＋ N1 ＋給＋ N2 ＋ V(＋N3)
　　　　　　　　　　　　　＝（ⅱ）让＋ N1 ＋給＋ V（＋N2）

本分析では、従来の統語論における研究成果を踏まえながら、上記の(ア)～(エ)の表現における'給'について考察していく。そしてそれによって、「直接手渡して与える」という原義を持つ動詞であった'給'が、(ア)～(エ)の表現においてどのような機能を果たしているのか、ということを明らかにしていく。具体的には、3.1.3において前置詞の'給'について、3.1.4において副詞の'給'について、3.1.5において'給'の連用について、3.1.6において結果補語の'給'について、それぞれ考察していく。

---

[2] 本分析では「N1 ＋給＋ V（＋ N2）」の形式の'給'を副詞として扱う。これまでこの'給'は副詞として分類されてきていないが、本分析でこれを副詞とする理由については、3.1.4において詳述する。

### 3.1.2 本分析における言語資料

本分析においては、序章 0.4.1.2 に示した中国語母語話者 24 名のインフォーマントによる自然発話を言語資料とする。
以下、具体的に分析を進めていく。

### 3.1.3 前置詞の'給'＝ N1 ＋給＋ N2 ＋ V（＋ N3）

ここでは、前置詞の'給'について考察していく。

#### 3.1.3.1 統語論における従来の研究

従来、統語論における研究では、現代中国語における前置詞の'給'は、通常、以下の4種の用法があるとされている。
　1.「受領者」や「受益者」をマークする。
　2.'為'や'替'と同義である。
　3. 受け身文の'被'と類似の機能を果たす。
　4. 処置文の'把'と類似の機能を果たす。

前置詞の'給'の表現を「N1 ＋給＋ N2 ＋ V（＋ N3）」と表記すると、上記の3と4では、N1とN2における動作・行為の向かう方向が逆である。この3と4に関する先行研究の多くは、これを前置詞の'給'の機能拡張と捉え、その「機能拡張」の経緯を意味論的に考察してきた。これらの先行研究については木村（2012）において詳述されており、それぞれの論の問題点に関しても詳細に検討されている。また木村（2012）においては、これらの先行研究を踏まえた上で独自の見解が示されており、この「両機能の拡張」はそれぞれ異なった経緯によるものであると述べられている。しかし木村（2012）も他の先行研究と同様、'給'が文法化した結果、'被'と'把'に類似した両機能を持つようになったという見解に立脚した分析であることに違いはない。
以下で、3と4について、本分析における見解を述べていく。

### 3.1.3.2　本分析における見解

木村 (2012：216) では、下記の (6) が、'给' が動作者をマークする例 ('给' ≒ '被'：動作・行為の方向は「N1 ← N2」) として挙げられており、下記の (7) が、'给' が受動者をマークする例 ('给' ≒ '把'：動作・行為の方向は「N1 → N2」) として挙げられている。

(6)　狗　　给　　小红　　　　　撵走了。
　　 犬　 AM 　シャオホン　追い立てる–うせる–PERF
　　 [犬はシャオホンに追い払われた。]

(7)　小红　　　 给　狗　　　　撵走了。
　　 シャオホン PM　犬　　追い立てる–うせる–PERF
　　 [シャオホンは犬を追い払った。]

しかし、(6) と (7) ともに、この一文だけを取り出して、なぜ (6) が「'给' ≒ '被'」(動作・行為の方向が「N1 ← N2」) の意味と断定でき、(7) が「'给' ≒ '把'（動作・行為の方向が）「N1 → N2」」の意味と断定できるのか、直感的に疑問に感じた。そこで、下記の例 (1) ～例 (4) について、動作・行為の方向が「N1 ← N2」であるのか、または、動作・行為の方向が「N1 → N2」であるのかを調査するため、中国語母語話者11名によるインフォーマントチェックを行った（調査実施は2013年2月）。

例 (1) 狗　　　　　给　　　小红　　　　撵走　　　了。
　　　 犬　　　　　gei　　 シャオホン　追い立てる　le
例 (2) 小红　　　　给　　　狗　　　　　撵走　　　了。
　　　 シャオホン gei 　　 犬　　　　　追い立てる　le
例 (3) 小红　　　　给　　　小王　　　　撵走　　　了。
　　　 シャオホン gei 　　 シャオワン　追い立てる　le
例 (4) 小红　　　　给　　　小王　　　　打　　　　了。
　　　 シャオホン gei 　　 シャオワン　殴る　　　 le

例 (1) は、N1が'狗'、N2が人間である。また例 (2) は、N1が人間、N2が'狗'である。さらに、N1とN2が同じ範疇の名詞である例 (3) を作例した。ま

第3章　述部に関わる話し手のモダリティー

た例(4)ではN1とN2を同じ範疇の名詞にし、さらにVについては例(1)から例(3)の動詞('攆走'＝追い立てる)よりも動作が単純で他動詞性の高い動詞である「'打'(殴る)」を用いて作例した。

　インフォーマントチェックの結果は下記の通りである。なお、今回この調査に協力してもらった11名のインフォーマント(a)から(k)は、いずれも中国あるいは日本において、大学院修士課程あるいは博士課程を修了している、高等教育修了の学歴を持つ30代から40代の中国語母語話者であり、'普通話'において問題ないと判断できる被験者である(それぞれの出身地、年齢(調査実施当時のもの)、性別は、下記の表中に明記した)。

| 動作行為の方向 | 例(1) N1←N2 / N1→N2 | 例(2) N1←N2 / N1→N2 | 例(3) N1←N2 / N1→N2 | 例(4) N1←N2 / N1→N2 |
|---|---|---|---|---|
| (a) 福建省30代女性 | ○ ○ | ○ ○ | ○ ○ | ○ ○ |
| (b) 北京市40代女性 | ○ ○ | ○ ○ | ○ ○ | ○ ○ |
| (c) 吉林省40代女性 | ○ ○ | ○ ○ | ○ ○ | ○ ○ |
| (d) 遼寧省30代女性 | ○ ○ | ○ ○ | ○ ○ | ○ × |
| (e) 上海市40代女性 | ○ × | ○ ○ | ○ ○ | ○ ○ |
| (f) 遼寧省30代女性 | ○ × | × ○ | ○ ○ | ○ ○ |
| (g) 河南省40代女性 | ○ △ | △ ○ | △ ○ | ○ △ |
| (h) 遼寧省30代男性 | ○ △ | ○ △ | ○ △ | ○ △ |
| (i) 北京市40代女性 | ○ ○ | ○ × | ○ × | ○ × |
| (j) 上海市40代女性 | ○ × | ○ × | ○ × | ○ × |
| (k) 浙江省40代女性 | ○ × | ○ × | ○ × | ○ × |

(表中の記号：○は成立、×は不成立、△はどちらとも言えない、という意味を表している)

　調査の結果内容をまとめたのが、以下の①から⑧である。

①インフォーマント(a)、(b)、(c)の3名は、例(1)から例(4)のすべてにおいて、その動作・行為の方向は「N1←N2」と「N1→N2」の両方向の解釈が可能であると判断している。

②インフォーマント(d)は、例(1)、(2)、(3)においては動作・行為の方

向は「N1 ← N2」と「N1 → N2」の両方向の解釈が可能であるが、例(4)においては「N1 ← N2」のみ可能と判断している。

③インフォーマント (e) は、例(2)、(3)、(4) においては動作・行為の方向は「N1 ← N2」と「N1 → N2」の両方向の解釈が可能であるが、例(1)においては「N1 ← N2」のみ可能であると判断している。

④インフォーマント (f) は、例(3)と(4) においては動作・行為の方向は「N1 ← N2」と「N1 → N2」の両方向の解釈が可能であると判断しているが、例(1)においては「N1 ← N2」のみ成立し、例(2)においては「N1 → N2」のみ成立すると判断している。

⑤インフォーマント (g) は、例(1)と例(4)においては動作・行為の方向は「N1 ← N2」は成立すると判断しているが、「N1 → N2」については判断に迷っている。例(2)と例(3)においては全くその逆で、「N1 → N2」は成立すると判断しているが、「N1 ← N2」については判断に迷っている。

⑥インフォーマント (h) は、すべて「N1 ← N2」は成立すると判断しているが、「N1 → N2」についてはすべて判断に迷っている。

⑦インフォーマント (i) は、例(1)は「N1 ← N2」と「N1 → N2」の両方向の解釈が可能と判断しているが、その他3例についてはすべて「N1 ← N2」のみ成立すると判断している。

⑧インフォーマント (j) と (k) は、すべて「N1 ← N2」の方向のみ成立し、「N1 → N2」の方向は成立しないと判断している。

これらの調査結果から明らかになったことは、例(1)～例(4)のそれぞれの文は、一文においては二義性を否定できないということであり、さらに、その使用には非常に個人差があるということである。たとえばインフォーマント (a)、(b)、(c) の3名は、例(1)から(4)のすべてについて、「N1 ← N2」と「N1 → N2」の両方向が可能であると判断している。しかし (j) と (k) は例(1)～(4)をすべて「N1 ← N2」と判断し、「N1 → N2」の方向を認めない。また (h) と (i) においてもその使用は「N1 ← N2」に大きく傾く傾向が見られる。

## 第3章 述部に関わる話し手のモダリティー

　しかし、ここで重要なことは、この11名が何に依ってその動作・行為の方向を判断しているのかということである。それは言うまでもなく、N1とN2とVの持つ特徴、あるいはインフォーマント自身の想像による場面の支えに依って判断している。今回の調査の際、筆者からは場面などの提示は一切していないので、インフォーマントは各自で想像しながら、例(1)から例(4)の成立あるいは不成立を判断している。

　今回の調査を行う際に、インフォーマントの中には、中国語母語話者同士の会話の中で「N1＋給＋N2＋V（＋N3）」の形式が使用されると、その動作・行為の方向が「N1→N2」なのか「N1←N2」なのかが不明瞭で判断に迷い、聞き直す場合があると述べた者がいた。このことは、この形式は談話の展開の支えがあってもなお、その動作・行為の方向が明確ではないということを意味している。

　では、「N1＋給＋N2＋V（＋N3）」の形式において、N1とN2とVの持つ特徴や談話の展開の支えに依っても、なお動作・行為の方向が不確定な場合があるということは、何を意味しているのであろうか。

　'給'はもともと動詞であり、本来は与え手が受け手に「直接手渡しして与える」という直接行為を意味し、その動作・行為の方向は与え手から受け手への一方方向（A給B＝A→B）しか意味しない。現代中国語においては「直接手渡しする」という意味は失われ、ただ単に「与える」という意味を表すが、しかし、その動作・行為の方向は与え手から受け手への一方方向（A給B＝A→B）しか意味しないのは同じである。そして、'給'が文法化されて前置詞という機能語となり、「N1＋給＋N2＋V（＋N3）」という形式で表現された場合には、上記のインフォーマントチェックから明らかであるように、その動作・行為の方向は不確定であり、「N1→N2」と「N1←N2」の両方向に判断される場合がある。ということは、'給'は文法化されて前置詞という機能語となったことによって、その文における述語動詞の副次的な働きをすることになった結果、動詞'給'が持っている「与える方向性」が欠落したと判断できるのではないか。そして「与える方向性」が欠落した結果、二者間で何らかの授受関係があったことのみを意味する機能語として用いられるようになった、というこ

とではないだろうか。
　倉石（1981：115）では、二者間の貸借関係を表現する'借'という動詞について、次のように述べられている。
「ただ「あの人に貸してやる」、「あの人から借りる」というときの中心になる動詞は全く同じで、「借」の字だけしか作っていません。それは貸借は同じ動作だからです。中国語では動詞は動作だけ表せばいいのですから。その動作がどっちからどっちに行ったということは動詞の負担することではない。」

　倉石（1981）が述べている通り、中国語において二者間での貸借関係を表現する動詞は'借'しかなく、そのため'小王借小李一本书。'は、この一文だけでは「王さんが李さんに本を貸す」と「王さんが李さんから本を借りる」の二通りの解釈が成立する。つまり、この一文は、「王さんと李さんの間で、一冊の本をめぐって貸借関係がある／あった」ということしか意味しないということである。そして、動作・行為の方向が「王→李」なのか、あるいは「王←李」なのかは、王さんと李さんの関係あるいは談話の展開に依って判断されるということである。
　また、'买'と'卖'についても、倉石（1981：78）では次のように述べられている。
「動作について見ても、「売」と「買」とのようにすべて人と人との間で金を媒介として物を譲りわたす動作はすべて mai という音節で事が足りた。甲が金を出して乙から物を取るか、それとも逆に乙が金を出して甲から物を取るかということは捨てて、もっぱら「金を媒介として物を譲りわたす」という動作そのものだけを抽象してしまえば、mai だけで足りるわけである。後になってこれを一音節で区別したいというほど複雑になってから、同じ mai に声調の区別をつけたし、それを目で見て区別できるために一方は文字の頭に符号を加えるようになったのである。その関係は「受」と「授」とでも同様である。」

　倉石（1981）がここで述べているのは、中国語の動詞は本来、動作・行

為だけを表し、二者間で物の移動があった場合、その動作・行為の方向性を含意するということを担っていなかった、ということである。動詞でさえもこのような特徴を持つ中国語である。文法化されて前置詞という機能語となった'給'が、その文における述語動詞の副次的な働きをすることになった結果、動詞'給'が持っている「与える方向性」が欠落するということもあり得るのではないか。そしてその結果、二者間で何らかの授受関係があったことのみを意味する機能語として用いられるようになった、ということではないか。

　本分析では上記のインフォーマントチェックで示した通り、現代中国語における前置詞の'給'は、従来一般に言われているような、「'給'≒'被'：N1←N2」と「'給'≒'把'：N1→N2」の二方向の用法を獲得したと判断するのではなく、'給'という動詞が持っている「与える方向性」が欠落し、それによって二者間で何らかの授受関係があったことのみを意味する機能語として用いられるようになった、と判断する方が妥当であると考える。
　以下、本分析での言語資料をもとに、この見解の妥当性を検証していく。

### 3.1.3.3　言語資料による検証

　ここでは、従来の統語論研究における前置詞の'給'の4種の用法（3.1.3.1の冒頭に示したもの）について、言語資料に現れた表現例を示しながら検証していく。
　下記の例(5)は、言語資料10において、インフォーマント（P）と（Q）が、日本に留学に来た事情と日本での滞在延長について話し合っている談話の一部である。例(5)の談話では、11箇所で'給'が表現されている（下線部①〜⑪）。
例(5)

5-1　P　＝我们学校主要是，你想中专吧，派出来的人挺少的，第一个派我出来｜。我是刚到单位工作｜，{Q＝嗯}工：分到单位之后半年吧，我没有教课｜。你那一开始不带课不教课的｜。{Q＝嗯}啊｜。完了，刚教了半年吧，我就：结婚，就有小孩儿了｜。

{Q＝哦}问题是一有小孩儿,就不让我教课,让我歇着啦|。{Q＝哦}完了,生完小孩儿,我该上班了,就考(这个)出国留学考试,就**给**考上了①|。{Q＝哦}考上了,当时就:七个月以后,将近一年以后,才能走呢。可是说,反正我肯定是走,就**不给**我**排课了**②。你就准备准备出国|,{Q＝哦}就没上课,就:就:就:到日本来了|。{Q＝哦}然后,三月底回国内哈,{Q＝哦}四月初回国内|,{Q＝嗯}四月初:中途:中途也**不给**我**排课**③。到九月份**给**我**排课**④,才是新学期啊哈。到九月份刚**给**我**排课吧**⑤,没上一个月课|,我:我又提出要求去日本留学|。我十一月份来到日本嘛|,等于就没上|,九月份就上一个月的课,十月份就开始不上课了|。

5-2 Q ＝你那个时候就提出来要求留学,学校同意了?|

5-3 P ＝同意了。

5-4 Q ＝但是,你留学:你(这个)没念完的话,他应该**给**你延期呀⑥|。

5-5 P ＝他同意我出来两年呐,**我又给**学校写信⑦,**重又给**我延长半年⑧,延长到今年六月份,延长半年嘛|。{Q＝噢}我再延长|,所以我不知道学校同意不。{Q＝但是你···}因为**我没给**学校工作⑨,光拿钱了|。

5-6 Q ＝但是,如果你就是考上什么了|,考上什么了,他应该同意你延期。比如说,你考上博士生了|,或者是念研究生,念到中途或者是{P＝嗯}他应该同意你念完|。{P＝是吗?}一般的学校应该同意你念完|。

5-7 P ＝那你爱人现在上的是什么?|

5-8 Q ＝他现在(那个)研究生还没有毕业呢|。

5-9 P ＝啊,硕士没毕业呢|。他:他怎么延长了一年啊?|

5-10 Q ＝他怎么呢,他第一年吧,**是**学校**给**他**派来的**⑩|。{P＝哦}学校派来的(那个)说一年|,期限是一年|。{P＝嗯嗯}结果到期以后呢,他想在这边考研究生,{P＝嗯}**他就给**学校**写申请**⑪|,{P＝嗯}学校同意了同意他就在这边延长了,{P＝嗯}就考研究生了|。半年以后吧,考上研究生了|,{P＝嗯}就

191

第3章 述部に関わる話し手のモダリティー

　　　　　在这儿念就一直到现在｜。
5-11 P ＝啊，那挺好的｜，那挺好｜。

例(5)の日本語訳

5-1 P ＝私たちの学校は、中等専科学校（中国で中学を卒業してから進学する専門学校）はね、（外国に）派遣して出る人はとても少なくて、初めて私を派遣しました。私は就職したばかりで、{Q＝うん} 就職して半年間はね、私は授業を担当していませんでした。就職して最初は授業を担当しなかったんです。{Q＝うん} ええ。教え始めて半年してね、私は結婚して、子どもができました。{Q＝へえ} 問題は子どもができたら、私に授業をさせず、私を休ませたことです。{Q＝へえ} それから、子どもが生まれたら、私は出勤しなければならないから、それで留学試験を受けたら、合格しちゃいました①。{Q＝へえ} 合格したら、当時：7か月後、約1年後に、やっと留学できました。でも、どちらにしても私はきっと留学するから、私に授業を持たせないことになりました②。出国の準備をして、{Q＝うん} 授業はしなくて、それで：日本に来ました。{Q＝へえ} それから、3月末に帰国してね、{Q＝へえ} 4月初めに帰国して、{Q＝うん} 4月初めは：途中：学期の途中だから私に授業を持たせませんでした③。9月になって私に授業を持たせました④、9月が新学期だから。9月になって私に授業を持たせてね⑤、1か月も授業をしないで、私は：また日本に留学することを要求しました。私は11月に日本に来たから、授業をしていないのと同じで、9月に1か月授業をして、10月には授業をしないことになりました。

5-2 Q ＝そのとき留学を要求して、学校は同意しましたか？
5-3 P ＝同意しました。
5-4 Q ＝でも、あなたが留学して：学業が修了しなかった場合には、学校はあなたの延長を認めるはずですよね⑥。
5-5 P ＝学校は私が2年間留学することに同意しました。私はまた学校

に手紙を書いて⑦、さらに半年延長してもらって⑧、今年の6月まで延長して、半年延長しました。{Q＝へえ}私はさらに延長したいから、学校が同意するかどうかわかりません。{Q＝でも…}なぜなら学校のために仕事をすることなしで⑨、ただお金をもらっていますから。

5-6 Q ＝でも、もしあなたが合格したら、合格したら、学校はあなたの延長に同意しなくてはいけません。たとえば、博士課程に合格したとか、あるいは修士をやるとか、学業の途中の場合には{P＝うん}学校はあなたが修了するまで研究することに同意しなくてはいけません。{P＝そうですか？}普通の学校はあなたが修了するまで研究を続けることに同意しなくてはいけません。

5-7 P ＝ご主人は今何を勉強していますか？

5-8 Q ＝彼は今大学院生で、まだ卒業していません。

5-9 P ＝ああ、修士をまだ卒業していない。彼は：彼はどうして1年延長したのですか？

5-10 Q ＝彼はね、1年目は学校から派遣されて来ました⑩。{P＝へえ}学校が1年派遣すると言いました。期限は1年です。{P＝うんうん}期限がきたあとね、彼はここで大学院を受験したいと思って、{P＝うん}学校に申請を書いて⑪、{P＝うん}学校は彼がここで延長することに同意し、{P＝うん}大学院を受験することにしました。半年後にね、大学院に合格したから、{P＝うん}ここで今までずっと勉強しています。

5-11 P ＝ああ、それはよかったですね、それはよかったですね。

　この談話の中では'给'が11箇所で用いられている。そのうち下線部①は「给＋V」（＝動詞に前置する副詞の'给'）の形式であるので、3.1.4.2において分析する。ここでは下線部②～⑪の10箇所の前置詞の'给'の表現について分析していく。

　例(5)においてインフォーマント（P）と（Q）は、両者がそれぞれ日本に留学に来た事情と日本での滞在延長について話し合っている。具体

第3章　述部に関わる話し手のモダリティー

には、5-1 P〜5-6 Qでは（P）の事情について、また5-7 P〜5-11 Pでは（Q）の夫の事情について話し合われている。
　（P）の日本留学の事情について話し合っている5-1 P〜5-6 Qの中で表現されている前置詞の'給'は、下記の8箇所である。

　　　　5-1 P ＝②（学校）就不**给**我排课了。
　　　　　　　③（学校）四月初、中途也不**给**我排课。
　　　　　　　④（学校）到九月份**给**我排课，
　　　　　　　⑤（学校）到九月份刚**给**我排课吧，
　　　　5-4 Q ＝⑥他（＝学校）应该**给**你延期呀。
　　　　5-5 P ＝⑦我又**给**学校写信，
　　　　　　　⑧（学校）重又**给**我延长半年，
　　　　　　　⑨我没**给**学校工作，光拿钱了。

　この8箇所の前置詞の'給'を、従来の統語論研究における見解にしたがって整理すれば、それぞれ以下のように分類されよう。

　　　　②〜⑤と⑦の'給'＝動作・行為の受領者をマークしている
　　　　⑥、⑧、⑨の'給'≒'为'

　そこで次に、この8箇所の前置詞の'給'を、5-1 P〜5-6 Qの談話の展開に注目しながら、観察していくことにする。
　（P）の日本への留学と、日本における滞在延長が実現するためのポイントは、（P）と（P）の所属先である中国の専門学校との関係にある。②から⑨の前置詞の'給'の表現（＝N1＋給＋N2＋V（＋N3））では、②〜⑥と⑧においては、「N1＝学校」、「N2＝我」であり、⑦と⑨においては「N1＝我」、「N2＝学校」である。このことから、②〜⑨の表現において重要なことは、その動作・行為が「誰が受領者である」とか、「誰のためである」とか、そのようなことではないことが解る。5-1Pから5-6Qにおいて重要なことは、（P）と（P）の所属先である中国の専門学校の両者の間で、②〜⑨のような授受関係があり、そのことによって、（P）の日本への留学と、日本における滞在延長が実現したことを明示することである。
　また、5-7 P〜5-11 Pについても、同様のことが言える。5-7 P〜

5-11Pでは、(Q)の夫の日本留学事情について話し合われている。
　5-7P〜5-11Pで表現されている前置詞の'給'は、下記の2箇所である。
　　　　5-10Q＝⑩是学校**給**他派来的。
　　　　　　＝⑪他就**給**学校写申请，
　この2箇所の前置詞の'給'を、従来の統語論研究における見解にしたがって整理すれば、それぞれ以下のように分類されよう。
　　　　⑩：'給'≒'把'
　　　　⑪：'給'＝動作・行為の受領者をマークしている
　この2箇所の前置詞の'給'についても、5-7P〜5-11Pの談話の展開に注目しながら、観察していくことにする。
　(Q)の夫の日本留学、あるいは(Q)の夫の日本での滞在延長が実現するためのポイントは、(Q)の夫と(Q)の夫の所属先である中国の大学との関係にある。⑩においては「N1＝学校」、「N2＝他（＝(Q)の夫）」であり、⑪においては「N1＝他（＝(Q)の夫）」、「N2＝学校」である。ここでも重要なことは、前置詞'給'の目的語が「受領者である」とか、その動作・行為が「処置行為である」というようなことではない。5-7P〜5-11Pにおいて重要なことは、(Q)の夫と(Q)の夫の所属先である中国の大学の両者の間で⑩や⑪の授受関係があり、そのことによって、(Q)の夫の日本留学、あるいは(Q)の夫の日本での滞在延長が実現したことを明示することである。
　もしその動作・行為が「受益者である」とか、「受領者である」とか、「誰のためである」とか、「処置行為である」とか、そういうことを明示することが重要であり、それを明確に聞き手に伝える必要があるのであれば、'为'や'替'や'把'を用いて言明すればよい。先の3.1.3.2で述べた通り、一文だけではこの表現形式は二義性を否定できない。'为'や'替'や'把'に替えて、敢えて二義性を否定できない表現形式を用いる必要性はどこにあるのだろうか。その必要性はない。したがって、前置詞の'給'を'为'や'替'や'把'の意味に置き換えて使用しているとは考えにくい。

　次に、従来の統語論研究における見解では「'給'≒'被'」と解釈され

る例を見ていくことにする。

　下記の例(6)は、言語資料15において、インフォーマント（J）と（L）が、外国に留学している中国人留学生（1992年録音当時）が中国でどのように認識されているのかということについて話し合っている談話の一部である。

例(6)

6-1 L ＝我听说他们上海人：回国一趟的话｜，至少要花100多万｜。上海人说｜，"你送我一个手表｜，送我一个金戒指｜，（这个）在你来说，不过就干一、两天的活儿｜，轻松得很｜。"我弟弟回家呀｜，他以前的教他们的有一个老师是上海人｜，他请他上海老师：吃一顿饭｜，吃完了｜，哦｜，"你请我们吃一顿饭根本：什么也不费嘛｜，一个小时你就赚回来了，是不是？｜"

6-2 J ＝其实他们太不象话｜。

6-3 L ＝怎么乱七八糟的｜。

6-4 J ＝你说对不对呀？｜

6-5 L ＝象这样的人啊，还这么多｜。你说（这个）：要说的：要说的（这个）民主啦｜、自由啦｜、人权啦，这些问题｛J＝简直是其实是…｝我想还没到那种地步｜。｛J＝对｝不过人权这个是｜，我说：先搞民主｜、自由，现在（这个）：不如先提倡（这个）人权｜。就是说｜，做一个人｜，有什么样的权利｜。｛J＝对｝唉｜。

6-6 J ＝不过你说这个哈｜，｛L＝嗯｝它不光是上海的事儿｜，各个地方：都有这种情绪。｛L＝是吗？｝但是，就是上海表现得比较就是说严重一点儿罢了｜。｛L＝嗯｝哈。就是说这人太不象话｜。｛L＝嗯｝他对这帮人儿在外边辛辛苦苦哈｜，｛L＝嗯｝要想还得学习｜，｛L＝嗯｝还得生活｜，｛L＝嗯｝就是这些东西根本没有任何理解｜，他总觉得在外边儿都是花天酒地｜。｛L＝唉｝唉｜。

6-7 L ＝这个也许：咱们国内以前的（这个）宣传哪｜，国外的资本主义花天酒地，哦，这都是（那个）…

6-8 J ＝这是一方面：一个是国内宣传,第二个还有一个问题就是说｜,｛L ＝嗯｝上海人既然说：请一顿客：对你来说,那么容易的话｜,｛L ＝嗯｝下次就不应该请他｜。可是这帮人儿呢, 又…

6-9 L ＝上海人你不请他,｛J ＝啊｝他又要说了｜。

6-10 J ＝既然请他也说,不请也说,那就不请呗｜。

6-11 L ＝你不请他也说｜。

6-12 J ＝对呀。问题在这儿呢｜。

6-13 L ＝大概：大概上海人就做不到这一点｜。

6-14 J ＝对呀｜,上海人呢｜,爱虚荣｜,<u>很多事儿让上海人弄坏了</u>｜。｛L ＝爱虚荣｝你觉不觉得？｜

6-15 L ＝对｜。可能是（这个）<u>留学生很多事都**给**上海人搞坏了</u>｜。

例 (6) の日本語訳

6-1 L ＝上海出身の留学生は：1回帰国すると、少なくとも100万以上使うらしいです。上海人は、「お前が私に腕時計や、金の指輪をプレゼントしても、おまえは1日か2日働けば済む簡単なことだ」と言うそうです。私の弟が帰国して家に帰ってきた時、以前彼らに教えたことのある先生が上海人だったんだけど、その上海人の先生に、1度ごちそうして、食べ終わった時に、その先生は「お前が我々に食事を1回ごちそうしたって：大したことじゃないさ、1時間で稼げるんだから、そうだろ？」と言ったそうです。

6-2 J ＝実はでたらめです。

6-3 L ＝無茶苦茶です。

6-4 J ＝そうでしょ？

6-5 L ＝こういう人はね、たくさんいます。民主だ、自由だ、人権だと言ったって、こういう問題は｛J ＝全く実際…｝私はまだそんなレベルまでいってないと思います。｛J ＝その通りです｝ただ人権は、私は：民主や自由より、今は：まず先に人権を提唱した方がいいと思います。つまり一人の人間に、どういう人権があるのかということです。｛J ＝その通りです｝うん。

6-6 J ＝しかしこういう状況はね、｜L＝うん｜ただ上海に限ったことではなくて、各地で：みんなそういうふうに思っています。｜L＝そうですか？｜でも、上海がちょっとひどいというだけのことです。｜L＝うん｜こういう考えの人は本当にひどいです。｜L＝うん｜外で苦労して、｜L＝うん｜さらに勉強しなくちゃいけないし、｜L＝うん｜生活しなくちゃいけない、｜L＝うん｜こういうことを、全く理解していなくて、結局外国で酒色におぼれた生活をしていると思っているんです。｜L＝うん｜うん。

6-7 L ＝これは多分：以前の国内での宣伝はね、外国の資本主義は酒色におぼれた生活だと・・・

6-8 J ＝それは1つで：1つは国内の宣伝で、やはりもう1つ問題があってそれはつまり、｜L＝うん｜もし上海人は：1度くらいごちそうすることは：簡単だというなら、｜L＝うん｜次はごちそうするべきではないということです。しかしこういう人たちはね、また・・・

6-9 L ＝上海人はごちそうしないと、｜J＝ええ｜また悪く言う。

6-10 J ＝ごちそうしても言われ、ごちそうしなくても言われる、それならごちそうしなくていいじゃない。

6-11 L ＝ごちそうしなくても言われる。

6-12 J ＝その通りです。問題はここにあります。

6-13 L ＝多分：多分上海人にはそれができない。

6-14 J ＝そうです、上海人はね、虚栄心があり、<u>多くのことが上海人によって台無しにされました</u>。｜L＝虚栄心｜そう思わないですか？

6-15 L ＝その通りです。多分、<u>留学生の多くのことは上海人が台無しにしました</u>。

　ここでは、中国国内において、外国に留学した中国人留学生は留学先で簡単にお金儲けができ、ふんだんにお金を使うことができるというふうに思われていて、それは上海人留学生によって印象付けられた、という内容の会話がなされている。

例(6)では6-15Lで'留学生很多事都给上海人搞坏了'と表現され、前置詞の'给'が用いられている。これは従来の見解では'被'と類似の機能を果たすとされている前置詞の'给'である。しかしその前の6-14Jにおいて「'很多事儿让上海人弄坏了'（＝多くのことが上海人によって台無しにされた）」というように、すでに受け身を表す'让'を用いて表現されており、それによって明確に受け身の意味が言明されている。したがって、6-15Lにおいて'给'を用いて表現する意図は、「受け身」であることをもう一度くりかえして表現することではなく、中国人留学生全般に関する多くのことが、上海出身の留学生との間の授受関係によって起きたということを明言することである。ここで前置詞の'给'を用いて表現されている理由はそこにある。

以上、例(5)と例(6)で示したように、現代中国語において、前置詞の'给'は、'给'という動詞が持っている「与える方向性」を含意せず、二者間で何らかの授受関係があること、あるいはあったことのみを意味する機能語として用いられていると見るのが妥当である。

## 3.1.4　副詞の'给'＝N1＋给＋V（＋N2）

次に、副詞の'给'について考察していく。
ここではまず、従来の統語論研究における分類を概観し、次に、本分析における見解を述べていく。

### 3.1.4.1　統語論における従来の分類
動詞に前置する'给'については、≪现代汉语八百词（增订本）≫（：227)では'助词'とされている。そして同書(:19-20)の'词类'の箇所には、'助词'として「(1)'动态助词'、(2)'结构助词'、(3)'语气助词'」の3類が挙げられているが、動詞に前置する'给'は、これらのうちのどれにも当てはまらない。
また≪实用现代汉语语法（增订本）≫（:292-294)では、前置詞の'给'

第3章　述部に関わる話し手のモダリティー

の用法について解説され、その中に「給+V」の例文も挙げられている。下記の①~⑥がその例である（①から⑥の例文の番号は筆者が付記した）。

 ① 黄大姐每天给接电话，给找人，从早忙到晚。
 ② 劳驾，给拿快肥皂。
 ③ 顾八奶奶：对了，劳驾您，四爷，你给倒杯水。
 ④ 这些纸都给放黄了。
 ⑤ 大白菜给冻了。
 ⑥ 圆珠笔给搁干了。

 ①~⑥の例においては'给'の後ろに目的語が表現されていない。それにもかかわらず、なぜこれらを'介词'とするのであろうか。
 このように、≪现代汉语八百词（增订本）≫においても、≪实用现代汉语语法（增订本）≫においても、動詞に前置する'给'の扱いは極めて粗略であると言わざるを得ない。
 この他、内藤（1997:25-37）は、'给'が述語動詞に前置する表現を「"给"＋V構文」と呼び、5類に分類している。下記の1~5がその5類の分類であり、それぞれについて挙げられている例が⑦~⑪の例文である（⑦から⑪の例文の番号は筆者が付記した）。

1. "给+人（物）+V"構造の人（物）が省略された形式。
 ⑦您别忙，我一定给想办法！《龙须沟》（あわてないで，必ず方法を考えてあげます）
2. 譲歩・使役を表す。
 ⑧酒可是不给喝。（酒は飲ませない）
3. 後ろの動詞の被動性を示す。
 ⑨说他的箱子给抢了。《霓虹灯》（彼の箱が奪われたと言う）
4. 目的語を強調する。
 ⑩那个问题大家都给通过了。
5. "被""叫""让""把"と呼応して動詞の前に用いられる。
 ⑪李向阳把棉花仓库给烧了。《平原》（李向陽が綿花の倉庫を焼いてしまった）

内藤（1997）のこの5つの分類は、前置詞の'给'の用法を分類する従来の統語論研究の分析手法と同じである。

本分析においては、動詞に前置する'给'を副詞とし、以下で、本分析における検証を進めていく。

### 3.1.4.2　本分析における見解

先の3.1.3で、前置詞の'给'について考察した。そこでは、前置詞の'给'について、動詞の'给'が持っている「与える方向性」が欠落し、それによって二者間で何らかの授受関係があったことのみを意味する機能語として用いられるようになったことを実証した。このことを踏まえて本分析の言語資料を分析した結果、動詞に前置する副詞の'给'は、動詞に'给'を前置することによって、その動作・行為を「与える」という意味を付加することとなり、それによって、話し手のさまざまなモダリティーを表出する表現として機能しているという結論に至った。以下で、このことを、言語資料を示しながら検証していく。

### 3.1.4.3　言語資料による検証

下記の例(7)は、言語資料09において、東北人であるインフォーマント（Ｏ）が、自分の弟が上海人に罵られた時の様子について語っている談話の一部である。

例(7)

7-1 O ＝我跟你说，我弟弟上（那个）在上海去上学。在火车上，他不小心碰着人家脚了啊哈｜。他：他用（那个）普通话说，人家一看他：东北人啊，更来气了，就哒哒哒，他说一直骂他啊。就是说我弟弟啊，就是一直说到下车｜，就一个劲说我弟弟。我弟弟说一句也听不懂上海话，他就说吧，把他气得就是：说我弟弟没法道歉。

7-2 N ＝听不懂就算了听不懂就算了｜，听不懂。要我：要我听不懂，我就看着他，我觉得还挺好玩的呢｜。

7-3 O ＝然后，他说那个上海人吧哈｜，嗯：在车上吵架，你就看：那鼻

子都对鼻子哈｜，那哒哒哒，他说要东北人早就两拳**给**打一边去了｜。

例(7)の日本語訳
7-1 O ＝私の弟は上海の大学に通っていました。列車に乗っていた時、彼は不注意で上海の人にぶつかって足を踏んだんです。彼は：彼は共通語で話しましたが、その人は彼を見て：東北人だとわかってね、すごく怒って、何かワーワーと言って、彼を罵ったんです。私の弟を罵ってね、列車を降りるまでずっと、ひどく弟を罵ったんです。私の弟は一言も上海語が分からないし、頭にきて：謝ることができなかったと言っていました。
7-2 N ＝上海語が分からないなら、分からなくていいですよ、分からないんだもの。もし：もし私が上海語を分からなかったら、その上海人を見て、おもしろがったと思いますね。
7-3 O ＝それから、彼が言うには、あの上海人はね、んー：列車の中で口げんかするときには鼻を相手の鼻に近づけてね、何かワーワーと言ったけど、東北人だったらとっくに相手に拳骨を二発くらわせて遠くにすっ飛ばしてると言っていました。

　例(7)では、7-3 Oにおいて「N1＋给＋V（＋N2）」の形式が用いられている。この'要东北人早就两拳**给**打一边去了'の'给'は、無くても文としては成立する。しかし'给'が表現されない場合には、「もし東北人だったら拳骨で二発殴る」という客観的事実が表現されるだけである。ここでは、'给'が動詞の前に表現されることによって、「殴る」という動作・行為が、動作者自らが「与える」行為であるというニュアンスが加えられ、それによって「東北人の場合には、拳骨を二発くらわせて殴ってやる」というような話し手の心情が加えられることとなる。
　もう1つ、「'给'＋V」の例を見ていく。
　下記の例(8)は、言語資料19において、インフォーマント（U）と（V）が、社会人の日本人に日本で中国語を教えるときの授業の準備について話

し合っている談話の一部である。

例 (8)

8-1 V ＝但是我觉得：你老教（那个）就是说：中文的时候｛U＝嗯｝那就是说还是：尽量少用日语｜。

8-2 U ＝对对对｜。所以我有时候讲呢，所以他｜，后来他开玩笑｜。不用日语，我正好。我反正也不会说日语，哈哈哈…要我说也不会说｜，正好不会说,反正也不要说｜。但是：但是学生他有时候，比如说问你，怎么翻译这个词哈｜，｛V＝对｝什么意思，你得：｛V＝嗯｝比如说<u>要给他解释出来</u>①，比如说｜，｛V＝对对对对｝你解释了半天，他问的是：就是说：汉语这个词，在日语里面是什么意思，你得：在那个时候，你得要说日语吧｜，｛V＝对｝是不是？｜｛V＝没错｝就是那个挺：挺难的。不过这个班，我上下来吧，我也才去年十月份才开始上的｜。｛V＝噢,是吗？｝嗯，所以：才上半年｜。

8-3 V ＝啊,那一样的｜。

8-4 U ＝你也是去年十月开始的｜。

8-5 V ＝对对对对对｜。

8-6 U ＝啊,是吗？｜

8-7 V ＝嗯｜。

8-8 U ＝所以我：就是：上下来，还觉得就是对自己还是挺有提高的。我上中级嘛｜，｛V＝啊｝它那个｜，我得每次都：不备课，我都不能去呀。这个…｛V＝没错,因为我觉得…｝是不是？｜｛V＝对｝不备课的话，他：我那上的话，全都是：我自己有时看看那个中文,不太想看的那些,比如报纸上的｛V＝啊｝大丰收哇｜，农村什么、农村承包、改革那种文章｜，你说我平时不看｜。

8-9 V ＝对｜，也不看｜，对｜。但是如果要是上课的话，你怎么也要准备查字典什么之类的哈｜。

8-10 U ＝对对对，我每次都得：就是：把它全都备：备课哈｜。｛U＝对｝然后呢：<u>单词全得给查出来</u>②｜。｛V＝没错｝你日语：不讲，是不讲｜，但是比如说哈｜，他问起来这个意思是什么｜。

8-11 V ＝対｜。万一就是问起来的话，{U＝对对对} 回答不出来｜。

例(8)の日本語訳

8-1 V ＝でも私は：いつも：中国語を教えるとき¦Q＝うん¦やはり：できるだけ日本語を少なく話そうと思います。

8-2 U ＝そうです、そうです。だから時々私が（日本語を）話すとね、後で受講生がからかいます。日本語を使わないのは、私にはちょうど都合がいいです。どうせ私は日本語ができない、ハハハ…。私に日本語を話させても話せないから、できない方が都合がいいし、どっちみち（授業中は私は日本語を）話す必要がありません。でも：でも受講生はたとえば、この単語はどう訳しますか？とか、¦V＝そうです¦どういう意味ですか？とか質問して、¦V＝うん¦たとえばもしその受講生に説明しなければならない①場合には、たとえば、¦V＝そうそうそう¦中国語で長い時間説明しても、受講生が：この中国語の単語は日本語ではどういう意味ですか？と質問したら、その時は、日本語で話さなくてはいけないでしょ。¦V＝そうです¦そうでしょ？¦V＝その通りです¦それはとても：とても難しい。でもこのクラスを、私が担当して、私も去年の10月から担当し始めたところなんです。¦V＝へー、そうですか？¦うん、だから：まだ半年です。

8-3 V ＝ああ、それじゃ一緒です。

8-4 U ＝あなたも去年の10月から。

8-5 V ＝そうそうそうです。

8-6 U ＝ああ、そうなんですか？

8-7 V ＝うん。

8-8 U ＝だから私は：授業を担当して、自分にとてもプラスになると感じています。私は中級クラスを担当してね、¦V＝うん¦それは、私は毎回：授業の準備をしないと、私は行くことができません。えー¦V＝その通りです、なぜなら…¦そうでしょ。¦V＝そ

うです｜授業の準備をしていないと、授業の内容は、全部：私はその中国語のテキストを読んでみたけど、あまり読みたくなくて、たとえば新聞の中の｜V＝ああ｜大豊作とか、農村がどうとか、農村請負とか、改革の文章とか、私は普段は読まないものばかりです。

8-9　V　＝そうです、私も読みません、そうです。でももし授業をするなら、どうしても字典を引いたりして準備しなくてはいけません。

8-10　U　＝そうそう、私は毎回全部：授業の準備：準備をしますよ。｜V＝そうです｜それから：<u>単語は全部ちゃんと調べておかなくてはいけない②</u>。｜R＝その通りです｜日本語は：話しません、話さないけど、たとえばね、受講生はこれはどういう意味かと質問してくる場合がありますから。

8-11　V　＝そうです。万一質問されたら、｜U＝そうそうそう｜答えられない場合がありますから。

　例(8)では、8-2 Uの下線部①と、8-10 Uの下線部②の２箇所での'給'が用いられている。下線部①は、先の3.1.3.3で分析した前置詞の'給'の例であるので、ここでは分析を繰り返さない。ここでは下線部②について分析していく。

　例(8)では、(U)と(V)の日本における中国語教師体験について話されている。特に(U)は日本語を得意とせず、8-2 Uでは、中国語の授業を行う際にはほとんど日本語を使用しないということを述べている。しかし、8-8 Uと8-10 Uにおいて、日本人受講生の質問に対しては、日本語での説明が求められることがあるため、授業内容については前もって全部きちんと日本語で説明できるように調べておく、と述べている。この下線部②の'単词全得**给**查出来'の表現も、先の例(7)の場合と同様に、'給'は無くても文としては成立する。しかしその場合は、やはり例(7)の場合と同様、「単語は全部調べなくてはいけない」という客観的事実を述べる表現となる。ここでは'給'を用いて'**给**查出来'と表現したことにより、それがただ単に「調べる」という行為なのではなく、'查出来'が（U）自ら

が「与えた」行為であるというニュアンスが付加され、それによって「<u>ちゃんと調べておく</u>」というような話し手の心情が加えられることとなる。

　例(7)と例(8)は、'给'が動詞に前置されることによって、その動作・行為が動作者自らが「与えた」行為であるという意味が付与された例である。以下では、'给'の直後の動詞が、その動作・行為の受け手に向かって行われる場合について見ていく。この場合、'给'が動詞の前に置かれることによって、どのような意味が付与されるのか、表現例をもとに検証していく。
　下記の例は、先の3.1.3.3で分析した例(5)の冒頭であり、下線①が動詞に前置する'给'の例である。

例(5)

5-1 P＝我们学校主要是，你想中专吧，派出来的人挺少的，第一个派我出来｜。我是刚到单位工作吧｜，｛Q＝嗯｝工：分到单位之后半年吧，我没有教课｜。你那一开始不带课不教课的｜。｛Q＝嗯｝啊｜。完了，刚教了半年吧，我就：结婚，就有小孩儿了｜。｛Q＝哦｝问题是一有小孩儿，就不让我教课，让我歇着啦｜。｛Q＝哦｝完了，生完小孩儿，我该上班了，就考（这个）出国留学考试，<u>就给考上了①</u>｜。

5-1 P＝私たちの学校は、中等専科学校（中国で中学を卒業してから進学する専門学校）はね、（外国に）派遣して出る人はとても少なくて、初めて私を派遣しました。私は就職したばかりで、｛Q＝うん｝就職して半年間はね、私は授業を担当していませんでした。就職して最初は授業を担当しなかったんです。｛Q＝うん｝ええ。教え始めて半年してね、私は結婚して、子どもができました。｛Q＝へえ｝問題は子どもができたら、私に授業をさせず、私を休ませたことです。｛Q＝へえ｝それから、子どもが生まれたら、私は出勤しなければならないから、それで留学試験を受けたら、<u>合格しちゃいました①</u>。

例(5)の下線部①の'就給考上了'は'給'が無くても文としては成立する。しかしその場合は、単に客観的事実として「留学生試験に合格した」ということを表現するだけである。

すでに3.1.3.3において詳述したように、例(5)の談話の展開において重要なポイントとなっているのは、(P)と(P)の所属先である中国の専門学校との関係である。したがって、下線部①の'給'が表現しているのは、(P)と(P)の所属先の専門学校との間で留学生試験に合格するという授受関係があったということである。そして5-1 Pの最後で(P)は「'生完小孩儿，我该上班了，就考出国留学考试，<u>就**給**考上了①</u>'(=子どもが生まれたら、私は出勤しなければならないから、それで留学試験を受けたら、<u>合格しちゃいました①</u>。)」と述べている。当然、(P)の所属先の専門学校が(P)に「合格を与えた」のである。もし①で'考上'の前に'給'が無ければ、その表現はただ単に「留学生試験に合格した」という客観的事実を述べているに過ぎない。しかし、チャンスの少ない「留学生試験合格」は(P)にとっては非常に喜ばしいことである。したがって、ここでは'給'が'考上'に前置されることによって、留学生試験合格したということに対する(P)の「意外性」や「自慢」、「ラッキーだ」というような心情が表出されている。

もう1つ、同様の例を見ていく。

次の例(9)は、言語資料20において、インフォーマント(W)の夫が仕事で上海に帰った際にパスポートを盗まれた時のことについて、インフォーマント(N)と(W)が話し合っている談話の一部である。

例(9)

9-1 W ＝…所以还得：完了：我：我妈：我：<u>我妈、我爸赶紧**給**他找关系①</u>,托人哈,完了就去申请｜。{N＝嗯}申请吧,还得登报纸｜。{N＝嗯嗯嗯}登报纸吧｜,那个报纸呢,还得一个星：每星期三才出｜。{N＝噢}完了,那拨儿赶不上了。完了赶：赶下个星期{N＝下一拨儿,噢噢}嗯,赶下星期三｜。

9-2 N ＝声明作废哈｜。

9-3 W ＝对,声明作废｜。声明作废,完了以后｜,完了呢｜,声明作废

207

第3章　述部に関わる話し手のモダリティー

以后，还要等二十天才行｜，{N＝嗯嗯}然后:声完，星期三登完报纸以后，{N＝嗯}完了<u>他那护照又给寄回来了</u>②。哈哈哈…就说吧，<u>那人偷完以后，给扔在垃圾箱里了</u>③｜。

9-4　N　＝啊，然后有人捡到了｜。

9-5　W　＝然后有人捡了。捡了以后邮局的人还挺好的，{N＝噢}就是找他地址哈｜。{N＝嗯嗯嗯}完了<u>给寄回来了</u>④｜，可是已经晚了｜。{N＝啊，真是的哈}如果在星期三:之前就好了｜，{N＝啊}就可以用了｜。结果这已经不能用了,还是:还得等好多天｜。{N＝也真讨厌}你说，这事儿｜。

9-6　N　＝唉，他们公司也没有办法哈？｜

9-7　W　＝他们公司:这他们公司不错｜，就那签证啊｜，{N＝嗯}<u>签证他们公司给出的证明</u>⑤｜。{N＝啊}就说如果是你:不是:没有:没有（那个）公司的话｜，{N＝嗯嗯}一个人:比如留学生吧｜，{N＝啊}（那个）大使馆，根本不接待你｜，{N＝噢}不管｜。

9-8　N　＝噢，是吗？

例(9)の日本語訳

9-1　W　＝…だから:それで:私の:<u>私の両親が彼のために急いでつてを探して</u>①、人に頼んでね、それから申請しに行ったんです。｜N＝うん｜申請するにはね、新聞に載せなくてはなりません。｜N＝うんうんうん｜新聞に載せるにはね、その新聞はね、毎週水曜日にしか出ません。｜N＝へー｜その週の水曜日には間に合いませんでした。それで:次の週のに｜N＝次のやつ、へー｜うん、次の週の水曜日に間に合いました。

9-2　N　＝破棄すると表明するんですね。

9-3　W　＝そうです、破棄すると表明します。破棄すると表明して、それから、それでね、破棄を表明してから、20日後にやっと施行されるんだけど、｜N＝うんうん｜それで:破棄の表明後、水曜日に新聞に載ったら、｜N＝うん｜<u>彼のパスポートが郵送されてき</u>

　　　　　たんです②ハハハ…つまりね、誰かが盗んだ後、ゴミ箱に捨
　　　　　てられちゃったんです③。
9-4 N ＝ああ、その後誰かが拾った。
9-5 W ＝その後誰かが拾いました。拾ってから郵便局の人がとてもいい
　　　　　人で、｜N＝へー｜彼の住所を探したんです。｜N＝うんうんう
　　　　　ん｜それで郵送してくれました④けど、もう遅かったんです。｜
　　　　　N＝ああ、そうですか｜もし水曜日の：前だったらよかった、｜
　　　　　N＝ああ｜それなら使うことができました。結局それはもう使
　　　　　えなくなって、さらに：数日待たなければなりませんでした。｜
　　　　　N＝本当に面倒ですね｜こんなことが起こるなんて、全くもう。
9-6 N ＝ねえ、彼の会社もどうしようもなかったんですか？
9-7 W ＝彼の会社：この会社はとても良くて、そのビザはね、｜N＝うん｜
　　　　　ビザは彼の会社が（ビザの）証明を出してくれました⑤。｜N
　　　　　＝ああ｜もし：会社が証明を出してくれなかったら、｜N＝うん
　　　　　うん｜一人の：たとえば留学生だったらね、｜N＝ああ｜大使館
　　　　　は全く相手をしてくれません、｜N＝へー｜相手にしてくれませ
　　　　　ん。
9-8 N ＝へー、そうですか？

　例(9)では、5箇所で'给'が表現されている。そのうちの下線部①は、3.1.3.3において詳述した前置詞の'给'と同じであるので、ここでは分析を繰り返さない。例(9)では下線部②から⑤の4箇所において「'给'＋V」が表現されている。これらの4箇所の'给'も、例(5)の①、例(7)、例(8)の②で示した「'给'＋V」の'给'と同様、無くても文としては成立する。しかしその場合、たとえば下線部②と④は「(郵便局員が) パスポートを郵送してそれが戻ってきた」、下線部③は「パスポートを盗んだ後、(盗んだ人が) パスポートをゴミ箱に捨てた」、下線部⑤は「彼の会社がビザの証明を出した」というように、それらは単なる客観的事実を表現するだけである。
　では、この4箇所では動詞の前に'给'が表現されることによって、何

が意味されているのか。それは、(W) がそれらの出来事を単に客観的事実として捉えているのではなく、(W) の夫のパスポートの紛失事件にかかわった人間や組織に対する心情が、そこには表出されているということである。具体的に言えば、たとえば下線部②と④は「戻ってくると思っていなかったパスポートが郵送されてきた (＝誰かが「郵送する」という行為を (W) の夫に与えた) ことに対する<u>意外な気持ち</u>」、③は「パスポートがゴミ箱に捨てられた (＝誰かが「捨てる」という行為を (W) の夫に与えた) ことに対する<u>驚きの感情</u>」、⑤は「彼の会社がビザの証明を出した (＝会社がビザの証明を「出す」という行為を (W) の夫に与えた) ことに対する<u>感謝の気持ち</u>」など、話し手のさまざまな心情が、動詞の前に'給'が表現されることによって表出されている。

以上、例(7)〜例(9)から解ることは、「'給'＋V」の表現は、'給'が無くても文としては成立するが、しかしその場合には、それは単なる客観的事実の表現に過ぎないと言うことである。そして'給'が動詞に前置されることによって「Vを与えた」ということが言明され、そのことによって、その動作・行為に対する話し手のさまざまな心情が表出されることとなる。このように「N1＋給＋V (＋N2)」という形式における'給'は、単にその動作・行為の授受関係があったことを述べるために用いられているのではなく、話し手のさまざまなモダリティーを表出するために用いられている表現であると言うことができる。

さらに下記の例(10)と例(11)によって、「'給'＋V」の表現における'給'のモダリティー性を見ていくことにする。
例(10)は、言語資料18におけるインフォーマント (H) と (T) の談話の一部であり、ここでは (T) が中国に一時帰国したときのことについて話されている。
例(10)
10-1 H ＝啊：你是什么：什么时候儿回北京？｜
10-2 T ＝十二月底呀｜。十二月：嗳，几号来着，<u>我怎么就给忘了</u>｜。

十二月：啊：啊，十二月二十三号｜。我想起来了｜。十二月二十三号回去，然后一月十号回来的｜。　正好（那个）元旦是在：在家里过的｜。

例(10)の日本語訳
10-1 H ＝えー：あなたは：いつ北京に帰ったんですか？
10-2 T ＝12月末ですよ。12月：えっと、何日だったっけ、<u>どうして忘れちゃったのかしら</u>。12月：んー：12月23日です。思い出しました。12月23日に帰国して、それから1月10日に（日本に）戻ってきました。ちょうど元旦は：家で過ごしました。

次の例(11)は、言語資料10にけるインフォーマント（P）と（Q）の談話であり、ここでは（Q）が自分の夫の性格や生活ぶりを語っている。
例(11)
11-1 Q ＝他吧，喜欢玩，喜欢玩，喜欢喝啤酒，喜欢（那个…）
11-2 P ＝（这个）喝酒挺贵的，我觉得。你不能光喝酒啊，你要（那什么）稍稍到外面一喝，一吃菜什么。
11-3 Q ＝他怎么说呢，他这个人是属于什么型的呢哈｜，啊！｜，他喜欢买书｜。｛P＝嗯｝我们书架上那两：那：那么大的书架吧，两个书架，那书全满了，排了两排还｜。｛P＝嗯｝他买了多少书！｜。他！喜欢看书，他｜。就是他买的文化论方面的那种书，还特别贵，｛P＝对对对｝每本都一千二千的｜，他全都买｜。｛P＝嗯｝（那个什么）法国哲学啦，(什么那个)他喜欢看法国哲学那方面的书｜。书买了不少｜。
11-4 ＝而且他生活上不拘小节｜。他：你看，就田中老师说的哈，他说象个小孩儿似的｜。就是看起来就是特别有才能啊，但是就是：象小孩儿｜。｛P＝哈哈哈…｝
11-5 ＝比如说什么呢，不：不守时间｜。｛P＝哈哈哈…｝和人家约好什么什么时间吧哈｜，｛P＝嗯｝他到时侯'啊，忘了！'｜。｛P＝哈哈哈…｝他经常干这样的事！｜。

第3章　述部に関わる話し手のモダリティー

11-6　＝去年，我听说中国语讲习会，<u>他课给忘了一次</u>，是吧？|
11-7 P ＝对对对，我听说了|。
11-8 Q ＝完了说什么呢，早上不起床|。上课时间吧|，'啊，起不来床，就不起来|。'是那种人|。{P＝哈哈哈…}

例(11)の日本語訳

11-1 Q ＝彼はね、遊ぶのが好きで、遊ぶのが好きで、ビールを飲むのが好きで、それから…

11-2 P ＝お酒を飲むのは高いですよ、私はそう思うけど。お酒だけ飲むということはできないでしょ、ちょっと外で飲むと、何か多食べるでしょ。

11-3 Q ＝彼は何というか、彼という人はどういうタイプの人かというと、あっ、彼は本を買うのが好きです。{P＝うん}　私たちの（家の）本棚には：大きな本棚はね、2つの本棚は、本で一杯で、しかも2列に並べてあります。{P＝うん}　彼はどれだけ本を買ったことか！{P＝うん}　彼はね、本を読むのが好きです、彼は。彼の買う文化論関連の本は、とても値段が高くて、{P＝そうそうそう}　どれも1冊千円とか2千円なんだけど、彼はいつもこういう本を買います。{P＝うん}　フランスの哲学の本とか、彼はフランスの哲学関係の本が好きです。本はたくさん買いました。

11-4　＝それから彼は生活の上で小さなことに拘りません。彼は：ほら、田中先生が言っていたでしょ、彼は子どもみたいだって。とても才能があるように見えるけど、でも：子どもみたいです。{P＝ハハハ…}

11-5　＝たとえばね、時間を守りません。{P＝ハハハ…}　人と時間を約束するでしょ、{P＝うん}　彼はその時間になると、「あっ、忘れた！」{P＝ハハハ…}　彼はいつもこうです。

11-6　＝去年、中国語の講習会で、<u>彼は1回授業を忘れちゃったと聞い</u>たけど、そうでしょ？

11-7 P ＝そうです、そうです、そう聞きました。

212

11-8 Q ＝それはどうしてかというと、朝起きない。授業の時間にはね、「あ、起きられないから、起きない。」という、そういう人です。{P ＝ ハハハ…}

　例(10)の10-2 Tの下線部の発話は'我怎么就**给**忘了。'であり、例(11)の11-6 Qの下線部の発話は'他课**给**忘了一次。'で、どちらも'给忘了'という表現である。この2例においても'给'は無くても文としては成立する。そして'给'が無ければ、例(10)は「どうして自分の帰国した日にちを忘れたのか」という単なる疑問を表現し、例(11)は「彼は1回授業を忘れた」という単なる客観的事実を述べるだけの表現となる。しかし'给'を'忘'に前置することによって、2例ともに話し手は、「行為者の行為である'忘'が、行為者ではない他者が行為者に与えた行為である」というニュアンスを付与している。ここで、例(10)、例(11)の「'给'＋V」と、上記の例(5)の下線部①、例(9)の下線部②〜⑤の「'给'＋V」との相違について考察する。

　両者の相違は、例(10)と例(11)に表現されている「'给'＋V」は、動作・行為の「与え手」が不明であるということである。さらに言えば、それは「明確にしようがない与え手」であり、「与え手」との関係が問題にはならない「与え手」だということである。つまり例(10)の10-2 Tの'我怎么就**给**忘了。'と例(11)の11-6 Q'他课**给**忘了一次。'において、話し手は'给'を'忘'に前置することによって、「忘れる」ということが「誰であるのかは分からないが、とにかく自分ではない誰かが与えた行為である」ということを表明している。そしてそれによって、話し手の「信じられないことだ」という感情が表出されることとなる。

　以上の例(5)の①と例(7)〜例(11)から解ることは、'给'が動詞の直前に発話された場合には、'给'はその動作・行為に授受関係があったことを言明するために表現されたというよりは、動作・行為に対する話し手のさまざまな心情表現へと、その重心がシフトしているということである。これは、'给'が機能化から、さらにモダリティー化していることの証拠で

ある。したがって、動詞に前置される'給'は「語気副詞」と言うことも可能であろう。

### 3.1.5　'給'の連用＝N1＋給＋N2＋給＋V

ここでは、'給'が連用される表現について検証していく。

#### 3.1.5.1　「'給'の連用」とは何か
'給'を用いた表現の中には、一文の中で前置詞の'給'と動詞に前置する'給'の両方が用いられる場合がある。本節においては、このような表現形式を「'給'の連用」と呼ぶ。従来の統語論研究において、本節において「'給'の連用」と呼ぶ表現について分析されているものは見つからなかった。

以下で、本分析における言語資料をもとに、「'給'の連用」について検証していく。

#### 3.1.5.2　言語資料による検証
下記の例(12)は、言語資料09の中で、インフォーマント（N）と（O）が中華料理について話し合っている談話の一部である。

例(12)

12-1 N＝薄饼的话呢｜，做不出来。就是：饭店卖的那种的,饭店卖的那种，它是：也不知怎么把面和得特别特别稀吧。但是,又能够拿起来｜，往饼铛上那么一蹚：｛O＝对对对｝就是一张一蹚，就是一张｜。

12-2 O＝对！对！就象中国那煎饼，你知道吗？

12-3 N＝但是,它比煎饼要稍：厚点儿｜，｛O＝厚点儿｝有这种张力｜。（那个那个）后来我说,"我不会做｜,"<u>给</u>她<u>给</u>气坏了。她说,"你怎么不会做，你到底会做什么？｜"

例(12)の日本語訳

12-1 N＝「薄餅」はね、作れません。お店で売っているようなやつは、

お店で売っているようなのは、それは：どうやって小麦粉をこねて皮をすごく薄くするのか知りません。でも、底が浅くて平たい鍋に生地をこすって：｜O＝そうそうそう｜1回こすったら、1枚になります。

12-2 O ＝そうです！そうです！中国のあの「煎餅」みたいなやつね、あなたは知っていますか？

12-3 N ＝でも、それは「煎餅」よりちょっと：分厚くて、｜O＝分厚い｜弾力があります。それから、「私は作れない」って言ったら、<u>彼女((N)と(O)の共通の中国人の友人)を怒らせてしまいました</u>。彼女は「どうして作れないんですか？何がつくれるんですか？」って言ったんです。

例(12)では、12-3 Nにおいて前置詞の'给'と動詞に前置する'给'の両方が表現されている。ここでは、(N)が「'我不会做'（＝私は作れない）と言ったことが原因で、'她（彼女）'が'气坏（怒る）'という感情を引き起こしたことを、「'给她给气坏了'（＝彼女を怒らせてしまった）」と表現している。ここでは、'我（＝N）'と'她（彼女）'の二者間で授受関係があったわけだが、談話の展開から、この２つの'给'は、「彼女に与える」ということが二重に表現されていることが解る。そして、この２つの'给'によって、'她（彼女）'が'气坏（怒る）'という状況が通常より激しかったことが表出されることとなる。

もう１つ、同様の形式の例を見ていく。

下記の例(13)は、言語資料20において、インフォーマント（N）が、(録音時の)２年前に中国に一時帰国した際に乗車したタクシーの運転手とのエピソードについて、(W)に語っている談話の一部である。

例(13)

13-1 N ＝我：我两年以前回去的时候, 还有的就挺好, 有的就不行。那种的,｛W＝就是｝嗯｜。

13-2 ＝然后一起回去老太太她特别逗｜。她那个人家一对她好一点儿吧,

第3章　述部に関わる話し手のモダリティー

　　　她就特感动那种的｜。{W=嗯嗯}然后她就拼命地给人小费①，
　　　{W=哼哼哼}给我给看的②｜。{W=嗯}然后要到（那个）嗯
　　　：首都宾馆：{W=嗯}去，和另外一个日本人去汇合{W=嗯}
　　　那种的哈｜。{W=嗯}然后后来,那个司机真是不错。然后呢,{W
　　　=嗯}从我们家：住的地方哈｜,{W=嗯}我们家｜,我父母
　　　现在住在西郊，但是我们家东郊那边，{W=嗯}还有一：一套
　　　房子哈,{W=嗯}我们住在那边｜。然后后来那个：地方挺窄的。
　　　然后那个司机停好看我们拿箱子挺沉的｜，哟，还帮我们拿箱子
　　　什么的。哎哟，特别好｜。然后后来,老太太就特别感动那种｜,"不
　　　行｜，这个人我觉得他非常好。"她说,"我要给他小费③。"哈
　　　哈哈…{W=哈哈哈…}然后我说,"你：你就适当地给点儿
　　　④，别给他太多⑤。"{W=嗯}那种什么的哈｜。{W=嗯}好
　　　这一下车｜,（那个）还挺好的首都宾馆，也不是什么大的那种
　　　：特别：大的宾馆，所以，还让在门口停一下那种的｜。{W=}
　　　然后那司机也停好下来,给我们把箱子又给搬下来⑥｜,{W=嗯}
　　　哎哟，她特别激动｜，{W=嗯}她那会儿中文还不太会。｜{W
　　　=嗯嗯}然后后来，就｜，噌｜，掏出三十块钱，其实就十块钱｜，
　　　{W=嗯嗯}掏出三十块钱给人家那种⑦｜，还一个劲冲人家｜,
　　　"不要找钱。"给我给笑的⑧。哈哈哈…{W=哈哈哈…}然
　　　后笑嘻嘻的,好玩儿的,那种的。哈哈哈…{W=哈哈哈…}"不
　　　要找钱。"给我给笑坏了⑨。哈哈哈…{W=哈哈哈…}然后,
　　　那个司机挺好的{W=嗯}那司机说,"哟｜，这不合适。"什么
　　　的哈｜。{W=嗯}她还说｜,"不要找钱,不要找钱。"｜{W=嗯}
　　　后来人家说,"哟｜,那谢谢您了。"{W=嗯}什么的那种哈。{W
　　　=嗯}就是感觉特别好那种的。

13-3 W ＝对对｜。

13-4 N ＝有的就不行。后来我们在天坛那块儿就是：出天坛公园以后吧哈
　　　｜，也是：坐了一辆车，那车破的我跟你说｜，就整个一个恨不
　　　得半路哈哈…{W=哈哈哈…}就恨不得散了架,那种感觉｜。
　　　{W=咯噔,咯噔的}唉｜。跑半截儿那车门儿开了，哈哈哈…

216

{W=哈哈哈···} <u>给</u>我和老太太<u>给</u>吓的⑩，你知道吗？老太太坐里边，{W=嗯}我坐外边，正好靠着车门儿。后来我们说｜，"师傅，你那车门儿开了｜，怎么拉也拉不上？｜怎么关也关不上？｜"{W=嗯}后来结果，那小伙子特逗｜，{W=嗯}不是人：人也还挺好，{W=嗯}就是车破破烂烂。哈哈哈···{W=哈哈哈···}那种的｜。然后后来，最后他说的｜，一边开车，这手从窗子那儿伸出去{W=我天}说｜，"你撒手｜。"后来我们一撒手，他就赶紧'咣'地一下，<u>给</u>拉上了⑪｜，{W=是吗？} <u>给</u>我和老太太<u>给</u>笑的⑫｜。{W=是吗？}后来老太太说的｜，"这车肯定经常中途出这事儿｜。"

13-5 W ＝他都熟练了｜。

13-6 N ＝对对｜。一看他那动作特熟练，那种的｜。

13-7 W ＝特有自信那种｜，不用你们管｜。

13-8 N ＝<u>给</u>我们<u>给</u>笑坏了⑬，后来她说，"哎呀，真是没想到来中国还：{W=嗯}体验到这么一次这个什么：哈哈哈···

13-9 W ＝挺逗的｜。


例 (13) 日本語訳

13-1 N ＝私が：私が２年前に帰国した時、良い運転手と悪い運転手がいました。｜W＝そうです｜うん。

13-2 ＝一緒に（タクシーでホテルに）帰った（日本人の）おばさんは特に面白かったです。彼女は誰かに良くされるとね、とても感動するタイプなんです。｜W＝うんうん｜それで、<u>彼女は運転手に一生懸命チップをあげます①</u>。｜W＝うんうん｜<u>見ていて面白かったです②</u>。｜W＝うん｜それから：首都賓館に：｜W＝うん｜行って、他の日本人と合流しようと思いました。｜W＝うん｜それで、その運転手は本当に良かったんです｜。W＝うん｜私たちの：住んでいるところはね、｜W＝うん｜私たちの家はね、私の両親は今（北京の）西の方に住んでいるけど、私たちの家は東の方で、｜W＝うん｜もう一軒：家があってね、｜W＝うん｜私

217

第3章　述部に関わる話し手のモダリティー

たちはそっちに住んでいます。そっちは：狭いです。それでその運転手は車を止めて、私たちが持っているカバンがとても重いと思ってね、私たちがカバンを持つのを手伝ってくれました。特にいい運転手でした。それから、そのおばさんはとても感動して、「ダメですよ、この人はとても素晴らしいから、私は<u>彼にチップをあげます</u>③。」と言いました。ハハハ…｛W＝ハハハ…｝それで私が、「<u>適当にあげて下さい</u>④、<u>あげ過ぎではだめですよ</u>⑤」と言いました。｛W＝うん｝車を降りる時、まあまあいい首都賓館はね、特に：大きなホテルではないけど、ホテルの玄関で車を<u>止めさせてもらいました</u>。｛W＝うん｝それからその運転手も車を止めて降りてきて、<u>私たちのカバンを運んでくれました</u>⑥。｛W＝うん｝彼女はものすごく感動して、｛W＝うん｝彼女はその時そんなに中国語はできませんでしたけどね。｛W＝うんうん｝それで、30元取り出して、本当は10元でいいのに、｛W＝うんうん｝<u>30元取り出してその運転手にあげて</u>⑦、しきりにその運転手に「おつりは要らないわ」ですって。<u>笑っちゃいました</u>⑧。ハハハ…｛W＝ハハハ…｝ニコニコしてね、おもしろい。ハハハ…｛W＝ハハハ…｝「おつりは要らないわ」ですって。<u>大笑いしちゃいました</u>⑨。ハハハ…｛W＝ハハハ…｝それで、その運転手はとてもいい人だったから、｛W＝うん｝その運転手は「えっ、これはいけません。」とか言ったんです。｛W＝うん｝彼女はまた「おつりは要らない、おつりは要らない」と言ったんです。｛W＝うん｝最後に、その運転手は「ありがとうございました。」と言いました。｛W＝うん｝（これが）特にいいと感じた運転手です。

13-3 W＝そうです、そうです。

13-4 N＝ダメな運転手もいます。私たちは天壇公園：天壇公園を出てからね、また：一台のタクシーに乗ったんだけど、その車はボロボロでね、途中でハハハ…｛W＝ハハハ…｝壊れちゃうんじゃないかという感じでした。｛W＝ガタガタ｝そうです。走ってい

る途中でドアが開いたんです。ハハハ…｜W＝ハハハ…｜<u>私と（同乗していた）おばさんはびっくりしました⑩</u>。おばさんは奥に座っていて、｜W＝うん｜私はドアの方に座っていて、ちょうどドアに寄りかかっていました。私たちが「運転手さん、ドアが開いています。ドアを引っ張っても引っ張れないし、閉めようとしても閉まらないんだけど。」と言うと、｜W＝うん｜その若い運転手は面白くて、｜W＝うん｜人は：悪くはないんだけど、｜W＝うん｜とにかく車がボロボロなんです。ハハハ…｜W＝ハハハ…｜それで、最後にその運転手はね、車を運転しながら、窓から手を伸ばして｜W＝ああ｜こう言いました、「手を放して。」それで私たちが手を放すと、その運転手は急いで「ガン」と、<u>ドアを閉めてくれて⑪</u>、｜W＝そうなの？｜<u>私とおばさんは大笑いしました⑫</u>。｜W＝そうなの？｜それからそのおばさんは、「この車は途中でもこんなことがよくあったに違いないわ」と言いました。

13-5 W ＝その運転手はそういうことに慣れています。
13-6 N ＝そうです、そうです。見れば慣れていると分かります。
13-7 W ＝特に自信があるから、心配しなくてもいいです。
13-8 N ＝<u>本当に笑わせてくれました⑬</u>。その後彼女は、「ああ、本当に中国に来てまた：｜W＝うん｜こんな体験するなんて思ってもいませんでした。」と言いました。ハハハ…
13-9 W ＝おもしろいですねえ。

例(13)では、下線部①から⑬の13箇所で'给'が使用されている。これらを整理すると、下記のようになる。

　・動詞の'给'＝①、③、④、⑤、⑦
　・動詞に前置する'给'＝⑪：3.1.4.3で検証済
　・'把'と連用する'给'＝⑥：本分析では分析の対象としない。
　・前置詞の'给'と動詞に前置する'给'の連用＝②、⑧、⑨、⑩、⑫、⑬の6例

第3章　述部に関わる話し手のモダリティー

　以下では、例(13)の中で、前置詞の'给'と動詞に前置する'给'が連用されている下線部②、⑧、⑨、⑩、⑫、⑬の6例について分析していく。
　例(13)では、（N）が（録音当時の）2年前に中国に一時帰国した際に、中国国内でタクシーに乗った時のエピソードが展開されている。
　まず13-1 Nにおいて、2年前に一時帰国した時、良いタクシー運転手と悪いタクシー運転手の経験をしたことを話す。そして13-2で（N）は、まず良いタクシー運転手のエピソードについて話し、（N）と同乗していた日本人のおばさんの言動に対する（N）の心情が下線部②、⑧、⑨で表現されている。またこれに続いて13-4Nからは、ダメな運転手について話され、このダメな運転手に対する（N）と（N）の同乗者である日本人のおばさんの二人の心情が下線部⑩、⑫、⑬で表現されている。この6箇所の「N1＋给＋N2＋给＋V」の表現は下記の通りである。
　　　例②＝**给我给看的**
　　　例⑧＝**给我给笑的**
　　　例⑨＝**给我给笑坏了**
　　　例⑩＝**给我和老太太给吓的**
　　　例⑫＝**给我和老太太给笑的**
　　　例⑬＝**给我们给笑坏了**

　例②、例⑧、例⑨は、（N）の同乗者の女性がタクシー運転手に対して行った動作・行為によって、（N）に引き起こされた心情が表現されている。これらは'给'を連用することによって、同乗者の女性の動作・行為が（N）の心情に二重に影響を与えたことが表現され、それによって（N）に引き起こされた心情が、通常より高まっていることが表出されている。
　例⑩、例⑫、例⑬は、タクシー運転手の動作・行為によって引き起こされた（N）と（N）の同乗者の女性の心情が表現されている。これらは'给'を連用することによって、タクシー運転手の動作・行為が（N）と（N）の同乗者の女性の心情に二重に影響を与えたことが表現され、それによって（N）と（N）の同乗者の女性に引き起こされた心情が、通常より高まっていることが表出されている。

「N1＋给＋N2＋给＋V」という形式は、先の例(12)のように、話し手が行為者であり、話し手が他者に動作・行為を「与える」場合もあり、また例(13)のように、他者が行為者であり、他者が話し手に動作・行為を「与える」場合もある。しかしそこに共通しているのは、Vが心情や感情と大きく関わる動作・行為であるということである。具体的には例(12)では'气坏（怒る）'、例(13)では'看（（面白いと）思う）'、'笑（笑う）'、'笑坏（大笑いする）'、'吓（びっくりする）'などである。したがってこの形式は、その動作・行為の方向を言明するために表現されているというよりは、話し手の心情や感情を表出するための働きをしていると判断できる。そしてそれは動作・行為を二重に「与えた」ことが表現されるため、そこで表出される話し手の心情や感情は、より強いものとして聞き手に伝えられる。

以上見てきたように、前置詞の'给'と動詞に前置する'给'が連用された場合は、'给'はさらに一段とモダリティー化され、話し手の心情や感情の表出を目的として使用される形式であると見なすことができる。

### 3.1.6　結果補語の'给'＝N1＋V给＋N2(＋N3)

ここではまず、結果補語の'给'について、統語論研究における従来の見解を紹介し、次に本分析における検証を進めていく。

#### 3.1.6.1　統語論における従来の分類

杉村（1994:137-138）においては、「V给」は「複合動詞」と分類され、この場合の'给'は「補助動詞」とされている（:206）。しかし、この形式は「V给」が自立して単独で用いられることはできず、「V给」の後ろには必ずその目的語が必要である。したがって、本分析では、「V给」は「複合動詞」であるとの立場は取らず、≪实用现代汉语语法（増訂本）≫（:638）と同様、「V给」の'给'を「結果補語」として扱う。

以下で、「V给」の'给'がどのような働きをしているのか、言語資料に現れた例をもとに検証を行っていく。

## 3.1.6.2　言語資料による検証

　下記の例 (14) は、言語資料 16 において、インフォーマント（H）と（L）が、（H）が一時帰国したときの天津の状況について話し合っている談話の一部である。

例 (14)

14-1 H ＝还有：一段时间就是鸡蛋｜，｛L＝鸡蛋｝鸡蛋收不上来｜，市内鸡蛋很少｜。｛L＝噢｝实际：（那个）：郊区有很多（这个）养鸡场｜，农民也养｛L＝啊｝好多｜，有鸡蛋｜。

14-2 L ＝他们以高价卖｜，被买走了｜。

14-3 H ＝他卖到北京去比卖到天津要值钱｜。所以他就往别处卖，不往天津卖｜。哈哈哈···

14-4 L ＝哎哟！｜不往天津卖行吗？那不属于：应该属于天津的吗？｜

14-5 H ＝但是，它不已经：（这个）有相对的（这个）所谓的自主形式嘛｜。｛L＝啊｝<u>我卖给你一点</u>｜，但是，我大部分都卖到那边去｜。｛L＝噢｝所以有一段时间，特别有意思｜，天津的鸡蛋了｜，面了｜，全都往外流｜。

14-6 L ＝嗯｜。


例 (14) の日本語訳

14-1 H ＝それから：ある時期、卵、｛L＝卵｝卵は集めることができなくて、市内では卵がとても少なかったです。｛L＝へー｝実際には：郊外にたくさん養鶏場があって、農民も｛L＝ええ｝たくさん飼っていて、卵はありました。

14-2 L ＝養鶏農民はそれを高い値段で売って、買われました。

14-3 H ＝農民は北京に行って売る方が天津で売るより値打ちがあります。だから他のところで売って、天津では売らない。ハハハ···

14-4 L ＝ヘー！天津で売らなくても大丈夫ですか？天津のものなんじゃないんですか？

14-5 H ＝でも、それは：割合とやり方は自由です。｛L＝ああ｝<u>こっちに少し売ってあげて</u>、でも、大部分はあっちに売ります。｛L＝

へー｜だからある一時期、特に面白かったのは、天津の卵や、小麦粉は、全部外に流れてしまいました。
14-6 L ＝うん｜。

　14-5 Hの下線部の'我卖给你一点'は、'给'が表現されることによって、'你'が「売る相手」を意味することになる。しかし、ここでもし'给'が用いられずに'我卖你一点'と表現すれば、それは「'你'を売る」という意味になる。したがってここでは、「'卖'（売る）＋'给'（与える）」と表現することで、動作・行為の方向が「N1→N2」であることを明確に指示し、さらには「'你'に売って<u>あげる</u>」というような、話し手の心情が付加されることとなる。

　もう1つ、「V给」の例を見ていく。
　下記の例(15)は、言語資料11の中で、インフォーマント（N）と（Q）が、会話を学ぶということについて話し合っている談話の一部である。
例(15)
15-1 Q ＝咱们在学校学的时候吧｜，{N＝嗯}就是很少有和日本人有会话的机会｜。{N＝很少有这方面的}所以呢，都是（那个）中国老师｜，日本老师也有。就是中国老师教的时候吧｜，因为他那个本身有局限性｜，{N＝嗯}而且（那个什么）他们说的时候吧｜，就是：文章语句{N＝对对，没错}就比较多｜，咱们学的课文也都是（那个）正式的文章{N＝嗯}或者是小说什么的｜。
15-2 N ＝这方面确实。（那个）：而且一般的咱们学校{Q＝嗯}比如说，<u>老师教给</u>咱们日语｜，{Q＝嗯}你比如说，同样的一个：一个词哈｜，{Q＝啊}你：你用不同的声调来读的话｜，{Q＝啊}你用不同的语音来读的话，它意思，表达的意思不一样哈｜。{Q＝对呀，嗯嗯}就那种｜。嗯｜。

第3章　述部に関わる話し手のモダリティー

例(15)の日本語訳

15-1 Q ＝私たちが（中国の）学校で学んでいた時はね、｜N＝うん｜日本人と会話するチャンスは少なかったです。｜N＝こういう機会は少ない｜だからね、みんな中国人の先生で、日本人の先生もいましたけど。中国人の先生が教えるときはね、先生自身に限界があるし、｜N＝うん｜それに、彼らが話すときにはね、書き言葉が｜N＝そうそう、その通り｜割と多くて、私たちが学ぶ教科書も正式な文章か｜N＝うん｜あるいは小説でした。

15-2 N ＝確かにそうです。それに一般の学校は｜Q＝うん｜たとえば、<u>先生が私たちに日本語を教えてくれるとき</u>、｜Q＝うん｜たとえば、同じ1つ：1つの単語でも、｜Q＝ええ｜違うイントネーションで読むと、｜Q＝ええ｜違う音で読むと、その意味が、表現の意味が違うでしょ。｜Q＝そうです、うんうん｜うん。

　ここでは15-2 Nの下線部で'老师教**给**咱们日语'と表現されている。もともと'教'は二重目的語をとる動詞であるため、15-2 Nの下線部は、'老师教咱们日语'というような'给'の無い表現も成立する。しかしその場合には「先生が私たちに日本語を教える」という、単なる客観的事実を述べるだけの表現となる。ここでは'教'が二重目的語をとる動詞(N1+'教'+N2+N3)であることによって、その動作・行為の「N1→N2」という方向はすでに決定されている。しかし二重目的語をとる動詞に敢えて'给'を後置して'老师教**给**咱们日语'と表現することにより、その動作・行為が「N1→N2」という方向に「与える」という意味が付与されることとなる。そしてこのことによって、「先生が私たちに教える＋与える」→「先生が私たちに教えて<u>くれる</u>」というような、話し手の心情が付加されることとなる。

　杉村(1994：138)では、「V 给」の表現について、次のように記述されている。

　「〈動詞＋'给'〉の'给'には日本語の「やる」「あげる」「くれる」などがもつ、人の上下関係を示したり、感情的なニュアンスを伝えたりする役

割は一切ありません。'給'は単に受領者・受益者を導いて、ものの一方から他方への移動を言うだけです。」

　しかし、杉村（1994）のこの記述は、上記の例(14)の14-5Hと例(15)の15-2Nの例から明らかであるように、中国語の実態を正確に反映した説明ではない。例(14)の場合にも例(15)の場合にも、動詞の後ろに'給'が表現されたことによって、やはりそこには「与える」という意味が付与され、それによって、話し手の心情的あるいは感情的なニュアンスが表出される。中国語は経済的な言語である。'給'を用いる必要のない二重目的語をとる動詞の場合であっても、敢えて'給'を後置させて表現するにはそれなりのしかるべき理由と役割があるはずである。

### 3.1.7　おわりに

　以上、下記の4種類の'給'を検証した。
（ア）前置詞の'給'
（イ）副詞の'給'
（ウ）'給'の連用
（エ）結果補語の'給'

　検証の結果から、現代中国語における動詞以外の'給'の談話にける機能については、以下のようにまとめることができそうである。
　もともと動詞であった'給'は、現代中国語においては、前置詞として用いられる中で、動詞の'給'が持っている「与える方向性」を失い、それによって「二者間において授受関係があること」のみを意味する機能を果たす役目を負った。そして「授受関係」を表す意味を付与する目的で積極的に用いられるようになった結果、談話において、さらに話し手のさまざまな心情を表現するためのモダリティー表現としても使用されるようになった。
　残る（オ）～（ク）については、今回の検証結果を踏まえて、これらの

第3章　述部に関わる話し手のモダリティー

結果と同様の機能を果たしていると言うことができるかどうか、今後検証していく。

## 3.2 可能表現の比較
## 助動詞の'能ＶＲ／不能ＶＲ'と補語の'Ｖ得Ｒ／Ｖ不Ｒ'

3.2.1　はじめに
3.2.2　統語論研究における従来の見解
3.2.3　本分析における言語資料
3.2.4　'能ＶＲ'と'Ｖ得Ｒ'
　3.2.4.1　'能ＶＲ'
　3.2.4.2　'Ｖ得Ｒ'
　3.2.4.3　両者の相違
3.2.5　'不能ＶＲ'と'Ｖ不Ｒ'
　3.2.5.1　'不能ＶＲ'
　3.2.5.2　'Ｖ不Ｒ'
　3.2.5.3　両者の相違
3.2.6　'能ＶＲ／不能ＶＲ'と'Ｖ得Ｒ／Ｖ不Ｒ'の相違
　3.2.6.1　相違のまとめ
　3.2.6.2　'Ｖ得Ｒ／Ｖ不Ｒ'に「行為者のＶＲという事態に対する実現願望」が含意される理由
3.2.7　従来の統語論研究において指摘されてきた問題点の検証
　3.2.7.1　'Ｖ得Ｒ'と'Ｖ不Ｒ'の使用頻度の差
　3.2.7.2　「'能'+'Ｖ得Ｒ'」の表現
　3.2.7.3　'能ＶＲ／不能ＶＲ'と'Ｖ得Ｒ／Ｖ不Ｒ'の互換性
　3.2.7.4　'不能Ｖ'と'Ｖ不Ｒ'の連用
　3.2.7.5　可能補語と様態的連用修飾語との相性
　3.2.7.6　可能補語と連動文との相性
　3.2.7.7　可能補語と'把'構文との相性
3.2.8　'能／不能'の可能の意味
　3.2.8.1　'能'の複数の意味について
　3.2.8.2　'不能'がいわゆる「禁止」の意味を表す理由
3.2.9　おわりに

## 3.2.1 はじめに

　従来、現代中国語において、動詞に結果補語あるいは方向補語が付加された表現の可能の意味を表す形式として、助動詞の‘能’を用いた可能表現と可能補語の表現が比較され、両者の意味の相違が分析、検討されてきた。本節においては、この両者の表現形式の可能の意味の相違を分析していく。そして最後に、‘能／不能’の可能の意味を再考する。

　本節においては、以下、動詞に結果補語あるいは方向補語が付加された表現に助動詞の‘能’を用いた場合を‘能ＶＲ／不能ＶＲ’と表記し、可能補語の表現を‘Ｖ得Ｒ／Ｖ不Ｒ’と表記する。

## 3.2.2　統語論研究における従来の見解

　‘能ＶＲ／不能ＶＲ’と‘Ｖ得Ｒ／Ｖ不Ｒ’の可能の意味の相違を論じた先行研究は、多数ある。以下で、その主要なものと、それらの見解をまとめる。

(1) 大河内（1980：64）
　　「‘能’は構文上のヒエラルキーを考えると最も外のもの，つまり最もモーダルなものである」
　　大河内（1980：71）
　　「可能補語がおのずからのものであるということはいろんなところにあらわれる・・・」
(2) 杉村（1992：215）
　　「ここで"不""得"に前置される述語をＶで代表させ、結果補語および趨向補語をＲで代表させれば、可能補語の肯定形は"Ｖ得Ｒ"となり、これは「Ｖという動作行為を経てＲという事態が生まれる／生まれている」という意味を表す。可能補語の否定形は"Ｖ不Ｒ"となり、「Ｖという動作行為を経てもＲという事態が生まれない／生まれていない」という意味を表す」
(3) 勝川（2015：69）

「モーダルな／能ＶＲ／と非モーダルな／Ｖ得Ｒ／」
(4) 張威（1998：51）

　張威（1998）では、本節の'Ｖ得Ｒ'は'Ｖ得Ｃ'、'Ｖ不Ｒ'は'Ｖ不Ｃ'と表記されている。そして中国語の可能補語の表す意味について、'Ｖ得Ｃ'という形式は「Ｖを実現しようとすれば、またＶが実現すれば、Ｃの実現も可能である。」ということを意味し、'Ｖ不Ｃ'という形式は「たとえＶを実現しようとしても、またはＶが実現するにしても、Ｃの実現が不可能である。」ということを意味していると記述している。

　これらの先行研究の分析の観点には大きく２つの特徴がある。１つは、大河内（1980）や勝川（2015）を代表とする、モーダルか非モーダルかという観点からの分析である。もう１つは、杉村（1992）や張威（1998）に代表されるように、可能補語表現の可能・不可能の作用域がＶＲのＲに関するものであると捉える分析である。

　言うまでもなく、それぞれの表現は、現実の言語生活の中ではそれぞれが使用される根拠や理由がある。その根拠や理由は、それらが使用されている具体的な使用場面を離れては存在し得ないものである。

　そこで以下では、これまでの統語論研究における成果を踏まえた上で、可能の助動詞の'能／不能'を用いた'能ＶＲ／不能ＶＲ'の表現と、可能補語の'Ｖ得Ｒ／Ｖ不Ｒ'の表現の、それぞれの可能の意味の相違を、それらの表現が実際に用いられている談話のレベルにおいて分析することを試みる。そしてさらに、先行研究において指摘されてきたいくつかの問題点を再検討することによって、本分析における見解を実証する。

### 3.2.3　本分析における言語資料

　本分析では、'能ＶＲ／不能ＶＲ'の表現と、'Ｖ得Ｒ／Ｖ不Ｒ'の表現を談話のレベルにおいて分析していくにあたり、主に序章の0.4.1.2に示した中国語母語話者による自然発話の言語資料を分析の対象とした。

第3章 述部に関わる話し手のモダリティー

### 3.2.4 '能ＶＲ'と'Ｖ得Ｒ'

ここではまず、'能ＶＲ'と'Ｖ得Ｒ'の相違を考察していく。以下、3.2.4.1で'能ＶＲ'について、次に3.2.4.2で'Ｖ得Ｒ'について考察し、3.2.4.3で両者の表す意味の相違についてまとめる。

### 3.2.4.1 '能ＶＲ'

下記の例(1)は、言語資料03において、インフォーマント（Ｃ）が、日本で開催された外国人の日本語スピーチコンテストに参加したときの様子を語っている談話の一部である。ここでは1-5Ｃで'**能看清楚**'と表現されている。

例(1)

1-1 Ｃ ＝后来｜，等我出来第一声的时候儿，我挺紧张的｜。

1-2 ＝可是当我说到就说，"これがまさか偉大な田舎と聞いていた名古屋とは"刚说到这儿的时候儿｜，底下的人'哗'的一声都笑了｜。

1-3 ＝我一下紧张的心全放下了｜，我就觉得：底下的人，承认我说的这些东西｜，听懂了我说的东西｜。

1-4 ＝我自己想，我可能在乱七八糟地说一通什么东西｜，结果：随着第一声的笑声｜，我这心开始放下来了｜。

1-5 ＝完了以后｜，越到后边儿越好,越到后边儿越好,到最后：就完了｜，就整个啊｜，开始就：刚开始的（那个）：时候儿，有点儿紧张，最后呢，越来越：底下坐的人我也渐渐看清楚了｜，谁谁谁坐在哪儿，我也<u>能看清楚了</u>｜。

例(1)の日本語訳

1-1 Ｃ ＝それから、第一声を出す時、私はとても緊張していました。

1-2 ＝でも私が「これがまさか偉大な田舎と聞いていた名古屋とは」と言うと、この時、観客席の人がみんな'ワハハ'と笑いました。

1-3 ＝私は急に緊張していた心が解き放たれ、私は：観客席の人は、

230

|     | みんな私の話す内容を認めている、理解していると感じました。 |
| --- | --- |
| 1-4 | ＝私は、自分はめちゃくちゃな話しをしているかも知れないと思っていましたが、初めての笑い声に伴って、私は心が落ち着いてきました。 |
| 1-5 | ＝それから、（スピーチが）あとの方に行くほど調子が出てきて、あとの方に行くほど調子が出てきて、そのあとね：全部ね、最初は：（スピーチが）始まったばかりの時は、ちょっと緊張しましたが、そのあと、だんだんと観客席の人もはっきりと見えてきて、誰がどこに座っているのかも、私は<u>はっきりと見ることができました</u>。 |

　この談話の展開を順に追っていくと、以下のようになる。
　1-1：（Ｃ）はスピーチの第一声を発する時、とても緊張していた。
　1-2：（Ｃ）のスピーチの内容を聞いて、観客が'ワハハ'と笑った。
　1-3：（Ｃ）は緊張した心がほぐれ、観客席の人が自分の話す内容を理解していると感じた。
　1-4：観客席の笑い声に伴って、（Ｃ）の心が落ち着いていった。
　1-5：（Ｃ）はだんだんとスピーチの調子が出てきて、だんだんと観客席のどこに誰が座っているのかも、<u>はっきりと見ることができた</u>。

　例(1)では、1-5Ｃで'能看清楚'と表現されている。この談話の展開から解ることは、1-1Ｃ～1-4Ｃにおいて、1-5Ｃの「'能看清楚'（＝はっきりと見ることができた）」という状況が実現するに至るまでの客観的な要因が時系列順に論理的に説明されていると言うことである。
　もう1つ、'能ＶＲ'の例を見ていく。
　例(2)は、言語資料09の中で、インフォーマント（Ｏ）が、（Ｏ）の所属する大学（＝中国の東北地方にある）で起きた女子学生失踪事件について（Ｎ）に語っている談話の一部である。ここでは 2-4Ｏで'能猜想到'と表現されている。

第 3 章 述部に関わる話し手のモダリティー

例 (2)

2-1 O ＝而且吧：反正听说也发生了（那个）：就是：我们（那个）文科和理科（那个）楼啊｜，差劲。我们学校就属于马路大学｜，就特别分散｜。文科楼到理科楼走得十几分钟｜。

2-2 ＝然后吧｜，一次有一个女孩儿啊，走（那个）挺窄的：住宅啊，（那个）小道走｜。然后就：可能是被人家早就盯上了。

2-3 ＝所以在九点多或十点那么样｜，然后就有一个车开：就一帮人有四，五个人吧｜，全蒙着：带着假面具啊｜，不是假面具，就是蒙面｜，露两个眼睛，就给架跑了，绑架了｜。绑架以后，又：拉挺远，可能是｜。

2-4 ＝后来：反正是那女的肯定发生事了，<u>能猜想到</u>。

2-5 ＝那个女孩儿后来给送回来了，说那个女孩儿自杀了｜。

2-6 ＝那是我们入学前几届的事了｜。

例 (2) の日本語訳

2-1 O ＝それにね：聞いた話では（こういうことがありました）：私たちの（学校の）文科と理科の棟はね、建物がよくないんです。私たちの学校はキャンパスが1か所にまとまっていなくて、分かれ分かれになっています。文科棟から理科棟までは歩いて10数分かかります。

2-2 ＝それでね、ある時一人の女の子がね、住宅のところのね、狭い小道を歩いていたんです。たぶん：以前から誰かに狙われていたんです。

2-3 ＝だから夜の9時か10時ごろ、1台の車がやってきて：四、五人組でね、顔中を何かで被って：お面をつけてね、お面じゃなかったら、覆面を被って、両目を出して、彼女を拉致したんです。拉致した後、とても遠くへ連れて行ったんです、多分。

2-4 ＝その後：その女の子にはきっと何かが起きただろうということは、<u>推測できます</u>。

2-5 ＝その女の子はその後送られて帰ってきましたが、その女の子は

　　　　自殺したそうです。
2-6　＝それは私がその大学に入学する何年か前のことです。

　例(2)の談話の展開を詳細に追っていくと、以下のようになる。
2-1：(O)が通っていた中国の大学のキャンパスは、文科棟と理科棟が分かれていて、その間の距離は歩いて10数分かかる。
2-2：一人の女の子が、住宅のところの狭い道を歩いていた時に、誰かに狙われた。
2-3：その女の子は、夜の9時か10時ごろ、車に乗った四、五人の覆面を被った連中に拉致され、遠くに連れて行かれた。
2-4：その後、その女の子には何かが起きたということは、<u>推測できる</u>。
2-5：その女の子は、その後送られて帰ってきたが、自殺した。
2-6：これは(O)がその大学に入学する数年前のことである。

　ここでは2-4Oで「'能猜想到'（＝推測できる）」と表現されている。例(2)の談話の展開から解ることは、2-4Oの発話の前の2-1O～2-3Oで、なぜ推測できるのかということに対する根拠となる客観的な状況が時系列で説明されていると言うことである。

　以上、'能ＶＲ'の表現例を2例見てきた。この2例に共通しているのは、'能ＶＲ'が表現される前の談話の中で、ＶＲの実現が可能となる、あるいは実現する可能性があると話し手が判断するための根拠となる個別の客観的な要因や条件が、論理的整合性を持って説明されているということである。
　具体的にいえば、例(1)では、1-1Ｃ～1-4Ｃで説明されている要因によって、「(C)は観客席の人をはっきりと見る」ということが可能となった、ということである。また例(2)では、2-1O～2-3Oで説明されている状況から、「その女の子の身に何かが起こったと推測する」ことが可能なのである。
　このように、'能ＶＲ'は、話し手が論理的整合性を持った個別の客観

## 第3章 述部に関わる話し手のモダリティー

的な要因や条件を根拠として、ＶＲの実現が可能である、あるいは実現する可能性があると判断した場合に用いられる表現形式であると言うことができる。

さらにこのことを明確にするため、話し手がＶＲの実現の可能性を判断する根拠となる条件が、'能ＶＲ'が表現される直前で明確に述べられている例を見ていく。下記の例(3)と例(4)がそれである。

例(3)は、言語資料08の中で、インフォーマント（Ｈ）が、天津の大学の状況の変化について（Ｉ）に語っている談話の一部である。ここでは（Ｈ）の大学のある助教授の給料について談話が展開されており、3-2Hで'我才能维持我的生活'、3-3Hで'才能拿到一百七、八'と表現されている。

例(3)

3-1 H ＝现在当：人们现在｜，当前眼睛都奔着钱｜。按照世俗的观念｜，当科学家啊｜，拿多少钱呀？｜｛Ｉ＝嗯｝

3-2 ＝说我们系那个老师就说么｜,｛Ｉ＝嗯｝他是系副主任｜。他说,"我副教授才拿一百二十块钱｜,｛Ｉ＝嗯｝我现在生活水平｜，根本就：维持不了｜，按现在（这个）：市场的价格｜。｛Ｉ＝嘿嘿嘿…｝我现在要按照维持我的生活，<u>一个月得到三百块钱工资</u>｜，<u>我才能维持我的生活</u>｜。"

3-3 ＝他：他基本工资是一百二,<u>再加上补贴的话</u>,<u>才能拿到一百七、八</u>｜，｛Ｉ＝嗯｝那也不够哇｜。

例(3)の日本語訳

3-1 H ＝今：人々は今、目はお金ばかりを追っています。世俗の考え方に照らせば、科学者になったとしてもね、いくら手に入るのか？（大したことはありません。）｛Ｉ＝うん｝

3-2 ＝我々の大学のある先生が言っていました。｛Ｉ＝うん｝ 彼は学部の副学部長です。彼がこう言っていました、「私は助教授なのに120元しかもらっていない。｛Ｉ＝うん｝私の今の生活水準は、全く：維持できない、今の：市場の価格に基づけば。｛Ｉ＝ハ

ハハ…⌋ 私は今、私の生活を維持しようとすれば、<u>1か月300元の給料をもらわないといけなくて、私はそれでやっと私の生活は維持できる</u>。」

3-3 　=彼（副学長）の：彼の基本給は120元で、<u>それに手当てを加えても、やっと170〜180元を手にすることができる</u>だけです。｛I=うん⌋ それでも足りません。

　ここでは、まず3-2Hで'我才能维持我的生活'と表現されている。そしてその直前で「'维持我的生活'（＝自分の生活を維持する）」ことが実現できるための条件が、「'一个月得有三百块钱工资'（＝1ヶ月に三百元の給料がもらえること）」と説明している。さらに3-3Hで'才能拿到一百七、八'と表現されている。そしてこの直前で、「'拿到一百七、八'（＝170〜180元を手にすること）」が実現できるための条件が、「'再加上补贴的话'（＝それに手当てを加えて）」と説明されている。

　もう1つ、例(4)を見ていく。

　例(4)は、言語資料07の中で、インフォーマント（E）が、文化大革命とそれ以後の政府の体制について述べている談話の一部である。この中では4-2 Eで'能上来'と表現されている。

例(4)

4-1 E 　=本来文化大革命：这阶段｜，就是：就是怎么说呢｜，特别严重｜。

4-2 　=就是：（那个）<u>只要是英雄人物</u>｜，<u>只要他干工作干得好</u>｜，<u>当了模范什么的</u>｜，他就肯定要当中央委员，肯定就<u>能上来</u>｜。

4-3 　=所以，你看上面｜，就是一到：一到中央委员开会的时候，开中央全会的时候，都是些农民、工人什么的｜。


例(4)の日本語訳

4-1 E 　=本来文化大革命は：この段階は、何というか：特にひどいんです。

4-2 　=つまり：<u>ただ英雄的な人物でありさえすれば</u>、<u>ただ彼がきちんと仕事をして</u>、<u>模範的人物となりさえすれば</u>、彼は必ず共産党中央委員になって、<u>出世することができる</u>んです。

4-3　　=だから、上を見ると、つまり：中央委員会が開催された時、中央全会が開催された時、みんな農民とか、労働者です。

　4-2Eで'能上来'と表現される直前を見てみると、そこでは'只要…'が2箇所で表現されている。'只要…'は明らかに条件表現である。つまり4-2Eの2箇所の'只要…'において、「'能上来'（＝出世することができる）」ための条件が2つ提示されているということである。これらの条件が満たされて初めて'能上来'なのである。
　杉村（1979：21）には、'（只有）…オ〜'、'只要…就〜'、'如果…就〜'、'既然…也〜'、'就是…也〜'、'即使…也〜'、'那怕…也〜'等の主従複文の主節では、'V得R'より'能VR'を好むとの指摘が見られる。これらの表現形式はどれも、主節の中のVRが実現するための客観的な条件を提示するためのものであるから、主節で'V得R'ではなく'能VR'が好まれるのは至極当然のことである。
　次に、可能補語の'V得R'の表現例を見ていく。

### 3.2.4.2　'V得R'

　下記の例(5)は、言語資料10における、インフォーマント（P）と（Q）による談話の一部である。ここでは、上海から日本に来ているある就学生が、下宿先のアパートの公衆電話を使って、コレクトコールで上海の知人に電話をし、その使用料金6万円をごまかした事件について話されている。この事件は下宿先の大家が電話料金を支払う際に発覚した。5-4Pで'做得出来'と表現されている。
例(5)
5-1 Q　=因为要是如果他们那里住的，就是往上海打电话，首先想到的就是家在上海｜，往家里那边打电话，什么的哈｜。
5-2 P　=对。唔：说不定我想他们就学生之间互相串通｜，你到我这来打，我到你那去打去｜。
5-3 Q　=那也有可能｜。
5-4 P　=有可能，你信不？｜挺坏的什么事都<u>做得出来</u>，有的人｜。

5-5 Q　=他们这样挺不应该的｜。你没有什么特殊的事儿｜，总打什么长途电话呀！｜。

例(5)の日本語訳
5-1 Q　=なぜなら、もし彼ら（上海から日本にきている就学生）がそこ（日本のアパートのこと）に住んでいて、上海に電話するなら、最初に考えるのは実家は上海にあるということで、実家の上海に電話するということです。
5-2 P　=そうです。んー：彼ら就学生の間でグルになっていたかも知れません、お互いの下宿先で（上海に）電話を掛けましょうと。
5-3 Q　=その可能性もあります。
5-4 P　=可能性はありますね、そうでしょ？悪いどんなことでも<u>やることができます</u>、一部の人はね。
5-5 Q　=彼らのこういうやり方は本当にだめです。何も特に用事がないのに、どうして長距離電話を掛けるんでしょう！

　ここでは5-4Pで'做得出来'と表現している。この'挺坏的什么事都<u>做得出来</u>'が意味する内容は、「たとえそれが悪いことであっても、やりたいと願望したことは何でもやることができる」ということである。
　このように、'Ｖ得Ｒ'の表現には、行為者個人のＶＲを実現したいという願望が含意されている。そして、ＶＲを実現したいと願望した結果、ＶＲを実現することができるということを意味するのが'Ｖ得Ｒ'という表現である。'Ｖ得Ｒ'の表現に、行為者個人のＶＲを実現したいという願望が含意される理由については、3.2.6.2において述べる。

### 3.2.4.3　両者の相違
　以上の検証から'能ＶＲ'と'Ｖ得Ｒ'の表す可能の意味の相違をまとめると、下記のようになる。
　例(1)～例(4)に示した通り、話し手が'能ＶＲ'を用いる場合には、ＶＲの実現の可能性があると判断するための根拠となる個別の客観的な要因や

条件が、必ず論理的整合性を持って述べられている。そしてその要因によって、あるいはその条件下においてＶＲを実現することができるということを、'能ＶＲ'は意味している。

一方'Ｖ得Ｒ'の場合には、行為者個人のＶＲを実現したいという願望が含意されており、実現したいと願望したＶＲを実現することができる、ということを'Ｖ得Ｒ'は意味している。

### 3.2.5 '不能ＶＲ'と'Ｖ不Ｒ'

次に'不能ＶＲ'と'Ｖ不Ｒ'について比較していく。
まず3.2.5.1で'不能ＶＲ'について、次に3.2.5.2で'Ｖ不Ｒ'について分析し、最後に3.2.5.3で両者の相違をまとめる。

#### 3.2.5.1 '不能ＶＲ'

下記の例(6)は、言語資料06において、インフォーマント（Ｅ）と（Ｇ）が中国社会の体制改革について語っている談話の一部である。ここでは6-9Ｅで'**不能継続下去**'と表現されている。

例(6)

6-1 G ＝浪費太大了。我常常就是考慮這個問題｜。(這個)我看啊，一個是跟中国現在的経済水平｜，還有（這個）社会形態有関｜。再有跟中国伝統的｜，封建式的｜，小農的｜，自給自足的｜，自然経済｜，跟這個東西｜，有非常大的関係｜。

6-2 E ＝対｜。

6-3 G ＝哎。日本従明治社会｜，従明治維新以来｜，然后，它的社会｜，逐漸就向西欧那様｜，西方那様発展｜。所以説，它到現在｜，各各方面都適応于：這種新的社会環境｜。

6-4 ＝中国呢，不行｜。每個単位，你看，自己套個大墻｜，就是独立王国｜。

6-5 E ＝嗯。而且：修上囲墻｜。

6-6 G ＝修上囲墻｜，就差没有電網了｜。哈哈哈…没办法｜，啊｜。

238

　　　　　赶一半会儿都赶不了｜。
6-7 E ＝所以，你要改的话｜，它不是说光一个：光一个社会：光一个（这个）：体制改革的问题，还有一个（这个）人的思想转变的问题｜。
6-8 　　＝思想不转变的话，你体制改过来｜，你强行改过来｜，人们不接受｜。
6-9 　　＝不接受就产生许多许多：（这个）麻烦，困难｜，你就：你这个体制就**不能继续下去**｜。
6-10 　＝所以：所谓改革呀，就是长期的问题｜。

例(6)の日本語訳

6-1 G ＝浪費が多すぎます。私はいつもこの問題を考えています。私が見たところ、1つは中国の現在の経済のレベル、さらには社会のシステムと関係があると思います。さらに中国の伝統的、封建的、零細農家的、自給自足的、自然経済的などのものと、非常に関係があります。
6-2 E ＝その通りです。
6-3 G ＝ええ。日本は明治の社会以来、明治維新以来、その社会は、だんだんと西欧に向かって、欧米のように発展しました。だから、日本は現在まで、いろいろな方面で：この新しい社会環境に適応してきました。
6-4 　　＝中国はというと、だめです。それぞれの組織が、自分で大きな壁を作り、独立王国です。
6-5 E ＝うん。さらに：取り囲んだ壁を作っています。
6-6 G ＝取り囲んだ壁を作っています、電流の流れている鉄条網はまだないけど。ハハハ…どうしようもない。だからこんな短時間で追いつこうとしても追いつけません。
6-7 E ＝だから、もし変えたいのなら、社会：体制改革の問題を言うだけでなく、さらに人の思想変革の問題があります。
6-8 　　＝思想が変わらなければ、体制を変えても、無理やり変えても、人々は受け入れません。

6-9　　＝受け入れなければたくさんのたくさんの：面倒な事や、困難が生まれ、その体制は維持していくことはできません。

6-10　　＝だから：いわゆる改革というのはね、長期の問題なんです。

この談話の6-7E～6-9Eの展開を追っていくと、以下のようになる。
　6-7E：改革するためには社会体制だけでなく、さらに人の思想を変えなければならない。
　6-8　：思想が変わらなければ、無理やり体制を変えても、人々に受け入れられない。
　6-9　：受け入れられなければ、いろいろな面倒や困難が生じて、その体制は維持していくことはできない。

　この談話の展開から明らかなことは、6-9Eで「'你这个体制就**不能**继续下去'（＝その体制は維持していくことはできない）」と話し手が判断する根拠となる客観的な要因が、6-7Eと6-8Eで論理的に順を追って述べられているということである。
　もう1つ、'不能ＶＲ'の表現例を見ていく。
　例(7)は、言語資料06において、インフォーマント（E）と（G）が中国の一般大衆について話し合っている談話の一部であり、7-6で(E)が'不能争取到'と表現している。

例(7)

7-1 G　＝老百姓不是傻子｜，老百姓看得清楚｜。但是老百姓自己没有权力｜，又处在封建主义这个情况下｜。所以说，我觉得｜，封建主义的家长制一言堂｜，还有那些：所有的封建的那些个残渣余孽｜，跟资：跟（那个）资产阶级的｜，自由、平等、博爱、民主｜，跟它比一比｜，哪个好？｜老百姓喜欢哪个？｜当然最喜欢的是无产阶级｜。但是无产阶级呢｜，…

7-2 E　＝问题是，你现在：你说的（那个）无产阶级，跟你现在做的这个，完全不一样啊｜。是吧？是吧？｜

7-3　　＝你说的是：人人平等，你：说的是为人民服务，你说的是｜，（这个）

同甘共苦,那这些要比资产阶级那一套呢,好像还要强一点儿啊｜,还:还要进步一些啊｜,可是你现在是搞的是封建主义呀!｜

7-4　=所以,你就让人误认为｜。你(这个):你搞的所谓无产阶级呀,实际上就是封建主义｜。

7-5　=所以,你:怎么说呢,你自己做得不好吧｜,你就:怎么说呢｜,说服:说服力就不高｜。

7-6　=说服力不高呢,那你:怎么说呢,你就:你就**不能**争取到群众啊｜。

例(7)の日本語訳

7-1 G　=一般大衆はバカじゃなくて、一般大衆はよく分かっています。でも、一般大衆自身には権力がありません、また封建主義のこの状況下においては。だから、封建主義の家長制は独断的で、さらに:すべての封建的なあれらの残りかすと、ブルジョア階級の、自由、平等、博愛、民主とを比べると、どっちがいいのか？一般大衆はどちらを好むのか？当然最も好むのはプロレタリア階級です。しかしプロレタリア階級はね、…

7-2 E　=問題は、今、プロレタリア階級が言っていることは、今やっていることと、全く違うということです。そうでしょ？そうでしょ？

7-3　=人は平等である、人民に奉仕する、苦楽を共にするということは、ブルジョア階級のものと比べてね、ちょっとましなようで、進歩しているようだけれども、しかし、今やっていることは封建主義ですよ！

7-4　=だから、人に誤解させています。今やっているいわゆるプロレタリア階級はね、実際には封建主義です。

7-5　=だから、何というか、ちゃんとやっていないからね、何というか、説得力が低くなります。

7-6　=説得力が低いとね、何というか、<u>大衆を獲得するとはできません</u>よ。

この談話の展開を追っていくと、7-2 E～7-5 Eで、プロレタリア階級のやっていることは説得力が低いと（E）が判断する客観的な根拠が、論

理的に順を追って説明されている。そして 7-6 E で「'说服力不高呢（説得力が低いと⇒条件），你就<u>不能</u>争取到群众啊（<u>大衆を獲得することはできない⇒不可能となる</u>）'」と結論づけている。

　以上見てきたように、'不能ＶＲ'についても、3.2.4.1 において'能ＶＲ'について考察した結果と同様であることが解る。即ち'不能ＶＲ'は、話し手が個別の客観的な要因や条件を論理的整合性を持った根拠として、ＶＲの実現の可能性がないと判断した場合に用いられる表現形式である。
　次に、'Ｖ不Ｒ'の表現例を見ていく。

### 3.2.5.2 'Ｖ不Ｒ'

　例(8)は、言語資料03において、インフォーマント（Ｃ）が、自分が参加した外国人スピーチコンテスト（日本において開催されたもの）の結果発表のときの様子について語っている談話の一部である。ここでは 8-4 C で'赶不上去'と表現されている。

例(8)

8-1 C ＝可这小时之间呢，就是：看录相什么的哈｜。看录相呢｜，我就坐在那：特别坐卧不安。我就想｜，我到底能得到一个什么样的结果呢？｜

8-2 ＝完了以后呢｜，好不容易等了一个小时零十分种｜，（那个）：就是（那个）：评选委员会开始宣布｜，宣布这个比赛结果啊｜。

8-3 ＝后来他说｜，他是：也是按：就是：讲演的（这个）顺序｜，说到我的时候呢｜，他这么说，他前面不是一个名字一个名字｜，说到我的时候呢｜，说"チョウ｜，コウナンサン"｜。完了以后｜，一下就我觉到挺有希望的了哈｜。

8-4 ＝完了以后，他说："我们刚才听的：（这个）就：（那个）：中国同学说的(这个)啊｜，我们：我们底下都在反省啊｜。我们日本的(这个)：英语的会话教师，为什么不能象这样｜，就是外国人学日语能学得这么好，我们的英语为什么<u>赶不上去</u>呢？"｜

8-5 ＝后来｜，当时我就觉得｜，其实：我也学了那么长时间了：我学了｜，

也学了四年日语了哈｜，说到这种程度也是应该的｜。

例(8)の日本語訳

8-1 C ＝でもこの（審査の結果発表を待っている）あいだ、ビデオを見ていました。ビデオを見てね、私は坐っていて：とても不安でした。私は、一体どんな結果を手に入れることができるのだろうと、考えていました。

8-2 ＝それから、1時間10分待ってやっと、審査委員会が、このスピーチコンテストの結果の発表を開始しました。

8-3 ＝それから、彼（審査委員会の委員）が：発表の順にコメントし、私の番になった時はね、私の前のみんなのように名字だけを言うのではなくて、私の時にはね、「チョウコウナンさん」と言いました。それで、すぐに私はとても有望だと思いました。

8-4 ＝それから、審査委員会の委員がこう言いました：「私たちは先ほど中国人の学生さんの話を聞いて、私たちは：みな反省しています。我々日本の：英語の会話教師は、どうしてこのようにできないのか、つまり、外国人が日本語をこんなに上手にマスターできるのに、我々の英語はどうして<u>そこまでのレベルに行けないので</u>しょうか？」

8-5 ＝当時私は、実際に：私もこんなに長く勉強して：私は、4年間も日本語を勉強したんだから、この程度話せるのは当たり前だと思いました。

8-4 Cの'赶不上去'が意味しているのは、「中国人の大学生は日本語を4年間勉強して、これほど上手く日本語を話すことができるのに、日本人の英語は、どうして<u>このようなレベルに達することができないのか</u>」ということである。つまりここには「このようなレベルに達したい」という願望があり、そのような願望があるのに、「このようなレベルに達することができない」ということが表現されている。

もう1つ、'V不R'の例を見ていく。

第3章 述部に関わる話し手のモダリティー

　例(9)は、言語資料10の中でインフォーマント（P）と（Q）が、インフォーマント（Q）の夫について語っている談話の一部である。ここでは9-8 Qで'起不来床'と表現されている。

例(9)

9-1 Q ＝他吧，喜欢玩，喜欢玩，喜欢喝啤酒，喜欢（那个…）

9-2 P ＝（这个）喝酒挺贵的，我觉得。你不能光喝酒啊，你要（那什么）稍稍到外面一喝，一吃菜什么。

9-3 Q ＝他怎么说呢，他这个人是属于什么型的呢哈｜，啊！｜，他喜欢买书｜。｛P＝嗯｝我们书架上那两：那：那么大的书架吧，两个书架，那书全满了，排了两排还｜。｛P＝嗯｝他买了多少书！｜。他！喜欢看书，他｜。就是他买的文化论方面的那种书，还特别贵，｛P＝对对对｝每本都一千二千的｜，他全都买｜。｛P＝嗯｝（那个什么)法国哲学啦，(什么那个)他喜欢看法国哲学那方面的书｜。书买了不少｜。

9-4 ＝而且他生活上不拘小节｜。他：你看，就田中老师说的哈，他说象个小孩儿似的｜。就是看起来就是特别有才能啊，但是就是：象小孩儿｜。｛P＝哈哈哈 …｝

9-5 ＝比如说什么呢，不：不守时间｜。｛P＝哈哈哈 …｝和人家约好什么什么时间吧哈｜，｛P＝嗯｝他到时候'啊，忘了！'｜。｛P＝哈哈哈 …｝他经常干这样的事！｜。

9-6 ＝去年，我听说中国语讲习会，他课给忘了一次，是吧？｜

9-7 P ＝对对对，我听说了｜。

9-8 Q ＝完了说什么呢，早上不起床｜。上课时间吧｜，'啊，起不来床，就不起来｜。'是那种人｜。｛P＝哈哈哈 …｝

9-9 ＝完了，出去吧，不愿意做饭吧｜，就出去吃｜。

9-10 ＝完了，就是生活上吧，怎么说呢：就是完全就是：任性的｜，就是：喜欢干什么，他就干什么，他是那种类型的人｜。

例(9)の日本語訳

9-1 Q ＝彼はね、遊ぶのが好きで、遊ぶのが好きで、ビールを飲むのが

好きで、それから···

9-2 P ＝お酒を飲むのは高いですよ、私はそう思うけど。お酒だけ飲むということはできないでしょ、ちょっと外では飲むと、何かを食べるでしょ。

9-3 Q ＝彼は何というか、彼という人はどういうタイプの人かというと、あっ、彼は本を買うのが好きです。{P＝うん} 私たちの（家の）本棚には：大きな本棚はね、２つの本棚は、本で一杯で、しかも２列に並べてあります。{P＝うん} 彼はどれだけ本を買ったことか！{P＝うん} 彼はね、本を読むのが好きです、彼は。彼の買う文化論関連の本は、とても値段が高くて、{P＝そうそうそう} どれも１冊千円とか２千円なんだけど、彼はいつもこういう本を買います。{P＝うん} フランスの哲学の本とか、彼はフランスの哲学関係の本が好きです。本はたくさん買いました。

9-4 ＝それから彼は生活の上で小さなことに拘りません。彼は：ほら、田中先生が言っていたでしょ、彼は子どもみたいだって。とても才能があるように見えるけど、でも：子どもみたいです。{P＝ハハハ···}

9-5 ＝たとえばね、時間を守りません。{P＝ハハハ···} 人と時間を約束するでしょ、{P＝うん} 彼はその時間になると、「あっ、忘れた！」{P＝ハハハ···} 彼はいつもこうです。

9-6 ＝去年、中国語の講習会で、彼は１回授業を忘れちゃったと聞いたけど、そうでしょ？

9-7 P ＝そうです、そうです、そう聞きました。

9-8 Q ＝それはどうしてかというと、朝起きない。授業の時間にはね、「あ、起きられないから、起きない。」という、そういう人です。{P＝ハハハ···}

9-9 ＝それから、出かけるのはね、ご飯を作りたくないから、食べに出かけます。

9-10 ＝それから、生活の上でね、何というか：完全に：わがままで、やりたいことをやるという、彼はそういうタイプの人です。

9-8 Qで「'起不来床'（＝起きられない）」というのは、「起きようと思っても（起きようと願望しても）起きることができない」ということを意味している。つまり、ここでは（Q）の夫は「（朝）起きようと思っても（起きようと願望しても）起きることができない」から起きないという、そういう人だということが表現されている。

以上、例(8)と例(9)の2例から、'V不R'は、行為者がＶＲの実現を願望しても、ＶＲを実現することができないということを意味している、ということが解る。'V不R'に行為者個人のＶＲを実現したいという願望が含意されている理由についても、3.2.6.2で述べる。

また、9-2 Pで表現されている'不能'については、3.2.8.1で触れる。

### 3.2.5.3　両者の相違

以上の検証から'不能ＶＲ'と'Ｖ不Ｒ'の表す可能の意味の相違をまとまると、下記のようになる。

話し手が'不能ＶＲ'を用いる場合には、ＶＲの実現の可能性がないと判断するための根拠となる個別の客観的な要因や条件が、必ず論理的整合性を持って述べられる。

一方'Ｖ不Ｒ'の場合には、行為者には必ずＶＲを実現したいという願望が存在している。つまり、行為者がたとえＶＲの実現を願望したとしてもそれが実現できない、ということを意味するのが'Ｖ不Ｒ'である。

## 3.2.6　'能ＶＲ／不能ＶＲ'と'Ｖ得Ｒ／Ｖ不Ｒ'の相違

以上、'能ＶＲ／不能ＶＲ'と'Ｖ得Ｒ／Ｖ不Ｒ'の表現について、談話のレベルでの分析を進めてきた。その結果得られた両者の相違を、以下にまとめる。

### 3.2.6.1　相違のまとめ

まず、'能ＶＲ／不能ＶＲ'についてまとめていく。

話し手が'能ＶＲ'を用いる場合には、ＶＲの実現の可能性があると判断するための根拠となる個別の客観的な要因や条件が、必ず論理的整合性を持って、話し手に認識されている。つまり、その要因によって、あるいはその条件下において、ＶＲを実現することができるということを、'能ＶＲ'は意味している。

　話し手が'不能ＶＲ'を用いる場合には、ＶＲの実現の可能性がないと判断するための根拠となる個別の客観的な要因や条件が、必ず論理的整合性を持って、話し手に認識されている。つまり、その要因によって、あるいはその条件下において、ＶＲを実現することができないということを、'不能ＶＲ'は意味している。

　このように、話し手が'能ＶＲ／不能ＶＲ'と表現する際の根拠とする個別の要因や条件は、客観的なものであることから、それは話し手あるいは行為者の内面的なもの、つまり個人的な内発発露によるものではなく、外的要因によるものであると言うことができる。たとえば例(1)は「スピーチコンテストで緊張していた（Ｃ）が、自分のスピーチを聞いた観客の笑い声という外的要因によって緊張がほぐれ、それによってだんだんと観客席の人がはっきりと見ることができた（＝'能看清楚'）」のである。例(2)は「女子学生が、夜の９時か10時に覆面をした四、五人組に車で遠くに連れて行かれたという外的条件である客観的事実から判断して、彼女の身に何か起こったと推測できる（＝'能猜想到'）」のである。また例(3)は、「大学助教授の基本給120元に手当てをプラスするという外的条件によって、やっと170元から180元を手にすることができる（＝'能拿到一百七，八'）」のである。さらに例(4)は、「英雄的人物で、きちんと仕事をして、模範的人物となるという外的条件がありさえすれば、必ず共産党中央委員になって、出世することができる（＝'能上来'）」のである。

　'不能ＶＲ'の場合も同様である。例(6)は「人々の考えが変わらなければ、体制を無理やり変えても、人々には受け入れられず、人々に受け入れられるという外的要因がなければ、体制は維持していくことはできない（＝'不能継続下去'）」のである。また例(7)は、「説得力が低いという外的要因によって、大衆を獲得することはできない（＝'不能争取群众'）」のである。

このように、'能ＶＲ／不能ＶＲ'は「外的要因による、あるいは外的条件下における可能あるいは不可能」を意味している。

次に、'Ｖ得Ｒ／Ｖ不Ｒ'についてまとめていく。

'Ｖ得Ｒ'の場合には、行為者個人のＶＲを実現したいという願望が含意されている。つまり、「行為者がＶＲの実現を願望すればＶＲを実現できる」ということを'Ｖ得Ｒ'は意味している。

'Ｖ不Ｒ'の場合にも、行為者には必ずＶＲを実現したいという願望が存在している。つまり、「行為者がＶＲの実現を願望したが、ＶＲを実現できない」、または「たとえＶＲの実現を願望したとしても、ＶＲを実現できない」ということを'Ｖ不Ｒ'は意味している。

このように、'Ｖ得Ｒ／Ｖ不Ｒ'には、行為者に必ずＶＲを実現したいという願望があり、これらは、行為者のＶＲを実現したいという「内発的な実現願望に基づく可能あるいは不可能」を意味している。

### 3.2.6.2 'Ｖ得Ｒ／Ｖ不Ｒ'に「行為者のＶＲという事態に対する実現願望」が含意される理由

杉村（1992）における可能補語に対する見解については、先の3.2.2において記述した。杉村（1992）の見解では、'Ｖ得Ｒ'および'Ｖ不Ｒ'の可能および不可能の作用域はＲのみである。同じく3.2.2において記述した張威（1998）における可能補語の捉え方も、杉村（1992）と同様、可能補語の可能・不可能の作用域はＲに関してだけであるという捉え方である。しかし、音声上も'Ｖ得Ｒ'および'Ｖ不Ｒ'は、可能を表す'得'と不可能を表す'不'が必ず軽声で発音され、'Ｖ得Ｒ'および'Ｖ不Ｒ'はそれぞれひとまとまりで発音される。このことからも、中国語母語話者は'Ｖ得Ｒ'あるいは'Ｖ不Ｒ'を、それぞれ１つの状況を表していると認識していると考えることができる。杉村（1992：218）では「可能補語とは結果の肯定であり、また否定である」と明言されている。しかし、この表現は決して「Ｒという事態が生まれる／生まれている」あるいは「Ｒという事態が生まれない／生まれていない」というように、Ｒに関してだけ可能・不可能を意味しているのではない。この表現は、行為者がＶＲを１つの状況と

して捉え、その実現を内発的に願望し、あるいはその内発的願望の実現を仮定し、そしてＶＲという事態が実現できる、あるいはできないということを意味している。したがって、可能補語の可能・不可能の作用域はＶＲ全体に及ぶと捉えるのが妥当である。

　では、なぜ'Ｖ得Ｒ／Ｖ不Ｒ'に行為者のＶＲという事態を実現したいという内発的願望が含意されるのか。次に、このことについて検討する。

　この表現を発話する際、それが可能の場合であっても不可能の場合であっても、発話者の思考の中では当然、実現したＶＲという事態が想定されている。そしてそれはＶした後のＲの実現ということではなく、Ｖした後のＲという事態までを含めたＶＲという事態の実現が想定されている。何故ならば、何のためにＶするのかと言えば、それは当然ＶＲという事態を実現するためである。繰り返しになるが、決してそれはＶした後のＲの実現ということではなく、Ｖして、Ｖした後のＲという事態までを含めたＶＲという事態の実現である。そしてそれが「できる／できない」と判断する前提には、必ず「Ｖして、ＶＲという事態を実現したい」と願望するか、あるいは「Ｖして、ＶＲという事態を実現したいと願望した場合には」という仮定があるはずである。換言すれば、「Ｖして、ＶＲという事態を実現したい」という願望がないのに、ＶＲという状況の実現が可能か不可能かということを認識し、言語化する必要があるだろうか、ということである。

　では、'能ＶＲ／不能ＶＲ'の可能・不可能の場合はどうか。この場合も、'Ｖ得Ｒ／Ｖ不Ｒ'と同様に、ＶＲについての可能・不可能を表現しているが、「ＶＲという事態を実現したい」という願望は含意されない。なぜなら、'能／不能'の可能表現の場合には、当初からＶＲの実現のみを想定しているからである。つまり'能ＶＲ／不能ＶＲ'の可能・不可能の場合には、「Ｖして、Ｖした後のＲという事態までを含めたＶＲという事態の実現」を表現しているのではなく、当初からＶＲの実現のみを想定している。さらに、'能／不能'の可能表現はＶＲに関するものだけではない。換言すれば、ＶＲに関するものは'能／不能'の可能表現の一部である。したがって、'能／不能'の可能表現は、ＶＲに限らず、この可能表現の

本質的な意味を考察するべきである。これについては 3.2.8 において詳述する。

### 3.2.7　従来の統語論研究において指摘されてきた問題点の検証

　従来、助動詞の'能ＶＲ／不能ＶＲ'の表現と、可能補語の'Ｖ得Ｒ／Ｖ不Ｒ'の表現を分析する中で、いくつかの問題点が指摘されてきた。ここでは、これらの問題点を再検討することにより、本分析の妥当性を検証していく。先行研究の中から、この節で取り上げた例文については、各論文に記されていた番号ではなく、この節における通し番号（①〜⑳）で記してある。

#### 3.2.7.1　'Ｖ得Ｒ'と'Ｖ不Ｒ'の使用頻度の差
　可能補語は、肯定形'Ｖ得Ｒ'と否定形'Ｖ不Ｒ'の使用頻度において明確な差があり、従来からこのことが問題視されてきた（刘月华（1980）、大河内（1980）、荒川（1990）、杉村（1992）、勝川（2015）参照）。本書の序章の0.4.1.2 に示した言語資料のうちの 6.5 時間分において、'Ｖ得Ｒ'と'Ｖ不Ｒ'の使用頻度を調査した結果においても、下記に示した数字の通り、その使用頻度の差は歴然としている。
　　　　　　'Ｖ得Ｒ' = 5 例　　＜　'Ｖ不Ｒ' = 174 例
　以下で、この使用頻度の差について考察していく。

　これについて大河内（1980:67）は、下記の①を例に挙げて、'治好'と'治不好'が対応していると述べている。
　　①给人治病，治好了，没说的，治不好，要是出个三长两短的。
　　　　（人の病気の治療をして、うまくなおせればなにも言う人はないが、うまくなおせないと、あれこれ言う人が出るものだ。）

　さらに'打死'と'看完'の2つの結果補語表現を例に挙げて下記のa、b、cを示し、私案を提案している。

|   a   |   b   |   c   |
|-------|-------|-------|
| 打死  | 打得死 | 打不死 |
| 看完  | 看得完 | 看不完 |

　大河内（1980：67）で述べられている私案とは、「対応するのはa、cであり、bの「得」を含む形は強意の可能形式」というものである。ここで、本節の分析における見解、即ち、可能補語表現には「VRを実現したい」という行為者の願望が含意されているという見解に立って、上記の大河内（1980）の①の分析を試みる。

　例文の①の'治好了'は単に客観的事実を述べているに過ぎない。つまり、「（医者が）病人の病気を治療し、きちんと治るということが実現した」ということを客観的に表現しているだけである。これに対して'治不好'は、「（医者が）うまく治そうと願望しても、うまく治すことができない」ということを意味している。したがって、①は「客観的にきちんと治るということが実現すれば、誰も何も言わないが、（医者が）うまく治そうと願望しても、うまく治すことができない場合には、あれこれと言う人が出る」という意味である。このことから、①に対する大河内（1980）の日本語訳は正確ではないということができる。大河内（1980）では①の'治好了'を「うまくなおせれば」という日本語で表現しているが、'治好了'に「可能」の意味はない。'治好了'が意味しているのは、「客観的にうまく治すということが実現すれば」→「うまく治れば」である。このように見ていくと、大河内（1980）の提案（＝aの'打死'とcの'打不死'を対応関係と捉え、またaの'看完'とcの'看不完'を対応関係と捉えるというもの）には、やはり無理がある。

　ではなぜ、'V得R'は'V不R'と比べて、極端に使用頻度が低いのか。次にこのことについて考察していく。

　本分析の見解に立てば、'V得R'は「行為者が実現したいと願望したVRという状況を実現することができた」ということを意味する。しかし想定された事態が実現した場合、通常は、客観的事実として、想定された事態が実現したことを述べるだけで十分であり、そこにわざわざ行為者のVRを実現したいという願望を含意させる必要はない。したがって多くの

第3章　述部に関わる話し手のモダリティー

場合、'ＶＲ（了）'と表現されることとなり、それによって当然'Ｖ得Ｒ'の使用頻度は低くなる。具体的に上記の①の場合を見ていくと、「人の病気の治療をして、きちんと治った（='治好了'）ならば、何も言う人はない（='没说的'）」という表現となるのは当然のことである。何故ならば、患者やその家族にとって重要なことは、その病気がきちんと治ったかどうかということであり、医者がうまく治そうと願望しているかどうかなど、二の次のことだからである。しかし、医者がきちんと治そうと願望しなければ、治療はできず、病気は治せないし、治らない。したがって、病気が治らなかった場合には、「医者がきちんと治そうと願望したが、きちんと治すことができない（='治不好'）と、あれこれ言う人が出る（='要是出个三长两短的'）」のである。このことを、さらに下記の②で検証していく。

②は杉村（1992：213）で挙げられている例である（例文中の下線と(a)～(d)の記号は、筆者が記した）。

　②<u>女儿看中的</u>，<u>父母看不中</u>；<u>父母看中的</u>，<u>女儿看不中</u>。
　　　(a)　　　　　(b)　　　　　(c)　　　　　(d)
　（娘のお眼鏡に叶った者は、親のお眼鏡に叶わず；親のお眼鏡に叶った者は、娘のお眼鏡に叶わない）

この文は、前半部分（＝(a)+(b)）の'女儿看中的，父母看不中'と、後半部分（＝(c)+(d)）の'父母看中的，女儿看不中'が対を成している。前半部分では(a)で'女儿看中的'というように'看中'が用いられ、後半部分では(c)で'父母看中的'というように'看中'が用いられている。'女儿'も'父母'も自分たちが気に入る相手であること、つまり「'看中'（＝気に入る）」という事態が実現することを願望していることは間違いない。しかし、ここでは、単に客観的事実として、その実現した事態だけを'看中'と表現している。そして、実現したかったが実現しなかった場合については、(b)で'父母<u>看不中</u>'、(d)で'女儿<u>看不中</u>'と「'看不中'（＝気に入ることを願望したが、気に入ることができない）」を用いて表現している。実現した場合には、単にその実現した状況だけを表現すれば、それで十分である。しかし、もし、(a)と(c)の'看中'を、それぞれ'看得中'と表現

252

すると、(b)の'父母看不中'と(d)の'女儿看不中'の中の'看不中'と、情報伝達上あるいはレトリック上、表現の重点が重複することとなる。そしてそれによって、'看不中'の表現意図、伝達意図の効果が薄まってしまう。したがって、実現しなかった場合についてのみ、(b)と(d)で'看不中'と表現されている。

しかし、行為者のＶＲという事態を実現したいという願望を表現する必要がある場合には、'Ｖ得Ｒ'という表現が採用されることとなる。先の3.2.4.2で挙げた本分析の言語資料の例(5)がまさにそれである。例(5)で表現されている'挺坏的什么事都<u>做得出来</u>，有的人。'は、「悪いどんなことでも（自分がやりたいと願望したことは）何でもやることができるという、そういう人がいる」という意味である。単に「何でもやることができる」という意味ではない。「悪いどんなことであっても、<u>自分が願望したことは</u>、やることができる」という意味である。したがって、ここでは'做得出来'と表現することが不可欠となる。

以上、見てきたように、可能補語の対応関係としては、やはり素直に、肯定形'Ｖ得Ｒ'、否定形'Ｖ不Ｒ'と考える方が無理がない。

### 3.2.7.2 「'能'+'Ｖ得Ｒ'」の表現

「'能'+'Ｖ得Ｒ'」について、杉村（1992:227）では、「"能"と"的"（"得"）を共に可能の所記であると見なせば、可能がだぶる事になる。両者を同一レベルに属するものではないと見る事が必要である。」と述べられている。しかし、この問題に関して、これ以上の分析はなされていない。

以下で、本分析の見解によって、杉村（1979）で挙げられている例（下記の③）と杉村（1992）で挙げられている例（下記の④）について、詳述していく（③と④における下線は筆者による）。

 ③ 这件事，在儒家眼里，是只有圣贤帝王才<u>能干得出</u>的事。
  （この事は、儒家の目には、ただ聖賢帝王だけができる事である。）[1]

---

1) ③の日本語訳は筆者によるものである。

④ 太后跑了，八旗兵撤了，连肃王府都挂了白旗，咱能顶的住鬼子的洋枪吗？
　　（太后様は逃げたし、八旗兵も退いた、肃王府まで白旗を掲げておる、わしらに外国兵の鉄砲に対抗できるかね）

　③の'干得出'は、「やろうと願望したら、やることができる」ということを意味している。そして「この事をやろうと願望したらやることができる」ための「外的条件」が「'圣贤帝王'（聖賢帝王）」であり、'圣贤帝王'には「できる」ということが'能'で表現されている。'圣贤帝王'とは、知識、人格に優れた王のことである。つまり「この事（'这件事'）は、知識、人格に優れた'圣贤帝王'（＝外的条件）だけが、やろうと願望（＝内発的願望）したら、やることができる（'能干得出'）」のである。③はこういうことを意味している。
　また④の「'顶的住'（＝顶得住）」は、「外国兵の鉄砲に対抗したいと願望して、それが実現できる」ということを意味している。また「太后様は逃げ、八旗兵も退き、肃王府まで白旗を掲げている」という「外的条件下」において、我々が「外国兵の鉄砲に対抗したいと願望して、それが実現できる」ということが可能であるかどうかということを'能～吗'と表現している。つまり④は、「外国兵の鉄砲に対抗したいと願望（＝内発的願望）して、それを実現するということが、太后様は逃げ、八旗兵も退き、肃王府まで白旗を揚げているという条件下（＝外的条件）において、可能であろうか？いや可能なわけがない」ということを意味している。
　ここで「'能'+'V得R'」の意味をまとめれば、以下のようになる。
　「'能'+'V得R'」は、VRが実現することを内発的に願望して、それを実現することができる（'V得R'）ということが、外的要因、条件下において実現できる（'能'）」ということを意味している。

### 3.2.7.3　'能VR／不能VR'と'V得R／V不R'の互換性

　従来、統語論研究において、'能VR／不能VR'と'V得R／V不R'の互換性が議論され、比較検討されてきた。その中で、鲁晓琨（1993）で

は、'V不R'を'不能ＶＲ'に変換した後に、以下の3つの現象が現れるとしている。
 1.'V不R'は成立するが、'不能ＶＲ'は成立しない。
 2.'V不R'と'不能ＶＲ'は置き換えることができ、両者ともに「不可能」を意味する。
 3.'V不R'と'不能ＶＲ'は両者ともに成立するが、互換性はなく、その意味は異なる。

　従来、'能ＶＲ／不能ＶＲ'と'Ｖ得Ｒ／Ｖ不Ｒ'の互換性を考察した先行研究は、魯暁琨(1993)に限らず、すべて単文あるいは複文レベルでその互換性が分析されてきた。しかし、本節で示したように、本来、'能ＶＲ／不能ＶＲ'と'Ｖ得Ｒ／Ｖ不Ｒ'では、「可能」の意味が全く異なり、その表現が発話される場面や、その表現が用いられる文脈を考慮しない単文レベルで互換性を判断するのは、不十分であると言うことができる。
　以下では、本節で取り上げた例(1)～例(9)に表現されている'能ＶＲ／不能ＶＲ'と'Ｖ得Ｒ／Ｖ不Ｒ'よって、このことを検証していく
　まず、例(1)～例(4)については、すべて'能ＶＲ'を'Ｖ得Ｒ'に置き換えることはできない。その理由は、例(1)～例(4)についてはすべて、論理的に整合性を持った個別の客観的な要因や条件から、ＶＲが実現できる、あるいは実現できたということが表現されているからである。そして例(1)～例(4)の発話には「ＶＲを実現したい」という願望はない。したがって、例(1)～例(4)の'能ＶＲ'は'Ｖ得Ｒ'に置き換えることはできない。
　例(5)の5-4の'做得出来'は'能做出来'と置き換えても成立する。'做得出来'の場合には、「一部の人は、悪いどんなことでも、自分がやりたいと願望したことは何でもやることができる」という意味である。しかし、'能做出来'の場合には、「'挺坏的什么事'（悪いこと）」が「外的要因、外的条件」となる。そして「一部の人は、悪いことでもやることができる」ということを意味し、そこには、やりたいという動作者の願望は含意されない。
　例（6）の6-9の'你这个体制就**不能继续下去**'は、'你这个体制就继续

不下去'に置き換えることが可能である。しかしこれも当然その表す意味は異なる。'你这个体制就不能继续下去'は、この発話以前の内容が根拠となって「この体制を維持することはできない」と述べられている。これに対して、ここを'你这个体制就继续不下去'に置き換えると、それ以前に述べられている説明とは無関係に、「たとえ体制を維持しようと願望したとしても維持できない」ということを意味することになる。

例（7）の7-6も同様である。'不能争取到群众'は、この発話以前に述べられている根拠に基づいてこれができないということを表現している。一方、'争取不到群众'と表現すると、それまでに述べられた根拠と無関係に、ただ単に「獲得したいと願望しても獲得できない」ということを述べることとなる。

例（8）の8-4の'赶不上去'は'不能赶上去'に置き換えて表現することはできない。なぜなら、ここではそれが不可能であると判断した状況や条件といったものは何ら述べられていないからである。

例（9）の9-8の'起不来床'は'不能起来'と置き換えて表現することはできない。'不能起来'と表現するには、「足の骨を折ったから」というような個別の客観的な要因や条件が必要とされる。しかしここではそのような状況や条件とは全く関わりがないので、'不能起来'と表現することはできない。

以上見てきたように、文中において、'能ＶＲ'と'Ｖ得Ｒ'のどちらが選択されるか、'不能ＶＲ'と'Ｖ不Ｒ'のどちらが選択されるかには、それぞれ明確な理由がある。そしてその理由は、談話の中で明らかにされている。また'能ＶＲ'と'Ｖ得Ｒ'、あるいは'不能ＶＲ'と'Ｖ不Ｒ'は、置換可能な場合もあり得る。しかしその場合には、談話における発話者の発話意図が全く異なることになる。したがって、文脈を考慮しない単文レベルでその互換性を議論するのは、不十分である。

### 3.2.7.4 '不能Ｖ'と'Ｖ不Ｒ'の連用

ここでは、杉村（1991）と勝川（2015）で取り上げられている、'不能Ｖ'

と'Ｖ不Ｒ'が連用されている例について検討していく。

下記の⑤は杉村（1991：157）に挙げられている例である（⑤における下線は筆者による）。

⑤ 不成！那碰不得呀！（対陈奶奶）叫他们别碰着那土墙！那寿木盖子是四川漆！<u>不能碰，碰不得</u>！

（いかん、それはぶつけることができん。（陳に向かって）あいつらに土壁にぶつけないように言え、あの棺桶のふたは四川漆なんだ、ぶつけてはならんのだ、ぶつけることはできんのだ。）

これについて杉村（1991：157）では、次のように解説されている。
「次の例は曹遇の《北京人》の中の一節で、年老いて病弱で余命いくばくもない没落貴族の曾晧が、15年にわたり100層以上も漆を塗った命よりも大事な棺を借金のかたに持ち去られるはめになり、絶叫している場面です。…私見では"不能碰，碰不得"は主観上不可能（"不能碰"）から実際上不可能（"碰不得"）へとたたみかけることによって、老人の心情が怒り恐れ（「ぶつけてはならん」）から絶望（「ぶつけることはできんのだ」）へと変わるさまを映し得ていると思います。同義的ではあるけれども、事実的、客観的な表現を後から出すことによって、主観的にも不可能だが、事実そのものからしても不可能なのだ、として訴えることによりえられる効果が狙われているのだと思います。…」

本分析の見解では、上記の説明に首肯しかねる。本分析の見解では、⑤の'不能碰'と'碰不得'の相違を、以下のように分析する。

⑤の'不能碰（ぶつけてはならん）'は、杉村（1991）での日本語訳（上記の訳を指す）では「禁止」の表現となっている。生前から備えておいた棺桶の蓋であり、しかもそれは、15年にわたって100層以上も漆の塗られた四川省の漆塗りでできている。したがって、一般的にこのような棺は丁重に扱われて然るべき代物である。このような外的要因は一般化することができる。これにより、ここの'不能碰'は「ぶつけてはならん」とい

第3章　述部に関わる話し手のモダリティー

う「禁止」の表現が妥当であると言うことができる[2]。

　没落貴族の曾晧が「'不能碰'（＝ぶつけてはならん）」と絶叫し、さらに続けて「'碰不得'（＝ぶつけることはできんのだ）」と絶叫している。'碰不得'と絶叫したのは「自分ではたとえぶつけようと願望したとしても、できない」からである。自分の命よりも大事な「自分では、たとえぶつけようと願望したとしても、ぶつけることができない」ほど大切にしている棺桶の蓋を、借金のかたに持ち去られる際に、他人に無造作に扱われ、傷つけられたとしたら、それは如何ほどの苦痛であろうか。それは想像に難くない。したがって、この⑤の冒頭で、'不能碰'ではなく、'碰不得'と絶叫しているのも、納得である。この'碰不得'こそ「内発的願望」から発せられた、'不能碰'に勝る感情的絶叫である。そして、それが最初と最後の2回、繰り返し発話されることによって、没落貴族である曾晧の悲痛な絶叫がより効果を増して読者に伝えられている。

　勝川（2015）でも上記の⑤が取り上げられ、杉村（1991）の見解を支持する説明がなされている。そしてそこでもやはり⑤における'不能碰'と'碰不得'の2つの表現が「同義的」であると述べられている。しかし、上で説明したように、'不能碰'と'碰不得'は決して「同義的」ではない。さらに、中国語は合理的な言語である。「同義的」なものをくり返して表現するなどというような無駄なことはしない。それらは意味するところが明確に異なることによって、それぞれが表現されていると見るべきであろう。

　次に、勝川（2015：72）で挙げられている例について見ていく（⑥における下線は筆者による）。

　　⑥ 隔夜菜a 不能吃。隔夜营养素会严重损失，剩菜中有大量细菌，而且亚硝酸盐含量很高。实验室的测试报告显示，出锅24小时后的剩菜b 吃不得。

　　（前日の残り物は食べてはいけない。翌日になると栄養素が著しく失われ、残り物の中には大量の細菌がいるだけでなく、亜硝酸塩の含有量も高い。実験レポートでは、できあがりから24時間たった残り物は食べてはいけないと示されている。）

---
[2] '不能'の「禁止」表現については、3.2.8.2で詳述する。

⑥について勝川（2015：72）では次のように解説されている。

「(a)の"不能吃"は「残り物を食べることは、物理的には可能（食べようと思えば食べられないこともない）であるが、食べることはできない」、つまり「食べてはいけない」という読み手に対する語り手の主観的＜禁止＞表現であるのに対して、(b)の"吃不得"は、「栄養素が失われ、細菌や亜硝酸塩が発生する」など科学的な根拠に基づいて、客観的に判断して「食べてはならない」ことが述べられている。」

しかし、本分析の見解はこれとは異なる。以下で、本分析の見解を述べる。
⑥では、冒頭の'隔夜菜<u>不能吃</u>。'の直後で、「'隔夜营养素会严重损失，剩菜中有大量细菌，而且亚硝酸盐含量很高。'（＝翌日になると栄養素が著しく失われ、残り物の中には大量の細菌がいるだけでなく、亜硝酸塩の含有量も高い。）」という客観的な外的要因が述べられている。こういう状況下において、「'隔夜菜'（＝前日の残り物）」は「'不能吃'（＝食べることはできない）」である。そしてこれは一般化が可能な客観的外的要因である。したがってこの場合、「禁止」を意味することとなる[3]。さらにこれらのことを踏まえて、実験室での測定レポートがこのことを裏付けし、「'出锅24小时后的剩菜'（＝出来上がりから24時間経過した残り物）」は「'吃不得'（＝たとえ食べることを実現したいと願望しても、それはできない）」と述べているのである。勝川（2015）では、⑥の最後の'吃不得'は「食べてはいけない」というように、日本語で「禁止」の表現となっているが、'吃不得'に「禁止」の意味はない。

### 3.2.7.5　可能補語と様態的連用修飾語との相性

勝川（2015：69）において、可能補語は様態的連用修飾語と相性が悪いという指摘がなされており、下記の⑦と⑧が非成立の例として挙げれている（⑦と⑧における下線は筆者による。）
⑦＊这件事我详细地写不出来。
　　［この件について私は詳しく書くことができない。］

---
3）'不能'の「禁止」表現については、3.2.8.2で詳述する。

⑧* 你高高兴兴地做得完这件事吗？
　　［君は喜んでこれをやり終えることができるか？］

　以下で、例の⑦と⑧が不成立となる理由について考察する。
　⑦の様態的連用修飾語は'詳細地（詳細に）'であり、⑧の様態的連用修飾語は'高高兴兴地（喜んで）'である。何かを「詳細に書く」ためには、詳細に書くことができるだけの外的な情報が必要であり、また行為者が何かを「喜んでやる」ためには、行為者の心が喜ぶような外的な要因による影響が必要である。このように、様態的連用修飾語によって表現されているのは、外的要因によって起こるありさまや態度である。これに対して、可能補語の表現は肯定形であれ、否定形であれ、ＶＲに対する行為者の内発的実現願望の表現であり、内発的に願望した事態の実現が可能であるか不可能であるかを述べている。このことから、内発的願望を外的要因によって起こるありさまや態度によって説明しようとすれば、当然そこには無理が生じるということとなる。したがって、可能補語表現は様態的連用修飾語とは共起しない。

### 3.2.7.6　可能補語と連動文との相性

　杉村（1992）や勝川（2015）において、可能補語は連動文と共起しないことが指摘されている。
　下記の⑨と⑩は、刘月华（1980）で紹介されている留学生の誤用例である[4]。

⑨* 他病刚好，出不去散步。
　（彼は病気が良くなったばかりで外に出て散歩する事ができない）
⑩* 我没有票，进不去看电影。
　（私は券を持っていないので、入って映画を見る事ができない）

　連動文は可能表現と共起しない。その理由を杉村（1992：216）は「否定の作用域」という観点から、⑨と⑩について、次のように説明している。

---
[4]　⑨と⑩の日本語訳は、杉村（1992）による。

「下二例（上記の⑨と⑩のこと）は「連述構造」と呼ばれる動詞句連鎖の述部全体も否定が作用しなければならないのに、可能補語の否定形には述部全体を否定の作用域に収めるだけの力が備わっていないことが誤用の理由となっている。述部全体を否定しうる形に持っていくには、「連述構造」の前に"不能"を置く形式（"不能"＋連述構造）を取る必要がある。」

　この杉村の見解には首肯できる。確かに可能補語の否定形は「連述構造」全体を否定の作用域に収めることはできない。したがって、⑨の'出不去散步'や⑩の'进不去看电影'は成立しない。しかし、そもそも⑨と⑩は、それぞれの文の前件が、後件が成立するための条件（＝外的条件）となっている。例えば⑨は「彼は病気が良くなったばかり（＝外的条件）だから、外に出て散歩する事ができない」のだし、⑩は「私はチケットを持っていない（＝外的条件）から、入って映画を見ることができない」のである。それ故に、可能補語で表現することはできず、外的条件によって成立しないことを表す'不能'を用いなければならない。つまり、この２例は、二重の誤用である。

### 3.2.7.7　可能補語と'把'構文との相性

　可能補語は'把'構文と相性が悪い。これについては郭春貴（2014）や勝川（2015）で取り上げられている。

　勝川（2015:68）では下記の⑪を例に挙げ（例の⑪はもともと郭春貴（2014）で取り上げられている誤用例である）、可能補語が'把'構文と共起しない理由を次のように述べている。

　　⑪*这个星期我把老师的作业做不完。
　　　［今週、私は先生の宿題をやり終えることができない。］
「"把"構文は対象に対してどのような処置を行うかを述べる構文であり、そこには必ず「こうしてやろう」という発話者の意図が背景にある。つまり、／Ｖ得Ｒ／は話し手の意図を読み込む状況の＜不可能＞との相性が悪いことが分かる。」

しかし勝川 (2015) の説明には、何故、可能補語が話し手の意図を読み込む状況の＜不可能＞と相性が悪くなるのか、その理由が述べられていない。

この誤用例は'这个星期我<u>不能</u>把老师的作业做完.'と表現しなければならない。その理由は'把'構文の表現意図にある。'把'構文については、本書の 1.1 において考察し、1.1.6 において'把'構文の構文的意味を次のようにまとめて述べた。

「'把'構文は、行為者が、読み手あるいは聞き手にとって推測可能な具体的な名詞（句）に対して、具体的にどのような行為を行ったのか、ということを表現する構文である。」

'把'構文は、行為者が具体的にどのような行為を行ったのかということを表現する構文である。これに対して可能補語は、行為者の「内発的願望」に対する可能・不可能を表現している。「内発的願望」に対する可能・不可能は「行為」ではない。したがって可能補語は'把'構文と共起しない。

以上の理由から、⑪は可能補語によって表現することはできない。

### 3.2.8　'能／不能'の可能の意味

ここでは、'能'と'不能'の可能の意味について再考する。

#### 3.2.8.1　'能'の複数の意味について

従来、'能'には複数の意味があるとされてきた。その中で、杉村（1992: 218）では下記の (1) 〜 (4) が示され、「助動詞"能"の意味は私見ではほぼ次の四つにまとめられ、そのうち可能補語でも表し得るのは (1)(2)(3) の三つで、(4) は可能補語とは関係ない概念である。」と記述されている。

(1) ある動作行為を実現するために必要な肉体的、頭脳的な能力を有する事を表す；

(2) ある動作行為を実現するために必要な環境、条件が整っている事を表す；

(3) ある動作行為の実現する蓋然性が存在する事を表す；

(4) ある動作行為の実行が許可され得る事を表す。

杉村（1992）には、上記の(1)から(4)について具体的なの例文は示されていないが、それぞれ下記の⑫〜⑮をその典型的な例と見なすことができよう。

(1) = ⑫ 我能游一千米。（私は1000メートル泳げる。）[5]

(2) = ⑬ 我感冒已经好了，能游泳了。
　　　　（私は風邪が治ったので、泳げるようになった。）[6]

(3) = ⑭ 学汉语不太难，只要多听多说，就能学好。
　　　　（中国語はあまり難しくない、たくさん聞いてたくさん話さえすればそれでできるようになる）[7]

(4) = ⑮ 我能进来吗？（部屋に入ってもよろしいか？）[8]

本分析では、上述の3.2.4〜3.2.7における検証の結果、杉村（1992）で4つに分類されている'能'の意味は、本質的に1つに捉えることが可能であると考える。上記の⑫〜⑮の例を、以下のように捉えることで、それは可能となる。

(1) = ⑫ 我能游一千米。（私は1000メートル泳げる。）

この単文だけでは、「私が1000メートル泳げる」ための外的条件は解らない。つまりここにはそれが示されていないということである。⑫が自然に成立するのは、たとえば、「'自由型的话，我能游一千米，蝶泳的话，游不了一千米。'（＝自由形なら私は千メートル泳ぐことができるが、バタフライだと（泳ぎたいと願望しても）千メートル泳げない。）」である。その他、「'年轻的时候，我能游一千米。'（＝若い時には千メートル泳ぐことができた。）」なども自然な表現である。このように⑫が自然に成立するためには「千メートル泳ぐことができる」ための客観的な外的条件が必ず存在する。

(2) = ⑬ 我感冒已经好了，能游泳了。
　　　　（私は風邪が治ったので、泳げるようになった。）

---

5) ⑫は勝川（2015：64）の例。
6) ⑬は勝川（2015：64）の例。
7) ⑭は杉村（1992：228）の例。
8) ⑮は大河内（1980：71）の例。

この場合には、「風邪が治った」というのが、「私が泳げる」ようになった客観的な外的条件である。

 (3) ＝⑭ 学汉语不太难，只要多听多说，就能学好。
    （中国語はあまり難しくない、たくさん聞いてたくさん話さえすればそれでできるようになる）

この場合には、「たくさん聞いてたくさん話す」ということが、「中国語ができるようになる」ための客観的な外的条件である。

 (4) ＝⑮ 我能进来吗？（部屋に入ってもよろしいか？）

⑮について大河内（1980：71）では、次のように述べられている。「たとえば、「部屋に入ってよろしいか？」というのは、「我能（可以）进来吗？」であって、「我进得来吗？」とは言わないとされるが、これも自分の意志的な行為の許諾を求めている以上当然のはなしである。」

 大河内（1980）の上記の解説では、'我能进来吗？' と '我可以进来吗？' の区別がなされていないが、ここでは '我能进来吗？' に焦点を絞って論じていく。

 '我能进来吗？' は、果たして大河内（1980）の言うように「自分の意志的な行為の許諾」を求めている発言であろうか。ここで話し手が確認しているのは、「自分の意志的な行為の許諾」ではない。それは、「自分が（あなたの）部屋に入るための客観的な外的条件をクリアーしているか」ということを相手に確認しているのである。たとえば下記の⑯から、そのことが明確に判断できる（⑯における下線は筆者による）。

⑯≪当代相声小品 郭德纲相声集≫より

王老先生：" 预什么约，这不是通行卡吗？"

徐　　　：" 这可是好东西，可是不能让您进去，因为使这卡得先预约才行。"

王　　　：" 我有通行卡，你看。"

徐　　　：" 通常情况下是可以使的，<u>比如早7点到11点，或者晚23点至次日6时，您随时都能来园子，和保安说一声就能进来</u>。可现在是演出时间，大伙都有票，您拿卡就有点特殊化了吧。咱们

　　　　　　是对号入座，您光有卡没有票，没有票就没有座，您这么大岁数总不能站着看吧，再说了您站后排看不见，您站前排就挡着别人，您要站台上也没这规矩，您要站后台又少不了有媒体猜疑，本来大家伙有点嫉妒您，好几百纲丝都憋着告老郭换通行卡呢！您有特权也得替我们想想，您说是不是。"

王　　：："那怎么个预约法？"
徐　　：："就是您得先打购票电话，报出您的卡号，提出您要来园子的时间，我们给您登记上，您再来就行了。"
王　　：："那要这卡干嘛！"

　　　　（『CCL 语料库』：北京大学中国语言学研究中心。
　　　　http://ccl.pku.edu.cn:8080/ccl_corpus/index.jsp?dir=xiandai）


⑯の日本語訳（筆者による）
王おじいさん：どういう予約をするんですか、これはパスカードじゃないんですか？
徐さん　　　：これは良いものだけれど、あなたを入れることはできません。なぜならこのカードを使ってまず予約しなければならないからです。
王おじいさん：私はパスカードを持っています、見てください。
徐さん　　　：普通の状況なら使うことができますよ、例えば朝7時から11時までとか、晩の23時から翌日の6時までとかは、あなたはいつでも自由に劇場に来ることができて、警備員に一声かければ中に入ることができます。でも今は開演時間で、みんなはチケットを持っており、あなたがパスカードを持っていてもちょっと特権的になります。みんなは指定された座席番号に合わせて席につきますが、あなたはカードだけでチケットがなく、チケットがないと座席がありません。あなたはとても年を取っているから立たせて見せるわけにはいかないし、また後ろの席に立たせると見えないし、あなたが前の席に立っていたら他の人の邪魔になり、

第3章　述部に関わる話し手のモダリティー

　　　　　　　　　舞台の上に立っていたら礼儀がないし、舞台のそでに立って
　　　　　　　　　いたらメディアの疑惑が膨らみます、もともとみんなが
　　　　　　　　　あなたに嫉妬しているのに、何百人もの（郭徳綱の）ファ
　　　　　　　　　ンが郭さんにパスカードに替えてくれと言いたくて我慢で
　　　　　　　　　きなくなりますよ！あなたは特権があるんだから、ちょっ
　　　　　　　　　と私たちのことを考えてください、そうでしょ。
王おじいさん：それじゃどうやって予約するんですか？
徐さん　　　：あなたはまずチケットを買う電話をして、あなたのカード
　　　　　　　の番号を告げ、あなたが劇場に来たい時間を知らせなけれ
　　　　　　　ばなりません。そして我々が登録したら、あなたは来れば
　　　　　　　大丈夫です。
王おじいさん：それじゃこのカードを持っていて何になるんですか！（何
　　　　　　　の意味もない。）

　上記の⑯には、明確に'能进来'のための客観的な外的条件が発話されている。その外的条件とは、王おじいさんが、開演時間ではない「'早7点到11点，或者晚23点至次日6时'（＝朝7時から11時までか、あるいは晚の23時から翌日の6時まで）」という時間帯にやって来て、「'和保安说一声'（＝警備員に一声かける）」ということである。そうすれば、王おじいさんは劇場に「'能进来'（＝入ることができる）」のである。この例から解るように、'我能进来吗？'は、「自分の意志的な行為の許諾」を求めているのではなく、自分が中に入るための客観的な外的条件をクリアーしているかどうかを相手に確認している表現である。

　また、'不能'についても、同様に考えることができる。下記の⑰～⑲は、勝川（2015：70）で取り上げられている例である。
⑰ 这是违法的事情，我 不能帮你的忙。
　　［これは違法な事だから、私はあなたを助けることはできない。］
⑱ 法律规定，十八岁之前不能抽烟。
　　［法律の規定では、18歳以下はたばこを吸うことはできない。］

266

⑲ 这盘菜你<u>不能</u>吃完，要留一些给我。
　　［この料理は全部食べてしまってはダメよ、私に少し残しておいて。］

　勝川（2015：70）では、「"不能ＶＲ"の形式で表現される＜不可能＞とは、意図性をもつ、主観的な不可能であり、物理的には可能であっても、意図して「（よう）できない「やるわけにはいかない／ようやらない」という＜不可能＞である。」としている。しかし、本分析の見解では、たとえば⑰は「これは違法的なことである（＝'这是违法的事情'）」という「客観的な外的条件」によって、「私はあなたを助けることができない（＝'我<u>不能</u>帮你的忙'）のである。⑱の場合には、「法律で規定されている（＝'法律规定'）」という「客観的な外的条件」によって、「18歳以下はたばこを吸うことはできない（＝'十八岁之前<u>不能</u>抽烟'）」のである。また、⑲は、「私に少し残しておく必要がある（＝'要留一些给我'）」という「客観的な外的要因」によって、「あなたはこの料理は全部食べてしまうことができない（＝'这盘菜你<u>不能</u>吃完'）」のである。勝川（2015：70）では、⑰〜⑲は、すべて'Ｖ不Ｒ'に置き換えることはできないとしている。そしてその理由は、「'不能Ｖ（Ｒ）'は非常にモーダルな形式」であるからとしている。しかし、その理由は、それらが「不可能」である「個別の客観的な外的要因、条件」がそこには明白に述べられているからである。

　さらに、勝川（2015）では、'不能'の例として、下記の⑳が挙げられている。
⑳　（病院にて。中絶すると言い張る孟心怡とそれを止める母親との対話）
　　孟母："你<u>不能</u>做手术。来，跟我回去。"
　　　［孟心怡の母：「手術してはダメ。さぁ、私と帰るのよ。」］
　　孟心怡："我<u>不能</u>走！这个孩子我<u>不能</u>要，他<u>不能</u>留下来！我<u>不能</u>回去！"
　　　［孟心怡：「帰らないわ！この子は産むわけにはいかないの、産んじゃダメなの！帰らないから！」］　　テレビドラマ《步步惊情》

　⑳について勝川（2015：70）では、以下のように解説されている。「"不能Ｖ（Ｒ）"形式がもつモーダルな特徴を如実に表している。テレビド

ラマ《步步惊情》の台詞であり、病院で中絶すると言い張る娘と母親のやり取りであるが、娘の台詞では"不能"が畳み掛けるようにして使われている。このような第一人称につく"不能"は、単に動作が実現できないという＜不可能＞を表すものでなく、自らに課す＜不許可＞、＜禁止＞という発話者本人の強い意志を読み取ることができるであろう。」

　筆者はこのドラマを見ることはできなかったが、本分析の見解によれば、ここでの'不能'は以下のように解釈できる。
　まず、中絶しようとしている'孟心怡'の母親の'孟母'の台詞である'你不能做手术.'についてである。これは、勝川（2015）においても「手術してはダメよ」と日本語で表現されているように、母親の娘の行為に対する「禁止」を意味していると捉えることができる。これについては、次の3.2.8.2 で詳述する。
　次に、'孟心怡'の台詞についてである。勝川（2015）では'孟心怡'の台詞が「帰らないわ！この子は産むわけにはいかないの、産んじゃダメなの！帰らないから！」と日本語で表現されている。そしてこの台詞について、「第一人称につく"不能"は、単に動作が実現できないという＜不可能＞を表すものでなく、自らに課す＜不許可＞、＜禁止＞という発話者本人の強い意志を読み取ることができるであろう」と解釈している。一般常識的に考えて、女性が妊娠し、出産するということは、喜ばしいことである。しかし、出産できないという場合、そこには必ず何か「客観的な外的要因、条件」があるはずである。ここでの'不能'は、'孟心怡'の出産を阻む「客観的な外的要因、条件」による「不可能」を意味していると見なすことができる。そして、この'孟心怡'の台詞に、勝川（2015）で述べられているような、「'孟心怡'が自らに課して＜不許可＞、＜禁止＞という発話者本人の強い意志」が表出されていると感じるのは、出産が不可能である理由が、自分の意志によるものでなく、何か他の「客観的な外的要因、条件」によるものであることによって、出産できないその辛さが表出されるからではないか。そしてさらに、その「客観的な外的要因、条件」が母親と共有されていない場合、'孟心怡'の心情が如何に苦しいものであるか、

想像に難くない。

　さらにまた、先の3.2.5.2で取り上げた例(9)の9-2Pの'你<u>不能</u>光喝酒。'も同様である。これは「ただお酒だけ飲むということはできない」という意味である。9-2の発話者（P）は'你不能光喝酒'の直後で、「'你要稍稍到外面一喝，一吃菜什么。'（＝ちょっと外で飲むと、何かを食べる。）」と発言している。つまり、「外食すれば、ただお酒だけ飲むということはできなくて、必ず何かを食べる」ということを言っている。このことから、ここでの論理的整合性をもった外的条件とは、「外食する」ということである。

　このように⑫～⑳の例文および例(9)の9-2Pを分析していくと、'能'の可能の意味は本質的に1つと捉えることが可能である。つまり、'能'は「話し手が個別の客観的な要因や条件を論理的整合性を持った根拠として、動作・行為が実現し得る」と判断したこと意味している。これと同様に、'不能'は「話し手が個別の客観的な要因や条件を論理的整合性を持った根拠として、動作・行為が実現し得ない」と判断したことを意味している。

　以上の分析から、'能／不能'の表す可能の意味は、'能Ｖ／不能Ｖ'であっても'能ＶＲ／不能ＶＲ'であっても同じであることが解る。そしてその論理的判断の根拠となる個別の客観的な要因や条件は、行為者の内発的要因ではなく、外的なものである。このことから、'能／不能'は「外的要因、条件による可能、不可能」を意味すると言うことができる。

### 3.2.8.2　'不能'がいわゆる「禁止」の意味を表す理由

　従来から指摘されているように，'不能'はいわゆる「禁止」の意味を表すことが多い。次に、このことについて考察する。

　'不能'は、これまで見てきたように、個別の客観的な要因や条件から論理的に実現が不可能である、あるいは実現の可能性がないと判断された結果、用いられる表現である。そして、「個別の客観的な要因や条件から、そのコトガラが論理的に実現不可能である」ということが一般化できる状況である場合に'不能'が用いられると、'不能'は「実現不可能」から「禁止」の意味に近づいていくと考えることができるのではないか。

たとえば、3.2.7.4 で挙げた例の⑤(杉村(1991)における例文)における'<u>不能碰</u>'について見てみる。3.2.7.4 で述べたように、ここでは、生前から備えておいた、15年にわたって100層以上も漆の塗られた四川省の漆塗りでできている棺桶の蓋を、'<u>不能碰</u>'と表現している。このような棺は通常、丁重に扱われて然るべき代物である。このような外的要因は一般化することができる。これにより、ここの'不能碰'は「ぶつけてはならん」という「禁止」の表現と理解するのが妥当であると判断できる。

次に、例の⑥(勝川(2015)における例文)における'隔夜菜<u>不能吃</u>'について見てみる。'隔夜菜(前日の残り物)'は誰にとっても「'隔夜营养素会严重损失，剩菜中有大量细菌，而且亚硝酸盐含量很高.'(=翌日になると栄養素が著しく失われ、残り物の中には大量の細菌がいるだけでなく、亜硝酸塩の含有量も高い。)」のである。したがって、これは一般化することができ、「それ('隔夜菜')は食べることができない('不能吃')」→「食べてはいけない」と禁止の意味となると判断できる。

さらに、3.2.8.1 で挙げた例の⑳(勝川(2015)における例文)における「孟心怡の母」のセリフの"你<u>不能</u>做手术."の場合には、妊娠中絶ということは、一般的に好んでなされることではなく、また避けた方が母子の双方にとって良いことである。したがって、これも一般化でき、「'你<u>不能</u>做手术.'(=手術をしてはいけない)」というように、「禁止」の意味になると判断できる。

### 3.2.9 おわりに

以上、'能ＶＲ／不能ＶＲ'と'Ｖ得Ｒ／Ｖ不Ｒ'の表現について、談話のレベルでの分析を進めてきた。そして最後に、'能/不能'の可能の意味を再考した。これらをまとめると、下記のようになる。

'能／不能'の可能の意味は、個別の客観的な外的要因、条件による可能、不可能を意味する。したがって、「外的要因、条件可能」と言うことができる。

一方、可能補語の場合には、行為者のＶＲを実現したいという実現願望が含意されている。したがって、可能補語の可能の意味は、「内発的実現

願望可能」と言うことができる。

　従来の統語論研究の中で、'能ＶＲ／不能ＶＲ'と'Ｖ得Ｒ／Ｖ不Ｒ'の相違について多数の分析がなされてきた。その中で多く述べられてきたのが、「どちらが主観的」で、「どちらが客観的」であるか、という議論である。しかしこの説明は学習者にも解りづらい。さらにもう１つ、従来の統語論研究においては、'能／不能'あるいは可能補語が表現されている単文だけあるいは複文を取り出して分析しているものが多く見られる。しかし単文あるいは複文のレベルでどちらが主観的で、どちらが客観的であると議論しても、そこには限界がある。ある言語現象について分析する場合、それが現れる談話の展開を凝視し、詳細に観察し、その展開の中でそれの意味するところを十分に考察することによって、初めてその本質が見えてくるのではないか。これは可能表現の本質を考察する場合にも重要な分析態度であると考える。

## 3.3　副詞'才'の機能

3.3.1　統語論研究における従来の見解
3.3.2　本分析の見解
3.3.3　本分析における言語資料
3.3.4　談話における'才'の表現
　　3.3.4.1　①「実現した時間が遅いことを表す」とされてきた'才'
　　3.3.4.2　②「数量の少ないことを表す」とされてきた'才'
　　3.3.4.3　③「確定あるいは強調の語気を表す」とされてきた'才'
　　3.3.4.4　④「関連や関係を表す」とされてきた'才'
　　3.3.4.5　⑤「動作・行為が発生したばかりであることを表す」とされてきた'才'
　　3.3.4.6　⑥「動作・行為の順序を表す」とされてきた'才'
　　3.3.4.7　⑦その他の'才'
3.3.5　まとめ

### 3.3.1　統語論研究における従来の見解

　従来、現代中国語における副詞'才'には複数の用法があるとされ、一文のレベルにおいて、'才'の前後の成分の意味関係から、その用法が類分けされてきた。例えば、下記のアからエにおいて類分けされている用法をまとめると、以下の①～⑥のようになる（①～⑥に挙げた例文中の下線および例文中の日本語訳は筆者による）。

　　ア．≪现代汉语虚词例释≫北京大学中文系（1982：108-111）
　　イ．≪实用汉语语法≫倪宝元等（1985：63-65）
　　ウ．≪现代汉语八百词（增订本）≫吕叔湘（2000：107-108）
　　エ．≪实用现代汉语语法（增订本）≫刘月华等（2001：247-253）

① 時間を表す（動作・行為の発生、実現した時間が遅い、あるいはゆっくりであること）。
　　アの例：老包结里结巴说上老半天，<u>才</u>说出他的道理。
　　　　　　（包さんはしどろもどろに長い時間話をして、やっと彼の思案を話した。）
　　イの例：有一年春天大旱，直到阴历五月初三<u>才</u>下了四指雨。
　　　　　　（ある年の春は大干ばつで、陰暦5月3日になってやっと土にしみ込む雨が降った。）
　　ウの例：他明天<u>才</u>能到。
　　　　　　（彼はあすやっと到着できる。）
　　エの例：这课书他念了三遍<u>才</u>会背。
　　　　　　（この本は彼は3度読んでやっと暗唱できた。）
② 数量を表す（少ない、あるいは年齢が若いこと）。
　　アの例：在汉江北岸，我遇到一个青年战士，他今年<u>才</u>二十一岁，名叫马玉祥，是黑龙江青岗县人。
　　　　　　（漢江北岸で、私はある1人の青年戦士に会った。彼は今年まだ21歳で、名は馬玉祥と言い、黒龍江青崗県人だった。）

第3章　述部に関わる話し手のモダリティー

イの例：如今咱们园子不大了，才十一亩半啦。
　　　　（今我々の畑は小さくなって、たった11畝半だ。）
ウの例：我才看了一遍，还要再看一遍。
　　　　（私は1度読んだだけなので、もう1度読みたい。）
エの例：王老师一周才上两节课。
　　　　（王先生は1週間にたった2こま授業を担当しているだけだ。）

③ 語気を表す（確定、あるいは強調）。
　　アの例：那个不好，这个才好呢！
　　　　　　（あれは良くなくて、これこそ良い！）
　　イの例：今天要能玩得好才怪！
　　　　　　（今日十分に楽しく遊ぶことができるなんてあり得ない！）
　　ウの例：这才是名副其实的英雄！
　　　　　　（それでこそ名実相伴う英雄だ！）
　　エの例：我才不相信你那套大道理呢。
　　　　　　（私はあなたのその道理なんて信じない！）

④ 関連や関係を表す（必要条件と結果あるいは原因と結果）。
　　アの例：革命战争是群众的战争，只有动员群众才能进行战争，只有依靠群众才能进行战争。
　　　　　　（革命戦争は群衆の戦争なので、群衆を動員してこそ戦争を行うことができ、群衆に頼ってこそ戦争を行うことができる。）
　　イの例：能在艰难困厄中闯出一番事业，才是真英雄。
　　　　　　（艱難辛苦の中から事業を起こすことのできる人こそ、真の英雄である。）
　　ウの例：大家为了帮助你，才提这些意见。
　　　　　　（みんなはあなたを助けるために、これらの意見を出したのだ。）
　　エの例：因为不懂才来向你请教。

　　　　　（わからないからこそ、あなたに教えを請いに来たのだ。）
⑤ 動作・行為が発生したばかりであることを表す。
　　イの例：北方才是暮春，你在这里却可以听见蝉、蛙，以及其他不知名
　　　　　　的夏虫在得意的吟鸣。
　　　　　　（北方は晩春になったばかりだけど、あなたはここで　蝉、
　　　　　　蛙や、その他の名も知れない夏の虫が得意げに　歌うの
　　　　　　を聞くことができる。）
　　ウの例：我才从上海回来不久。
　　　　　　（私は上海から戻って来たばかりだ。）
⑥ 動作・行為の順序を表す。
　　イの例：每天他都是做完作业才去玩，这中间还要看一会儿书。
　　　　　　（毎日彼は宿題が終わってからやっと遊びに行き、その
　　　　　　間はさらに少し本を読む）

　さらに、李连元（1986）では'才'の用法を、「1＝時間を表す（'表时间'）、2＝状況を表す（'表情状'）、3＝範囲を表す（'表范围'）、4＝語気を表す（'表语气'）、5＝結果を表す（'表结果'）、6＝目的を表す（'表目的'）、7＝条件を表す（'表条件'）」というように、7類に分類されている。そしてさらに1～4については、それぞれ3つから4つに下位分類され、7に至っては9つに下位分類されている。
　このように、一文のレベルにおいて'才'の前後の成分の意味関係から'才'の用法を類分けしていけば、当然のことながら、李连元（1986）のように、膨大な数の'才'の用法を記述することとなり、極論すれば、文の数だけ'才'の用法があることになる。
　そこで本分析では、これらの従来の統語論研究における用法分類の成果を踏まえながら、これらの表現の基層をなす'才'の機能の本質を考察していく。
　以下では、まず3.3.2において本分析の見解を述べ、次に3.3.4において談話の言語資料を分析することにより、本分析の見解の妥当性を検証していく。

### 3.3.2 本分析の見解

　本分析では、談話に現れた'オ'の表現例を検証した結果、'オ'の機能の本質を次のように考える。

　話し手が'オ'を用いて表現する場合、話し手の認識には必ず何か基準としている一般的な常識や、通常の状況あるいは現実の状況が存在している。そして、話し手が基準としている常識や状況と、実際に実現する、あるいは実現して現実にあるコトガラとの間には大きな「差」や「ズレ」が存在している。つまり'オ'とは、現実に実現しているコトガラが、話し手が基準としている常識的判断や通常の状況と比べて、そこに「差」や「ズレ」が存在していると話し手が認識していることを表明するために用いられる表現である。

　以下で、この見解を談話の言語資料をもとに検証していく。

### 3.3.3 本分析における言語資料

　本分析においては、序章 0.4.1.2 に示した、中国語母語話者24名のインフォーマントによる自然発話を言語資料とした。

### 3.3.4 談話における'オ'の表現

　分析の手順として、3.3.1でまとめた、従来'オ'の用法として記述されてきた①〜⑥の'オ'の類分けの順に、談話に現れた例を検証していく。さらに最後に、それらの類分けの枠組みから外れるものについても、「⑦その他」として検証していく。

#### 3.3.4.1　①「実現した時間が遅いことを表す」とされてきた'オ'

　下記の例(1)は、言語資料09における、インフォーマント（N）と（O）の談話の一部である。（N）と（O）は、両者ともに中国の大学で日本語の教員をしていた経験があり、ここでは、大学における通訳の授業の開設

の重要性について語っている。1-9Оで'才'が表現されており、これは従来の分類においては、①の「実現した時間が遅いことを表す用法」とされてきたものであると判断できる例である。

例(1)

1-1 O ＝另外吧，我：我从：我毕业和我工作的经验看啊，我想｜，应该开一个翻译课｜。(那个)翻译课吧｜，不仅仅是一些：(那个)笔译、口译也应该翻译，真的应该两门都开｜。

1-2 N ＝我们有啊｜。

1-3 O ＝我们没有。｛N＝噢｝你看：哎呀！所以我毕业以后，根本就：简单都翻不出来。

1-4 N ＝我们学校是用的是：我们学校的魏琪老师的'口语口译教程'｜。她那个挺好的｜。就是：根据：因为我们学校不是后来：现在嗯：就是：改成(那个)旅游学院了么，｛O＝噢｝中国旅游学院｜。然后呢，所以它这个呢，就针对你(那个)｛O＝哦｝将来就是到你(那个)旅行社的时候｜，需要用的什么：迎接什么的｜，宴会，然后…

1-5 O ＝哎呀！那一种我：我看的那个教材是不是…

1-6 N ＝就是那种灰不灰绿不绿的那种的，是的，那是魏琪的｜。

1-7 O ＝哎呀！这你们：那什么：借了：借了看一些｜。

1-8 N ＝那个挺好的，那个｜。那个挺：挺管用的那个｜。

1-9 O ＝对对对！因为我实在也不行啊。哎呀！我那时候就想真的应该开一个这样的课｜。而且,我们(那个)翻译课开得也太晚了,都<u>(那个)快毕业了才开</u>｜。

1-10 N ＝我们：口语口译课是三年：三下开。可能是…

1-11 O ＝三下？｜

1-12 N ＝三：三年级｜。

1-13 O ＝啊，三年级｜。

1-14 N ＝从三年级开始｜，啊｜，口语口译｜。

第 3 章　述部に関わる話し手のモダリティー

例 (1) の日本語訳

1-1 O ＝その他にはね、私が：私が（大学を）卒業したことと仕事の経験から見てね、私は'翻译'という授業が必要だと思います。'翻译'という授業はね、翻訳だけでなく、通訳も'翻译'だから、本当に両方開講しなくてはいけません。

1-2 N ＝私たち（の大学に）はありましたよ。

1-3 O ＝私たち（の大学に）はありませんでした。｛N＝へー｝だから：私は大学を卒業してから、簡単なことさえも全く通訳できませんでした。

1-4 N ＝私たちの大学で使ったのは：私たちの学校の魏琪先生の『口語通訳教程』でした。彼女のテキストはとても良かった。私たちの大学はその後：今は：「旅遊学院」に変わったでしょ、｛O＝へー｝中国旅遊学院。だからそれはね、あなたが｛O＝うん｝将来旅行社に行ったときにぴったりで、何が必要だとか：迎えに行くとか、宴会とか、それから･･･

1-5 O ＝ああ！あれ、私が：私が見たあの教材はもしかして･･･

1-6 N ＝あのグレーというか緑というか、そう、あれが魏琪先生のです。

1-7 O ＝ああ！あなたたちの：借りて：借りて見ました。

1-8 N ＝あれはとてもいいですよ、あれは。あれはとても：とても役に立ちます。

1-9 O ＝そうです、そうです！私はほんとうにダメだから。ああ！私はあの頃本当に（大学側は）こういう授業を開くべきだと思いました。それに、私たちの通訳の授業は開講するのが遅すぎました。もう私がもうじき（大学を）卒業するというときにやっと開かれました。

1-10 N ＝私たちは：通訳は 3 年生：3 年生の後期にありました。たぶん･･･

1-11 O ＝ 3 年生の後期？

1-12 N ＝ 3 年生の時。

1-13 O ＝ああ、3 年生の時。

1-14 N ＝３年生から始まります、通訳の授業。

　この談話の展開を追っていくと以下のようになる。
1. （O）は 1-1 で、自分が大学を卒業したことと仕事の経験から見て、大学では翻訳の授業だけでなく、通訳の授業も開設されるべきであると考えていたことを述べている。
2. （N）は 1-2 において、自分の大学では、自分の在学時代にすでに通訳の授業が開設されていたことを述べ、さらに 1-4、1-6、1-8 において、通訳の授業の際に使ったテキストが非常に有用であったことを述べている。
3. （O）は 1-9 で、自分は学生の頃からこういう授業を開設するべきであると考えていたことを述べ、さらにこれに続けて「私たちの学校では通訳の授業の開設はとても遅く、自分が大学を卒業する直前にやっと開設された」ということを、'才' を用いて '我们翻译课开得也太晚了，都快毕业了才开。' と表現している。

　（O）には、大学での授業として、自分の在学中の早い時期に通訳の授業が開設されて然るべきであったという、（O）なりの考えの基準がある。しかし実際の開設は彼女が大学を卒業する直前であり、彼女の考えの基準から大きくずれたものであった。このように「自分の在学中の早い時期に通訳の授業が開設されて然るべきであった」という（O）の認識と、現実との間の「ズレ」は大きく、その「ズレ」を（O）が認識していることを、1-9 O の '才' は表明している。

### 3.3.4.2　②「数量の少ないことを表す」とされてきた '才'
　下記の例 (2) は、言語資料 04 の中で、単身で日本に留学しているインフォーマント（D）が、中国に置いてきた４才の自分の息子のことについて語っている談話の一部である。ここでは 2-10 D で '才' が表現されている。これは従来の分類において、②の「数量の少ないことを表す用法」とされてきたものであると判断できる例である。

第3章 述部に関わる話し手のモダリティー

例(2)

2-1 D ＝我孩子今年四岁了｜。

2-2 ＝就是：我觉得，来了以后吧｜，整天就是好像老想着这桩事儿｜，总有一点不放心｜。

2-3 ＝尽管我婆婆会：很好地，就是照顾我孩子，照料我孩子，但是我自己总归有一种不放心的感觉｜。

2-4 ＝完了｜，总觉得作为一个母亲啊｜，把孩子扔在上海，自己留学，好像：觉得在感情上啊，好像我欠了他一点什么东西啊｜。

2-5 ＝尽管孩子还小，他可能他：他不太懂这方面的事｜，但是从一个母亲的角度来说，我觉得我欠了他一点啊｜。

2-6 ＝就是来了以后吧，总是晚上吧，就经常做梦｜，一会儿做梦吧｜，做梦说，他给：别人骗走了｜，一会儿做梦吧，什么他又是生病了，什么｜。

2-7 ＝就是今年夏天，上海特别热吧｜，那：那几天我特别：就是老是想着这桩事呀｜，又担心。

2-8 ＝以前每到夏天，孩子经常生病呀｜。

2-9 ＝我想今年夏天上海又这么热，他肯定要生病了｜。

2-10 ＝后来，我写信回去问｜，后来我爱人好像：我爱人可能为了安慰我，就说，<u>他一个夏天，才生了一次病</u>｜，我也不知道是真的，还是假的啊｜。

2-11 ＝反正夜里老：老做梦做，就是做梦小孩：一会儿小孩生病了，一会儿小孩鼻子出血了什么的｜。

例(2)の日本語訳

2-1 D ＝私の子どもは今年4歳になりました。

2-2 ＝んー：日本に来てからね、（毎日）一日中ずっとこのことを考えていて、いつも心配です。

2-3 ＝姑が：よく子どもの世話をしたり、面倒をみてくれていますが、でも私自身は結局心配してしまうという感じです。

2-4 ＝それから、母親として、子どもを上海において、自分は留学し、

280

何か：いつも感情的にね、息子に申し訳ないという感じがしています。

2-5 ＝子どもはまだ小さくて、こういうことはよく理解していないけれど、でも一人の母親として言えば、私は息子に申し訳ないと感じています。

2-6 ＝日本に来てからね、いつも夜にね、いつも夢を見て、夢でね、子どもが：人にだまされて連れて行かれる夢を見たり、息子が病気になる夢を見たりします。

2-7 ＝今年の夏は、上海は特に暑いでしょ。ここ数日私は特に：ずっとこのことを考えて、心配しています。

2-8 ＝以前は夏になると、子どもはよく病気になりました。

2-9 ＝今年の夏は上海はまたこんなに暑くて、息子はきっと病気になると思います。

2-10 ＝その後、私が手紙で尋ねたんだけど、夫は：夫は私を安心させるためかも知れませんが、<u>息子はこの夏は、たった1回しか病気をしていない</u>と言いました。それが本当か嘘かわかりません。

2-11 ＝つまり夜はしょっちゅう：しょっちゅう夢を見て、いつも子どもの夢で：子どもはちょっと病気をしたり、ちょっと鼻血を出したりしています。

中国に4歳の息子を残して単身日本に留学している（D）は、この4歳の息子のことがいつも気がかりで、特に健康について心配している。そのことが2-6から語られている。そして2-8で（D）は、「息子は（D）が日本に来る前は、毎年夏になるとよく病気をしていた」と言っている。しかし2-10で、夫は「息子は今年の夏、一度しか病気をしていない」と言っていると述べられている。そしてこの夫の手紙での説明が'才'を用いて'他一个夏天，才生了一次病。'と表現されている。ここでは、（D）が日本に来る前の息子の通常の状況と比較し、それを基準として考えると、今年の夏は例年と違っている、「ズレ」がある、という話し手（D）の判断や認識が、'才'によって表わされている。

### 3.3.4.3　③「確定あるいは強調の語気を表す」とされてきた'才'

　下記の例(3)は、言語資料07において、日本に留学中のインフォーマント（E）と（G）が中国の大連について話し合っている談話の一部である。ここでは 3-10 Eにおいて'才'が表現されている。これは従来の分類において、③の「確定あるいは強調の語気を表す用法」とされてきたものであると判断できる例である。

例(3)

3-1 E　＝我（那个）：就是我是：小的时候，住在沈阳吧。后来：搬到大连以后｜，再从大连又搬到（这个）：内地呀｜，又搬到北京啊｜。所以：都是几个大城市啊｜。所以，还觉得大连好。首先气候好｜。像我们小的时候｜，我们小的时候，我觉得大连供应挺好的｜，什么都有｜，鱼、虾｜、蟹、都特别便宜｜。

3-2 G　＝而且特别便宜，也不用说你小的时候｜，｛E＝嗯｝我一九七一年分到了什么：｛E＝嗯｝到了大连之后哈｜，｛E＝嗯｝那时候卖（那个）杂鱼｜，小杂鱼,｛E＝嗯｝就是乱七八糟的那些鱼哈｜，七分钱一斤｜。

3-3 E　＝那时都已经不好了。那是文化大革命以后啦｜。文化大革命以前···

3-4 G　＝七分钱就都是用大板锹撮｛E＝嗯｝给你使劲撮的就是···

3-5 E　＝对！｜，对！｜。在北京根本就：北京吃个鱼困难哪。｛G＝嗯｝哎呀！排队呀｜。

3-6 G　＝现在也是吗？｜

3-7 E　＝现在：就是：现在倒不困难了，贵了，现在｜。｛G＝嗯｝黄花鱼好几块钱一斤，你买呀？｜

3-8 G　＝三块多钱哪｜。

3-9 E　＝啊｜。我记得:大连那时候，我小的时候｜，就五、六毛钱一斤虾，那个时候都觉得贵啦｜。｛G＝嗯｝

3-10 　＝那时候五、六毛钱一斤虾，｛G＝五、六毛钱一斤？｝现在呀，<u>不要你十几块钱才怪呢啊</u>｜。

3-11 G　＝对｜。

例 (3) の日本語訳

3-1 E ＝私は：私は：小さいころ、瀋陽に住んでいました。後で：大連に引っ越した後、さらに大連から：内地に引っ越して、また北京に引っ越しました。だから：(私が住んでいたのは)全部大都市です。それで、やはり大連がいいと思います。まず気候がいいです。小さいころ、小さいころ、私は大連は供給の良いところだと思っていました。何でもあります、魚に、エビに、蟹に、みんな特に安かったです。

3-2 G ＝特に安いというのは、あなたが小さい時だけじゃなくて、｜E＝うん｜私が1971年に配属されて：｜E＝うん｜大連に来た後ね、｜E＝うん｜その時、魚、小魚は｜E＝うん｜めちゃくちゃに混じった魚はね、1斤7分でした。

3-3 E ＝あのころはもうだめでした。それは文化大革命の後ですね。文化大革命の前は・・・

3-4 G ＝7分というのは大きな板のスコップですくって、｜E＝うん｜力を入れてすくって・・・

3-5 E ＝そうです、そうです！北京ではもともと：北京では魚を食べるのが難しいです。｜G＝うん｜ああ、並ばなくちゃいけない。

3-6 G ＝今でもそうですか？

3-7 E ＝今は：今は困難ではないけど、高いです、今は。｜G＝うん｜黄花魚が1斤数元したら、あなたは買いますか？

3-8 G ＝3元余りでしょ。

3-9 E ＝ええ。私が：大連にいたころ、私が小さいころはね、エビが1斤5、6角だったと記憶しています。あのころはそれでも高いと思いました。｜G＝うん｜

3-10 ＝当時は1斤5、6角だったエビが、｜G＝1斤5、6角？｜<u>今はね、10数元しないということはあり得ません。</u>

3-11 G ＝その通りです。

ここでは、大連に住んだ経験のある（E）と（G）によって、今（1987

年録音当時)と昔(それより20年以上前)の魚の値段が比較されている。子どものころに大連に住んでいた(E)は、3-9で、自分が子どものころ、大連ではエビが1斤(約500g)で5、6角であり、当時はそれでも高いと感じたと語っている。そして次の3-10において、自分が子どものころには1斤(約500g)で5、6角であったエビが、「今は10数元しなかったらおかしい(＝10数元して当たり前だ)」と語っている。そしてそのことを'現在呀，不要你十几块钱才怪呢啊．'と'才'を用いて表現している。つまり3-9 Eで語られているような、自分が子どものころの状況を基準として、今の値段と比較すると、今は20倍以上もの高値になる。そして今と昔のその20倍以上の値段の「差」を認識して、3-10で(E)はそれを'才'で表出している。

### 3.3.4.4　④「関連や関係を表す」とされてきた'才'

　下記の例(4)は、言語資料04の中で、中国で大学の教員をしているインフォーマント(D)が、最近(1988年頃)の中国の学生の生活状況について語っている談話の一部である。ここでは4-4 Dにおいて'才'が表現されている。これは従来の分類において、④の「必要条件と結果あるいは原因と結果など、関連や関係を表す用法」とされてきたものであると判断できる例である。

例(4)

4-1 D　＝嗯：中国的大学生吧，现在就是：应该说他们的生活还是比较丰富的｜．就是｜，特别是业余的生活｜。

4-2　　＝你象现在吧｜，跳迪斯科｜，大学生最喜爱｜。

4-3　　＝你：你象我们（那个）上海××大学吧｜，原来学校里没什么规定｜，就是：随便学生跳吧｜。每个星期，他们跳三天舞，有的时候｜。

4-4　　＝后来学校下命令了，这样不行｜，都不好好念书了｜，后来规定｜，<u>只有星期六晚上才能开舞会</u>｜，其他不让开｜。

4-5　　＝如果你同意他们开的话，天天都有人跳舞｜。

4-6　　＝嗯：他们对跳舞，我不知道怎么搞的，他们特别特别感兴趣｜，那

些大学生 |。

例(4)の日本語訳

4-1 D ＝んー：中国の大学生はね、今：彼らの生活はやはり割合と豊かです。特に余暇の生活は豊かです。

4-2 ＝たとえば今はね、ディスコは、大学生が一番好きです。

4-3 ＝たとえば我々の上海××大学ではね、もともと学校の中に何の規定もなくて、自由に学生に踊らせていました。毎週、彼らは3日踊るという、そういう時もありました。

4-4 ＝後で学校が命令を下し、こういうのはダメで、みんな勉強しなくなりましたから、後で、<u>土曜日の夜だけダンス・パーティーを開いてもいい</u>という、そういう規定を作り、その他の日は開かせませんでした。

4-5 ＝もし彼らがダンス・パーティーを開くことに同意したら、毎日踊る人がいます。

4-6 ＝んー：彼らは踊りに対して、どうして彼らは特別にダンスにあんなに興味があるのか、私にはわかりません、あの学生たちは。

　ここでは4-4 Dで'オ'が用いられている。4-4 Dで述べられているように、「みんなが勉強しなくなった」という原因によって、「土曜日の夜だけダンス・パーティーを開いてもいい」という結果になった。しかし、ここではこのような因果関係を表すために'オ'が表現されているのではない。4-3 Dでは、学生が週に3日踊っていた状況が説明されていることから、(D)はこの「週3日」を基準としていることが解る。そして、「土曜日の晩だけ」という日数の「差」を認識した結果、それをここでは'オ'で表現している。

### 3.3.4.5　⑤「動作・行為が発生したばかりであることを表す」とされてきた'オ'

　下記の例(5)は、言語資料07の中で、中国で大学の教員をしているイン

第3章　述部に関わる話し手のモダリティー

フォーマント（E）と（G）が、中国の知識人の現在（1987年録音当時）の生活水準について話し合っている談話の一部である。ここでは5-6 G、5-12 E、5-13 Gの3箇所で'才'が表現されている。5-6 Gと5-12 Eはすでに3.3.4.2で検証した、従来の分析では②の「数量の少ないことを表す」とされてきた'才'である。そして5-13 Gで表現されている'才'は、従来の分類において⑤の「動作・行為が発生したばかりであることを表す用法」とされてきたものであると判断できる例である。

例(5)

5-1 E ＝我们学校的教授也不过一百多块钱｜。

5-2 G ＝啊｜，我们学校的教授最贵的是：最贵的教授一百七、八｜，不到一万日圆｜。

5-3 E ＝那太少了｜。我们在外面就是教课啊，就是给别人代课，当非常勤老师啊｜，{G＝嗯}一个月也：能挣一百多块钱呢｜，真的｜。{G＝啊}所以：所以怎么说呢：(这个)：自己本行的（这个）工资并没多少钱｜。可是：随便出去这么一干｜，就可以干出好多钱来啊｜。太不正常了｜。

5-4 G ＝是啊。嗯：我也是我到：在大连时候哈｜，抚顺的｜，请我去讲课｜，{E＝嗯}半个学期｜，…

5-5 E ＝四百块钱｜。

5-6 G ＝四百块钱｜。半个学期四百｜，我一年才挣多少？

5-7 E ＝就是｜，这不一样｜。

5-8 G ＝还不是说每天呀｜，不是说每天都去呢｜。一个月｜，集中去三天｜。

5-9 ＝哎,有些事:这么一看｜,(这个)国家（这个这个）工资改革呀｜，说了半天｜，到现在改革不了｜。给中小学涨工资｜，喊了几年了？｜

5-10 E ＝中小学老师太惨了，比大学还要惨｜。

5-11 G ＝太苦了｜。{E＝对}社会地位也苦｜，也低｜。

5-12 E ＝对｜。而且：没有大学这些福利待遇啊｜。没有房子什么的啊｜。{G＝对啊}而且：工资好像就是：在七八年以前呢｜，二十多：

286

干了二十多年的老师啊｜，才三十多块，还不到四十块钱。
5-13 G ＝我的小姨子｜，她夫妇两个人｜，一参加工作拿二十多块钱｜，现在才涨到三十多块钱｜。
5-14 E ＝那太少了。现在三十多块钱根本就不能活呀｜。

例(5)の日本語訳

5-1 E ＝我々の大学の教授も（月給は）100元くらいに過ぎません。

5-2 G ＝ええ、我々の大学の教授は最も高くて：最も（給料の）高い教授で170〜180元で、日本円で1万円になりません。

5-3 E ＝それは少なすぎます。私たちは外で授業を持ってね、たとえ他の人の代わりに授業したとしても、非常勤講師をしてもね、｛G＝うん｝1か月：100元余りは稼ぐことができます、本当です。｛G＝ええ｝だから：何と言うか：自分の本業の給料はいくらにもなりませんが。でも：気楽に外でちょっとやったら、たくさん稼ぐことができます。これは正常なことではありません。

5-4 G ＝そうです。んー：私も大連にいた時はね、撫順で、授業を頼まれて、｛E＝うん｝半期で・・・

5-5 E ＝400元。

5-6 G ＝400元。半期（アルバイト）で400元になるんですが、私（の本業）は1年でいくら稼げますか？（ほんの少しです。）

5-7 E ＝全くその通りです。アルバイトと本業の稼ぎが違います。

5-8 G ＝それは毎日ではありません、毎日行くのではありません。1か月間に、集中して3日行くだけです。

5-9 ＝いろいろなことは：こうやって見ると、国家は給料改革をね、長い間言っているけど、今まだ改革できません。小中高の給料値上げを大声で叫んで何年になりますか？

5-10 E ＝小中高の先生は悲惨で、大学よりもっと悲惨です。

5-11 G ＝とても苦しいです。｛E＝その通りです｝社会的地位も苦しくて、低い。

5-12 E ＝その通りです。それに：大学のような福利厚生はありません。

第3章　述部に関わる話し手のモダリティー

　　　　住宅もありません。{G＝そうです}　さらに：給料は：7、8年
　　　　前はね、20年以上：20年以上勤めた先生でもね、たった30元
　　　　くらいで、40元まではいきませんでした。
5-13 G ＝私の妻の妹は、夫婦二人で、仕事を始めたころは20元くらいで、
　　　　今はやっと30元くらいに上がりました。
5-14 E ＝それは少なすぎます。今は30元くらいでは全く生きていくこ
　　　　とができませんよ。

　ここではまず5-6 Gと5-12 Eの'才'（＝従来の分類において②の「数量の少ないことを表す用法」とされてきた）の表現について検証し、次に5-13 Gで表現されている'才'（従来の分類において⑤の「動作行為が発生したばかりであることを表す用法」とされてきた）を検証していく。そしてそれによって、これらの'才'が同じものであることを検証していく。
　（E）と（G）は、5-1 E～5-8 Gにおいて、中国では大学の教授でも月給が100元余りで、それは非常に安い月給であると語り合っている。まずこの中の5-6 Gで「'半个学期四百，我一年才挣多少？'（＝半期（アルバイト）で400元だけど、私（の本業）は1年でいくら稼げますか？）」というように、'才'が表現されている。これは従来の分析では、②の「数量の少ないことを表す」とされてきた'才'である。ここでの（G）は、「半期のアルバイトの非常勤講師で400元も稼げる」ということを基準としており、それと比較すると、月給が100元くらいであるという大学教授の給料は安すぎで、そこには「差」がありすぎるという認識がある。その認識が'才'によって表現されている。
　これに続く5-9 G～5-12 Eでは、国は給料の改革を何年も言っているが、未だに改革されておらず、小中高の先生は給料が安く、社会的地位も低く、待遇も悪く、大学の教員よりもっと悲惨であると話し合っている。ここでは5-12 Eで「'工资好像就是，在七八年以前呢，干了二十多年的老师啊，才三十多块，还不到四十块钱'（＝給料は7、8年前は、20年以上勤めた先生でもたった30元くらいで、40元まではいきませんでした。）」というように、'才'が表現されている。これも5-6 Gの'才'と同様に、従

288

来の分析では、②の「数量の少ないことを表す」とされてきた'才'である。5-12 Eで話し手（E）は、7、8年前のことではあるが、20年以上勤めた小中高の先生の月給は30元くらいで、当時の生活水準を基準にして考えると低すぎると認識している。つまりここでは、当時の生活水準を基準として考えた場合、当時の小中高の先生の月給は低すぎて、そこには「ズレ」があると話し手は認識しており、その話し手の認識が、'才'で表現されている。

そして5-13 Gにおいて、(G)が具体的に自分の妻の妹夫妻のことを話題とし、その夫婦は教員になったばかりの頃は月給が20数元で、今やっと30数元になったと話している。ここで(G)はこのことを'才'を用いて「'現在才涨到三十多块钱.'（＝今はやっと30元くらいに上がりました。）」と表現している。これは従来の分析では、⑤の「動作・行為が発生したばかりであることを表す用法」とされてきたものである。

5-13の(G)の発言を受けて5-14で(E)が、実際には30数元の月給では生活していけないと語っている。5-13 Gの'才'には2種類の基準による二重の比較が含意されている。1つは大学の教員の給料を基準とした、小中高の教員の給料との比較である。大学の教員の月給も安いが、それでも100元余りはある。これと比較して、小中校の教員の30元余りという月給は安すぎるという認識である。もう1つは現在の物価水準との比較である。現在の物価水準を基準とすれば、月給30数元というのはあまりに低すぎて、生活が維持できないという認識である。これらの2つを基準として比較すると、小中高の教員の給料が余りに低すぎ、余りにも「差」がありすぎる。このような話し手の判断や認識が、'才'によって表現されている。

以上、例(5)の3箇所の'才'の表現(5-6 G、5-12 E、5-13 G)を見てきた。これらの3つの'才'の本質は同じであり、そのどれもが、話し手が基準としている常識や状況と、現実の状況との間に大きな「差」があると話し手が認識していることが、'才'によって表現されている。

## 3.3.4.6 ⑥「動作・行為の順序を表す」とされてきた'才'

下記の例(6)は、言語資料10の中で、日本に留学中のインフォーマント（P）と（Q）が、（Q）の中国での大学時代のある先輩の女性（この女性も日本に留学中である）について語っている談話の一部である。ここでは6-8 Qで'才'が表現されており、これは従来の分類では、⑥の「動作・行為の順序を表す用法」とされてきたものであると判断できる例である。

例(6)

6-1 P ＝她也是日语老师啊？｜

6-2 Q ＝对｜。

6-3 P ＝哪个学部的？｜

6-4 Q ＝（那个）她是日本国立大学｜。她现在考上研究生，是文学部｜。在中国××大学的时候吧｜，在××大学的时候，她是研究生，是我前：前两届的｜。

6-5 P ＝研究生？｜

6-6 Q ＝上：是我上一届的｜。｛P＝研究生｝她是八一届的研究生，我是（那个）不！她是（那个）八五届的研究生，我是八六届的研究生｜。

6-7 P ＝那她怎么还在这儿当研究生呢？｜

6-8 Q ＝她吧，就是想：留在日本（那个）没办法，<u>她就先考上研究生，才能念博士，一步一步念</u>｜。

6-9 P ＝那她就得重了啊｜。

6-10 Q ＝唔，我也觉得她重了，挺：挺不合算的。｛P＝嗯｝但是：（那个）对她来说,她觉得那样好｜。｛P＝哦｝每个人的情况不太一样｜。

例(6)の日本語訳

6-1 P ＝彼女（（Q）の中国での大学時代のある先輩の女性のこと）も日本語の先生なんですか？

6-2 Q ＝そうです。

6-3 P ＝どこの学部ですか？

6-4 Q ＝日本の国立大学です。彼女は今大学院修士課程に合格して、文学部です。中国の××大学の時にはね、××大学の時には、彼

　　　　　女は大学院修士課程の学生で、私の：2年上でした。
6-5 P ＝修士の学生？
6-6 Q ＝私の1学年先輩です。{P＝修士の学生}彼女は1981年修了の
　　　　　修士の学生で、私は、違う！彼女は1985年修了の修士の学生で、
　　　　　私は1986年修了の修士の学生です。
6-7 P ＝それじゃあ彼女はどうしてここで修士の学生をしているんです
　　　　　か？
6-8 Q ＝彼女はね、日本にいたいから仕方なくて、<u>先ず修士に合格して、</u>
　　　　　<u>それで博士課程に入ることができて、一歩一歩勉強しよう</u>と考
　　　　　えたんです。
6-9 P ＝それじゃあ彼女は重複していますね。
6-10 Q ＝ええ、私もそう思います。とても：とても損ですね。{P＝うん}
　　　　　でも：彼女はそれでいいと思っています。{P＝へー}一人一人
　　　　　状況は違いますから。

　（Q）の先輩の'她（彼女）'は現在日本の国立大学の大学院修士課程に在学している。しかし'她'は中国の大学ですでに修士課程を修了している。そこで(P)がこれを不思議に思い、このことについて6-7で質問している。これに対する（G）の答えが6-8であり、その中で'オ'が用いられている。
　中国の大学で修士課程を修了している場合、日本の大学の博士課程へ進学するのが通常のコースである。しかし、'她'は日本の大学で修士課程から入り直したわけであり、通常の状況を基準として考えれば、'她（彼女）'の選択は特殊である。6-8で（Q）は、通常の状況を基準として、'她'の行為を判断すると、そこには「ズレ」があると認識した結果、（Q）はその認識を'オ'で表現しているのである。

### 3.3.4.7 ⑦その他の'オ'
　言語資料の中には、先の3.3.1に示したような従来の統語論研究における'オ'の類分けに当てはまらないものもあった。下記の例(7)の7-6 Hがその1つである。

第3章 述部に関わる話し手のモダリティー

　下記の例(7)は，言語資料08の中で，中国で大学の教員をしているインフォーマント（H）と（I）が，当時（1988年録音当時）の物価の高騰に影響を受けた，天津の大学の状況の変化について語っている談話の一部である。ここでは特に（H）の大学のある助教授の給料について談話が展開されている。

　'才'は7-4 H、7-5 H、7-6 Hの3箇所で表現されており、7-4 Hは従来の分類において②の「数量の少ないことを表す用法」、7-5 Hは④の「関係や関連を表す用法」とされてきたものと判断できる。しかし7-6 Hは②とも④とも判断でき、明確な分類はできない。

例(7)

7-1 H ＝但是学校呢，有好多专业呀｜，不好招人｜。这一两年的｜，就是随着（这个）：商业风气｜，{Ｉ＝哦}比如说，象学数学的｜，{Ｉ＝嗯}也就说嘛，现在人们呢｜，目光变得短浅了｜，就看眼前的实利｜，务实。学数学出来｜，也就是教教数学｜。

7-2 I ＝嗯，教数学｜，或者是：有：有几个能当科学家呀？哈哈哈…

7-3 H ＝可不｜。现在当：人们现在｜，当前眼睛都奔着钱。按照世俗的观念｜，当科学家啊｜，拿多少钱呀？｜{Ｉ＝嗯}

7-4 ＝说我们系那个老师就说么｜，{Ｉ＝嗯}他是系副主任｜。他说，"我副教授才拿一百二十块钱｜，{Ｉ＝嗯}我现在生活水平｜，根本就：维持不了｜，按现在（这个）：市场的价格｜。{Ｉ＝嘿嘿嘿…}

7-5 ＝我现在在要按照维持我的生活，一个月得有三百块钱工资｜，我才能维持我的生活｜。"

7-6 ＝他：他基本工资是一百二，再加上补贴的话，才能拿到一百七、八｜，{Ｉ＝嗯}那也不够哇｜。你想家里养两个孩子｜，他上初中、上高中，{Ｉ＝哦}正是花钱的时候｜。

7-7 ＝所以呢，这：这些不：（这个）：怎么说呢｜，唉：毕业之后｜，不能够立刻见效的这些专业｜，{Ｉ＝嗯}开始没有人报｜，受冷落｜。{Ｉ＝嗯}文史哲｜，受冷落｜，根本就没人学｜。

292

例 (7) 日本語訳

7-1 H ＝でも大学はね、学生を募集しにくい専門がたくさんあるんです。ここ1、2年は、商売がブームに：なるにつれて、｛I＝うん｝ たとえば、数学を学ぶ人は、｛I＝うん｝ 今の人達はね、目先だけを見るようになり、目の前の利益と、現実ばかりを見ます。数学を学んで社会に出ても、数学を教えるだけです。

7-2 I ＝うん、数学を教えるだけですね、あるいは：科学者になれる人は何人いるか？ハハハ…

7-3 H ＝そうなんですよ。今：人々は今、目はお金ばかりを追っています。世俗の考え方に照らせば、科学者になったとしてもね、いくら手に入るのか？（たいしたことありません）｛I＝うん｝

7-4 ＝我々の大学のある先生が言っていました。｛I＝うん｝ 彼は学部の副学部長です。彼がこう言っていました。「<u>私は助教授なのに120元しかもらっていない</u>、｛I＝うん｝ 私は今の生活水準は、全く：維持できない、今の：市場の価格に基づけば。｛I＝ハハハ…｝

7-5 ＝私は今、私の生活を維持しようとすれば、1か月300元の給料をもらわないといけなくて、<u>私はそれでやっと私の生活は維持できる。</u>」

7-6 ＝<u>彼（副学部長）の：彼の基本給は120元で、それに手当を加えても、170〜180元しか手にすることができません。</u>｛I＝うん｝ それでも足りません。彼の家には2人の子どもがいて、一人は中学生、もう一人は高校生で、｛I＝うん｝ まさにお金のかかる時期です。

7-7 ＝だから、何というか：卒業後、すぐに効果が見えない（お金にならない）これらの専門は、｛I＝うん｝ 誰も応募しなくなってきて、冷遇されています。｛I＝うん｝ 文学歴史学哲学は、冷遇されていて、全く入学する人がいません。

この談話の展開は次の通りである。

7-1〜3：ここ1、2年の金儲けの風潮によって、社会に出てすぐに役に立

たない学部には応募者が少ない。
7-4：(H)の大学の助教授（副学部長）は、たった120元の月給で、とても生活していけない。
7-5：生活を維持していくためには1か月300元ないと無理である。
7-6：彼の基本給120元で、それに手当を加えても170〜180元であり、それでも足りない。

　従来の統語論研究における分析の分類によれば、7-4Hの'オ'は②の「数量が少ないことを表す用法」であり、7-5Hの'オ'は④の「関係や関連を表す用法」となる。では7-6Hの'オ'はどうか。7-6Hでは「基本給120元に手当てを加えてやっと170〜180元の給料を手にすることができる」と語られている。まず、「基本給120元に手当てを加えると170〜180元になる」というのは、④の「関係や関連を表す」と言うことができる。そして「それでやっと170〜180元の給料である」というのは、②の「数量が少ないことを表す」ということもできる。それでは7-6Hの'オ'は「②＋④」の用法ということになるのか。
　この談話の展開から分かるように、7-4H、7-5H、7-6Hはいずれも、現在の物価の水準を基準として、それと比較した月給の低さを語っている。つまり生活を維持していくために必要な月給額を基準とし、それと比較して少なすぎる、「差」があり過ぎるという話し手の判断や認識を、7-4H、7-5H、7-6Hの3箇所の'オ'は表明しているのである。

### 3.3.5　まとめ

　以上、中国語母語話者の自然発話による談話の言語資料をもとに、'オ'について検証してきた。
　この考察から明かであるように、話し手が'オ'を用いる場合、そこには必ず話し手が基準としている一般的な常識や通常の状況あるいは現実の状況が存在し、それを基準とした比較の認識がある。そしてその基準と、実際に実現するか、あるいはすでに実現して現実にあるコトガラとの間に、

大きな「差」や「ズレ」があると話し手が判断したり認識したりした場合に、それが'オ'によって表明される。これが'オ'の本質である。このことから'オ'は、話し手のコトガラに対するモダリティーに大きくかかわる表現であると言うことができる。

　従来の統語論研究における先行研究では、先の3.3.1でまとめて記した①〜⑥のように'オ'の用法が類分けされ、記述されてきた。それらは言うなれば、本分析における「差」や「ズレ」の具体例である。しかし、それらは一文を対象とした分析であるので、話し手が基準としている内容が明確化できず、したがって、その「差」や「ズレ」の内容も明確ではない。そしてさらに、分析の対象とした一文から、話し手が基準としている内容が推測不可能な場合には、'オ'は「確定や強調などの語気を表す」と記述されてきた。このような用法分析の結果、李连元（1986）に見られるような、膨大な数の'オ'の類分けが生まれることとなる。これらはいずれも、'オ'が用いられている一文だけを切り取って、その文だけを分析の対象として考察された結果である。ここに、一文レベルでの用法分析という手法の限界がある。

　現実の言語表現は、談話の展開の中で表出される。したがって、談話の展開の中でその表現をつぶさに観察していくことによって、よりその本質に迫ることができる。これは'オ'においても例外ではない。

# 第4章
# 談話に登場する指示対象の人物に対する話し手のモダリティー

　この章では、談話に登場する指示対象の人物に対する話し手のモダリティーという観点から、以下の3つの項目を取り上げる。

4.1　人称代名詞'我'と'你'
4.2　特定の個人を指示する'人家'
4.3　指示語'这个人'と'那个人'

## 4.1　人称代名詞'我'と'你'

4.1.1　はじめに
4.1.2　本分析の言語資料
4.1.3　'我'と'你'
4.1.4　'你'と'您'
　4.1.4.1　初対面のあいさつの時の'您'
　4.1.4.2　一時的な関係にある相手に対して'您'を用いる例
　4.1.4.3　日常的に関わりの深い相手に対して'您'を用いる例
　　4.1.4.3.1　一貫して'您'を用いる例
　　4.1.4.3.2　相手に頼み事をするときの'您'
　　4.1.4.3.3　相手に謝るときの'您'
　　4.1.4.3.4　相手を皮肉るときの'您'
　　4.1.4.3.5　実の親に対して用いる'您'
　4.1.4.4　同じ相手に対して'你'と'您'の転換がみられる例
　　4.1.4.4.1　'您'から'你'へ
　　4.1.4.4.2　'你'から'您'へ

4.1.4.5　現代中国語における'您'
4.1.5　'我'と親族呼称
　　4.1.5.1　'爸爸／妈妈'の場合
　　4.1.5.2　'你爸爸／你妈妈'の場合
4.1.6　おわりに

## 4.1.1　はじめに

　現代中国語において'我'は自称詞（話し手が自分自身を指示することば）で、一人称代名詞と呼ばれ、'你'は対称詞（話し手が話しの相手を指示することば）で、二人称代名詞と呼ばれている。通常、対称詞には２種の用法がある。１つは相手の注意を喚起するために相手に呼びかける使い方（vocative use）であり、もう１つは、sentence の中で話題語や目的語などとして用いられ、それが内容的に話しの相手を指す使い方（pronominal use）である。'你'には pronominal use しかなく、vocative use はない。
　中国語の古語においては、自分自身を指示する一人称代名詞と相手を指示する二人称代名詞は、自分と相手との上下の関係や親疎の関係などの要素によって、使い分けがなされていた。例えば≪史記≫の中に見られる会話には、下記の (1)～(4) のような例が見られる[1]。（下記の (1)～(4) の文中の下線は筆者による）。

(1) 湯曰,「汝不能敬命，予大罪殛之、無有攸赦」（＜殷本紀第三＞（：93））

(2) 上（劉邦）曰、「為我楚舞、吾為若楚歌。」（＜留侯世家第二十五＞（：2048））

(3) （呉王）曰、「子以此死。」伍子胥仰天歎曰、「…我令若父霸。自若未立時諸公子争立…」
　　乃告其舎人曰、「必樹吾墓上以梓…」（＜伍子胥列傳第六＞（：2180））

(4) 孔子曰、「我與爾有是夫。」（＜仲尼弟子列傳第七＞（：2187））

1)　中華書局≪史記≫（評点本）1959 年に拠る。

(1)では一人称代名詞には'予'、二人称代名詞には'汝'が用いられ、(2)では一人称代名詞には'我'／'吾'、二人称代名詞には'若'が用いられている。また(3)では一人称代名詞には'我'／'吾'、二人称代名詞には'子'／'若'が用いられ、(4)では一人称代名詞には'我'、二人称代名詞には'爾'がそれぞれ用いられている。これらをまとめると、下記のようになる。

|     | 一人称代名詞 | 二人称代名詞 |
| --- | --- | --- |
| (1) | 予 | 汝 |
| (2) | 我／吾 | 若 |
| (3) | 我／吾 | 子／若 |
| (4) | 我 | 爾 |

　現在のように、すべての人が自分自身を指示するのに'我'、相手を指示するのに'你'を用いるようになった歴史的経緯については、藤堂(1974:139-162)に詳細な記述が見られる。その要点を要約すると、次のようになる。

　古語においては敬語のいちばん基本的なものとして、相手をどう呼ぶかについてさまざまな工夫がこらされていた。しかし中国語の敬語は、「おとなの男」の中の「官」だけのものであり、庶民には敬語はいらないし、女と子どもには敬語がなかった。それが、1949年の革命によって中国は身分制のあった社会が差別を設けない制度に変わり、さらにその後の文化大革命によって人間の意識が変わり、「下賎」と「高尚」の違いを意識しなくなったことによって、上位者と下位者の間、男女の間のことば使いの差異が存在しなくなった。

　藤堂(1974)で述べられているような、このような経緯を経て、現在のような'我'と'你'が定着していったということである。

　本節では、このような経緯をもって成立した現代中国語における一人称代名詞'我'と二人称代名詞'你'との関係を考察し、さらにその上で、話し手はどのような状況において'你'以外のことばで話しの相手を表現す

るのか、そしてまた、話し手はどのような状況において'我'以外のことばで自分自身を表現するのか、ということについて考察していく。

### 4.1.2 本分析の言語資料

　本節では言語資料として、映画の中での対話を分析の対象とする。その理由は、どのような状況において、話し手が自分自身を、あるいは話しの相手を、どのような語彙を用いて表現しているのかということが、具体的に明示されているからである。
　言語資料とした映画は下記の7本であり、これらの映画における発話はすべて現代中国語の'普通话'と認定できると判断した。

言語資料とした映画作品名とその概要
（ア）≪小巷名流≫1985年
　　　概要：文化大革命時代の四川省のある'胡同（路地）'での人間模様が、文革後の移り変わりも交えながら描かれている。
（イ）≪北京，你早≫1990年
　　　概要：国営バス会社に勤務する20代の車掌（'艾红'と'王郎'）と運転手（'邹永强'）が、市場経済の波の中、それぞれの生き方を模索する様子が描かれている。
（ウ）≪心香≫1991年
　　　概要：北方の町に住む、少年クラブ京劇班に所属する10才の'京京'が、両親の別居によって、生まれてから一度も会ったことのない、南方の町に住む、有名な京劇俳優だった'外公（母方の祖父）'のもとに預けられ、そこでの生活の中で、孫と'外公'とが徐々に心を通わせていく様子が描かれている。
（エ）≪站直啰，別趴下≫1992年
　　　概要：青島のあるアパートに住む3組の家族（30代の作家夫妻（'高作家'と'高太太'）と、その隣人の40代半ばの共産党幹部（'刘干部'）一家と、同じく隣人の30代半ばの教養のない成り上

　　　　がり者（'张永武'）の一家）が織りなす人間模様が描かれている。

（オ）≪找乐≫1992年
　　　概要：定年退職して暇を持て余していた京劇好きの老人達が集まって、老人京劇団を作る物語で、老人たちの悲哀が描かれている。

（カ）≪天国逆子≫1994年
　　　概要：母親の夫殺人を息子が告発するという物語である。'关建'の母親の'浦凤英'は木こりの'刘士贵'と共謀して、夫の'关世昌'を殺害した。息子の'关建'が母親を告発し、殺人が立証されて、母親は逮捕されたのち拘留された。この作品では、時代背景と絡めて、母親、父親、息子の心情が描かれている。

（キ）≪民警故事≫1995年
　　　概要：北京の下町の徳勝門分署を舞台に繰り広げられる、警官の日常を描いた物語である。

　なお、4.1.4と4.1.5で示した映画の中における対話の例(1)から例(9)の日本語訳は筆者による。

## 4.1.3　'我'と'你'

　4.1.1で示した（1）～（4）の≪史記≫における古語の一人称代名詞と二人称代名詞との関係と、現代語における'我'と'你'との関係の最大の相違点は、現代語の'我'と'你'は相互交換が可能であるが、古語のそれらは相互交換が不可能である、ということである。ここで言う「相互交換」とは、次のようなことを言う。現代語においては、話し手Aは自分自身を'我'と表現し、話しの相手Bを'你'と表現する。そして、対話の途中でそれまで話しの相手であったBが話し手となり、それまで話し手であったAが話しの相手になると、Bは自分自身を'我'と表現し、新しい話しの相手であるAを'你'と表現する。これを「相互交換可能」と言う。

第4章 談話に登場する指示対象に対する話し手のモダリティー

　このように、現代語においては'我'と'你'は相互に交換して表現することが可能である。しかし、古語においては、たとえば (1) では、話し手は自分自身を'予'と表現し、相手を'汝'と表現しているが、この'汝'と表現された人物は、話し手となった場合に自分自身を'予'と表現することはできない。また自分自身を'予'と表現した人物を'汝'と表現することもできない。(2)、(3)、(4) についても同様である。つまり、古語における一人称代名詞と二人称代名詞は相互に交換して表現することができない。では、このことは何を意味しているのであろうか。

　現代中国語の他に、一人称代名詞と二人称代名詞の相互交換が可能な言語としてはラテン語や英語などがある。これらの言語について鈴木(1973: 182) は次のように解説している。

　「このような一人称代名詞と二人称代名詞の交換は、そもそも一人称代名詞というものが、それを使う人が現在の話し手は自分だぞということを表現すること、つまり話し手の役割をことばで明示することにほかならず、また二人称代名詞で相手を呼ぶという行為は、いま話しの聞き手はそちらだぞという、聞き手としての役割を相手に付与する性質のものだと考えれば当然のものとして理解できる。

　ラテン語や英語の一人称、二人称の代名詞は、話し手や相手がそれぞれもっている具体的な性質（地位、年齢、性別など）に無関係で、ただ対話という言語活動における能動的行為者と受動的行為者という非常に抽象的な役割だけを表明する機能のみを持っているものである。」

　これはラテン語や英語の一人称、二人称の代名詞に対する解釈であるが、現代中国語の一人称の'我'と二人称の'你'についても同様の解釈ができると考えることができる。

　藤堂(1974)が指摘している通り、中国は中華人民共和国の成立と文化大革命を経て、階級的差別がなくなり、社会的高低貴賤の意識が薄れ、男女平等の社会となったことにより、すべての人が'我'と'你'を用いるようになった。それによって、現代語においては、話し手や話しの相手がそれぞれに持っている具体的な性質（＝社会的な地位や年齢や性別といった

もの）に関係なく'我'と'你'を用いる傾向が強くなっている。

　このような言語的自己規定をおこなう'我'と、相手を規定する'你'とは、'我'が話し手であること、そして'你'が話しの相手であることを指し示す働きをしている。そしてこのことによって'我'と'你'は１つのペアをなし、同時に'我'で規定された話し手と、'你'で規定された話しの相手とが、対話という言語活動において、能動的行為者と受動的行為者という対等に対立した関係にあることを意味している。しかし、'我'と'你'とが対等に対立した関係にあるため、実際の言語活動においては、この対等に対立した関係を崩す働きをする表現が用いられることがある。その場合、話しの相手を'你'以外のことばで表現するか、あるいは話し手が自分自身を'我'以外のことばで表現するという方法を採ることとなる。たとえば、話しの相手を'您'で表現したり、話し手が自分自身を親族呼称で表現したりする場合などがそうである。さらに、話し手が自分自身を'人家'と表現する場合もあるが、これについては、次節の4.2で詳述する。

　そこで以下では、4.1.4において話しの相手を'您'で表現する場合について考察し、4.1.5において話し手が自分自身を親族呼称で表現する場合について、それぞれ考察していく。

## 4.1.4　'你'と'您'

　4.1.3で述べたように、現代中国語においては、社会的に上下の関係があっても、年上と年下の関係であっても、男女間であっても、話しの相手を'你'と表現することができる。しかし、話しの相手に対して'您'が用いられる場合がある。

　以下で、4.1.2に示した言語資料に現れた例をもとに、実際に'你'と'您'の使用されている状況の相違を見ていく。

### 4.1.4.1　初対面のあいさつの時の'您'

　'您'は、通常初対面の相手に対して、あいさつする際によく用いられる。（エ）と（キ）にその場面が見られた。下記がその具体的な場面である。

第4章　談話に登場する指示対象に対する話し手のモダリティー

（エ）≪站直啰，別趴下≫：この映画では青島のあるアパートに住む3組の家族が描かれている。この中では、30代の'高作家夫妻'が'刘干部'に対して初対面の時に'您好'とあいさつしている。しかし'刘干部'は'高作家夫妻'に対して初対面の時から'你好'とあいさつしている。そしてこれ以後、お互いに'您'は用いていない。

（キ）≪民警故事≫：この中では、北京の下町の徳勝門分署に勤務している、中堅の警官である'杨国力'が、新人警官の'王连贵'を連れて居民委員会のおばさん達にあいさつに行った時に、そのおばさん達7名ほどが初対面の'王连贵'に対して'您好'とあいさつしている。この映画でもこのあいさつの時だけ'您'が用いられており、これ以後、このおばさん達は'王连贵'に対して'您'を用いていない。

### 4.1.4.2　一時的な関係にある相手に対して'您'を用いる例

言語資料の7本の映画のうち、下記の6本の映画において、日常的な関わり合いの関係ではない相手に対して'您'を用いる例が見られた。下記がその内容である。

（ア）≪小巷名流≫：文革時代に批判され続けたインテリの'司马寿仙'は、文革時代のことを小説にして出版したいと思い、出版社の高編集者に自分の書いた小説を読んで批評してもらう。その際、'司马寿仙'が高編集者に対して一貫して'您'を用いている。

（イ）≪北京，你早≫：この映画の中では、バスの車掌の'王郎'がバスの乗客に対して'您'を用い、百貨店の店員が客の'艾红'に対して'您を用いている。また、露店の店主が客の'艾红'と'邹永强'に対して、それぞれ'您'を用いている。さらに、バスの運転手の'邹永强'と車掌の'王郎'が、バスでぶつけてしまった老人に対して、そしてその老人が入院した病院の受付の人にして'您'を用いている。また、その病院で偶然出合った'邹永强'の恋人の'艾红'の友人の'子云'が医者に対しても、'您'を用いている。そして病院に入院した老人の息子は事情聴取をした警官に'您'を用いている。また'艾红'は大学の留学生宿舎へ留学生である男友達を訪ねて行き、その宿舎の受付の人に、'您'を用いている。

(ウ)≪心香≫：この映画の中では、'外公（母方の祖父）'が孫の'京京'を入学させようとした小学校の校長に対して'您'を用いている。しかし、校長は'外公'が京劇の名優であった'李汉亭'であることを知ってからも、彼に対して一貫して'你'しか用いていない。また'外公'は、恋人の'莲姑'が危篤状態になったときに呼んだ医者に対して'您'を用いている。そしてちょうどその時に台湾からやって来た、40年前に生き別れた'莲姑'の夫の弟が、'李汉亭'に対して'您'を用いている。

(エ)≪站直啰，别趴下≫：アパートの管理人の'老孙头'が魏警官に'您'を用いている。また、'高作家'が家出した'小美'のことをある老人に尋ねたとき、その老人に対して'您'を用いている。さらに電話の取付作業員が客である'张永武'に対して'您'を用い、'张永武'は新会社設立パーティーに招待した書家の'冯先生'に対して'您'を用いている。

(オ)≪找乐≫：暇を持て余して町で映画の切符を買った'韩老人'に対して、見知らぬ青年が'您'を用いて映画の切符を売って欲しいと頼んでいる。また女性記者が京劇のコンクールに出場した'汉老人'の老人京劇団員に対して'您'を用いてインタビューしている。

(キ)≪民警故事≫：犬を自宅で飼った罪と警官を侮辱した罪で逮捕された教養のない'王小二'の妻の'王太太'が、夫を釈放してくれるように警察まで犬を差し出しに来た時に、警察の李所長に対して'您'を用いている。

これらを整理すると、下記の＜表Ⅰ＞表のようになる。

第4章　談話に登場する指示対象に対する話し手のモダリティー

<表Ⅰ>

| 作品名 | 話し手 | 相手＝'您' |
|---|---|---|
| （ア）≪小巷名流≫ | ①インテリの'司馬寿仙' | →高編集者 |
| （イ）≪北京，你早≫ | ②バスの車掌の'王郎'<br>③百貨店の店員<br>④露店の店主<br>⑤'邹永強'と'王郎'<br>⑥　〃<br>⑦'艾红'の友人の'子云'<br>⑧入院した老人の息子<br>⑨'艾红' | →バスの乗客<br>→客の'艾红'<br>→客の'艾红'と'邹永強'<br>→'邹永強'がバスでぶつけた老人<br>→病院の受付の人<br>→医者<br>→警官<br>→留学生宿舎の受付人 |
| （ウ）≪心香≫ | ⑩'李汉亭'（＝外公）<br>⑪　〃<br>⑫'莲姑'の夫の弟 | →孫の小学校の校長<br>→医者<br>→'李汉亭' |
| （エ）≪站直啰，別趴下≫ | ⑬管理人の'老孙头'<br>⑭'高作家'<br><br>⑮電話の取付作業員<br>⑯'张永武' | →'魏警官'<br>→家出した'小美'のことを尋ねたある老人<br>→客の'张永武'<br>→パーティーに招待した書家の'冯先生' |
| （オ）≪找乐≫ | ⑰町の見知らぬ青年<br>⑱女性記者 | →'韓老人'<br>→老人京劇団員 |
| （キ）≪民警故事≫ | ⑲'王太太' | →警察の'李所長' |

　これらの対話例は、話し手と'您'で表現した相手との関係により、次の4つにグループに分けることができる。
　　（Ⅰ）相手の職業や地位を重視する：①⑥⑦⑧⑨⑩⑪⑬⑲
　　（Ⅱ）相手が客である　　　　　　：②③④⑮⑯
　　（Ⅲ）初対面の相手にものを尋ねる　：⑭⑰⑱
　　（Ⅳ）相手に対して「申し訳ない」という気持ちを持つ：⑤⑫

　この結果から、一時的な関係にある相手に対して、相手の職業や地位を重視して'您'が用いられている例の多いことが解る。

### 4.1.4.3　日常的に関わりの深い相手に対して'您'を用いる例

ここでは、日常的に関わりの深い相手に対して'您'を用いる例を見ていく。

### 4.1.4.3.1　一貫して'您'を用いる例

言語資料である７本の映画のうちの５本の映画において、日常生活の中で関わりの深い相手に対して、一貫して'您'が用いられていた。下記がその具体的な例である。

（イ）≪北京，你早≫：この映画の中では、国営バス会社に勤務する20代の車掌の'王郎'と運転手の'邹永強'がバス会社の李所長に対して一貫して'您'を用いている。しかし20代女性の車掌の'艾红'は李所長に対して'您'は用いていない。また'邹永強'は恋人の'艾红'の'爷爷(祖父)'と、李所長の父親に対しても一貫して'您'を用いている。

（ウ）≪心香≫：この映画の中では、師匠の'李汉亭'(='外公')に対して弟子の'董龄'が一貫して'您'を用いており、また村長も'李汉亭'に対して終始'您'を用いている。

（エ）≪站直啰，別趴下≫：この映画の中では、'高作家夫妻'と'刘干部'の娘である'小美'が、アパートの管理人である'老孙头'に対して、一貫して'您'を用いている。また、'高作家'に対して、'老孙头'と、'高作家'の隣人の'张永武'の妻の'张太太'が一貫して'您'を用いている。さらに'张永武'の会社の若い女性秘書である'小恵'が社長である'张永武'に対して終始'您'を用いている。

（オ）≪找乐≫：この映画の中では、40年間京劇劇場の管理人を勤めあげた'韩老人'に対して、部下であった'大宝'と'二丑'が一貫して'您'を用いている。また'韩老人'は、退職後衛生管理の仕事をしている知り合いの老人と、区の文化館の李管理人に対して、終始'您'を用いている。

（キ）≪民警故事≫：この映画の中では、中堅の警官の'杨国力'が居民委員会のおばさん達に対して一貫して'您'を用いている。

これらを整理すると、下記の＜表Ⅱ＞のようになる。

<表Ⅱ>

| 作品名 | 話し手 | 相手='您' |
|---|---|---|
| (イ)《北京,你早》 | ①バスの車掌の'王郎' | →直接の上司である'李所長' |
|  | ②バスの運転手の'邹永强' | →直接の上司である'李所長' |
|  | ③　〃 | →恋人の'艾红'の祖父 |
|  | ④　〃 | →'李所長'の父親 |
| (ウ)《心香》 | ⑤弟子の'董龄' | →師匠の'李汉亭' |
|  | ⑥村長 | →京劇俳優だった'李汉亭' |
| (エ)《站直啰,別趴下》 | ⑦'高作家夫妻' | →アパートの管理人の'老孙头' |
|  | ⑧'刘干部'の娘の'小美' | →　〃 |
|  | ⑨管理人の'老孙头' | →高作家 |
|  | ⑩'张永武'の妻の'张太太' | →　〃 |
|  | ⑪秘書の'小恵' | →社長の'张永武' |
| (オ)《找乐》 | ⑫部下であった'大宝'と'二丑' | →直接の上司であった'韩老人' |
|  | ⑬'韩老人' | →退職後衛生管理の仕事をしている知り合いの老人 |
|  | ⑭　〃 | →区の文化館の'李管理人' |
| (キ)《民警故事》 | ⑮中堅の警官'杨国力' | →居民委員会のおばさん達 |

　これらの対話例は、話し手と'您'で表現した相手との関係により、次の3つのグループに分けることができる。

　　　（Ⅰ）相手の職業や地位を重視している：⑥⑦⑧⑨⑩⑬⑭
　　　（Ⅱ）相手が仕事上の上司や師匠である：①②⑤⑪⑫
　　　（Ⅲ）相手が年長者である　　　　　　：③④⑮

　この結果から、日常的に関わりの深い相手であっても、（Ⅰ）、（Ⅱ）のように、相手の職業や地位、仕事上の上下関係を重視して'您'が用いられる傾向の強いことが解る。

### 4.1.4.3.2　相手に頼み事をするときの'您'

　下記の例(1)は（エ）《站直啰,別趴下》における会話である。
　教養のない成り上がり者の'张永武'は、アパートの隣人の'高作家'に

対して、通常'你'しか用いない。ある時'张永武'は家出した自分の妻を実家まで迎えに行く際に、'高作家'に一緒に行ってくれるように頼む。このとき'张永武'は'高作家'に対して'您'を用いている。下記の例(1)がその時の会話である。

例(1)：('张永武'が'高作家'の部屋のドアをたたく。)
1 高作家＝老张?
2 张永武＝高作家!
3 高作家＝有事儿啊?
4 张永武＝求<u>您</u>件事儿。<u>您</u>抽烟?
5 高作家＝不，不!
6 张永武＝我想把老婆接回来，<u>您</u>能不能陪我去一趟?
7 高作家＝我去合适吗?
8 张永武＝我老婆谁都不服，可就崇拜<u>您</u>。她说你们作家有本事。能把黑的写成白的，还能让人掉眼泪，了不起，真的。<u>您</u>不去她不回来。

例(1)の日本語訳
　　1 高作家＝张さん?
　　2 张永武＝高先生!
　　3 高作家＝何か用?
　　4 张永武＝ちょっとお願いがありまして。タバコ吸いますか?
　　5 高作家＝いや、いや!
　　6 张永武＝女房を迎えに行こうと思うんだけど、一緒に来てくれませんか?
　　7 高作家＝僕でいいの?
　　8 张永武＝女房が尊敬しているのは先生だけなんです。女房は作家はすごいって言ってるんです。黒いものを白いと書いたり、人を泣かせたり、すごいって。本当です。先生が行ってくれなきゃ女房は帰ってきません。

　'张永武'は'高作家'に対して通常は'你'としか呼ばないが、この頼み

第4章　談話に登場する指示対象に対する話し手のモダリティー

事の場面だけは'高作家'に対して5回も'您'を用いている。

### 4.1.4.3.3 相手に謝るときの'您'

　下記の例(2)は（ウ）≪心香≫における会話である。

　'阿昆'は'外公'の隣人である。'阿昆'は娘の'珠珠'が'外公'の孫の'京京'にいたずらされたと思い、そのことで'外公'に怒鳴ったが、それが自分の勘違いだと知って'外公'に謝る。下記の例(2)は'阿昆'が'外公'に謝っている場面での会話である。

例(2)

1　阿昆＝老伯！
2　外公＝快里面坐。
3　珠珠＝你好！
4　外公＝你好，你好。
5　阿昆＝这么快就回来了，我还以为你们会多住几天呢？
6　外公＝噢，镇上戏社排戏，我去看一看。来来，<u>坐坐坐</u>。
7　阿昆＝老伯啊，我今天来向<u>您老人家</u>道歉。
8　外公＝不要了。
9　阿昆＝那天我不好啊。其实珠珠他们很高兴的。
10　外公＝那天我喝多了。孙子野，你多担待了。
11　阿昆＝没问题，没问题。

例(2)の日本語訳

　　1　阿昆＝おじいさん！
　　2　外公＝お入りなさい。
　　3　珠珠＝こんにちわ。
　　4　外公＝こんにちわ。
　　5　阿昆＝こんなに早く帰ってくるとは。（あなたたちは）もっと何日か泊
　　　　　　まってくると思っていましたよ。
　　6　外公＝ああ、町で劇団の稽古を見に行っていただけですよ。まあ座っ
　　　　　　て座って。

310

7 阿昆＝おじいさん、今日は<u>あなた様</u>にお詫びに来ました。
8 外公＝そんなこといいよ。
9 阿昆＝先日は申し訳ありませんでした。珠珠たちはとても喜んでいました。
10 外公＝あの日は私も酒を飲み過ぎた。わんぱくな孫を、許してくれないか。
11 阿昆＝何でもないです、何でもないです。

'阿昆'は通常'外公（＝李汗亭）'のことを'你'としか呼ばないが、この謝る場面では'外公'のことを'您'よりさらに丁寧に'您老人家'と表現している。


## 4.1.4.3.4 相手を皮肉るときの'您'

下記の例(3)は（キ）《民警故事》における会話である。
警官の'杨国力'は北京市内の犬退治の仕事のために1週間も家に帰れず、その不満が爆発して、警察署の李所長に向かって文句を言う。例(3)は'杨国力'が李所長に向かって文句を言っている会話である。

例(3)
1 杨国力＝<u>您</u>说<u>您</u>这礼拜交给我们班的这叫什么活？
2　　　＝打狗打一礼拜，满世界打狗，弄得我一礼拜没回家。
3　　　＝好容易回趟家，还把打针给忘了，又跑回来。
4　　　＝有这功夫破两千元大案，年底还能有嘉奖。

例(3)の日本語訳
1 杨国力＝<u>あなた様</u>が今週くださったお仕事は何と言うお仕事でしょう？
2　　　＝一週間犬を退治して、世界中の犬を退治して、一週間家にも帰れない。
3　　　＝やっと家に帰れたと思ったら、狂犬病の予防注射を忘れて、また戻った。

4 　　＝（犬退治なんかの）こんなつまらない時間があるなら、2千元くらいの重大事件を解決すれば、年末に褒美がもらえたのに。

　警官の'杨国力'は警察署の李所長を通常は'你'としか呼ばないが、このときだけ'您'を用いている。しかしこの'您'は決して「敬意」を表しているのではなく、相手を自分より上位に置くことによって、相手を皮肉る効果を出している。
　相手を「皮肉る」というのは、話しの相手との間に心理的な距離を置くという点において、相手に頼みごとをしたり、謝ったりする場合と共通している。しかし、相手に頼みごとをしたり謝ったりする場合に、相手に対して'您'を用いる場合、話し手は自分の位置を下げることによって相手を自分より上位に置く。その結果、話し手の話しの相手に対する控え目な態度が表明されることとなる。これに対して、話しの相手に不満があったり同意できないという場合に、通常'您'を用いない相手に対して'您'を用いる場合、話し手は自分の位置はそのままで、不本意ながら相手を自分より上位に置くことによって心理的な距離を作る。その結果、相手を皮肉ることとなる。

### 4.1.4.3.5 実の親に対して用いる'您'

　董将星（1986：416）には「子供は父親に対して、一般的に言えば「'您'」を使わない。ただし地域によって使う場合もある。」との記述がある。しかし（イ）≪北京，你早≫の中に自分の父親に対して'您'を用いている例が見られた。下記の例(4)がそれである。ここでは、若いバスの運転手'邹永强'が自分の父親に対して'您'を用いている。'邹永强'の父親はバス会社に30年勤務した人で、'邹永强'は父親の関係で同じバス会社に就職した。勤めて初めて給料をもらった'邹永强'は、父親と自分が対等な関係でないことを言語表現の上でも明確にするため、ここで父親に対して'您'を用いている。

例 (4)
1 邹永强＝爹，没酒了，我给<u>您</u>打酒去。
2 邹父　＝哟，今儿这是怎么了？怎么上了几天班真出息了，长这么大这可是头一回儿。
3 邹永强＝挣钱了嘛！

例 (4) の日本語訳
　1 邹永强＝父さん、酒がなくなったね、おれが買ってくるよ。
　2 邹父　＝えっ、今日はどういう風の吹きまわしだ。勤めたとたんまともになったな、こんなことはお前が生まれて初めてだ。
　3 邹永强＝お金を稼いでいるからね。

　（エ）≪站直啰，别趴下≫においても、'小美'が父親の'刘干部'に'您'を使う場面が見られた。それが下記の例 (5) である。
　共産党幹部の'刘干部'は、教養がないのに金儲けのうまい'张永武'が大嫌いで、'张永武'のシッポを握ろうと、娘の'小美'にスパイをさせようとする。そして'小美'が'张永武'達と一緒にデイスコに行くことになり、次のような会話が展開される。

例 (5)
1 小美　＝爸，今天可是好机会。
2 刘干部＝嗯。你得搞清楚，跟他来往的都是些什么人，特别是他们谈话的内容。
3 小美　＝放心吧。情报一定给<u>您</u>搞到手。

例 (5) の日本語訳
　1 小美　＝お父さん、今日こそチャンスよ。
　2 刘干部＝うん。やつ（张永武）がつき合う相手と、特に話の内容をしっかりつかんでおけ。
　3 小美　＝まかしておいて。情報は必ず持ってくるわ。

娘の'小美'は父親の'刘干部'に対して通常は'你'を用いているが、この場面だけは'您'を用いている。ここでは'小美'が父親に対して'您'を使うことによって、'小美'が父親の'张永武'に対する判断に共感し、父親に敬意を表していることが表明されている。

### 4.1.4.4 同じ相手に対して'你'と'您'の転換がみられる例

通常'您'を用いている相手に対して、あることをきっかけとして'你'を用いるようになったり、逆に通常'你'を用いている相手に対して、あることをきっかけとして'您'を用いるようになったりすることがある。ここではそのような例を見ていく。

### 4.1.4.4.1 '您'から'你'へ

（エ）《站直啰，別趴下》では、'小美'が'高作家'に対して、作家という職業であることから、初対面の時からずっと'您'を用いていた。しかし'高作家'が'小美'の家庭教師をしたり、大学受験に失敗して家出した'小美'を父親と一緒に親身になって捜したり、というような関わりの中で、'高作家'に対して'您'から'你'へと変わっていく。これは、相手に対する親近感から、相手への心理的距離が縮まったことによって、対等の「良好な関係」へと変化した例である。

'您'から'你'への変化には、もう1つの場合がある。（オ）に見られる例がそれである。（オ）《找乐》は、定年退職した京劇好きの老人達が集まって老人京劇団を作る話である。この老人京劇団には、40年間京劇劇場の管理人を勤めあげた'韩老人'、国家の幹部であった'乔万友'、楽器を担当している'常老人'、'冯老人'、'曹老人'、そして'白老人'、'南老人'、'崔老人'など、10名ほどの京劇好きの老人が所属している。彼らは通常お互いに相手を'您'と表現している。彼らは暇を持て余して、自然発生的に天壇公園の外壁のところに集まってきた集団で、以前から親しかったわけではない。お互いに敬意を表しているのと同時に、相手に対して一定の距離をおいて接しているところから、お互いに'您'と呼び合っている。老人達は京劇団を作り、区の文化館を借りて京劇団を運営していくが、次

第にこの運営の仕方にそれぞれの間で不満が募り、ついに言い争いをするようになる。そしてこの言い争いをする場面になると、全員がお互いを‘你’と表現する。これは、けんかや言い争いの場合、お互いが心理的に対等に対立した関係になることから、「‘我’←→‘你’」という対等な言語表現を用いることによって、お互いの心理的対立関係を際立たせている。

このように、相手への表現が、‘您’から‘你’へ転換するのは、相手への心理的距離が縮まったことによって起こる。そして、心理的距離が縮まる要因には、親近感による心理的に良好な対等関係への変化によるものと、心理的に対等に対立した関係への変化によるものの、2つの場合がある。

## 4.1.4.4.2 ‘你’から‘您’へ

一貫して‘你’を用いていた相手に対して‘您’を用いるようになった例が（ウ）≪心香≫の中に見られる。話の流れを以下でまとめる。

北方の町に住む、少年クラブ京劇班に所属する10才の‘京京’は、両親の別居によって、南方の町に住んでいる、有名な京劇俳優だった‘外公（母方の祖父）’に預けられる。しかし‘外公’はもともと娘の結婚に反対で、孫の‘京京’とは一度も会ったことがなかった。そこへ突然、娘から何の理由も告げられないまま、‘京京’を預かってくれと頼まれる。‘外公’は近くの駅まで‘京京’を迎えに行き、対面した最初からずっと孫の‘京京’のことを‘你’としか呼ばない。‘京京’という名前で呼びかけることすらしない。当然自分のことも‘我’としか表現しない。‘京京’も‘外公’のことを‘你’としか表現せず、‘外公’と呼びかけることはない。映画の最初から二人の間には言語表現的にも「‘我’←→‘你’」という緊張感がずっと漂っている。‘外公’は「何故、急に‘京京’が自分のもとに送られてきたのか」と不安に思い、また‘京京’も自分の父親から‘外公’のことを恐い人だと聞かされていて、二人の間には心の交流がない。

ある日、‘外公’が‘京京’に「‘你来干什么？看我老了，占房子啊，我把它烧了。’（＝お前はいったい何をしに来たんだ？　私が老いぼれたんで、財産を当てにしてるんだろうが、私はそんなものは燃やしてしまった。）」と言った。‘京京’はこの‘外公’の言葉に耐えきれず、部屋を飛び出し、

服を来たままシャワーを浴びた。そのシャワーの音によって泣き声と涙を消そうとしたのだった。そのただならぬ'京京'の様子に、'外公'は何か特別な事情があったのだと初めて気が付いた。そして孫の'京京'に、初めて自分のことを'我'ではなく、'外公'と表現して、「'你跟外公说，家里出什么事了？'(＝おじいちゃんに話してごらん、家で何があったんだい？)」と優しく問いかけた。そして'京京'はここで初めて'外公'に心を開き、両親が離婚したことを話す。

　それまで自分のことを'我'としか表現しなかった'外公'が、ここで初めて自分のことを'京京'に対して'外公'と表現している。これは'京京'が10歳であることを考えれば、baby talk と判断することができる[2]。つまり'外公'が自分のことを baby talk で'外公'と表現することにより、初めて自分が'京京'の親族としての視点に立ったことを'京京'に示したことになる。そして'京京'も'外公'との関係が、'我'と'你'という対等に対立した関係でなくなったことを知り、'外公'に心を開いたのである。そしてこれ以後、それまで'你'としか呼ばなかった'外公'に対して、'京京'は'您'を使うようになる。

　'京京'が'外公'に対して心を開き、その後'您'を使うようになった理由は、'外公'が京劇の名優であったことに対する尊敬の念や、人生経験の豊かな'外公'に対する敬意の気持ちが生まれたからである。'京京'が'外公'と対等に対立した関係ではなく、相手が自分より上位にあることを認めたことを、'您'を用いることによって、言語的に表現しているのである。

### 4.1.4.5　現代中国語における'您'

　以上、言語資料に現れた'您'の例を見てきた。
　藤堂（1974：160）では、'您（nín）'は歴史的には、'你（nǐ）'の複数

---

[2]　中国では通常、親族呼称を使って自分のことを表現しない。ただし、相手が小学生ぐらいまでの子どもである場合には、その子の立場から見た親族関係の呼称で自分を表現することがある。しかしその年齢には家庭によって差があり、小学校に入学する頃にはもう baby talk を用いない家庭もあれば、初級中学（日本の中学校に相当）に入学する頃まで baby talk が用いられる家庭もある。しかし、どちらにしても、日本語のように、成人した自分の子どもに対して、親が自分のことを親族呼称で呼ぶことは、基本的にしない。これについては、次の4.1.5で詳述する。

形である'你们（nǐmen）'からかわったもので、複数形（'你们（nǐmen）'）を使うことによって、直接相手の領域を犯すことをさけた、と述べられている。そして、藤堂（1974：160）にはさらに、中国語の敬語の変化について、「你の敬称である您すらなくなりかけている。」との記述が見られる。しかし、ここで見てきたように、'您'は現在の中国において多用されている。そして、話し手は話しの相手を'您'で表現することで、相手を自分より上位に置き、それによって話しの相手との間に心理的に距離を置き、話し手自身と話しの相手とが対等の対立した関係にないことを示そうと意図している。相手を自分より上位に置く具体的な方法としては、2種類ある。1つは、自分の位置を相手より下に置くという方法である。これによって、'您'は、話しの相手に対して敬意を表すこととなる。もう1つは、自分の位置はそのままで、相手を自分より上に置くという方法である。これは、皮肉を表したり、文句を言ったりする場合に用いられている（4.1.4.3.4. の例(3)）。このように、現在の中国において'您'は、なくなりかけているという状況にはなく、さらに発展した使われ方をしていると言うことができる[3]。そして重要なことは、話しの相手に対して'您'を用いるかどうかは話し手の自由であり、「こういう時には必ず'您'を用いなければならない」ということはない、ということである。したがって、同じ相手に対して、'你'を用いることも、'您'を用いることも可能であり、換言すれば、'您'を用いて話しの相手との間に心理的に距離を置くかどうかは、話し手の心的判断にゆだねられているということである。

　以上、4.1.4においては、'我'と'你'の対等に対立した関係を避けるために、話し手が話しの相手を自分より上位に置く'您'の表現について検証した。
　次に、'我'と'你'の対等に対立した関係を避けるため、話し手が自分自身を'我'以外で表現する場合について考察していく。具体的には、話し手が自分自身を親族呼称で表現する場合と、話し手が自分自身を'人家'

---

[3]　藤堂（1974）が書かれたのは、中国が文化大革命の時代であった。したがって、この当時は'您'の使用が減少していた可能性は高い。

と表現する場合とがある。話し手が自分自身を'人家'と表現する場合については、次節4.2（4.2.3と4.2.7）において詳述する。本節では4.1.5において、話し手が自分自身を親族呼称で表現する場合について考察していく。

## 4.1.5 '我'と親族呼称

中国語では、親が自分の子供に対して自分のことを親族呼称を使って表現するのは基本的に baby talk の場合だけである。しかし、中国語でも現実の言語表現の中では、青年期以降の自分の子どもに対して、親が自分のことを'我'ではなく、親族呼称を用いて表現する場合がある。そしてこれには2つの表現の仕方がある。その1つは、自分のことを単に'爸爸／妈妈'と表現する場合であり、もう1つは親族呼称の前に'你'を付けて'你爸爸／你妈妈'と表現する場合である。

以下、4.1.5.1で、話し手が自分のことを単に'爸爸／妈妈'と表現する場合について、4.1.5.2で、話し手が親族呼称の前に'你'を付けて自分のことを'你爸爸／你妈妈'と表現する場合について、それぞれ'我'と表現する場合と比較しながら考察していく。

### 4.1.5.1 '爸爸／妈妈'の場合

下記の例(6)と例(7)は、親が青年期以降の自分の子どもに対して、自分のことを'爸爸'あるいは'妈妈'と表現している例である。

例(6)は（ア）≪小巷名流≫の例である。

文化大革命のとき、インテリの'司马寿仙'はお決まりのように批判され、'学习班（＝インテリの思想的再教育が行われたところ）'に入れられて、家に帰ることが許されなかった。'司马寿仙'は面会に来た息子の'小仙'に、自分が周囲から批判された場合、'小仙'自身も父親である'司马寿仙'のことを一緒になって批判するよう教え、その練習をする。しかし、'小仙'の批判の仕方が十分ではないので、父親の'司马寿仙'は息子の'小仙'を殴る。そこへ'司马寿仙'に帰宅の許可の知らせが届く。例(6)は帰宅の許可を喜ぶ場面での'司马寿仙'と息子の'小仙'との会話である。

例 (6)

1 小仙　　＝爸爸，你能回家了。
2 司马寿仙＝我要毕业了，我真的要毕业了。孩子呀，打疼了吗？
3 小仙　　＝不疼。
4 司马寿仙＝不是**爸爸**心狠，**爸爸**是为了你呀。
5 小仙　　＝爸爸，我知道。

例 (6) の日本語訳

　1 小仙　　＝お父さん、帰れるんですね。
　2 司马寿仙＝もうじき（文革の学習クラスを）卒業だ、本当にもうじき卒業だ。（子どもよ）痛かったかい？
　3 小仙　　＝いいえ。
　4 司马寿仙＝**父さん**は心が冷酷なわけじゃない、**父さん**はお前のためを思ってしたんだ。
　5 小仙　　＝お父さん、分かっています。

　通常、話し手である'司马寿仙'が'爸爸'と表現することができるのは、自分の父親である。つまり、中国語では、親が青年期以降の自分の子どもに対して、自分のことを'我'ではなく'爸爸'と表現するということは、通常はない。敢えてそれをするということは、自分が「親」であることを相手に明言することによって、同時に相手を自分の「子」であると規定して、「子」であることを認識させ、さらに「親子」であることを確認し合うためである。

　例 (6) では、父親の'司马寿仙'が息子の'小仙'に対して、自分を父親と思わずに自分を批判することを要求した。しかし息子は、それに十分答えることができなかった。そんな息子を殴った後で、息子に対して「4 司马寿仙」で「'不是**爸爸**心狠，**爸爸**是为了你呀。'（＝**父さん**は心が冷酷なわけじゃない、**父さん**はお前のためを思ってしたんだ。）」と詫びている。ここで'司马寿仙'が息子に対して自分を'爸爸'と表現しているのは、まさに自分が「親」であり、相手がその「子」であること、換言すれば、自分

319

と相手とが「親子」であることを再確認し合うためである。例(6)の「2司马寿仙」において'司马寿仙'が息子の'小仙'に'<u>孩子呀</u>'と呼びかけているのも、まさに自分と相手とが「親子」であることを再確認し合いたいという'司马寿仙'の心情の現れである。ここで自分を'我'、息子を'你'と表現したのでは、'我'対'你'の対等に対立した関係の表現となってしまい、我が子を思う親の心情は表現されない。

　もう1つ同様の例を見ることにする。
　下記の例(7)は、(カ)≪天国逆子≫の例である。
　'关建'は、母親の'浦凤英'が木こりの'刘士贵'と共謀して、父親の'关世昌'を殺害したことを告発した。そしてそれが立証され、母親は逮捕されたのち拘留された。例(7)は、拘留されている母親に対して、息子である'关建'が控訴するように説得している場面での、母親と息子の会話である。

例(7)

1 关建　　＝你上诉吧。妈，你还有机会。
2 浦凤英＝连你都把我告了，我还上诉干啥？建儿，<u>妈</u>不是埋怨你，<u>妈</u>是罪有应得呀。<u>妈</u>给你织了一件毛衣。
3 关建　　＝你给弟穿吧。
4 浦凤英＝我是给你织的。你属马。


例(7)の日本語訳

1 关建　　＝控訴しろよ。母さん、まだチャンスはある。
2 浦凤英＝お前でさえ私を告発したんだ、私が控訴して何になる？チエンよ、<u>母さん</u>はお前のことを不満に思っていないよ、<u>母さん</u>の当然の報いなんだよ。<u>母さん</u>がお前にセーターを編んでやったよ。
3 关建　　＝弟に着せてやれよ。
4 浦凤英＝お前のために編んだんだ。お前は午年だからね。


　母親の'浦凤英'は息子に告発されたが、「2浦凤英」の会話に見られる'浦凤英'の心情は、ただ単に「私はお前のことを不満に思っていない」とい

うものではない。それは「「母親」である私は「息子」であるお前のことを不満に思っていない」というものである。その心情が息子に対して自分自身を'妈（母さん）'と表現させている。

以上、例(6)と例(7)から、自分と相手とが'我'と'你'という対等に対立する関係ではなく、「親」と「子」の関係にあるということを確認し合いたいという心情から、話し手（＝親）が、成人した我が子に対して、自分のことを'我'ではなく、'爸爸／妈妈'と表現しているということが解る。

### 4.1.5.2 '你爸爸／你妈妈'の場合

次に、青年期以降の自分の子どもに対して、親が'爸爸'あるいは'妈妈'の前に'你'を付けて、'你爸爸'あるいは'你妈妈'と表現する場合について見ていく。

下記の例(8)は、（イ）≪北京，你早≫の中で、'邹永强'の父親（＝'邹父'）が息子の'邹永强'に自分自身を'你爸爸'と表現している例である。

ここで父親の'邹父'は、自分が30年間一度もミスをせずに勤め上げた職場で、同じバスの運転手として働いている息子の'邹永强'に、父親と同じように勤勉に仕事をすることを要求している。

例(8)

1 邹父　＝强子，车队怎么样了？

2 邹永强＝行！

3 邹父　＝行？你得给我好好干。你可不能给我丢人。人活一张脸，树活一层皮。<u>你爸爸</u>在车队三十年，可没让人挑出一点渣儿来。你们李队长，他爸爸，那是我的老哥们儿，你可别让他作难。

例(8)の日本語訳

1 邹父　＝强子、職場はどうだ？

2 邹永强＝まあまあだよ。

3 邹父　＝まあまあ？一生懸命やらなきゃだめだぞ。おれの顔をつぶすなよ。人としての面子を重んじろ。**お前の父さん**は30年勤務したが、一度も人に指摘されるようなミスをしたことがない。李

321

第4章　談話に登場する指示対象に対する話し手のモダリティー

　　　　所長の父親（先代の所長）とおれとは、長い付き合いだ。李所
　　　　長に迷惑かけるなよ。

　ここでは父親が息子に対して自分のことを'我'ではなく、また単に'爸爸'でもなく、'你爸爸'と表現している。そこに発話者である'邹父'のどのような心情が表されているのか。
　'你爸爸'とは、息子である'邹永强'の立場から父親である'邹父'を見た関係を表現したものである。'邹父'が自分自身を'你爸爸'と表現するということは、自ら自分自身を客観視していることを意味する。そして例(8)の「3 邹父」の'你爸爸'に続く発話では、「'在车队三十年，可没让人挑出一点渣儿来.'（＝30年勤務したが、一度も人に指摘されるようなミスをしたことがない。）」という、'你爸爸'に関する客観的事実が述べられている。つまりここでは、自分と相手を'我'と'你'という対等に対立した関係におくことを避けて、自分自身を'你爸爸'、相手を'你'と表現することによって、「お前の父親の残した客観的事実をきちんと認識し、そういう父親の息子であるお前にも、父親のようであって欲しい」という、父親の希望が込められている。
　もう1つ、下記の（カ）≪天国逆子≫に見られる例(9)を見ていく。
　'关建'の母親の'浦凤英'は、子どもを残して、自分と共謀して夫を殺した'刘士贵'と暮らしていたが、'刘士贵'の暴力に耐えられず、また家に戻ってきた。例(9)は戻ってきた母の'浦凤英'と、14歳の息子'关建'との会話である。

例(9)
1 浦凤英＝建儿，你上哪儿去了你？
2 关建　＝县里。
3 浦凤英＝县里去干啥？
4 关建　＝赚钱。
5 浦凤英＝啥？
6 关建　＝赚钱。
7 浦凤英＝你最近没上学吧，你？你要是不上学，也像<u>你妈</u>一样没文化，多

不好?

例(9)の日本語訳
1 浦凤英＝チエン、どこへ行ってたの?
2 关建　＝町だよ。
3 浦凤英＝町に何をしに行ったの?
4 关建　＝金儲けさ。
5 浦凤英＝何だって?
6 关建　＝金儲けだよ。
7 浦凤英＝お前最近学校へ行ってないね?学校へ行かないと、**お前の母さん**みたいな教養のない人間になっちゃうよ、それじゃよくないよね?

　'关建'の母親である'浦凤英'は無学な豆腐屋であったが、父親の'关世昌'は教養のある小学校の校長だった。小学校の校長をしている'关世昌'は豆腐を売り歩くような無学な妻を嫌い、妻である'浦凤英'も自分を見下している夫を嫌っており、夫婦の仲は悪かった。'浦凤英'は夫の'关世昌'を殺した後、この殺人の共犯である木こりの'刘士贵'と再婚した。しかし'刘士贵'の暴力に耐えきれず、息子のいる家に戻ってきた。そこで'浦凤英'は学校をさぼっている息子の'关建'に対して、自分のことを'我'ではなく、また'妈'でもなく、'你妈'と表現している。'你妈'とは、息子の'关建'の立場から'浦凤英'を見た関係を表現したものである。'浦凤英'が自分自身を'你妈'と表現するということは、自ら自分自身を客観視していることを意味する。そして'你妈'について、例(9)の「7 浦凤英」では、「'你要是不上学，也像你妈一样没文化，多不好?'（＝学校へ行かないと、お前の母さんみたいな教養のない人間になっちゃうよ、それじゃよくないよね?）」と言っている。つまりここでは、自分と相手とを'我'と'你'という対等に対立した関係に置くことを避け、自分を'你妈'、相手を'你'と表現することによって、「'你妈'＝'没文化'（教養のない人間）」という自らの客観的事実が述べられている。そしてそれによって、「お前の母

親は客観的にこういう親であり、お前はこういう母親の息子であるが、お前は母親のようになってはいけない」という母親の願いが込められている。

　このように、親が青年期以降の自分の子どもに対して自分自身を'你爸爸／你妈妈'と表現する場合は、単に「親」対「子」という位置関係を確認しているのではない。親は自らを'你爸爸／你妈妈'と表現することによって、自らを客観的に位置づけ、さらに自らを客観的に評価している。その評価には例(8)の「誇らしい父親」というようなプラスの場合もあれば、例(9)の「恥ずかしい母親」というようなマイナスの場合もある。このように、親が子に対して自分自身を'你爸爸／你妈妈'と表現するのは、自らの子どもに自らの客観的評価を伝え、その評価をきちんと認識した上で、自らの希望、願望を我が子に伝えるためである。

## 4.1.6　おわりに

　この節の4.1.3において、'我'と'你'が「相互交換可能」な人称代名詞であることを述べた。そしてそれは、話し手と話しの相手が、対話という言語活動において、能動的行為者と受動的行為者という対等に対立した関係にあることを意味する表現であった。事実、中華人民共和国成立と文化大革命を経て、現代中国語においては、話し手や話しの相手がそれぞれに持っている具体的な性質（社会的な地位や年齢や性別といったもの）に関係なく、'我'と'你'を用いる傾向が強くなってきている。しかしこの節で見てきたとおり、現実の言語生活においては、'我'と'你'の対等に対立した関係を崩す表現が用いられている。そして、対等に対立した関係を崩して表現する基準は、常に話し手の心的判断による。

　今回分析の対象としたのは、主に1990年代の映画作品である。21世紀を20年近く過ぎ、中国社会が大きく変化した今、今回の分析結果がどのように変化しているのか、あるいは変化していないのか、新しい映画作品を分析の対象として検証してみることによって'我'と'你'に関して、さらに深い考察結果が得られる可能性がある。

## 4.2　特定の個人を指示する'人家'

4.2.1　はじめに
4.2.2　本分析の言語資料
4.2.3　一人称としての'人家'の例
4.2.4　三人称としての'人家'の例
  4.2.4.1　'人家'が話し手と聞き手の眼前にいない第三者を指す場合
  4.2.4.2　'人家'が話し手と聞き手の眼前にいる第三者を指す場合
  4.2.4.3　眼前にいる聞き手を話し手が心の中で第三者として'人家'と表現する場合
  4.2.4.4　同一人物が三人称の'他'と'人家'の両方で表現される場合
  4.2.4.5　'人家'と名詞（句）が連用される場合
4.2.5　各人称における'人家'の使用意図
4.2.6　'我／我们'、'你／你们'、'他(她)／他们(她们)'と'人家'
4.2.7　各人称と'人家'
  4.2.7.1　一人称の'人家'
  4.2.7.2　三人称の'人家'
4.2.8　おわりに

### 4.2.1 はじめに

　従来'人家（rénjia）'は一般に人称代名詞とされ、3つの用法があるとされてきた。たとえば≪现代汉语八百词（増订本）≫（:463-464)には'人家'について、下記の1～3の用法が記述されている（日本語訳は筆者による）。
1. 泛称说话人和听话人以外的人，和'自己'相对，大致相当'别人'。
　　（一般的に話し手と聞き手以外の人を称し、'自己'（＝自分）と相対しており、おおよそ'别人（＝他人）'に相当する。）
2. 称说话人和听话人以外的人，所说的人已见于上文。大致等于'他'或'他们'。
　　（話し手と聞き手以外の人を称し、その人はすでに前文に登場している。おおよそ'他（＝彼）'あるいは'他们（＝彼ら）'と同じである。）
3. 称说话人自己，等于'我'。稍有不满的情绪。
　　（話し手自身のことを称し、'我'に等しい。わずかながら不満の気持ちがある。）

　また≪实用现代汉语语法（增订本）≫（:77）では、"人家／别人／旁人"の3つをまとめて下記のように説明している（日本語訳は筆者による）。
「这三个人称代词都是指称说话人和听话人以外的人。"别人"和"旁人"只能用于泛指，"人家"既可用于泛指，也可用于确指。」
　　（この3つの人称代名詞はすべて話し手と聞き手以外の人を指す。"别人"と"旁人"は一般的に指示するだけであるが、"人家"は一般的に指すことができるし、また特定して指すこともできる。）。

　さらにこの説明に続けて、"人家"が特定の人を指示する場合について、下記の1～3の指摘がなされている。
1. 泛指第三人称。（一般的に第三人称を指す。）
2. "人家"用来确指第三人称，所确指的人都是在上文提到过的。有时可与指人的名词（短语）连用，构成复指成分。
　　（"人家"は第三人称を指し、指示した人物は前文に登場している。人

を指す名詞（句）と連用されて、照応的成分を構成することがある。）
3. "人家"还可以用来确指第一人称，指说话人自己。这种用法多为年轻的妇女们所常用，有娇嗔、亲昵的意味，只用于口语。
（"人家"は第一人称を指して、話し手自身を指すことができる。この用法は多くは若い女性に用いられ、甘えながらの怒りや、親しみの意味があり、話し言葉に用いられる。）

≪现代汉语八百词（增订本）≫と≪实用现代汉语语法（增订本）≫以外の指摘もおおむね同様の内容である。従来、'人家'についての研究、分析については、これ以上詳細なものは見当たない。

そこで本節では、談話のレベルで'人家'を分析し、その中でも特に'人家'が特定の個人を指示する場合について検証することによって、話し手の使用意図を考察していく。具体的には、4.2.3 で'人家'が話し手自身を指す場合について検証し、4.2.4 で'人家'が特定の第三者を指す場合について検証していく。そしてさらに、'人家'をそのような意図で使用することが可能である理由についても考察していく。

## 4.2.2　本分析の言語資料

本節を考察するにあたっては、下記の小説と、映画の対話部分を言語資料とした[1]。

〈小説〉

　　≪呐喊≫鲁迅、1923 年（人民文学出版社、1979 年版）

　　≪家≫巴金、1933 年（人民文学出版社、1981 年版）

　　≪天运山传奇≫鲁彦周、安徽人民出版社、1979 年

　　≪盖棺≫陈建功、华夏出版社、1981 年

　　〈棋王〉阿城、≪上海文学≫1984 年第 7 期

　　≪钟鼓楼≫刘心武、人民文学出版社、1985 年

　　≪活动变人形≫王蒙、人民文学出版社、1987 年

---

[1]　本節で言語資料とした映画の概要については 4.1.2 を参照のこと。

＜映画＞
　　≪小巷名流≫ 1985 年
　　≪北京，你早≫ 1990 年
　　≪心香≫ 1991 年
　　≪站直，別趴下≫ 1992 年
　　≪找乐≫ 1992 年
　　≪天国逆子≫ 1994 年
　　≪民警故事≫ 1995 年

なお、本節を考察するにあたって、上記の言語資料の中から引用した例(1)～例(16)およびその日本語訳における下線および記号は、すべて著者が加筆したものである。

## 4.2.3　一人称としての'人家'の例

話し手が自分自身のことを'人家'と称する場合について、本節ではこれを「'人家'の一人称の用法」と呼ぶ。この用法については4.2.1で記述したように、≪现代汉语八百词（增订本）≫の中で「3.稍有不满的情绪（＝わずかながら不満の気持ちがある）。」という記述が見られるほか、≪实用现代汉语语法（增订本）≫の中では「3.这种用法多为年轻的妇女们所常用，有娇嗔、亲昵的意味，只用于口语（＝この用法は多くは若い女性に用いられ、甘えながらの怒りや、親しみの意味があり、話し言葉に用いられる）。」という記述が見られた。以下で、下記の例(1)～例(3)を見ながら、これらの記述について検討していく。

例(1)は鲁迅の＜呐喊（风波）＞からの抜粋であり、例(2)は巴金の＜家＞からの抜粋である。

例(1) ＜呐喊（风波）＞より
「七斤嫂还没有答话，忽然看见七斤从小巷口转出，便移了方向，对他嚷道，"你这死尸怎么这时才回来，死到那里去了！不管<u>人家</u>等着你开饭！"」

例(1)の日本語訳(『魯迅文集(第一巻)』竹内好訳、筑摩書房 1976 年)
「言い返すより先に七斤嫂は亭主の七斤が横丁から出てくるのを見つけて、目標を変えて七斤へ向かってどなった。《この死にぞこない、いまごろ帰ってきやがって、どこをほっつき歩いていたんだ。<u>飯にしようと待ってる身にもなってみろ！</u>》」

例(2) ＜家（第三章）＞より
「琴回过头看他一眼，抱怨道；"三表弟，你总爱开玩笑。<u>人家</u>在说正经话！""好，我不再开口了，"觉慧笑答道，"让你们两个去数罢。"他故意放慢脚步，让觉民和琴走进了房间，他自己却站在门槛上。」

例(2)の日本語訳(『家（上）』飯塚朗訳、岩波文庫 1956 年)
「琴は彼の方をふり返りむっとして「三表弟，よく冗談をいう人ね。<u>まじめなお話しているのよ</u>」「じゃだまってますよ」覚慧は笑って「二人でゆっくりお話しなさい」そうつけたすと，わざと歩をゆるめて兄と琴をやりすごし，自分はしきいのところに立った。」

　例(1)は魯迅の＜吶喊（风波）＞の中で、'七斤嫂'が自分の亭主の'七斤'に向かって自分自身を'人家'と表現している例である。この作品の中で'七斤嫂'の年齢は明記されていないが、'七斤嫂'は纏足を開始する年齢の娘を持っていることから、30歳前後ではないかと推測できる。
　例(2)は巴金の＜家＞の中で、自分のことを'人家'と表現している例である。＜家＞は1919年の五・四運動を背景に、四川省成都の富豪の大家族である高家の崩壊と、その時代を生きる老若男女を描いたものである。例(2)では、省立第一女子師範三年生の'琴小姐'が外国語大学の学生である高家の三男'高覚慧'に対して自分のことを'人家'と表現している。

　もう１つ、映画≪北京，你早≫の例を見ていく。
　下記の例(3)は、映画≪北京，你早≫の中で、20代の男性のバスの運転手（'王郎'）に対して、20代の女性のバスの車掌（'艾红'）が自分のこと

第4章　談話に登場する指示対象に対する話し手のモダリティー

を‘人家’と表現している例である。
例(3) 映画≪北京,你早≫より
1 艾红　＝哎哟，真是的！这是谁搞的。呀，恶心死了。
2 邹永强＝我来吧。起来吧。
3 王郎　＝哟，邹师傅！这是怎么说的？快给我吧！您歇会儿吧。
4 艾红　＝早干什么呢？<u>人家</u>都扫完了。

例(3)の日本語訳（筆者による）
　1 艾红　＝何よこれ！一体誰がやったの？本当に気分が悪いわ。
　2 邹永强＝おれが掃除するよ。いいからどけよ。
　3 王郎　＝あれっ、邹さん！何をおっしゃってるんですか？モップをか
　　　　　　して！おれがやるから休憩してください。
　4 艾红　＝今まで何してたのよ？もう<u>掃除は済んだわよ</u>。

　例(3)では、‘王郎’がバスに戻って、自分がバスの中を掃除するといった時点で、すでに‘艾红’と‘邹永强’によって掃除は済まされていた。そのことに対して‘艾红’は不満を持っており、「4 艾红」で"<u>人家</u>都扫完了。"というように、自分のことを‘我’でなく‘人家’と表現している。
　今回の言語資料の中で‘人家’を一人称として用いている例は、上記の3例の他には2例しかなかった。その2例は＜家＞の中で表現されていたものである。1つは、高家の三男‘觉慧’に対して、十代後半の女の召使‘鸣凤’が自分のことを‘人家’と表現している例で、もう1つは、十代後半の女の召使‘鸣凤’に対して、同じ召使で年齢も同じ位の‘婉儿’が自分のことを‘人家’と表現している例である。
　今回の言語資料におけるこれらの5例は、すべて女性が自分を‘人家’と表現している例であった。例(1)は若い女性と言えるかどうかはやや疑問であるが、逆に年配や老齢とは言いがたい。やはり従来から指摘されている通り、‘人家’の一人称としての用法は、男性よりは女性によって表現され、女性の中でも年配者や老齢者よりは若い年齢層が好む表現であると言えそうである。

また、例 (1) では妻が自分の夫に対する強い怒りを表現しているが、夫婦の会話であることから、そこには妻が夫に甘える気持ちも含まれている。例 (2) では甘えながら不満を表し、例 (3) においても、やはり強い甘えを込めながら不満を表している。これらも従来の指摘通りである。

　しかし、男性あるいは年配や老齢の女性が話し手である場合、自分を'人家'と表現することを好まない理由について、さらには、話し手が自分自身のことを'人家'と表現すると、甘えながら不満や怒りを相手に伝えることになる理由については、従来考察がなされていない。これらについては、4.2.7 において考察する。

## 4.2.4　三人称としての'人家'の例

　話し手は、話し手と聞き手以外の特定の第三者を'人家'と表現する場合がある。本節ではこれを「'人家'の三人称の用法」と呼ぶ。

　今回の検証では、'人家'と指示する第三者が、話し手と聞き手の眼前にいない場合と、話し手と聞き手の眼前にいる場合とがあった。また、眼前にいる聞き手を話し手が心の中で第三者として'人家'と表現する場合や、同一人物が三人称の'他'と'人家'の両方で表現される場合があった。さらに、'人家'にその人を指す名詞（句）が連用される場合もあった。以下、4.2.4.1 で、'人家'と表現する第三者が、話し手と聞き手の眼前にいない場合について、4.2.4.2 で、'人家'と表現する第三者が、話し手と聞き手の眼前にいる場合について、さらに 4.2.4.3 で、眼前にいる聞き手を話し手が心の中で第三者として'人家'と表現する場合について、4.2.4.4 で、同一人物が三人称の'他'と'人家'の両方で表現される場合について、4.2.4.5 で、'人家'と名詞（句）が連用される場合について、順に検証していく。

### 4.2.4.1　'人家'が話し手と聞き手の眼前にいない第三者を指す場合

　下記の例 (4) 〜例 (8) は、'人家'が話し手と聞き手の眼前にいない第三者を指す場合の例である。以下、順に検討していく。

第 4 章　談話に登場する指示対象に対する話し手のモダリティー

　下記の例 (4) は＜钟鼓楼 ( 第二章 7)＞で、眼前にいない第三者を'人家'と表現している例である。

例 (4) ＜钟鼓楼 ( 第二章 7)＞より
「孟昭英估计到婆婆会埋怨自己，但一张嘴话便这么难听，却颇出乎她的意料。她尽可能忍住涌动在胸中的委屈，解释说："一早起来小莲蓬就嚷嚷不舒服，给她试了试表，三十七度二，低烧。能让孩子烧着不管吗？我心里火急火燎的，早点没吃，就牵着她去厂桥门诊部，挂了个头一号，<u>人家一开诊就给她瞧了</u>，还算好，心肺正常，说是感冒初起……"」

例 (4) の日本語訳（筆者による）
「孟昭英は姑に叱られるだろうと覚悟はしていたが、まさか開口一番、こんなに辛辣に言われるとは思いもしなかった。彼女はできるだけ感情を抑え、姑に事情を説明した。「今朝早く起きると、小蓮蓬が気分が悪いと言うので、熱を測ってみたら三十七度二分で、微熱でした。そのままほっておけないでしょう。私は気が気でなく、朝ご飯も食べないで、小蓮蓬を連れて廠橋診療所へ連れて行ったんです。一番だったので、<u>お医者さんがすぐに見てくれました</u>。幸い、胸は何の異常もなく、風邪の引きはじめと言うことで……」」

　ここでの'人家'は、'孟昭英'の娘の'小蓮蓬（小莲蓬）'を診察した医者のことである。'孟昭英'は姑と仲が悪かった。'孟昭英'の夫の弟の結婚式当日も、'孟昭英'が夫の実家に到着するのが予定より遅れると、姑に文句を言われた。例 (4) は、'孟昭英'の夫の弟の結婚式当日の朝に、娘の'小蓮蓬'が熱を出し、病院に診察に連れて行っていたために遅刻したと、'孟昭英'が姑に言い訳をしている場面である。ここの'人家'は、結婚式当日の朝、熱を出した娘の'小蓮蓬'を診察してくれた医者のことである。ここでは、親切にしてくれた医者に対する<u>感謝や親愛の気持ちを込めて</u>、'孟昭英'がその医者を'人家'と表現している。

　また、下記の例 (5) は、＜钟鼓楼 ( 第六章 26)＞の中で、眼前にいない

第三者が'人家'と表現されている例である。
例(5) ＜钟鼓楼（第六章26）＞より
「又过了几年，"四人班"倒台了，卢胜七偶然去亲戚薛永全家串门，在垂花门那儿，他恰巧同住北房的张奇林打了个照面，张奇林倒没什么反应，他心里可怦怦乱跳——他觉得那人恰恰就是当年扶着当当车车门散传单的那位，也就是前几年让人给挂着黑牌子当"黑爪牙"游街的那位……

　　他假作无意地问了一下薛永全，薛永全告诉他，<u>人家</u>眼下是国务院的正局级干部，说不定过两天就升副部长、部长！」

例(5)の日本語訳（筆者による）
「それから数年たって、「四人組」が打倒された。たまたま盧勝七が親戚の薛永全の家を訪ねたとき、垂花門のところでたまたま母屋に住む張奇林に出会った。張奇林の方は別に何の反応も示さなかったが、彼は心臓がドキドキした。——確かにあの人はあのとき路面電車に片手をかけてビラをまいていたその人で、そして数年前黒い札を掛けられて街を引きずりまわされていたその人だ、と彼は思った。……

　　彼はさりげなく薛永全に尋ねた。すると薛永全は彼に、「<u>あの人は今は国務院の局長クラスの幹部だ</u>が、そのうちに副部長か部長に昇進する可能性のある人だ。」と言った。」

　　ここの'人家'とは'张奇林'のことである。
　'卢胜七（盧勝七）'は36年前に国民党の特務に雇われ、「飢餓反対、内戦反対」というデモをした学生たちを、一人殴って饅頭一個という約束で殴った。そして文化大革命中には、'卢胜七'がかつて殴ったことのある学生（='张奇林'のこと）が、「資本主義の道を歩む実権派の黒い手先」と書かれた黒い札を首から下げ、街をひきずりまわされているのを見た。さらにそれから数年たって「四人組」が打倒され、たまたま親戚の'薛永全'を訪ねたとき、偶然その人（='张奇林'）に出会った。例(5)は'卢胜七'が'薛永全'にその人（='张奇林'）のことを尋ね、'薛永全'がその人（='张奇林'）のことを説明している場面である。

第4章 談話に登場する指示対象に対する話し手のモダリティー

　ここでは'薛永全'が'張奇林'のことを'人家'と表現している。これには、'張奇林'という人物が、国務院の幹部という自分たちとはかけ離れた存在であるという気持ち、さらには'張奇林'に対するうらやましさや嫉妬の気持ちが込められている。
　もう1つ、同様の例を見ていく。
　下記の例(6)は、＜盖棺＞の中で、眼前にいない第三者が'人家'と表現されている例であり、ここの'人家'は'魏石头'のことである。
例(6) ＜盖棺＞より
「西边这个呢，以组织名义送的花圈只有一个——工会送的。东边的花花圈上写着："凌凯同志永垂不朽！"西边的呢，"悼念魏石头同志。"虽说这两种写法实质上没有什么高低之分，可在山里人们的眼里，一个"永垂不朽"要比一般的"悼念"高好几格儿哪。东边棺材里那位死了以后，人们都说："哎呀，可惜可惜！年轻轻儿的，多有前途的小伙子，可惜！……"西边这位呢，大伙儿的说法就不一样啦。有的说："唉，早知他落到这一步，不该拿人家开心。"有的却说："唉，这下子，他们班组里开心的老头儿没啦……"」

例(6)の日本語訳（『棺を蓋いて』岸陽子、斎藤泰治訳、早稲田大学出版部1993年）
「西側の棺桶には組織、つまり炭坑の労働組合の名前で贈られた花輪がたった一つあるだけだった。東の花輪には「凌凱同士永遠不滅」と書かれ、西のには「追悼魏石頭同士」とある。この二つの書き方には本来高低の差はないが、しかし炭坑の人々の目には「追悼」より「永遠不滅」の方がはるかに格が上に映っているのは言うまでもない。人々は東の棺仏に対して、「ああ、何て惜しいんだろう、前途有望な若者なのに！」西の仏に対してはみんなはそんな言い方はしない。「こんなことになるんだったらからかわなきゃよかった」とか、ひどいのになると「これでもう俺たちの組にはからかって楽しめるじいさんがいなくなってしまったなあ」とか。」

　例(6)の'人家'は'魏石头（魏石頭）'のことである。ある炭坑で事故があり、そこで二人の犠牲者が出た。一人は熱心に入党申請書を書き続けた

334

'凌凯'という人物で、東側に置かれた彼の棺桶の前には党、政府、労働組合、共産主義青年団から贈られた大きな花輪が豪華に飾られていた。もう一人は'魏石头'という人物で、西側に置かれた彼の棺桶には、この炭坑の労働組合から贈られた花輪が1つだけ飾られていた。ここから読み取れるのは、炭坑仲間が'魏石头'のことを'人家'と表現することによって、「生前彼をからかったことに対してすまなかった」という<u>後悔の気持ち</u>を込めようとしていることである。

　下記の例(7)は、映画≪站直，別趴下≫の中で、眼前にいない第三者が'人家'と表現されている例である。例(7)の'人家'はこの会話には参加していない'张永武'という人物を指している。

<u>例(7) 映画≪站直，別趴下≫より</u>
1 刘干部＝我看问题不是跟上头有什么关系，而是我们没有抓到真凭实据，就拿公安局长要鱼的事来说吧，什么时候给的怎么给的？谁在场？这鱼值多少钱？特别是张永武送了这鱼之后得了什么好处？还有，除了鱼之外，还有什么别的交易呢？这一切都全然不清楚啊。
2 刘太太＝算了，<u>咱惹不起人家就别惹</u>。
3 高太太＝我看也是，还是求个太平吧。
4 高作家＝是啊，别那么太认真了。
5 刘干部＝好吧，君子报仇，十年不晚啊。

例(7)の日本語訳(筆者による)
　1 劉幹部＝張と役人の関係より、証拠のないことが問題なんだ。たとえば警察署長が魚をもらったことについて言えば、いつ、どうやって贈ったのか？目撃者は？魚の値段は？特に張永武が贈った後どんな利益を得たのか？それから魚以外にも賄賂を贈ったのか？まったく不明だ。
　2 劉夫人＝やめて、<u>相手にしたってこちらに勝ち目はないわ</u>。
　3 高夫人＝私も同感だわ。やっぱり平穏無事が一番よ。
　4 高作家＝そうだよ。そうむきにならないで。

第4章　談話に登場する指示対象に対する話し手のモダリティー

　5劉幹部＝わかったよ。タイミングを待つよ。

　'張永武（張永武）'は教養のない成り上がり者で、彼と同じアパートに住んでいる共産党幹部の'刘干部（劉幹部）'は、'张永武'が金持ちになっていい思いをしているのが許せないでいる。例 (7) は、何とか'张永武'を懲らしめてやりたいと思っている'刘干部'が、妻の'刘太太'や同じアパートの'高作家'、'高太太'と相談している場面である。ここでは'刘干部'の妻の'刘太太'が'张永武'を'人家'と表現している。'刘太太'は'张永武'を'人家'と表現することによって、'张永武'に対して、「我々のようなまじめで誠実に生きている人間とは違う」という<u>軽蔑の感情</u>を込めようとしていることが読み取れる。

　最後に、下記の例 (8) を見ていく。
　例 (8) は、＜天云山传奇（第五章）＞の中で、眼前にいない第三者が'人家'と表現されている例である。

<u>例 (8) ＜天云山传奇（第五章）＞より</u>
「"我误会了？"她反问我，忽然跑到我面前，紧紧抓住我的膀子连声问："我们别再弯弯绕了，我问你，你在<u>人家</u>困难时刻，为什么要抛弃他？你们相爱时那么热烈，为什么一下子就断绝了来往？你轻率地就把自己心爱的人扔了，你扔的真是右派？右倾？反革命？我认为你是扔掉了一颗最宝贵的心！"」

例 (8) の日本語訳（『天雲山伝奇』，田畑佐和子，田畑光永編訳，亜紀書房
　　　　　　　　　1981 年）
「「誤解？」彼女は聞き返して、つと私の前に来ると私の肩をぎゅっとつかんで、たて続けに、「私たちもう探り合うのはやめましょう、私があなたに聞きたいことはね、あなたはなぜ<u>人</u>が苦しんでいる時に、ポイと見捨てたの？あんなに熱烈に愛し合っていたのに、なぜ急に交際を絶ったの？あなたは実に簡単に愛する人を捨てたわね。捨てた人は本当に右派、右傾、反革命だったの？私のみるところあなたは実に気高い心を捨て去ったのよ！」」

例(8)では、'周瑜貞'が'罗群'を'人家'と表現している。'我'は若いころに反右派闘争にまき込まれ、恋人の'罗群'と別れる結果となった。しかし'罗群'はその後も天雲山に残り、荷物運びの御者をしていた。20年後、'周瑜貞'が省の仕事で天雲山に出張した際に'罗群'と出会った。そして'周瑜貞'は'我'と'罗群'が昔恋人同士だったことを知った。

例(8)は'我'がなぜ'罗群'を捨てたのかと、'周瑜貞'が'我'に問い詰めている場面である。ここから読み取れるのは、'周瑜貞'が'罗群'を'人家'と表現したことにより、'周瑜貞'が'罗群'に<u>同情し，彼の肩を持とうしている</u>ということである。

以上、例(4)～例(8)で、話し手が聞き手との間で共通知となっている、両者の眼前にいない特定の第三者を'人家'と表現する例を見てきた。これらの例から解るのは、そこには'人家'と表現した人物に対する話し手のさまざまな主観的な気持ちや感情が表出されているということである。たとえば例(4)では'人家'と表現した医者に対する感謝の気持ち、例(5)では'人家'と表現した'张奇林'に対するうらやみや嫉妬の感情、例(6)では'人家'と表現した'魏石头'に対するすまなかったという後悔の気持ち、例(7)では'人家'と表現した'张永武'に対する軽蔑の感情、例(8)では'人家'と表現した'罗群'に対する同情の感情が、それぞれの人物を'他'や'她'ではなく、'人家'と表現することによって表出されている。

### 4.2.4.2 '人家'が話し手と聞き手の眼前にいる第三者を指す場合

話し手は、自分の眼前にいる、聞き手ではない人物に対しても、その人物を'人家'と表現する場合がある。その場合、話し手はその人物に対してどのような感情を懐いているのか、以下、例(9)～例(11)によって検証していく。

下記の例(9)は、＜家（第三十章）＞の中で、自分の眼前にいる、聞き手ではない人物に対して、その人物を'人家'と表現している例である。

例(9) ＜家（第三十章）＞より
「婉儿红了脸，低下头不作声了。坐在床沿上的瑞珏用责备的眼光看觉慧，

第4章 談話に登場する指示対象に対する話し手のモダリティー

温和地说:"三弟,<u>人家</u>心理不好过,你还忍心笑她。"
"我这是无心说的。"他分辨道。」

例(9)の日本語訳(『家(下)』飯塚朗訳、岩波文庫1956年)
「婉児は頭をさげて何もいわなかった。ベットの端に坐っていた瑞珏が責めるような眼で覚慧を眺め、しかし声はやさしく「三弟、<u>人のこんな姿を見て</u>、あなたなんでそんなからかうようなことおっしゃるの」
「失言ですよ。そんなつもりじゃなかったんだ」彼はいいわけをいった。」

　例(9)の'人家'は高家の女の召使である'婉儿'のことである。高家の三男の'觉慧(三弟)'が'婉儿'のことを笑ったので、同じく高家の女の召使である'瑞珏'は、'觉慧(三弟)'に対して不満の気持ちぶつけている。その際、'瑞珏'は'觉慧'に対して自分達の目の前にいる'婉儿'を'人家'と表現し、それによって、<u>彼女の肩を持っている</u>ことを表明している。
　次に、下記の例(10)は、映画≪天国逆子≫の中で、自分の眼前にいる、聞き手ではない人物に対して、その人物を'人家'と表現している例である。
例(10)≪天国逆子≫(映画)より
1 关世昌=来,这一杯,就算是你大嫂敬你的。
2 刘士贵=我实在不能喝了。
3 关世昌=你可是我们救命的大恩人呀。
4 孩子们=谢谢叔叔!
5 关世昌=来吧,我年纪比你大,听我的,让你喝你就喝!
6 浦凤英=<u>人家</u>就不能喝,就别灌了。多吃点儿菜吧! 来!
7 关世昌=吃菜吧!

例(10)の日本語訳(筆者による)
　1 关世昌=さあ、飲んでくれ、この酒は家内の代わりに勧める酒だ。
　2 刘士贵=酒は本当にこれ以上飲めません。
　3 关世昌=君はわが家の大恩人だ。
　4 孩子们=ありがとう、おじさん!

338

```
 5 关世昌＝さあ、わしは君より年上だ、わしの言うことを聞いて、飲ん
       でくれ！
 6 浦凤英＝お酒は飲めないようだから、これ以上勧めないで。料理をた
       くさんどうぞ！さあ！
 7 关世昌＝料理を食べてくれ！」
```

'浦凤英'と'关世昌'は中年の夫婦である。'浦凤英'は長男とともに吹雪の中で遭難しそうになったが、'刘士贵'という若い木こりの男によって助けられた。そこで'浦凤英'と夫の'关世昌'は'刘士贵'を家に招待し、酒や料理をご馳走した。例 (10) は'浦凤英'と'关世昌'が'刘士贵'に家でご馳走している場面での会話である。'关世昌'は'刘士贵'に酒を勧めるが、'刘士贵'は自分は酒が飲めないと言って断る。しかしなおも酒を勧める'关世昌'に対して妻の'浦凤英'は、自分達の目の前にいる'刘士贵'を'人家'と表現して、夫が'刘士贵'に酒を勧めるのをやめさせようとしている。そしてそこには妻の'浦凤英'が<u>'刘士贵'をかばおうとしてる</u>感情が見てとれる。

また、下記の例 (11) は、＜活动变人形（第一章）＞の例である。例 (11) は電話での会話であるので、話し手が'人家'と表現している人物は聞き手の眼前にはいない。しかし、ここでは、話し手の眼前にいて、話し手が'人家'と表現している人物の存在を、聞き手は認識している。

例 (11) ＜活动变人形（第一章）＞より

「"……北京来的一位朋友，他的父亲是史先生的老朋友……您猜猜……什么？您猜不着，他姓倪，倪藻同学，怎么样？"短促的沉默，对方大概仍然没有反应。这使倪藻有点伤心，他甚至怀疑自己不远万里而来打问他们并且今晚离团独自行动是否明智、是否必要、是否荒谬和愚蠢了。

赵微土捂住了送话器，他用与打电话的腔调全然不同的礼貌的态度问："史太太问令尊大人是不是叫倪无尘……"

"是的，他叫倪吾诚。吾人的吾，诚实的诚。"

"是的是的，"赵微土对电话讲得兴奋，"就是倪吾诚老先生的儿子，<u>人家</u>大老远的要去看您……不，不吃饭，我们这儿有安排……是的，他八点钟

以前要离开您那里，八点半他还有事……好的，我们七点二十分到您那里，在您那里呆四十分钟……招待？您刚回家用什么东西招待我？噢，不是我，是招待倪先生……有没有菲律宾带回来的芒果……那就给碗清茶吧。"

赵微土笑呵呵地放下了电话。几乎是拉着倪藻的手走出会议室，走进电梯间。」

例(11)の日本語訳（『応報むくい』林芳訳、白帝社1992年）
「「……北京からのお友達、彼のお父上が史先生の旧友だとか……御存知ですか……えっ？御存知ない。倪という方，倪藻同士ですが……」短い沈黙。いぜん反応がないようだ。いささかガッカリである。遠路遥々やって来て彼らを捜し、今夜はまた団と別行動をとったことが、必要かつ賢明なことだったか、ばか気た愚かしいことではなかったか。

　趙微土は送話器を手で覆い、倪藻にむかって電話とはうって変わった改まった態度で尋ねた。「お父上は倪無塵とおっしゃるのではないかと、お尋ねですが……」

　「はあ、倪吾誠といいます。吾輩の吾、誠実の誠です」

　「そうです，そうです」と趙微土は電話に向かって興奮気味にいう。「その通り。倪吾誠先生の息子さんで、はるばる見えて貴女とお会いしたいと……。いや、食事は要りません、こちらで用意してありますから……。ええ、彼は八時前にお宅をお辞しなければなりません。八時半に他のスケジュールがあるもんで……。分かりました、じゃ七時二十分に伺って、四十分ほどお邪魔するということで……。もてなし？帰宅されたばかりでもてなしなんて、いや私でなくて倪先生をね。フィリピン土産のマンゴーなどあるかな……。じゃ、お茶だけで十分ですよ。」

　趙微土はカラカラと笑って電話を切り、倪藻の手を引っ張るようにして会議室を出るとエレベーターに乗った。」

　例(11)は、ヨーロッパ在住の研究者である'赵微土（趙微土）'が'史太太'と電話で会話をしている場面である。46歳の言語学者である'倪藻'は中国学者代表団の一員としてヨーロッパを訪問し、その際、自分の父親の友

人である‘史福崗’夫妻に会いたいという気持ちを‘趙微土’に伝えた。‘趙微土’は‘史太太（‘史福崗’の妻）’に電話で連絡をとり、‘倪藻’のことを説明したが、‘史太太’は彼のことを知らないと言った。例(11)は‘趙微土’が‘史太太’に電話をし、自分のそばにいる‘倪藻’のことを説明している場面である。ここで‘趙微土’は自分の目の前にいる‘倪藻’のことを、電話の相手である‘史太太’に対して‘人家’と表現している。ここで‘趙微土’は、遠路はるばるやって来て‘史福崗’夫妻に会いたいと言っている‘倪藻’に対して、同情の気持ちを懐いている。その気持ちを、‘倪藻’のことを知らないと言った‘史太太’に対して伝えたいという感情が、電話の相手である‘史太太’に対して、‘倪藻’のことを‘人家’と表現させている。

　以上、例(9)、例(10)において、話し手が自分と聞き手の眼前にいる、聞き手ではない第三者を‘人家’と表現している例を見た。この2つの例に共通していることは、話し手の‘人家’と表現した人物に対する「同情」の感情である。また、例(11)は、電話での会話であるので、聞き手が間接的に、話し手の眼前にいると認識している第三者を‘人家’と表現している例である。この例でも、やはり話し手は、‘人家’と表現した人物に対して「同情」の感情を懐いている。

　4.2.4.1で見た、‘人家’が話し手と聞き手の眼前にいない第三者を指す場合には、話し手の‘人家’と表現した人物に対する主観的な気持ちや感情には、感謝の気持ち、詫びの気持ち、後悔の気持ち、うらやみや嫉妬の感情、さらには軽蔑の感情など、さまざまな感情が表出されていた。このように、‘人家’が話し手と聞き手の眼前にいない第三者を指す場合には、話し手の‘人家’と表現した人物に対する主観的な気持ちや感情には、プラスの感情の場合と、マイナスの感情の場合の両方があることが解る。

　これに対し、例(9)、例(10)、例(11)で見たように、話し手が自分と聞き手の眼前にいる、聞き手ではない第三者を‘人家’と表現している場合には、話し手は‘人家’と表現した眼前の第三者に対して「同情」の感情を懐いている。

第4章　談話に登場する指示対象に対する話し手のモダリティー

## 4.2.4.3　眼前にいる聞き手を話し手が心の中で第三者として'人家'と表現する場合

　下記の例(12)のように、話し手が心の中で、眼前にいる聞き手を、'人家'と表現する場合もある。

　下記の例(12)は、＜钟鼓楼（第二章6）＞の中で、眼前にいる聞き手を、話し手が心の中で'人家'と表現している例である。

例(12)＜钟鼓楼(第二章6)＞より
「临去农村的时候，那位办公室副主任找她个别谈话。她问："我该怎么改造呢？我究竟主要该改造什么呢？"副主任见她眼里噙着泪水，动了恻隐之心，见屋里没有别人，便诚恳地对她说："你怕主要是个修养问题。你太缺乏修养了。你吃的就是这个亏。"说完，便打开办公桌抽屉，拿出一本刘少奇同志的《论共产党的修养》，递给她。她惶恐地接了过来，心想，我是反动派了，<u>人家</u>还让我看共产党员该怎么修养，以前真不该对<u>人家</u>那样……」

例(12)の日本語訳（筆者による）
「農村へ行く前に、あの副主任が彼女（'詹丽颖'）を自分の部屋に呼んだ。そこで彼女は尋ねた。「私はどうやって何を改造すればいいんでしょう？」副主任は彼女が目に涙をためているのを見て気の毒になり、部屋には二人のほかに誰もいなかったので、彼女に心を込めて言った。「あなたの場合は主に修養の問題じゃないかしら。修養がたりなさすぎるのよ。それで損をしてるんだわ。」そう言い終わると、引出しを開けて劉少奇の『共産党員の修養を論ず』を取り出し、彼女に手渡した。彼女はおそるおそるそれを受け取り、心の中でこう思った。「私は反動派になってしまったのに、<u>この人</u>は私に共産党員としてどのように修養をつむべきか教えてくれようとしている。以前に私は本当に<u>この人</u>にあんなことするんじゃなかった……」」

　例(12)の'人家'は、'詹丽颖'が技術員をしていた設計院の副主任のことである。

　'詹丽颖'は、物事を針小棒大に言うこともあり、また相手をいたわる

342

ということもできない人物で、これまで不当な処罰も受けてきた。そして、過去においても現在においても彼女に同情する人は少なく、みんなから疎まれる性格の人物だった。「反右派闘争」中に大学を卒業した彼女は、設計院の技術員となり、その設計院の副主任について、彼女は「部長の奥様で、寸足らず」とみんなに言いふらした。その後、彼女は批判大会で「右派分子」というレッテルを貼られ、のちに農村へ労働改造に行かされた。例(12)は彼女が農村へ労働改造に行かされる直前に設計院の副主任に呼ばれ、その副主任と二人で話をしている場面である。以前'詹丽颖'が副主任のことを「部長の奥様で、寸足らず」と言ったにもかかわらず、その副主任は'詹丽颖'に、共産党員としてどのように修養をつむべきか教えようとした。ここで'詹丽颖'は自分の眼前にいる副主任のことを心の中で'人家'と表現している。そこには、'詹丽颖'の副主任に対する<u>感謝の気持ち、副主任は自分よりずっと偉い人であるという気持ち、さらには、以前自分は副主任にとてもすまないことをしたという気持ち</u>が込められていることが読み取れる。

　今回の調査では、眼前にいる相手を心の中で'人家'と表現する例は、例(12)の1例のみであった。例(12)は、眼前にいる相手を心の中で'人家'と表現して、その人物に対する、感謝や詫びる気持ちが表出されている。しかし、眼前にいる相手であっても、心の中で想っていることなので、相手に対するマイナス評価の場合もあり得ると推測できる。このことについて、ネイティブに確認したところ、こういう場合、相手に対するマイナス評価の場合もあり得るという回答であった。つまり、眼前にいる相手を心の中で'人家'と表現する場合には、相手に対するプラス評価の場合と、マイナス評価の場合があるということである。


#### 4.2.4.4　同一人物が三人称の'他'と'人家'の両方で表現される場合

　同一人物が三人称の'他'と'人家'の両方で表現される場合がある。下記の例(13)は＜钟鼓楼＞の中で、同一人物が三人称の'他'と'人家'の両方で表現されている例である。

　本節の4.2.1で記した通り、≪现代汉语八百词(増订本)≫に見られる'人

第4章　談話に登場する指示対象に対する話し手のモダリティー

家'の見解では、三人称の用法について「3.大致等于'他'或'他们'（＝おおよそ'他（＝彼）'あるいは'他们（＝彼ら）'と同じである。）」と記述されている。以下では、例(13)を検討することにより、話し手が同じ人物を三人称の'他'で指示した場合と'人家'で指示した場合の相違について考察していく。

例(13) ＜钟鼓楼（第五章25）＞より

「傅善读却不以为然："他①的情况我太清楚了。别看他②名声在外，他③那个单位可根本不拿他④当回事儿，说他⑤年轻、资历浅，还不够照顾的份儿，分给他⑥的住房，就是那么个又小又窄的单元。他⑦上有老，下有小，家里根本摆不开画案，他⑧也是逼得没有办法，才这么弄了三个单元——你以为是什么大三间的单元？三处我都去过，一处在塔式楼的第十五层，是个独间的，他⑨当了画室，他⑩说他⑪不能总是到宾馆里去画订货，他⑫想静下心来搞一点真正的创作，所以得有个自己的画室；再一处是个半地下室，他⑬安排他⑭老母和女儿住，以减少自家的拥挤；第三处就是我借给他⑮的，也不过是个两间的单元，他⑯布置出来会会客，藏一点书和美术资料，如此而已。说实在的，以他⑰现在的这个水平，如果到国外去，他⑱能混得满不错嘛！买一栋楼住住，搞它一座带花园的别墅，怕都不是什么难事，可人家并没有那么个想法，能忍心说他⑲贪得无厌吗？……"」

例(13)の日本語訳（筆者による）

「'傅善读'は（'张奇林'の態度に）同意しないといった様子でこう言った。「彼（'洛玑山'）の状況は私がよく知っています。彼は外では名前が売れていますが、年も若く、キャリアもないことから、彼の所属している部署は、特別に配慮する資格がないと言って、部屋も、あのように小さくて狭い部屋しかもらえないんですよ。でも彼には親も子どももいるし、今の家では絵を描く場所さえなくて、彼はどうしようもなく、それでこのように3箇所住居を設けたんですよ。でも3部屋もある広い住居だと思ったらとんでもない。3箇所とも私は行きましたが、1つは高層ビルの15階の1間で、彼は今そこを画室にしています。彼に言わせれば、いつもホテルで注文の絵を描くわけにはいかない、心静かに本格的に創作に取り組みたいので、

344

自分の画室が必要だ、ということです。もう１箇所は半地下の部屋で、そこには彼の母親と娘を住まわせています。３つ目は私が彼に貸したものですが、それだって２間で、それを応接室にして蔵書や美術資料を置いているんです。それだけです。実際には、今の彼のレベルを持ってすれば、もし外国へ行っても、かなりうまくやっていけるはずですよ。１軒家を買って住むのも、それを庭園つきの別荘にするもの、難しいことではないでしょう。しかしあの人には<u>全くそんな考えはない</u>のに、無情にも彼は強欲だと言えるのでしょうか？……」

例(13)では'他'が19回用いられており、これら19個の'他'はすべて'洛玑山'のことである。また１度だけ用いられている'人家'も'洛玑山'のことである。このうち'人家'が用いられるまでの①から⑱について詳細に見ていくと、下記のようになる。

① ：'洛玑山'の状況は自分（'傳善读'）が一番よく知っている。
②～⑥：'洛玑山'は外では名前が売れているが、年が若く、キャリアもないので、所属部署からは小さくて狭い部屋しかもらえないでいる。
⑦、⑧：'洛玑山'には親も子もおり、今の家では狭くて絵を描く場所が無いから、住居が３箇所に散らばっている。
⑨～⑫：'洛玑山'の住居の１つは高層ビルの15階の１間で、本格的に創作に取り組むために、今はそこを自分の画室にしている。
⑬、⑭：'洛玑山'のもう１つの住居は半地下の部屋で、そこに母親と娘を住まわせている。
⑮、⑯：'洛玑山'の３つ目の住居は'傳善读'から借りたもので、２間しかなく、そこを応接室にして蔵書や美術資料を置いている。
⑰、⑱：'洛玑山'の絵画の腕前は、もし外国に行けば、かなり良い生活ができるレベルにある。

ここから解ることは、①から⑱までの内容は、すべて話し手である'傳善读'が、'他＝洛玑山'に関する客観的な事実関係を説明しているに過ぎ

ないということである。そしてこれに続いて'人家'が用いられている。それは「'买一栋楼住住，搞它一座带花园的别墅，怕都不是什么难事，可<u>人家</u>并没有那么个想法，'（='洛玑山'は（もし外国に行けば）、1軒家を買って住むのも、それを庭園つきの別荘にするもの、難しいことではないでしょう。しか<u>しあの人には全くそんな考えはない</u>)」という部分である。もし'可<u>人家</u>并没有那么个想法'の部分が'可<u>他</u>并没有那么个想法'と表現されていたとすれば、それはただ単に、「'洛玑山'は外国に行っていい生活をしたいなどということはまったく考えていない」ということを客観的事実として説明しているに過ぎないということになる。しかし、'张奇林'は'洛玑山'に対して不満を持っており、'洛玑山'をそのような欲のない人物であるとは理解していない。そこで話し手である'傅善读'は'洛玑山'の3箇所の住居の事実関係を説明したのち、これらの事実関係を根拠として、'傅善读'自身が'洛玑山'に対して主観的に人物評価を下している。それが「'洛玑山'は外国に行っていい生活をしたいと考えるような人物ではない」ということであり、それを'张奇林'に伝えようとして、「'可<u>人家</u>并没有那么个想法'（=しかしあの人には全くそんな考えはない）」と表現しているのである。そしてそれに続く⑲の'他'は「'他贪得无厌'（=彼は強欲である）」という1つのコトガラの動作者として表現されたものである。そしてこのコトガラに対して「'能忍心说"他贪得无厌"吗？（=無情にも「彼は強欲である」と言うことができるのか、いやできない）」と述べている。

　以上、話し手が聞き手との間で共通知となっている同一の特定の第三者を'他'と'人家'で指示する場合を比較した。例 (13) から明らかなように、'他'で指示した場合には、話し手はその人物に関する客観的な事実を述べるだけである。これに対して、話し手が第三者を'人家'と表現した場合には、話し手はその人物に対して主観的な感情を注入して、主観的な評価を下そうとしているということである。《现代汉语八百词（増订本）》に見られる'人家'の三人称の用法についての記述、つまり「3.大致等于'他'或'他们'（=おおよそ'他（=彼）'あるいは'他们（=彼ら）'と同じで

ある。)」というのは、あまりに大雑把な解釈である。

そこで次に、話し手は特定の第三者を'人家'と表現することによって、その人物に対して主観的な感情を注入したり、主観的な評価を下すことがなぜ可能となるのか、ということに対する分析が必要となる。これについても 4.2.7 で考察する。

## 4.2.4.5 '人家'と名詞（句）が連用される場合

先に4.2.1で記述したように、≪实用现代汉语语法（增订本）≫では'人家'の三人称の用法について「2.有时可与指人的名词（短语）连用，构成复指成分（人を指す名詞（句）と連用されて、照応的成分を構成することがある）。」と述べられている。以下で、これについて検討する。

下記の例 (14) は、＜钟鼓楼（第二章9）＞の中で、'人家'と人名が連用されている例である。ここでは'人家濮阳荪'と表現されている、

例 (14) ＜钟鼓楼（第二章9）＞より

「澹台智珠见李铠一点面子也不给，张口便伤人，又是当着二胡和大阮，传出去岂不又成了团里的一桩"新闻"，不觉胸中也生出了一团火气，压了几秒钟，怎么也压不下去，便爽性也把一腔火发泄出来，绷着脸对李铠说：你吃了枪药还是怎么的？懂不懂得好歹？<u>人家濮阳荪</u>是赶着来给我报信的！我的事业受损失，对你有什么好处？对一家子有什么好处？」

例 (14) の日本語訳（筆者による）

「澹台智珠は夫の李鎧が少しも体面を考えようとせずに相手をなじるのを目にし、また二胡や大阮が同席しているので、うわさになったらまた劇団の「ニュース」になってしまうに違いないと思うと、怒りがこみあげてきた。数秒ほど抑えていたが、どうしてもおさまらないので、思い切って怒り出し、顔をこわばらせながら夫に言った。「あなた、気でもふれたの？いいか悪いかの区別もつかないの？<u>濮陽蓀さんは私にそのニュースを伝えるためにここへとんできて下さったんですよ！</u>私の仕事が損害をこうむったら、あなたにも家にもどんないいことがあるというの？」

347

第4章　談話に登場する指示対象に対する話し手のモダリティー

　京劇俳優の'澹台智珠'は二人の伴奏者を姉弟子に引き抜かれてしまった。それを心配した、同じ京劇仲間の50歳くらいの男性の'濮阳荪（濮陽蓀）'が、'澹台智珠'のところに駆けつけた。しかし'澹台智珠'の夫の'李铠（李鎧）'がやきもちを焼き、'濮阳荪'をなじった。'澹台智珠'は、'濮阳荪'に失礼な態度をとった夫の'李铠'に対して非常に不満を感じて、言い返した。そして言い返すときに、目の前にいる'濮阳荪'のことを、夫の'李铠'に対して、'人家濮阳荪'と表現しているのである。つまり、'澹台智珠'は'濮阳荪'に対する'李铠'の評価を不満に感じ、自分は'濮阳荪'をもっと高く評価しているという気持ちを夫の'李铠'に伝えるために、'人家濮阳荪'と表現している。これが例(14)である。
　さらに、例(15)、例(16)を順に見ていく。
　下記の例(15)は＜钟鼓楼（第五章）24＞の中で、'人家'と名詞句が連用されている例である。

例(15) ＜钟鼓楼（第五章）24＞より

　「孟昭英回到屋里，报告大家说：" <u>人家路师傅</u> 为了成全咱们，躲一边去忍气吞声，小伙子够有多好！" 并提醒薛大娘说：" 妈，还不快给 <u>人家</u> 送上'汤封'，安慰安慰 <u>人家</u>！" 」

例(15)の日本語訳（筆者による）
　「孟昭英は部屋に戻り、みんなに言った。「<u>路さんは私たちのことを考えて</u>、一人で必死に怒りをこらえているんですよ。何ていい青年なんだろう！」さらに姑に言った。「お母さん、早くご祝儀をあげて、慰めてあげなくちゃ！」」

　'路师傅（＝路喜纯）'は薛家の結婚披露宴で料理を作っている料理人である。'路喜纯'の父親の友人'卢胜七'の息子である'卢宝桑'は、その披露宴でみんなに料理をほめられている'路师傅'をねたみ、'路师傅'の両親が旧社会の中で最下層の出身であるということを、披露宴の席でみんなに話した。'路师傅'は'卢宝桑'を殴ってやりたいと思ったが、新郎新婦のことを考えて怒りを抑え、披露宴の部屋を飛び出した。'孟昭英'は

そんな'路師傅'をひとしきり慰めてから披露宴の部屋に戻ってきた。例(15)は部屋に戻ってきた'孟昭英'が'路師傅'の味方をしてみんなにしゃべっている場面である。ここで'孟昭英'は披露宴の部屋にいる人々に'路師傅'を'人家路師傅'と表現し、そのあとは姑に対して'路師傅'を'人家'と表現している。これらの表現からは'路師傅'に対する評価を高めようとする'孟昭英'の気持ちが読み取れる。

また、下記の例(16)は映画≪小巷名流≫の中で、'人家'と名詞句が連用されている例である。≪小巷名流≫は、文化大革命中の一般市民の生活振りを描いた作品である。

例(16)≪小巷名流≫(映画)より

「坏人1,2,3＝卓寡妇，卓寡妇，快开门呢，快开开吧，开门呢，有啥不好意思，多少钱好商量嘛。快点儿，快把门开开吧，你看下这么大的雨，也让咱们进来暖暖嘛，嘿嘿嘿嘿，快点儿，快开门嘛。

二　哥＝深更半夜的，敲<u>人家孤儿寡妇</u>的门干啥，扰乱治安调戏妇女是犯法的。

坏人1＝什么？调戏妇女，谁不知道她们母女是暗娼除了吃喝，挣好几百块钱。

坏人2＝她自己在学习班都承认了。」


例(16)の日本語訳（筆者による）

チンピラ1、2、3＝後家さん、後家さん、ドアを開けてくれ、値段は相談しようぜ。早く開けてくれ、こんなに大雨なんだ、おれたちを暖めてくれよ、ハハハハ、早く開けてくれよ。

二　　哥　＝こんな夜中に<u>母娘の家の</u>ドアをたたいたりなんかしちゃいけませんよ。婦人をからかうのは犯罪ですよ。

チンピラ1＝何？婦人をからかうだって？この母娘は売女で、飲食以外に、数百元もうけたってことは、誰でも知ってるんだぞ。

チンピラ2＝本人が学習班で自白してるんだ。」

寡婦である'卓春娟'は娘と二人で暮らしていた。彼女は文化大革命の時に学習班で、自分は売女であり、数百元もうけたと自己批判させられたことがあった。そして町の人々は彼女をさげすんだが、インテリの中年男性である'二哥'は人情味のある好人物で、彼女をそのような目で見ることはなかった。ある晩、町のチンピラがいやらしいことを言いながら彼女の家のドアを激しくたたいていた。そこを通りかかった'二哥'がチンピラたちに注意した。例(16)は'卓春娟'と娘をからかうチンピラたちに'二哥'が注意している場面である。ここで'二哥'は'卓春娟'と娘のことを'人家孤児寡妇'と表現している。これは'卓春娟'と娘のことを単に「'孤儿寡妇'（父親のいない子と寡婦）」と言うのではなく、そこに'人家'を付加して表現していることから、'卓春娟'と娘に対する評価を高めようとする気持ちの込められていることが感じ取れる。

　以上、例(14)～例(16)において、'人家'とその人物を指す名詞（句）が連用される、「'人家'の三人称の用法」の例を見てきた。これらの例から解るように、「'人家'＋名詞（句）」と表現した場合には、その人物に対するプラスの感情が述べられており、マイナスの感情は表出されない。4.2.4で見てきたように、三人称の'人家'は、'人家'と指示した人物に対する話し手のさまざまな感情や評価が表出されることが解った。なぜ三人称の'人家'が、このように話し手の感情や評価の表出が可能となるのかということについても、4.2.7で考察する。

## 4.2.5　各人称における'人家'の使用意図

　以上4.2.3と4.2.4において、'人家'が一人称と三人称で用いられる例を示し、それぞれの人称として'人家'が用いられる場合の話し手の使用意図についても明らかにした。ここで再度、'人家'を用いた場合の話し手の使用意図をまとめておく。

‘人家’が一人称として用いられる場合：
　　　この表現は若い女性が好み、話し手には甘えながら聞き手に対する不満や怒りを伝えようとする意図がある。一人称の‘人家’は、男性あるいは年配や老齢の女性には好まれない。
‘人家’が三人称として用いられる場合：
　　　話し手には‘人家’と表現した第三者に対する主観的な感情を表出したり、主観的な評価を述べようとする意図がある。そして、‘人家’と指示した人物に対する話し手の主観的な感情や評価には、さまざまなケースがある。

　‘人家’が三人称として用いられる場合には、例(4)～例(16)で見たように、さまざまなケースがある。以下で、これらについてまとめていく。
　4.2.4.1の「‘人家’と表現する第三者が、話し手と聞き手の眼前にいない場合」には、例(4)～例(8)および例(13)で見た通り、話し手が‘人家’と指示した人物に対する気持ちや感情には、プラス評価の場合とマイナス評価の場合があった。これはその対象となる人物が話し手の眼前にいないという理由から、どのように評価しても問題はないので、両方の場合があると言うことができる。
　4.2.4.2の「‘人家’と表現する第三者が、話し手と聞き手の眼前にいる場合」には、例(9)～例(11)で見た通り、話し手の‘人家’と指示した人物に対する「同情」などの感情が表出された。これはその対象が話し手の眼前にいるという理由から、少なくともマイナス評価はないと推測できる。
　4.2.4.3の「眼前にいる聞き手を話し手が心の中で第三者として‘人家’と表現する場合」は、例(12)で見た通り、話し手の‘人家’と指示した人物に対する「感謝」や「詫びる」気持ちが表出されていた。しかし、話し手が心の中で想っていることであり、発話はされない例である。したがって、話し手の‘人家’と指示した人物に対するマイナス評価の場合もあると推測できる。
　4.2.4.5の「‘人家’に名詞（句）が連用される場合」には、例(14)～(16)で見た通り、話し手が、指示した第三者の評価を高めるような、話し手の

プラスの感情が表出されていた。しかし、この表現によって、第三者が眼前にいないところで話し手によって用いられた場合には、話し手のこの第三者に対する強烈な皮肉や批判という、マイナスの感情が表出される可能性もあると推測できる。

### 4.2.6 '我／我们'、'你／你们'、'他（她）／他们（她们）' と '人家'

次に、話し手が4.2.5でまとめたような意図を持って'人家'を表現することができる理由について考察する必要がある。そのためにまずここで、各人称の代表的な人称代名詞である'我'、'你'、'他／她' と'人家'との相違について考察していく。

'我' と '你' の関係についてはすでに4.1において詳細に検討した。そしてその中で、現代中国語の一人称代名詞の'我' と二人称代名詞の'你' とは相互交換が可能な関係にあることを述べた。そして'我' と'你' は、それぞれが持っている具体的な性質（地位、年齢、性別など）と無関係に、ただ対話という言語活動における能動的行為者（='我'）と受動的行為者（='你'）という非常に抽象的な役割だけを表明する機能のみを持っているということについても、4.1において、すでに述べた。つまり、情報伝達上、'我' と指示することは、その人が「情報の発信者」であり、'你' と指示することはその人が「情報の受信者」であることを明示するに過ぎないということである。そして情報伝達の役割から見れば、「話し手」と「聞き手」とは対等に対立した関係にある。

同様に、情報伝達の役割という観点から三人称の'他／她' を見ていくと、これは情報を伝達していく途中で、話し手と聞き手が「いま我々が共通に認識している第三者はこの人である」ということを明示する働きをしているに過ぎないことになる。何故ならば、話し手は聞き手と共通に認識している第三者を、その人物が個別に持っている性質（たとえば年齢、性別、社会的地位など）や、その人物と話し手および聞き手との間の関係（たとえば社会的関係、心理的関係など）とは無関係に'他／她' と指示することが可能だからである。さらにまた、話し手である'我' が'他／她' と指

示した人物を、聞き手である'你'は、自分が話し手となった時点でもやはり'他／她'と指示することが可能であるからである。

このように見ていくと、'我'と'你'だけでなく、'我'と'你'と'他／她'は、情報伝達の上で、それぞれ対等に対立した関係にあり、この関係は下記の図のように捉えることが可能である。

<'我'と'你'と'他／她'の関係>

しかし現実の言語生活においては、「話し手」と「聞き手」と「第三者」は、それぞれ個別の具体的な性質（たとえば年齢、性別、社会的地位など）を持っている。また「話し手」と「聞き手」との間にも、「話し手」と「第三者」の間にも、「聞き手」と「第三者」の間にも、それぞれさまざまな関係（たとえば社会的関係、心理的関係など）が存在しており、「話し手」と「聞き手」と「共通の第三者」をそれぞれ対等に対立した関係で捉えるだけでは不十分である。そこで、実際の言語活動においてスムーズにコミュニケーションを取るためには、この対等に対立した関係を崩す働きをする表現が必要となる。そして'人家'が、まさにこの対等に対立した関係を崩す働きをする表現の1つとして使用されているのである。

## 4.2.7　各人称と'人家'

最後に、もともと話し手と聞き手以外の人を指し、「他人、よその人」が原義である'人家'が、一人称と三人称として用いられた場合、4.2.5でまとめた意図で使用できる理由について考察していく。

### 4.2.7.1　一人称の'人家'

　この表現方法は4.2.3の例(1)〜例(3)で見たように、自分自身を'人家'と表現することで、聞き手に対して、甘えの込められた怒りや不満の感情を伝えようとするものであり、特に若い女性に好まれ、男性や、年配や老齢の女性には好まれない用法であった。

　話し手が'人家'を一人称として用いるということは、話し手が自らを「他人、よその人」と称するということである。そして、そのことによって話し手は、'我'と'你'という、情報伝達上、対等に対立した緊張関係を自ら崩そうとするということである。話し手が自分自身を「他人、よその人」と捉えるということは、つまり、話し手が自分自身を、心理的に話し手と聞き手の「外」に存在している人であると捉えるということを意味している。では、なぜ話し手は、聞き手に対して不満や怒りの感情を表出するのに、このような手法をとるのか、ということを考えなければならない。

　対等に対立した緊張関係の中で、話し手が聞き手に対する怒りや不満の感情を表出した場合、それは直接的に聞き手に怒りや不満の感情を伝えることとなり、話し手の怒りや不満の感情が非常に強く聞き手に伝わることとなる。そこで、話し手は自分自身を'人家'と表現することによって、自分自身を心理的に話し手と聞き手の「外」に存在している人=「他人」の立場に置き、その立場から、自分の怒りや不満の感情を緩和して間接的に聞き手に伝えようとする、ということである。このように表現すれば、話し手自身が聞き手に対する怒りや不満を直接聞き手に伝えることにはならず、間接的に聞き手に自分の怒りや不満を伝えることとなる。したがって、その不満は婉曲に聞き手に伝えられるという効果が生まれる。

　日本語の「ひと」という表現にも、自称詞としての用法がある。たとえば、「ひとを見て法を説け」や「ひとの噂も七十五日」などの「ひと」は、自分以外の他者や人間一般を指している。これに対して「ひとを馬鹿にするにも程がある」や「ひとがせっかく心配しているのに」などの「ひと」は、自称詞として用いられているものである。これらの自称詞としての「ひと」の用法については、鈴木（1976、1996）に詳細な分析が見られる。鈴木（1996：143）によれば、現代日本語において、話し手が相手に対して

自分のことを「ひと」と称することができるのは、「話者が相手に対して、自分の権利や尊厳が侵害されたことに対する不満、焦燥、怒り、拒否といった心理的対立状態にある場合」に限られる。そして「話者が相手に向かって、自分のことを「ひと」と称するということは、私はお前から見れば他人だよということを、言語的に宣言し確認する行為」なのである（鈴木（1996：146））。このように日本語の「ひと」が自称詞として用いられた場合、「話者が相手に対して不満、焦燥、怒り、拒否といった心理的対立状態にある」という点においては、中国語の'人家'は類似していると言えそうである。しかし、日本語の「ひと」は、話し手が男性の場合も女性の場合も使用され、その使用効果も同じである。しかし中国語の場合には、若い女性はこの一人称の用法を好むが、男性や、年配や老齢の女性がこの用法を好まない。これはつまり、中国語においては、若い女性は自ら自分自身を「他人、よその人」という立場に置くということに抵抗はないが、男性あるいは年配や老齢の女性は自ら自分自身をそのような立場に置くということに抵抗が感じられるということを意味している。換言すれば、男性あるいは年配や老齢の女性は、自分の怒りや不満を直接相手に伝えるということになる。これは中国語の一人称の'人家'の大きな特徴と言うことができよう。

#### 4.2.7.2　三人称の'人家'

次に'人家'の三人称の用法について考察する。

話し手が'人家'を三人称として用いるということは、話し手が聞き手との共通知である第三者を「他人、よその人」と称し、そのことよって、話し手は、'我'と'你'と'他／她'という、情報伝達上、対等に対立した緊張関係を自ら崩そうとするということである。そして話し手が聞き手との共通知である第三者を「他人、よその人」と捉えるということは、つまり、話し手が聞き手との共通知である第三者を、心理的に話し手と聞き手の「外」に存在している人であると捉えるということを意味している。

三人称の'人家'は、4.2.4の例(4)～例(16)で見たように、話し手の、'人家'と表現した人物に対するさまざまな主観的感情や、その人物に対する主観的評価が述べられる場合に表現された。この用法については、同一人

物が '他' と '人家' の両方で表現されている例として4.2.4.4で例(13)を示し、そこでも言及したが、もう一度 '他' と '人家' を比較しながら、三人称の '人家' に対する考察を深めていく。

例(13)で見たように、'他' と表現した場合には、'他' と指示された人物に関する客観的事実が客観的情報として述べられていた。これに対して話し手と聞き手の共通知である第三者が '人家' と表現されたときには、話し手のその人物に対する主観的評価が述べられていた。話し手が聞き手との共通知である第三者を '人家' を表現するということは、その第三者を話し手と聞き手の「外」に存在する「他人、よその人」と捉えることを意味する。そうすることによって、その人物は、話し手と聞き手の共通の心理的空間から、話し手と聞き手の「外」の心理的空間に存在させることになる。そしてその結果、その人物に対する話し手の主観的感情や主観的評価は聞き手に間接的に伝わることとなり、自由に述べやすくなる。これが '人家' の三人称の表現である。

## 4.2.8 おわりに

以上、特定の個人を指示する一人称と三人称の '人家' を検証した。'人家' は一人称の場合であっても三人称の場合であっても、話し手が '人家' と指示した人物を、話し手と聞き手の心理的空間の「外」の存在として位置づけていることを意味しており、その人物を '人家' で指示するかどうかは、話し手の主観的判断による。そのように特定の個人を位置づけることによって、'我'、'你'、'他／她' という、情報伝達上の対等に対立した緊張関係は崩される。そしてそれによって、本節の例(1)～例(16)で検証したように、話し手はさまざまな主観的な感情や評価を述べやすくなる。これが特定の個人を '人家' で指示する理由である。

また、'人家' が二人称で用いられないのは、話し手自らが眼前にいる話しの相手を、話し手と話しの相手の心理的空間の「外」の存在として位置づけることができないからである。もし、話し手が眼前にいる話しの相手を両者の心的空間の「外」に置いたら、その場合には、対話が成立しない。

したがって、'人家'が二人称として用いられることはない。但し、4.2.4.3で示したように、眼前にいる話しの相手を話し手が心の中で'人家'と表現することはある。しかしこれは、話し手が眼前にいる話しの相手に対して、面と向かって相手を'人家'と指示しているのではないので、'人家'が二人称として用いられていると言うことはできない。この場合は、話し手は眼前にいる話しの相手を自身の心理的空間の「内」に置き、その中で第三者として捉えているということになる。

## 4.3　指示語'这个人'と'那个人'

4.3.1　はじめに
4.3.2　本分析の言語資料
4.3.3　'这个人／那个人'が選択される要因
4.3.4　話し手が指示対象のみを「近／遠」の認識の判断の対象とする場合
　4.3.4.1　心理的距離の「近／遠」と'这个人／那个人'
　　4.3.4.1.1　心理的距離と'这个人'
　　4.3.4.1.2　心理的距離と'那个人'
　　4.3.4.1.3　心理的距離の判断の要素
　4.3.4.2　談話の展開上の空間的距離の「近／遠」と'这个人／那个人'
　　4.3.4.2.1　談話の展開上の空間的距離と'这个人'
　　4.3.4.2.2　談話の展開上の空間的距離と'那个人'
　4.3.4.3　談話のトピックの展開における主題性の「高（＝近）／低（＝遠）」と'这个人／那个人'
4.3.5　話し手が聞き手と指示対象の両者を「近／遠」の認識の判断の対象とする場合
　4.3.5.1　同一領域内表明の'这个人'
　4.3.5.2　エピソード記憶の'那个人'
　4.3.5.3　提示文の'那个人'
4.3.6　おわりに

### 4.3.1　はじめに

　従来、'这／那'と'这个／那个'の相違は曖昧にされてきたが、木村（2012：28）では両者の区別が詳細に分析され、次のように述べられている。

　「"这／那"と"这个／那个"の本質的な意味機能の対立は、前者が指示（＝矢印または指さし）のみの機能を担い、後者が deictic な代示の機能を担うところにあると考えるべきである。従来"这／那"と"这个／那个"は区別なく、いずれも〈事物〉という範疇概念を担うとされてきたが、〈事物〉を表すのは"这个／那个"のみであって、"这／那"には〈事物〉を表す機能は存在しない。ただ対象を指し示すのみで、それ自身はいかなる対象の意味も表し示さず、固有の範疇概念を担わない"这／那"については、…」

　さらに木村（2012：84）では、文脈指示の用法について、「今回取り上げることのできなかった文脈指示用法では、視点、共感度、主題性（topicality）、事実性（factivity）、定・不定、既知・未知など、もろもろの意味論的要因や機能論的要因が絡んできて、状況は一層込み入ったものになるものと予想される。」と述べられている。

　また、梁慧（1986）や讃井（1988）では、指示詞の現場指示的用法と文脈指示的用法を合せた使用原則の一般化が試みられている。しかし、この一般化には文脈指示的用法のさらなる分析が必要であると考えられる。

　そこで本節では、これらの先行研究の成果を踏まえ、'这／那'と'这个／那个'を明確に区別し、'这／那'のみを指示詞と称し、'这个／那个'を指示語と称して区別する。その上で本節では、'这个／那个'の文脈指示の用法について考察し、それらが選択される要因の一端を明らかにしていくことを目的とする。

　分析の対象としては、指示対象を特定しやすい「'这（个）'＋名詞（句）／'那（个）'＋名詞（句）」に限定し、その中でもさらに対象を特定しやすい、人物を指示する'这个人'と'那个人'に限定する。

　なお、本節で'这个人／那个人'と言う場合、特に指定しない限り'这孩子'や'那些医生'のような表現もこれに含め、それらを一括して'这个

第4章　談話に登場する指示対象に対する話し手のモダリティー

人／那个人'と表記する。

### 4.3.2　本分析の言語資料

　本節では、'这个人'と'那个人'が、文脈の中でどのような要因によって使用されているのかを考察するに当たって、それらの特徴が最も自然な形で顕現すると思われる自然発話の談話を言語資料とした。具体的には、序章0.4.1.2に示した中国語母語話者24名の自然発話の言語資料を分析の対象とした。
　以下で、これらの言語資料に現れた表現例をもとに、分析を進めていく。

### 4.3.3　'这个人／那个人'が選択される要因

　中国語の指示詞'这'と'那'は、'这'が話し手から「近い」ものを指示し、'那'が話し手から「遠い」ものを指示するという対立関係にある。したがって、文脈指示の'这个人'と'那个人'についても、'这个人'＝「近い」、'那个人'＝「遠い」という対立関係にあると考えることができる。では、どのような「近い／遠い」の要因によって、'这个人'と'那个人'のどちらが選択されるのか、ということについて考察されなければならない。
　考察を進めるに当たって言語資料を精査した結果、'这个人'あるいは'那个人'が選択される要因は、大きく2つに分けられるという結論に達した。その1つは、話し手が'这个人／那个人'と指示した人物のみを「近／遠」の認識の判断の対象としている場合と、もう1つは、話し手が聞き手と'这个人／那个人'と指示した人物の両者を「近／遠」の認識の判断の対象としている場合である。
　以下、4.3.4において、話し手が指示対象のみを「近／遠」の認識の判断の対象とする場合について考察し、4.3.5において、話し手が聞き手と指示対象の両者を「近／遠」の認識の判断の対象としている場合について考察する。

## 4.3.4 話し手が指示対象のみを「近／遠」の認識の判断の対象とする場合

話し手が、指示対象のみを、「近／遠」の認識の判断の対象とする場合、今回の分析の結果、それは3種類に分けられる。1つ目は、話し手の指示対象に対する心理的距離の「近／遠」、2つ目は、指示対象の談話の展開における空間的距離の「近／遠」、3つ目は、指示対象の談話のトピックにおける主題性の「高（＝近）／低（＝遠）」である。以下で、これらを順に見ていく。

### 4.3.4.1 心理的距離の「近／遠」と'这个人／那个人'

梁慧（1986：14）には、「「这」は・・・聞き手にもよく知られ、精神的に近いと感じられるものを指示するのに用いる」との記述がある。しかし「那」のところには、これと対立するような捉え方は記述されていない。また木村（2012：84）には、文脈指示的な'这'系と'那'系の指示領域を決定する要因の一つとして「共感度」という観点が指摘されている。本節では、梁慧（1986）の「精神的に近い」、木村（2012）の「共感度」とは異なる、「心理的距離」という観点から、'这个人／那个人'の考察を試みる。

#### 4.3.4.1.1 心理的距離と'这个人'

下記の例(1)は、言語資料02の中の談話の一部である。ここでインフォーマント（B）は、以前中国で知り合った日本人のある夫婦（'铃木先生'夫妻のこと）の出雲市にある自宅に遊びに行ったときの思い出を語っている。ここでは、1-8で'这些人'と表現され、さらに1-12で'这些朋友'と表現されている。

例(1)

1-1 B ＝一直玩儿了五天｜，都在他们家住｜。

1-2 ＝他们家呢没有别人｜，他有两个儿子，两个儿子呢，都是医学院毕业的吧｜。

1-3 ＝现在一个呢｜，就是大儿子呢在京都｜，医学院当教授｜，二儿

子在东京丨，也是医学院吧，也是一个医学院：好像也是教授丨。

1-4 ＝完了，都有：都结婚，都有两个子丨。大儿子有两个女孩儿丨，二儿子呢，有两个男孩儿丨，他们是一个很好的就是美满的家庭丨。

1-5 ＝结果我呢，正好呢，他们家呢很大丨，我去了以后呢，把二楼呢，全部给我丨，让我住丨，很舒服丨。

1-6 ＝他们虽然（那个）出云市吧，是（那个）农村丨，虽然是农村，但是我觉得（那个）：农村的人吧，接触起来呢丨，更怎么说呢，更亲切丨。

1-7 ＝他周围认识了一个是：（那个）：一个公司社长的夫人丨，她来了，一个是她（那个）：就是社长的夫人，还有一个是（那个）高中：校长的夫人丨。

1-8 ＝所以我们在一起吧，我觉得<u>他们这些人</u>呢，都是：既有教养丨，而且呢，待人吧丨，处事呢，又特别和蔼丨。

1-9 ＝所以，我觉得跟<u>他们</u>过的这五天吧，心情特别舒畅丨。

1-10 ＝我心情很好丨，而且，和<u>他们</u>一起：（那个）学一些日本的（那个）什么就是：传统的丨，民间的那种（那个）怎么说呢，就比如说，插花儿丨，还有（那个）茶道丨，和服的穿法丨。

1-11 ＝因为我到：出云市了丨，他（那个）铃木先生呢，他是：画油画儿丨，他的（那个什么那个）兴趣爱好丨，他的夫人呢丨，就是：日本的（那个）传统的（那个）插花儿：很感兴趣丨，而且，烧（那个）陶器丨。

1-12 ＝就是（那个）：他所认识的<u>这些朋友</u>当中呢丨，有搞茶道的丨，还有穿和服的丨。

1-13 ＝所以我：亏了<u>他们</u>哈，托<u>他们</u>的福呢丨，<u>他们</u>呢，就是让我：亲眼看见，为了让我呢，在日本呢：就是更好的（那个）：了解日本社会，而且呢，对我学习有帮助吧丨，给我（那个）创造了好多条件丨。

例 (1) の日本語訳

1-1 B ＝5日間遊びましたが、ずっと彼ら（鈴木さん）の家に滞在しました。

1-2 ＝鈴木さんの家にはね他の人はいませんでした。息子さんが二人いて、二人の息子さんはね、二人とも医科大学の卒業です。

1-3 ＝今一人はね、つまり長男はね京都にいて、医科大学で教授をしています。次男は東京にいて、彼も医科大学でね、ある医科大学で：教授のようです。

1-4 ＝二人とも：結婚していて、どちらも子どもが二人います。長男は二人の娘さんがいて、次男はね二人の息子さんがいて、彼らはとても良い申し分のない家庭です。

1-5 ＝それで私はね、ちょうど都合よく、彼らの家はとても大きくて、私が行ったらね、2階を全部私に使わせてくれて、とても快適でした。

1-6 ＝鈴木さんは出雲市でね、農村で、農村ですが、でも、農村の人はね、接触するとね、何と言うか、（都会の人より）もっと親切でした。

1-7 ＝彼は一人の：一人の会社の社長夫人と知り合いで、彼女が来て、一人は彼女で：社長夫人で、もう一人は高校の：校長の奥さんでした。

1-8 ＝それで私たちは一緒だったんです。（彼ら）この人たちはみな：教養があって、それにね、人に対する対応や、事柄に対する対応がね、またとても優しいです。

1-9 ＝だから、私は彼らと過ごした5日間はね、心がとてものびのびと気持ちよかったです。

1-10 ＝私はとても心地よく、それに彼らと一緒に：日本の何か：伝統的な、民間の何と言うか、例えば生け花や、茶道や、和服の着かたを学びました。

1-11 ＝私は出雲市に行ってね、鈴木さんはね、彼は：油絵を描くのが、彼の趣味で、彼の奥さんはね、日本の伝統的な生け花が：趣味で、さらに焼き物もやります。

1-12　=彼の知り合いのこれらの友人の中にはね、茶道をする人もいれば、さらに和服を着る人もいます。

1-13　=だから私は：幸いにも彼らのお蔭で、彼らのお蔭でね、彼らはね、私に：自分の目で見るということをさせてくれて、私に、日本で：もっとよく：日本社会を理解させるために、そして、私の勉強にも役立ってね、たくさんのチャンスを作ってくれました。

　例(1)において、1-1 B～1-5 Bまでは鈴木さん（'铃木先生'）の幸福な家庭についての説明で、1-6 Bからはその鈴木さんの周囲の人々について語る内容になっていく。そして次の1-7 Bではまず、社長の奥さん（'社长的夫人'）が登場し、その直後にこの社長の奥さんを第三人称の'她'で表現し、続いて高校の校長の奥さん（'高中校长的夫人'）が登場する。そして、1-8 Bでは鈴木さん夫妻と社長の奥さん、高校の校長の奥さんを含めて、これら四名の人々をまず、「'他们'（彼ら）」と表現し、その直後で「'这些人'（この人たち）」と言い換えて表現している。この後、1-9 B、1-10 Bでこれらの人々をまた'他们'と表現し、1-12 Bでは鈴木さん夫妻の友人を「'这些朋友'（これらの友人たち）」と表現している。次の1-13 Bでは、鈴木さん夫妻とその友人たちを'他们'と表現している。このように前出の同一人物をある時は'他们'と表現し、またある時は'这些人／这些朋友'と表現している。

　指示語について考察する上において、長田（1984：30）の指摘は非常に示唆的である。長田はそこで指示語に「持ち込み機能」と「限定機能」という概念を導入し、「何を指すか」という観点からの観察記述は適切ではなく、「どれだけの内容を持ち込んで限定しているのか」という観点から観察記述する方法が適切であると述べている。しかし指示語は、談話の中で述べられている内容を「持ち込む」機能を果たしているのではなく、談話の中で述べられている内容を「包含する」機能を果たしていると捉えるのがより妥当である。この考え方を例(1)に当てはめると、以下のようになる。

　例(1)の1-9 Bと1-10 B、1-13Bの'他们'は、鈴木夫妻、社長の奥さん、

高校の校長の奥さんの四名を指示している。これは前節4.2の4.2.6で示したように、情報伝達上、'我'(=ここではインフォーマント(B)を指す)と'他们'を対等に対立させた表現であり、単に'他们'に対する客観的事実を述べるために表現されている。これに対して、1-8Bでは彼らのことを'他们'と表現した直後で'这些人'と言い換えて表現している。そして言い換えられた'这些人'には、「家庭円満な農村の親切な人である鈴木さん夫妻と、そのような鈴木さん夫妻の友人たち」という内容が包含されている。さらに1-12Bで表現されている'这些朋友'は、「出雲市の農村の親切な人々(1-6B)」であり、「教養があり、人をもてなしたり、対応が優しい人々(1-8B)」であり、「自分が5日間一緒に過ごして、心がとてもくつろいだ人々(1-9B)」であり、また、「生け花や茶道や着付けといった、日本の民間の伝統的な文化を教えてくれた人々(1-10B、1-11B)」である。つまり、1-12Bの'这些朋友'には、この表現以前に発話されている、話し手の彼らに対する認識がすべて包含されているということである。これらの内容から、(B)は'这些人／这些朋友'と指示した対象に対して、一貫して好感や親近感を持っていることは明白である。したがって、1-8Bの'这些人'と1-12Bの'这些朋友'は、(B)の指示対象に対する好感や親近感という感情から、指示対象に対して心理的な近さを認識し、その結果、'这'を用いて発言されていると見ることができる。

もう1つ、'这个人'の例を見ていく。

下記の例(2)は、言語資料13の談話の一部である。ここでインフォーマント(Q)は、日本の大学の大学院生として留学生活を送っている(Q)の夫の'小刘'と(Q)自身の将来について語っており、2-3Qで夫の'小刘'を'他这人'と表現している。

例(2)

2-1 Q ＝所以就说回国以后｜,因为：咱们不准备在日本就是：(那个什么那个)定居哈｜,还要回国｜。

2-2 ＝所以(那个)：回去：考虑到就是将来的发展哈｜,就是这个研究我想：就是：告一段落哈｜,之后(那个)：或者是：研究别的内容哈｜,或者是｜,想想别的出路｜。

第 4 章 談話に登場する指示対象に対する話し手のモダリティー

2-3　＝如果别的出路的话呢，对我来说吧｜，你看｜，对我来说吧哈，或者是:就象（那个）小刘在这儿哈，他是:(那个)他不打算工作，他这人一直就想:喜欢（那个）搞在学校哈｜。

2-4　＝所以呢｜，他在日本期间，我要在日本｜。

2-5　＝我在国内呢，也就是:也算大学院毕业了，就是（那个）研究生:毕业了哈｜。

2-6　＝所以我:不打算就是再上学校，就是读学位了｜。（那个什么那个）:年龄也大了哈，不想去了｜。

例 (2) の日本語訳

2-1 Q　＝だから帰国した後、私たちは日本に：定住する準備がしていないので、また帰国しなければなりません。

2-2　＝だから：帰国して：将来のことを考えてね、この研究は私は：ひと段落した後：あるいは：他の内容を研究してね、他の活路を考えようと思っています。

2-3　＝もし他の活路だったらね、私の場合には、私の場合にはね、あるいは：(夫の)劉さんがここにいても、彼は：彼は仕事をするつもりはなくて、彼というこの人は学校にいたいとずっと思っています。

2-4　＝だからね、彼が日本に居る間、私は日本に居なければなりません。

2-5　＝私は（中国）国内でね、大学院を卒業しました、修士課程を：卒業しました。

2-6　＝だから私は：もうこれ以上学校に行って学位を取るつもりはありません。んー：年齢も高いし、行きたくありません。

　（Q）は 2-3 で夫の'小刘（＝劉さん）'を'他这人'と表現している。これは日本語で表現すれば、「彼というこの人は…」という意味であり、夫婦の関係にある場合や親族関係などの場合には、'他这（个）人'や'我爸这（个）人'など'这'を用いた言い方をするのが自然であって、通常'那（个）人'と表現することはない。何故ならば、たとえば例(2)では、(Q)

366

はたとえ'小刘'と考え方が違っていても、自分の夫だからという心理的な近さがあり、さらには、自分の夫であることから、その情報量も多い。したがって、これらの要素から、(Q)は2-3で自分の夫を'这人'と呼んでいる。

　'这个人'については、讃井（1988：12）に、曹禺の戯曲《北京人》の例が紹介されている。下記がその例である[1]（下線は筆者による）。

曾　皓　　（望見那红泥火炉）怎么，谁又在这里烧茶了？
陈妈妈　　姑老爷，他刚才陪着袁先生在这里品茶呢。
曾　皓　　（藐笑）嗤，<u>这两个人</u>懂得什么品茶！

日本語訳（『現代中国文学6 郁達夫・曹禺＜北京人＞』松枝茂夫・吉田幸夫訳、
　　　　河出書房1971年）

曾　皓　　（朱泥の焜炉を見て）おや、誰じゃい、こんなところでお茶など
　　　　　入れおったのは？
陳婆や　　江泰さんです。さっきまで袁先生とここでお茶を召し上がって
　　　　　いらしったのです。
曾　皓　　（さげすみの笑みを浮かべて）ふん、<u>あの連中</u>にお茶の味などわ
　　　　　かるものか！

　この'这两个人'について讃井（1988）では、「中国語では、このように話し手の感嘆や非難の感情の表現では、話し手の視点と感嘆や非難の対象との実際上の距離は問題にはならず、"这"を用いる。もしかすると、中国人は強烈な感情を表現するときには、指示対象を身近に感じるから"这"と使うのかもしれない」と述べられている。しかし、ここで'这'が用いられているのは、讃井（1988）が述べているような理由からではないと考えられる。なぜなら、強烈な感情を表現する場合には、その人物を'那'で指示すると考えられるからである[2]。

---

1) 原文は、曹禺著《北京人》(1994:96-97) 人民大学出版社出版に拠る。
2) 次の4.3.4.1.2に示した例(3)が、話し手が'那'で指示した人物に対して強烈な感情を表現する場合の例である。

第4章　談話に登場する指示対象に対する話し手のモダリティー

　では、ここで'这'が用いられているのはなぜか。讃井（1988）には上記の《北京人》の台詞が誰のものであるのか示されていないが、上記に示したように、"（藐笑）嗐，<u>这两个人</u>懂得什么品茶！"は、この小説の主人公であり、北京の落ちぶれた旧名家の63才の隠居である'曽皓'の台詞である。そしてこの中の'这两个人'は、'姑老爺'と'袁先生'のことである。'姑老爺'とは'曽皓'の娘婿の'江泰'（37歳）のことで、'袁先生'は'曽皓'のよく知っている人類学者（38歳）である。'姑老爺'は'曽皓'にとって娘婿という身内の存在であり、また'袁先生'も'曽皓'にとってはその人物をよく知っている存在である。両者は'曽皓'にとって決して好ましからざる存在ではあっても、一方は自分の身内、もう一方は自分が詳しい情報を持っている存在である。このような心理的な近さから、'曽皓'は両者を'这两个人'と表現していると考えられる。

　先の例(1)で示した'这些人'や'这些朋友'ように、好感や親近感を持つ好ましい人物の場合にも指示語の'这个人'は用いられる。しかし、例(2)のように、たとえその指示対象が話し手と考えの異なる対象であっても、あるいは上記の曹禺の《北京人》の台詞のように、その対象が好ましからざる人物であっても、親族関係であるとか、あるいは話し手がその指示対象について詳しい情報を持っている場合には、話し手にとって心理的に近い対象と認識され、'这个人'が用いられる。

　次に'那个人'の例を見ていく。

### 4.3.4.1.2　心理的距離と'那个人'

　下記の例(3)は、言語資料03の談話の一部である。ここでインフォーマント（C）は、23歳で初めて来日して名古屋の下宿に到着した最初の晩に、新聞販売店の販売拡張員が新聞の売り込みに自分の下宿にやって来た時のことを語っている。ここでは、新聞販売店の販売拡張員が3-18 Cで'那人'、3-22 Cで'那个人'と表現されている。

例(3)
3-1 C　＝刚开始吧，我去宿舍以后呢｜，因为坐新干线挺累的｜，回去以

|  | 后呢｜，坐了一会儿时以后｜，应该收拾收拾什么行李之类的｜。正准备收拾呢｜，突然吧｜，就听到特别响的声音｜，'邦邦邦'敲门｜。 |
|---|---|
| 3-2 | =我以为谁啊，我想｜，我挺奇怪的，我说我刚来怎么可能｜，怎么可能有人这么强烈的敲门呐哈｜。 |
| 3-3 | =完了以后｜，我就我打开了｜。 |
| 3-4 | =我也挺害怕的。因为，我那屋子开始就在最外边头哈，我挺害怕的｜。 |
| 3-5 | =打开一看哪，哎哟！｜从来就没见过，大概四五十岁那么样的一个老头儿吧｜，特矮也不太高｜，黑黑的｜，黑黑的穿（那个）西装｜，带一个领带，特别的：(那个)：显得不调，不协调｜，他那一身｜。 |
| 3-6 | =后来呢他说"你好"｜，他用日语说的"你好"。他说｜，"你是刚来日本的留学生吧。"｜，他说（那个）"我是（那个）卖报纸的｜，请你订一下我们这家的报纸啊。"｜。 |
| 3-7 | =他当时是：'中部读卖新闻'｜，"请（那个）一定要订一下我们的报纸。"｜ |
| 3-8 | =因为我想｜，我也不了解这里的情况，我:又是女孩子，特别害怕，我说｜，我就跟他说"我刚来｜，是不是等：再缓几天，我再想一想，我再订。"｜我说"我刚来还没整理行李。"｜ |
| 3-9 | =他说｜，"你一定得订。"｜他说"你现在不是来学日语的吗？｜你要学习日语的话｜，要订｜。要学好的话｜，看新闻看报纸吧｜，特别起作用。"｜ |
| 3-10 | =我说"行，过几天我再给你回信吧｜。我再给你：答复什么的。"｜ |
| 3-11 | =他怎么就不走。完了以后｜,他手里拿好多东西｜,什么（那个）:洗衣粉啊｜，还有（那个）就：刷碗的用的（那个）海棉｜。 |
| 3-12 | =完了以后他说｜，他说"你刚来日本吧｜，这些都特别缺吧｜，买东西还不知道怎么买。"｜他说"你先把这些拿上。"｜ |
| 3-13 | =完了以后｜，我更不敢要了，人家刚来就给东西呀｜。 |
| 3-14 | =完了以后呢｜，后来他看我特别犹豫，他就：又转身出来了。 |
| 3-15 | =出去过会儿，他又来了｜。又来了以后呢｜，这回呢，拿的（那个）: |

第4章　談話に登場する指示対象に対する話し手のモダリティー

　　　　　咖啡（那个）瓶｜，放我手里了｜。
3-16　　=放我手里了以后，<u>他</u>说"你怎么着都得订我们家这家报纸。"｜<u>他</u>说"你要不订的话吧｜，那不行。"｜
3-17　　=完了以后呢｜，我想｜，那：那要是这样的话｜，那就：订吧｜。
3-18　　=可我一看呢｜，<u>那人</u>又太那样了，后来我想不行｜，我还是犹豫了好几次，我说"是不是订呐？"｜
3-19　　=完了以后：想来想去算了｜，还是不订吧｜。我没有把握｜。
3-20　　=完了以后｜，可是<u>他</u>就不走，<u>他</u>就坐在门槛那儿坐那儿｜，特别害怕｜。
3-21　　=完了，这时｜，就是周围：好些人｜，完了以后，我说｜，"你赶快让<u>这个人</u>走吧｜，我太害怕。"｜
3-22　　=完了以后，<u>那个人</u>没办法就出去了｜，就走了｜。
3-23　　=哎哟，当时：我坐那儿就想了半天哈｜，我说；"日本：怎么这样啊？这是干什么？｜可能这也是一个竞争什么呀。"｜


例(3)の日本語訳

3-1 C　=最初ね、私は宿舎に行った後、新幹線に乗って疲れたので、帰ってからね、少し坐ってから、荷物を片づけようとしました。ちょうど片づけようとしていたらね、突然、とても響く「ドンドンドン」というドアをたたく音が聞こえました。
3-2　　=私は誰だろうと思い、おかしいなあ、私は来たばかりなのにどうして、どうしてこんなにドアを強くたたく人がいるんだろうと思いました。
3-3　　=そして私はドアを開けました。
3-4　　=私はとても怖かったんです。なぜなら、私のその部屋は（アパートの建物の）一番外側だったので、とても怖いと感じました。
3-5　　=（ドアを）開けて見ると、びっくりしました。会ったこともない、4、50歳のおじさんで、背が低くて、黒い、黒い背広を着て、ネクタイをしていて、とても不釣り合いな恰好を、<u>彼</u>はしていました。

370

3-6 ＝それから彼は「こんばんは」を言い、彼は日本語で「こんばんは」と言いました。彼は「あなたは日本に来たばかりの留学生でしょ」と言い、彼は「私は新聞販売員です、私のところの新聞をとってください」と言いました。

3-7 ＝彼はその時：'中部読売新聞'で、「私のところの新聞をとってください」と言いました。

3-8 ＝私は、ここの状況もよく分からないし、また私は：女の子だから、とても怖くて、彼に「私は来たばかりなので、数日待ってください、ちょっと考えてからとります。」と言い、「私は来たばかりでまだ荷物を整理していません」と言いました。

3-9 ＝彼は「あなたは（新聞を）とらなくてはいけません。」と言い、彼は「あなたは今日本語を勉強しに来たんでしょ。日本語を勉強するためには、（新聞を）とらなければなりません。（日本語を）マスターしたいなら、ニュースを読んで新聞を読めば、とても効果があります。」と言いました。

3-10 ＝私は「分かりました、数日後にまたあなたに返信します。あなたに：返事をします。」と言いました。

3-11 ＝彼はどうしても帰りません。それから彼は手にいろいろなものを持っていて、何か：洗剤とか、さらに：食器を洗うスポンジとかでした。

3-12 ＝それから彼は「あなたは日本に来たばかりで、これらのものはないでしょう、買い物もどうやって買うか知らないでしょう。」と言い、彼は「これらのものを受け取ってください。」と言いました。

3-13 ＝私は来たばかりでさらにものをもらう勇気がありませんでした。

3-14 ＝すると彼は私が躊躇しているのを見て、彼は：くるりと後ろを向いて出ていきました。

3-15 ＝出て行ってしばらくすると、彼はまたやって来ました。またやって来てね、今度はね、持っていた：コーヒーの瓶を、私に渡し

ました。

3-16 ＝私に渡した後、<u>彼</u>は「あなたはどうしても私のところの新聞をとらなければなりません。」と言い、<u>彼</u>は「とらないとダメです。」と言いました。

3-17 ＝それで私は、もしそうなら：(新聞を) とろうと思いました。

3-18 ＝でも、<u>その人</u>がああいう風だったのを見て、私はダメだと思ったり、何度も躊躇して、「とろうかな？」と言いました。

3-19 ＝それから：あれこれ考えて、やはりとりませんでした。私は状況を把握できませんでした。

3-20 ＝しかし<u>彼</u>は帰らずに、<u>彼</u>はドアの所に座ったので、とても怖かったです。

3-21 ＝この時、まわりの：多くの人たちに、私は「<u>この人</u>を帰らせてください、私はとても怖いです」と言いました。

3-22 ＝それから、<u>その人</u>は仕方なく出て行きました、行きました。

3-23 ＝その時：私はそこに座ってしばらく考えました、私は「日本は：どうしてこんなふうなんだろう？これは何だろう？これも競争なんだろうか？」と思いました。

この談話の展開を追っていく。

インフォーマント（Ｃ）は 3-1 Ｃ～3-4 Ｃで、初めて名古屋の下宿についた晩に、見知らぬ来訪者のドアのノックに驚いた様子を語り、3-5 Ｃでその見知らぬ来訪者の第一印象を語っている。そして 3-5 Ｃでその見知らぬ来訪者を'他'と表現し、それ以降3-16 Ｃまで、自分とその見知らぬ来訪者との間でなされたやりとりの客観的な事実関係を時系列に説明している。この間、(Ｃ) は一貫してその見知らぬ来訪者を'他'と表現している。そして3-18 Ｃに至って初めてその見知らぬ来訪者を「'那人'（その人）」と表現し、3-20 Ｃではまたその見知らぬ来訪者を'他'と表現して、その行動を客観的に説明している。そして再び3-22 Ｃでその見知らぬ来訪者を「'那个人'（その人）」と表現している。なお3-21 Ｃの「'这个人'（この人）」は現場指示の用法であるので、本節の分析の対象からは除外する。

例(3)から解ることは、(C)は、自分とその見知らぬ来訪者との間のやりとりの客観的な事実関係を、時間の経過に沿って紹介していく場合には、一貫してその見知らぬ来訪者を'他'と表現しているということである(3-5 C～3-16 Cと、3-20 C)。そして、3-18 Cの'那人'は、自分が名古屋の下宿に到着した最初の晩に部屋のドアを激しくノックして、自分を恐がらせた、4、50歳ぐらいの、背が低くて黒っぽい背広の似合わない男であり(3-1 C～3-5 C)、まだ日本の状況が全く分からない若い女の子である自分に、日本語で「中部読売新聞をとって欲しい」と言って自分を恐がらせ、名古屋に着いたばかりなのでまた今度にして欲しいと言ったら、「あなたは日本語を勉強しに来たんじゃないのか、日本語を勉強するつもりだったら新聞を取るべきだ」と言った男であり(3-6 C～3-9 C)、数日後にまた返事をすると言ったら、自分にセッケンやらスポンジやらを渡そうとした男であり(3-10 C～3-12 C)、自分がそれを受け取ろうとしなかったら、今度はコーヒーを一瓶取りに行ってまた戻り、「どうしても新聞を取らなければならない」と言った男(3-14 C～3-16 C)である。つまり、これらの内容をすべて包含しているのが3-18 Cの'那人'という表現である。

　さらに3-22 Cの'那个人'は、これらにさらに、3-20 Cの内容(＝自分が最後に断ったら、ドアのところに座り込んでしまった男)と、3-21 Cの内容(＝やっとのことで周りの人たちに追い出してもらった男)が包含された男を意味している。

　例(3)の談話の展開からは、(C)は指示対象に対して、一貫して恐怖、不快、嫌悪を感じていることが読み取れる。したがって、3-18 Cの'那人'と3-22 Cの'那个人'は、(C)の指示対象に対するこれらの負の感情から、指示対象に対して心理的な遠さを認識し、その結果、発言されたものであるということが解る。

　もう1つ、'那个人'の例を見ていく。

　下記の例(4)は、言語資料04の談話の一部である。ここでインフォーマント(D)は、上海の自宅の隣の家の6歳の少女とその両親の教育方法について語っている。例(4)では、この6歳の少女が、4-2 Dで'那小孩'、4-5 Dで'那孩子'と表現されている。

第4章　談話に登場する指示対象に対する話し手のモダリティー

例(4)

4-1 D ＝你象我们隔壁有一个小女孩啊｜，比我的儿子大两岁｜。
4-2 ＝<u>那小孩</u>吧，特别矮｜，就是身材特别难看，脚特短｜。
4-3 ＝<u>她</u>妈妈还让<u>她</u>去跳舞｜，参加那跳舞训练班｜。
4-4 ＝后来我说她是绝对盲:我跟我爱人说｜，我们偷偷说｜，我说，"这是绝对的盲目性｜。<u>这孩子</u>长大了可能:不可能跳舞。<u>她</u>那身材｜，不对称啊｜。跳舞的人都长得特别（那个）漂亮｜。"
4-5 ＝<u>那孩子</u>，那时候六岁啊｜，星期一｜，参加画图班｜，星期二｜，英语｜，星期三跳舞｜，巴蕾舞还跳巴蕾舞｜，还有什么，反正：全排满了基本上｜。
4-6 ＝我说他们是盲目｜，盲目性，没有针对性｜，浪费钱了｜。
4-7 ＝根本：孩子后来都成负担了｜，不想去｜，但家长硬逼着她去｜。
4-8 ＝我觉得：根本没意思。
4-9 ＝他们家长吧，因为自己没念过什么书｜，都想让孩子将来有一点出息啊｜，就拼命花钱｜。

例(4)の日本語訳

4-1 D ＝私たちの（上海の家の）隣（の家）には一人の女の子がいて、私の息子より2歳年上です。
4-2 ＝<u>その子</u>はね、とても小さくて、スタイルがとても悪く、脚が特に短いです。
4-3 ＝彼女の母親は<u>彼女</u>にダンスを習わせ、ダンスのトレーニングコースに参加させました。
4-4 ＝私に言わせれば、彼女の母親は盲目的で：私と夫はこっそりと、「これは盲目的だ。<u>この子</u>は大きくなってもきっと：ダンスはできない。<u>彼女</u>のあの体型は、非対称だ。ダンスをする人はみな特に美しいのに。」と言っていました。
4-5 ＝<u>その子</u>は、その時6歳で、月曜日は絵画クラスに参加し、火曜日は英語、水曜日はダンス、バレーを踊り、さらに何か：基本的に全部埋まっていました。

| | | |
|---|---|---|
|4-6|=|彼らは盲目的で、盲目的で、的を射ておらず、お金を浪費していました。|
|4-7|=|完全に：子どもは後で全部負担になり、行きたくないと思うようになりましたが、親は無理やり彼女を行かせました。|
|4-8|=|私は全く無意味だと思いました。|
|4-9|=|両親はね、自分が何も勉強していないので、子どもを将来ちょっと出世するように育てようと思い、一生懸命お金を使っていました。|

　(D)は4-1Dで'有'の表現を用いて隣の家の少女を談話の中に提示し、4-2Dでこの少女を「'那小孩'（その子）」と表現している。そして4-4Dではこの少女を「'这孩子'（この子）」と表現しているが、また4-5Dでこの少女を「'那孩子'（その子）」と表現している。

　まず、4-4Dの'这孩子'を見ていく。これは、自分が上海の自宅で自分の夫と話をした中で用いた表現である。ここでは、自分と夫はこの少女についてよく知っている、情報をたくさん持っているという認識から心理的な近さを感じ、この少女を'这孩子'と表現している。これは先の4.3.4.1.1で述べた'这个人'と同じである。

　次に、4-2Dの'那小孩'と4-5Dの'那孩子'について見ていく。この少女はからだも特に小さくて、スタイルも悪く、足も短い（4-2D）のに、母親は彼女にダンスを習わせている（4-3D）。この6才の少女の1週間の生活は、月曜は絵を習い、火曜は英語を習い、水曜はバレーを習うというもの（4-5D）である。そしてこれに続く4-6D以降では、彼女の両親に対する批判が述べられていく。この談話の展開から、(D)は息子と2才しか違わない少女と少女の母親に対する違和感とでも言うべき感覚を感じていることが分かる。その結果、この少女に対して心理的な遠さを感じ、4-2Dで'那小孩'、4-5Dで'那孩子'と表現されていると見ることができる。

　また、4-3Dと4-4Dで、この少女と'她'で表現しているが、これはこの少女に対する客観的事実を述べるための指示であることは言うまでもない。

第 4 章　談話に登場する指示対象に対する話し手のモダリティー

　下記の例 (5) も '那个人' の例である。
　下記の例 (5) は言語資料 09 の談話の一部である。ここでインフォーマント（O）は、長春の大学に入学する数年前に、その大学で起きたある事件について語っている。ここでは 5-4 O で '那女的'、5-5 O で '那个女孩儿' と表現されており、これらは同一人物を指している。

例 (5)

5-1 O ＝而且吧：反正听说也发生了（那个）：就是：我们（那个）文科和理科（那个）楼啊｜，差劲。我们学校就属于马路大学｜，就特别分散｜。文科楼到理科楼走得十几分钟｜。

5-2 　　＝然后吧｜，一次有一个女孩儿啊，走（那个）挺窄的住宅啊，（那个）小道走｜。然后就：可能是被人家早就盯上了。

5-3 　　＝所以在九点多或十点那么样｜，然后就有一个　车开：就一帮人有四、五个人吧｜，全蒙着：带着假面具啊｜，不是假面具，就是蒙面｜，露两个眼睛，就给架跑了，绑架了｜。绑架以后，又：拉挺远可能是。

5-4 　　＝后来：反正是**那女的**肯定发生事了，能猜想到。

5-5 　　＝**那个女孩儿**后来给送回来了，说**那个女孩儿**自杀了。

5-6 　　＝那是我们入学前几届的事了｜。

例 (5) の日本語訳

5-1 O ＝それにね：聞いた話では（こういうことがありました）：私たちの（学校の）文科と理科の棟はね、建物がよくないんです。私たちの学校はキャンパスが 1 か所にまとまっていなくて、分かれ分かれになっています。文科棟から理科棟までは歩いて 10 数分かかります。

5-2 　　＝それでね、ある時一人の女の子がね、住宅のところのね、狭い小道を歩いていたんです。たぶん：以前から誰かに狙われていたんです。

5-3 　　＝だから夜の 9 時過ぎか 10 時ごろ、1 台の車がやってきて：4、5 人組でね、顔中を何かで被って：お面をつけて、お面じゃなかっ

|       | たら、覆面を被って、両目を出して、彼女を拉致したんです。拉致した後、とても遠くへ連れて行ったんです、多分。 |
| --- | --- |
| 5-4 | ＝その後：<u>その女の子</u>にきっと何かが起きただろうということは、推測できます。 |
| 5-5 | ＝<u>その女の子</u>はその後送られて帰ってきましたが、<u>その女の子</u>は自殺したそうです。 |
| 5-6 | ＝それは私がその大学に入学する何年か前のことです。 |

　この談話の中でインフォーマント（Ｏ）は、5-2Ｏにおいて、事件に巻き込まれた女の子を動詞'有'を用いて'有一个女孩儿'という表現で聞き手に提示し、談話の中に導入している。そしてその後、この女の子を5-4Ｏで「'那女的'（その女の子）」、5-5Ｏ で「'那个女孩儿'（その女の子）」と表現している。（Ｏ）はこの'那女的／那个女孩儿'に対して、先の例(3)の'那人／那个人'で表現した指示対象に抱いたような恐怖感や不快感、嫌悪感はないし、例(4)の'那小孩／那孩子'で表現した指示対象に抱いたような違和感もない。（Ｏ）はこの'那女的／那个女孩儿'と表現した指示対象に会ったことはなく、（Ｏ）が彼女に関して持っている情報は、この事件に関することだけであり、その情報量は決して多くはない。そのことは、例(5)の中で、この女性のことを'她'を用いて指示してこの女性に関する情報が述べられるということがなされていないことからも明白である。そしてそこからこの女性に対する心理的な遠さが生まれ、その心理的な遠さを（Ｏ）は'那（个）'を用いて表現している。
　もう１つ、下記の例(6)を見ていく。
　例(6)は、言語資料22におけるインフォーマント（Ｗ）と（Ｘ）の談話である。日本に留学中の（Ｗ）と（Ｘ）は、中国語を勉強している84歳の日本人女性について話し合っている。例(6)の中の'她'とは、（Ｗ）と（Ｘ）の共通の知人であるこの84歳の日本人女性のことであり、6-5Ｗと6-18Ｘで、この日本人女性を'那个人'と表現している。
例(6)
6-1 Ｗ　＝<u>她</u>也挺有水平的｜。<u>她</u>吧｜，不是到中国去｜，满洲的时候教过

第4章　談話に登場する指示対象に対する話し手のモダリティー

　　　　　　　日语嘛｜。教了十年｜。然后呢，回到日本｜，没有结婚。
・・・・・・・・・・・・・・・・・・・・・・・・・・・・・・・・・・・・・・・・
6-2 X　＝<u>她</u>说现在<u>她</u>还订人民日报呢｜。我特别惊讶｜。
6-3 W　＝<u>她</u>说了｜，<u>她</u>订人民日报｜。不是海外版｜，是国内的｜。
6-4 X　＝噢，就是国内的那种报纸啊｜。 哎哟，真可以呀｜。
・・・・・・・・・・・・・・・・・・・・・・・・・・・・・・・・・・・・・・・・
6-5 W　＝然后<u>她</u>：**那个人**我挺佩服<u>她</u>的｜。
6-6 X　＝对。 我觉得我也挺佩服<u>她</u>的｜。
6-7 W　＝但是中文说得挺好｜，<u>她</u>学了十几年了吧｜。
6-8 X　＝而且我觉得<u>她</u>自己啊｜， 没有一种：怎么说呢： 老想是：好像有点儿追求感似的哈｜。好像没有一种：没有觉着：啊：老了｜，算了吧｜。
6-9 W　＝就是啊， 有这种追求｜。然后说：而且就是北大｜，北京大学有老师｜，是她以前在满洲的时候教过的学生｜。北大｜，复旦｜，什么的｜。 上海也有很多｜， 北京也有很多那样的｜。
6-10X　＝是吗？
6-11W　＝嗯｜。后来：把地址留给我说让我给<u>她</u>写信｜，那张条子，<u>她</u>用中文写的｜。
6-12X　＝哟，真不错｜。
6-13W　＝挺好的一个老太太。觉得跟<u>她</u>聊天的话呢｜，就是精神上哈｜，可以有：很多…
6-14X　＝好像：还有一种学习那种感觉似的哈｜。确实是等到我老的时候，会不会象人家这样，那就不知道了哈｜。
6-15W　＝我觉得不会｜。你看她一个人｜，一个人吧｜，一点也不那种｜。
6-16X　＝没有寂寞那感觉哈｜。
6-17W　＝嗯， 哎呀｜， 怎么办？｜现在我：我想想<u>她</u>， 我就觉着自己有时候，老泄气哈｜。觉得当一天和尚撞一天钟，那种感觉｜。
6-18X　＝哎呀，**那个人**确实是｜。

378

例 (6) の日本語訳

6-1 W ＝<u>彼女</u>も（中国語の）レベルは高いです。<u>彼女</u>はね、中国へ行って、満州時代に日本語を教えていたでしょ。10年教えました。その後ね、日本に戻って、結婚はしませんでした。

・・・・・・・・・・・・・・・・・・・・・・・・・・・・・・・・・・・・・

6-2 X ＝<u>彼女</u>は今、人民日報を購読していると言っていましたよ。私はとてもびっくりしました。

6-3 W ＝<u>彼女</u>は人民日報を購読していると言いました。それは海外版ではなくて、国内版です。

6-4 X ＝へえー、国内版の新聞ですか。本当にすごいですね。

・・・・・・・・・・・・・・・・・・・・・・・・・・・・・・・・・・・・・

6-5 W ＝それから<u>彼女</u>は：<u>あの人</u>は私はとても彼女に敬服しています。

6-6 X ＝そうです。私もとても<u>彼女</u>に敬服しています。

6-7 W ＝中国語を話すのがとても上手で、<u>彼女</u>は10数年勉強したでしょう。

6-8 X ＝それから<u>彼女</u>自身ね、何と言うか：いつも何かを探求しようとしている感じがしますね。何か：年を取ったからもうやめようという感じがないでしょ。

6-9 W ＝そう、探求しています。それから：北大、北京大学の先生で、<u>彼女</u>が以前満州時代に教えたことのある学生がいます。北大や、復旦などに（教え子が）います。上海にもたくさんいて、北京にもたくさんいます。

6-10X ＝そうですか？

6-11W ＝ええ。それから：（彼女の）住所を私に渡して私に手紙を書いてという、そのメモを、<u>彼女</u>は中国語で書きました。

6-12X ＝ へえー、本当にすごい。

6-13W ＝すばらしい老夫人です。<u>彼女</u>とおしゃべりをするとね、精神的にね、たくさん・・・

6-14X ＝まるで：何か（彼女から）勉強したような感覚がありますね。自分が年を取った時に、この人のようになれるかどうか、わか

第4章　談話に登場する指示対象に対する話し手のモダリティー

りません。
6-15W　＝私は無理だと思います。<u>彼女</u>は一人だけど、一人だけど、そんな感じがしません。
6-16X　＝寂しいという感じがしませんね。
6-17W　＝うん、本当に、どうしよう？今私は：私は<u>彼女</u>のことを考えると、自分にとてもがっかりする時があります。（自分は）やる気がなく、ただその日その日を過ごしている、そういう感じです。
6-18X　＝本当に、<u>あの人</u>は確かにすごい。

　（W）と（X）は、この談話の中で'那个人'と表現した指示対象である84歳の日本人女性に敬服していることが読み取れる。この女性は、旧満州時代に中国で日本語を教えた経験を持っており、その当時の教え子が、現在（言語資料の録音当時）では北京大学や復旦大学などの教員となっている。また現在（言語資料の録音当時）、この女性は'人民日報'の中国国内版を定期購読するなどして、84歳にして熱心に日本で中国語を勉強している。さらに、この女性は一人で生活しているが、寂しいという感じがしない。この84歳の日本人女性に対するこのような客観的事実を（W）と（X）は、彼女を'她'と表現しながら述べていく。そして（W）と（X）はこの84歳の日本人女性を、6-5Wと6-18Xで、'那个人'と表現しており、この'那个人'は、（W）と（X）が'她'に関して述べていった事実をすべて包含している。そして、この談話の展開から、（W）と（X）はこの女性を敬服してはいるが、しかし自分とはかけ離れた存在で、とてもこの女性のように年齢を重ねることはできないと感じていることが解る。つまり（W）と（X）は、この女性を敬服してはいるが、自分とはかけ離れた存在であるという心理的遠さを感じ、この女性を'那个人'と表現していると判断することができる。

### 4.3.4.1.3　心理的距離の判断の要素

　以上、話し手の心理的距離という観点から'这个人'と'那个人'の相違を見てきた。'这个人'あるいは'那个人'と指示した対象に対する話し手

の心理的距離を判断する要素をまとめると、下記のようになる。

'这个人'の場合
　例(1) ＝話し手は指示した対象に対して、好感や親近感を持っている。
　例(2) ＝親族関係や友人など、話し手がその指示対象について詳しい情
　　　　　報を持っている。
　このように、話し手は、その指示対象に対して好感や親近感を持っているか、あるいはその指示対象に対する詳細な情報を持っている場合に、その指示対象を心理的に近いと認識して'这个人'と表現する。

'那个人'の場合
　例(3) ＝話し手は指示した対象に対して、恐怖、不快、嫌悪を感じている。
　例(4) ＝話し手は指示した対象に対して、違和感を感じている。
　例(5) ＝話し手はその指示した対象に対して詳しい情報を持っていない。
　例(6) ＝話し手は指示した対象に敬服しているが、自分とはかけ離れた
　　　　　存在と認識している。
　このように、話し手は、その指示対象に対して、恐怖、不快、嫌悪や違和感を感じているか、あるいはその指示対象に対する詳細な情報を持っていない場合、さらには、その指示対象をプラス評価してはいるが、自分とはかけ離れた存在であると感じている場合に、その指示対象を心理的に遠いと認識して'那个人'と表現する。

　先に述べたように、木村（2012）では、指示詞の文脈指示的用法に関わってくる要因の１つとして「共感度」が挙げられている。しかしそこでは「共感度」について定義されていない。また久野（1978：134）では「共感度」について、「文中の名詞句の x 指示対象に対する話し手の自己同一視化を共感（Empathy）と呼び、その度合、即ち共感度をＥ（x）で表す。」と定義されている。しかし、例(1)〜例(6)の'这个人'、'那个人'は、久野（1978）で定義されている「共感度」では説明できない。たとえば例(1)では、'这些人／这些朋友'と指示した人物に対して、インフォーマント（Ｂ）は親

第4章 談話に登場する指示対象に対する話し手のモダリティー

近感を持ってはいるが、指示対象を自己同一視しているわけではない。また例 (2) では、'这人'と指示した夫に対して、インフォーマント（Q）は異なる考え方を持っており、決して自己同一視していない。このように中国語の'这个人'と'那个人'の相違を、久野（1978）で定義されている「共感度」という観点から説明するのは無理がある。やはりここで述べたように、話し手の指示対象に対する心理的距離の「近／遠」という観点の方が、より妥当性が高いと判断できよう。

### 4.3.4.2　談話の展開上の空間的距離の「近／遠」と'这个人／那个人'

次に、'这个人'と'那个人'を、指示対象と談話の展開上の空間的距離という観点から考察していく。

#### 4.3.4.2.1　談話の展開上の空間的距離と'这个人'

下記の例 (7) は、言語資料 05 においてインフォーマント（E）と（F）が、五輪真弓と岩崎宏美について話し合っている談話の一部である。ここでは 7-3 E において'这些人'と表現されている。

例 (7)

7-1 E　＝五轮真弓｜，岩崎宏美也可以｜，岩崎宏美唱得也挺好的｜。

7-2 F　＝是吗？｜

7-3 E　＝**这些人**不:怎么说呢:跟（这个）アイドル歌手啊,唱的不太一样｜。（这个）不是赶时髦啊,也不是说（这个）:在台上蹦蹦跳跳的啊｜，认认真真的唱歌｜。而且就是从（那个）噢:怎么说呢｜，从艺术角度上看了，确实（这个）:艺术造诣很高的啊｜。

例 (7) の日本語訳

7-1 E　＝五輪真弓、岩崎宏美も相当なもので、岩崎宏美も歌はとてもうまいです。

7-2 F　＝そうですか。

7-3 E　＝この人たちは何と言うか:アイドル歌手とね、歌うのが違います。流行を追うのではなく、また舞台の上で飛び跳ねるのでもなく、

382

まじめに歌を歌います。それに何というか、芸術的に見て、確かに：芸術的レベルが高いですね。

（E）はまず7-1で'五輪真弓'と'岩崎宏美'を提示している。そしてその直後の7-3Eで彼女達を「'这些人'（この人たち）」と表現している。これは指示対象と談話の展開における空間的距離が近いということが理由として考えられる表現である。

次に、'那个人'が表現されている例を見ていく。

### 4.3.4.2.2　談話の展開上の空間的距離と'那个人'

下記の例(8)は、言語資料12においてインフォーマント（J）と（K）が、（K）の中国での出身大学の梵語の専門家の先生のことについて話し合っている談話の一部である。この先生は'季羡林'という名前で、世界で5人しかいない梵語の専門家のうちの一人である。ここでは8-9Kで'那个老先生'と表現されている。

例(8)

8-1 J ＝还有人会说吗？｜有老师会说吗？｜

8-2 K ＝现在：哎｜，有老师会说。

8-3 ＝因为我们：系的，怎么说？有一个权威吧｜，他属于在世界上是：搞这方面的五大权威之一｜，在亚洲就他一个人｜，就连印度都没了｜。他一个人，叫季羡林｜。

8-4 ＝因为我知道日本有一个叫中村元的好像是研究：这方面佛经呀，佛教，印度哲学｜，历史｜，挺有名的｜，一位先生。然后：他：但是他还：不算是在（那个）：亚洲：不是第一号｜。

8-5 ＝我们（那个）：叫季羡林｜，他就是：他会二十多国语言呢｜。

・・・・・・・・・・・・・・・・・・・・・・・・・・・・・・・・・

8-6 K ＝怎么说呢，他们那个专业很特别｜，他们这个专业是｜，一般是说：隔十年，二十年才招一：一批的那样的｜。

8-7 ＝因为没有必要那么多人嘛｜，所以正好轮到我们这一届｜，招了八个人｜，从全国招了八个人｜。

8-8 　　＝招了八个人，而且跟他们说好"你们（那个）：到三年级以后｜，给你们到西德汉堡大学去留学一年｜。"然后：他们实际上…

・・・・・・・・・・・・・・・・・・・・・・・・・・・・・・・・・・・・・・・・・・・

8-9 K ＝然后他其中：他完了以后呢｜，到：大学二年级的时候｜，就刚才说的**那个老先生**，季羡林**那个老先生**｜，就：带他去参加全国：关于中亚文化：方面的一个中亚文化的学术学会吧｜。

8-10 ＝去参加的全是（那个）：除了讲师级呀，或副教授级的人吧｜，研：研究生一般都不怎么能带着去的｜。

8-11 ＝因为这方面的研究生也很少：少得不得了｜。就北大，南：南京大学还有什么几个地方有｜，中央民族学院什么的｜。其他没有了｜。

8-12 ＝所以他带去了｜，把他：大学二年级，他上边｜，而且宣读他的（那个）论文｜。

8-13 ＝结果后来完了他第：三年级的时候就：被送到西德去了｜。

例(8) の日本語訳

8-1 J ＝他に話せる人がいますか？話せる先生がいますか？

8-2 K ＝今：ええ、話せる先生がいます。

8-3 　　＝なぜなら私たちの：学部の、何というか、一人の権威はね、<u>彼</u>は世界中で：この方面の五大権威者の一人で、アジアでは<u>彼</u>だけで、インドにもいません。<u>彼</u>一人で、季羡林と言います。

8-4 　　＝私は日本に中村元という名前の：仏教、インド哲学、歴史を研究している、とても有名な先生がいることを知っています。彼（中村元）は：しかし彼（中村元）は：アジアで：一番ではありません。

8-5 　　＝私たちの：季羡林という名前の人は、<u>彼</u>は20以上の言語ができます。

・・・・・・・・・・・・・・・・・・・・・・・・・・・・・・・・・・・・・・・・・・・

8-6 K ＝何というか、彼らの専門（梵語のこと）は特別で、彼らのこの専門は、一般的に言って：10年から20年に一度：何人かを募集します。

8-7 　　＝そんなにたくさんの人を必要としないから、だからちょうど（そ

の募集が）私たちの時に回ってきて、八名募集し、全国から八名募集しました。

8-8　＝八名募集して、そして彼らに「あなたたちは：３年生になったら、西ドイツのハンブルク大学に１年留学します。」と言いました。それから：彼らは実際に…

・・・・・・・・・・・・・・・・・・・・・・・・・・・・・・・・・・・・・・・・・・

8-9 K　＝それから彼（八名のうちの一名のこと）はその中の：彼はそれから、大学２年生の時に、さっき話した<u>あの先生</u>、季羨林という<u>あの先生</u>が、彼を連れて全国の：中央アジアの文化に関する中央アジアの学術学会に参加しました。

8-10　＝参加したのは全員：講師や助教授の他は、大学院生は普通はあまり連れて行かれません。

8-11　＝なぜなら、この分野の大学院生はとても：少ないです。北京大学、南京大学の他にいくつかの大学にいるだけで、中央民族学院なのです。その他にはいません。

8-12　＝だから<u>彼</u>（季羨林）は２年生の学生を連れて行き、さらに彼（２年生の学生のこと）の論文をみんなの前で読み上げました。

8-13　＝その結果、彼は：３年生の時：西ドイツに送られました。

　（K）は 8-3 K で、自分の出身大学の梵語の専門家であり、世界で五人しかいない専門家のうちの一人である'季羨林'という先生を紹介し、この後しばらくこの先生についての紹介が続く。しかし 8-5 K の直後では、しばらく別の内容が話されていく（その部分の発話は例(8)では割愛した）。

　次に 8-6 K～8-8 K まででは、大学入試において梵語専攻の募集人員が少ないこと、そして（K）がこの大学を受験する時にたまたま八名の募集があり、八名の入学者のうちの一名は３年生の時に西ドイツへ留学することが決まったことなどが語られていく。8-8 K の直後では、しばらくこの八名について語られていく（その部分の発話は例(8)では割愛した）。

　8-9 K では、八名の梵語専攻の学生の中の一名が２年生の時に、8-3 K で談話に導入された'季羨林'という先生と一緒に中央アジア文化の学術

学会に参加したことが語られている。そして8-9Kにおいて'季羨林'という先生を再度登場させる際に、「'刚才说的<u>那个老先生</u>，季羨林<u>那个老先生</u>'（さっき話したあの先生、季羨林というあの先生）」というように'那个'を用いて表現している。つまり、この談話では、8-3Kにおいて初めて'季羨林'という先生を登場させ、そして8-9Kで再び'季羨林'という先生を登場させている。このように、一度談話に登場した'季羨林'という先生が、再び登場するまでの談話の展開には、非常に空間的距離がある。これによって(K)は、8-9Kにおいて'季羨林'という先生を再度登場させる際に、'那个'を用いて'那个老先生'と表現していると判断することができる。

また、'季羨林'という先生を、8-3K、8-5K、8-12Kで'他'と表現しているのは、この先生に関する客観的事実を述べるための指示であることは言うまでもない。

以上、指示対象が'这个人/'那个人'と表現されるまでの談話の展開における空間的距離を見てきた。そこには「談話の展開における空間的距離が近='这个人'」、「談話の展開における空間的距離が遠='那个人'」という対立関係が明確に存在していることが解る。

### 4.3.4.3 談話のトピックの展開における主題性の「高（＝近）／低（＝遠）」と'这个人／那个人'

同一の談話内に複数の人物が登場する場合、その中の特定の二人の人物を、'这个人'と'那个人'で区別して表現されることがある。ここでは、そのような場合に、話し手はどのような要因によって、'这个人'と'那个人'を使い分けているのか、ということについて考察していく。

下記の例(9)は、言語資料14におけるインフォーマント（J）と（F）の談話の一部である。ここでは、（F）の友人が書いた映画のシナリオの内容が紹介されている。このシナリオでは、主人公の男性と一人の女性との関係が描かれている。9-1F、9-2F、9-5F、9-7Fに登場する'他（下線部＿＿）'は、この映画のシナリオを書いた（F）の友人のことである。

例 (9)

9-1 F ＝我就是说：嗯：他这就是形成｜，这就是一种文学了，已经形成就是说做为文学来讲就成立了｜。

9-2 ＝他自己：他写：注重了（这个）里边主人公哈电影主人公和一个女人的关系｜。

9-3 ＝而这个女人呢和别的：别的男人结了婚｜。

9-4 ＝这个男人呢｜，他一辈子就是到老：一个人｜，这个人的描写非常地好｜。

9-5 ＝到这个：他描写的：怎么说呢就是那种：这个男人对那个女人一直也不灭的那种心里边的那种感情｜。

9-6 ＝并且呢他有一次偶然：那个女人和另外的男人结婚了以后哈，他偶然在：村子里边：在那个县：县政府的那个街上他看见那个女人和自己的孩子啊｜。

9-7 ＝怎么说呢哈，他就：看到她的背影哈和自己的孩子呢，这个男人看到的时候那种：他在那个电影评论中他描写的那一段儿｜。

9-8 ＝并且呢｜，以后呢｜，嗯：就那种：自己青春的那种怎么说呢｜，不能断念的那种：特别强的那种感情哈｜。

例 (9) の日本語訳

9-1 F ＝私に言わせれば：彼（作者）のこれは一種の文学であり、すでに文学として成立しています。

9-2 ＝彼自身（作者）は：シナリオの中の主人公はね、映画の主人公と一人の女性の関係を重視して書いています。

9-3 ＝そしてこの女性はね別の：別の男性と結婚しました。

9-4 ＝この男性（主人公）はね、彼は一生年をとるまで：一人で、この人の描写は非常にいいです。

9-5 ＝彼（作者）は：何と言うか：この男性（主人公）のその女性に対するずっと消えないああいう心理、ああいう感情を描写しています。

9-6 ＝そして、彼（主人公）は偶然：その女性が他の男性と結婚した後、

第4章　談話に登場する指示対象に対する話し手のモダリティー

彼は（主人公）は偶然村の中の：県で：県庁のある街で彼（主人公）はその女性と自分の子どもを見かけました。
9-7 ＝何というか、彼（主人公）は：彼女の後姿と自分の子どもを見かけて、この男性（主人公）が見かけた時の一種の感情を：彼（作者）はその映画の評論の中で彼（作者）はその感情について説明しました。
9-8 ＝そして、それから、んー：自分の青春の何と言うか、断ち切ることのできないああいう：特に強いああいう感情ですね。

　（F）は主人公の男性と関わりの深い女性を9-2Fで「'一个女人'（ある一人の女性）」と表現した直後に、9-3Fでこの女性を「'这个女人'（この女性）」と表現している。これは、4.3.4.2.1で分析した、談話の展開における空間的距離が近い場合の'这个人'である。しかし9-4Fでこの映画の主人公を「'这个男人'（この男性）」と表現したことによって、9-3Fの'这个女人'はこれ以後の9-5Fと9-6Fでは「'那个女人'（その女性）」と表現されている。そして、主人公の男性は例(9)において一貫して'这个人／这个男人'と表現され（9-4F、9-5F、9-7F）、'那个人'と表現されることはない。つまり、'这个女人'と表現された女性が、主人公の男性＝'这个男人'の登場により、'那个女人'と表現されるようになったということである。このことは何を意味しているか。それは、二人の人物を区別して表現する場合には、より主題性の高い人物を'这个人'、より主題性の低い人物を'那个人'というように使い分けていることである。そして、その人物の主題性の「高」と「低」は、その人物の「前景化」と「後景化」と言うことができる。したがって、主題性の高い人物は前景化されるため「近」であり、主題性の低い人物は後景化されるため「遠」である。このことから、「談話のトピックにおける主題性が高い＝前景化＝近＝'这个人'」、「談話のトピックにおける主題性が低い＝後景化＝遠＝'那个人'」という対立関係のあることが解る。
　そしてここでもまた、9-4F、9-6F、9-7Fにおける'他'は、この映画の主人公である男性の客観的事実を述べるための指示であることは言う

までもない。

　以上、4.3.4.1において心理的距離の「近／遠」、4.3.4.2において談話の展開上の空間的距離の「近／遠」、4.3.4.3において談話のトピックにおける主題性の「高（＝近）／低（＝遠）」という観点から、'这个人'と'那个人'の使い分けを見てきた。これらに共通しているのは、これらは話し手が指示対象のみを「近／遠」の認識の判断の対象として使い分けているという点である。しかし'这个人'と'那个人'にはこのような使い分けだけではなく、さらに聞き手の存在がその使い分けを決定する要因となっている場合がある。以下では、これについて考察していく。


## 4.3.5　話し手が聞き手と指示対象の両者を「近／遠」の認識の判断の対象とする場合

　話し手が、聞き手と指示対象の両者を「近／遠」の認識の判断の対象とする場合、今回の分析の結果、それは3種類に分けられる。1つ目は、聞き手が新しく話し手となった際に、それまでの話し手（＝新しい聞き手）と共通の領域に居ることを'这个人'で表明するものである。2つ目は、発話以前に指示対象が話し手と聞き手の双方の記憶の中に存在していたことを表現する'那个人'である。3つ目は、話し手にとっては既知で特定の人物であるが、聞き手にとっては未知で不定の人物が'那个人'で表現されるものである。以下で、これらを順に見ていく。

### 4.3.5.1　同一領域内表明の'这个人'
　下記の例(10)は言語資料08の談話の一部である。ここではインフォーマント（H）が（I）に、中国はインフレがひどく、庶民がみんな争って買い物をする様子を説明している。ここでは10-13 Iで'这老百姓'と表現されている。

第 4 章　談話に登場する指示対象に対する話し手のモダリティー

例 (10)

10-1 H ＝这个期间呐｜，好多：说白了，好多（这个）库存的｜，实际上都拿出来卖了｜。

10-2 　＝平时没人买的东西｜，就象有的（那个）大铝盆｜。象是（那个）象过去洗衣服，现在有洗衣机不用的｜。（那个）大铝盆，给小孩儿洗澡什么的大铝盆｜，原来：大概：不过是：十一、二块钱｜。

10-3 　＝因为，我结婚那时候，说实话四、五年以前，我买过一个｜。现在二十多块钱，还抢｜。

10-4 　＝那个东西你说紧：紧张什么？｜那东西还抢｜。

10-5 　＝抢购风大概刮了两个星期｜。

10-6 I ＝啊｜，现在不抢啦？｜都涨出去啦！哈哈哈｜。已经涨上去了。哈哈…

10-7 H ＝不是。实际上啊｜，抢的时候｜，该涨的也就涨了｜，现在呢，不该涨的照样没涨｜。

10-8 　＝就是大家（这）哄哄涨价（这个）：有的：有的：对有的产品有道理，有的产品没道理｜。

10-9 　＝但是在这期间，大家不管它涨了没涨，先都抢下来｜。

10-10 ＝这个风刮了两：两个多星期吧｜，基本上抢的，人们抢的也差不｜。

10-11 ＝你说（这个）电：电视、电冰箱、（这个）原来就是紧俏｜，你抢也抢不上｜。那就是能摆在柜台上卖的那些东西，大家抢｜。

10-12 ＝他们说有的：有的：有的商店，就说小一点的商店｜，什么（那个）库存什么的｜，都空了｜，到后来后几天就没东西可卖了｜。抢的很厉害｜。

10-13 I ＝你说（这个）物价这么高啊｜，工资也没涨｜，<u>这老百姓</u>：手里头倒有钱｜。

10-14 H ＝不。手里头有钱｜，为什么？｜怎么：钱怎么来的？｜

例 (10) の日本語訳

10-1 H ＝この間、たくさん：たくさんの在庫品が、実際に全部売られたらしいです。

| | | |
|---|---|---|
| 10-2 | = | 普段みんなが買わないものが、たとえば大きなアルミの桶です。以前は服を手洗いしましたが、今は洗濯機があるから必要ありません。大きなアルミの桶、子どもをお風呂に入れる大きなアルミの桶は、もともとだいたいたったの11〜12元です。 |
| 10-3 | = | 私が結婚する時、4、5年前ですが、私は（大きなアルミの桶を）1つ買いました。今は20元以上しても、奪い合います。 |
| 10-4 | = | あんな物は、何が足りないんですか？あんな物までも奪い合って。 |
| 10-5 | = | 奪い合いの嵐はだいたい2週間でした。 |
| 10-6 Ⅰ | = | ええ、今は奪い合わないでしょ？みんな値上がりした！ハハハ。すでに値上がりしました。ハハハ… |
| 10-7 H | = | 違います。実際にはね、奪い合うとき、値上がりすべきものも値上がりしました。今はね、値上がりすべきでない物はもとのように値上がりしません。 |
| 10-8 | = | みんなは値上がりだと騒いで：値上がりしても仕方のない物もあれば、値上がりする理由のない物もあります。 |
| 10-9 | = | でもこの間、みんなは値段が上がろうと上がらないであろうと、先を争って奪い合っています。 |
| 10-10 | = | この風は2週間以上吹き、基本的に奪い合って、ほとんどみんな奪い合いました。 |
| 10-11 | = | テレビ、冷蔵庫は、もともとよく売れて、奪おうと思っても奪えません。それは売り場に並べて売ることができる物で、それをみんなは奪い合います。 |
| 10-12 | = | 彼らはある商店は、ちょっと小さい商店は、在庫は、全くなくて、数日したら売るものはなくなると言います。奪い合いがひどいからです。 |
| 10-13 Ⅰ | = | 物価がこんなに高くて、給料も上がらないけど、<u>この庶民たちは</u>：意外にお金を持っています。 |
| 10-14 H | = | 違います。どうしてお金があるんですか？どうやってお金を手 |

第4章 談話に登場する指示対象に対する話し手のモダリティー

に入れるんですか？（あるはずないでしょ。）

　例(10)においてインフォーマント（H）は、10-1 H〜 10-12 Hまで、庶民の最近の様子、つまり、以前なら誰も買わなかったようなつまらない物まで争って手に入れようとする庶民の様子を説明している。そして、その次に（Ｉ）が10-13 Iで、10-1 H〜 10-12 Hまでで（H）によって説明された庶民たちを「'这老百姓'（この庶民たち）」と表現している。この'老百姓'は、それまで話し手であった（H）の談話の内容の主人公たちのことである。そして、それまでの聞き手であった（Ｉ）が、10-13で発話者となり、（H）の談話の内容の主人公たちを包括して表現したものである。ここで（Ｉ）が'这'を用いているのは、（H）の談話の内容の主人公たちに対して心理的に近いと感じているからでもないし、談話の展開においてその空間的距離が近いからでもない。これは10-13で新しく話し手となった（Ｉ）が、この談話において、それまでの話し手であり、新しく聞き手となった（H）に対して、（H）と同じ領域を持っているという態度を表明するものである。つまり、同じ領域に居ることを示すために「近」を意味する'这'が選択されているのである。
　もう1つ、同様の例を見ていく。
　下記の例(11)は、言語資料10におけるインフォーマント（P）と（Q）が、日本の近代文学の作家について話し合っている談話の一部である。
例(11)
11-1 Q ＝对他的介绍挺多的，中国｜。（那个）芥川龙之介，中国人研究也特别多｜。
11-2 　　＝啊：芥川龙之介｜，夏目漱石｜，还有（那个）志贺直哉｜，就是这些作家在中国研究的特多，研究的人特别多｜。
11-3 P ＝你喜欢哪个作家，<u>这几个作家</u>里头？｜
11-4 Q ＝<u>这几个作家</u>里边，我嗯：我喜欢谁呢？｜志贺直哉，我挺喜欢。我大学毕业论文就写的他｜。
11-5 P ＝嗯嗯｜。
11-6 Q ＝夏目漱石，我也挺喜欢。

11-7 P ＝対対｜。

例(11)の日本語訳
11-1 Q ＝彼（芥川龍之介）に対する紹介はとても多いです、中国では。
　　　　　えー芥川龍之介は、中国人も研究する人が特に多いです。
11-2 　　＝えー：芥川龍之介、夏目漱石、さらにえー志賀直哉、<u>これらの作家</u>は中国において研究が特に多く、研究する人が特に多いです。
11-3 P ＝あなたはどの作家が好きですか、<u>これらの作家</u>の中で。
11-4 Q ＝<u>これらの作家</u>の中では、私は：誰が好きかというと、志賀直哉がとても好きです。私が大学の卒業論文で書いたのが彼です。
11-5 P ＝うんうん。
11-6 Q ＝夏目漱石も、私は好きです。
11-7 P ＝そうです、そうです。

　11-2 Qの「'这些作家'（これらの作家）」は、11-1 Qで（Q）が'芥川龙之介，夏目漱石，志贺直哉'と述べているのを、その直後で受けたものであり、これは先の4.3.4.2で述べた、談話の展開上の空間的距離が近い場合の'这个人'である。
　次の11-3 Pの「'这几个作家'（これらの作家）」は、新しい話し手である（P）がそれまでの話し手であった（Q）に対して、（Q）と共通の領域に居るという態度を表明するものである。
　このように、例(10)の10-13 Ⅰと例(11)の11-3 Pの'这个人'は、新しい話し手が、それまでの話し手（＝新しい聞き手）の領域の中に自ら入り、新しい話し手と新しい聞き手が新たに共通の領域を持ったことを、新しい話し手自らが、そのまでの話し手（＝新しい聞き手）に表明していると言うことができる。また、11-4 Qの場合は、新しい聞き手と共通の領域に居ることを、新しい話し手が再表明するための発話であると言うことができる。そしてこれ以後、（P）と（Q）によってこれらの作家の話が展開していく。

第4章　談話に登場する指示対象に対する話し手のモダリティー

## 4.3.5.2　エピソード記憶の'那个人'

　次に、指示対象が、発話以前にすでに話し手と聞き手の双方の記憶の中で、既知の特定の人物として存在している場合について検証する。この場合の記憶とは「時間的・空間的に定位された経験の記憶（エピソード記憶）」であって、「知識の記憶（意味記憶）」（太田編（1988：1））ではない。

　下記の例(12)は、言語資料11の談話の一部である。ここではインフォーマント（N）と（Q）によって、両者の共通の知り合いである'李红建'のガールフレンドの'小张'のことが話されている。12-13 Nで'那小女孩儿'、12-21 Qで'那个女孩儿'、12-22 Nで'那女孩儿'、12-25 Qで'那女孩儿'と表現されており、これらは同一人物を指示している。

例(12)

12-1　N　＝李红建家你去了吗？｜

12-2　Q　＝去了｜。（那个）…

12-3　N　＝他们家那小日子过得…

12-4　Q　＝是｜，正好（那个）：正好他的（那个）…

12-5　N　＝看见看见小张了？｜

12-6　Q　＝女朋友来了｜。

12-7　N　＝噢，看见小张了｜。

12-8　Q　＝嗯。你叫她小张啊？｜嗯｜，正好她来了哈｜。（那个什么），云南的哈｜，挺好玩，戴个眼镜儿｜。

12-9　N　＝挺文静的哈。看上去。嗯｜。

12-10　Q　＝挺文静的，嗯｜。完了之后,我跟李红建说,我说"哎｜,她怎么（那个）挺老实哈｜。"李红建说｜，"老实！哼！"嘿嘿嘿嘿…

12-11　N　＝"没人的时候就不老实了。"嘿嘿嘿嘿,有意思｜。她可能是不是：也是上礼拜刚来的？｜

12-12　Q　＝我不知道。我从：我从还没见过她，第一次｜。

12-13　N　＝噢｜。他挺有意思的。上次｜，我们一起聚会的时候，然后后来他就：把**那小女孩儿**带过去了｜。

12-14　　　＝带过去以后，然后｜，他也不给我们介绍是怎么回事哈。要真是：

394

　　　　　　你：你说"这是我女朋友"什么的｜。

12-15 Q ＝他们手续都办完了？就是结婚的那个手续｜。

12-16 N ＝我不太清楚｜。嗯,然后你就是说｜,给我们介绍"这是我女朋友"
　　　　　　｜,然后就：就：大家：什么就祝贺祝贺,完了就（那个）···

12-17 Q ＝她好像在东京就职了｜,她说的｜。

12-18 N ＝我不知道｜。那我都不清楚｜。然后···

12-19 Q ＝完了之后：不过他们就是已经就是：（那个）···

12-20 N ＝同居了？｜

12-21 Q ＝同居了。夫妇（那个）：过夫妇生活啊｜。**那个女孩儿**说,**那个
　　　　　　女孩儿**:我说（那个什么）:我说"李红建行啊,找得：找得不错哈"
　　　　　　｜。（那个）完了,**那个女孩儿**就说｜,"他把我骗来了"｜,嘿
　　　　　　嘿嘿嘿"他把我骗来了｜。"

12-22 N ＝其实我觉得**那女孩儿**应该满足了。我告你,**那女孩儿**什么都不会
　　　　　　｜。

12-23 Q ＝什么都不会你是指什么说的？｜

12-24 N ＝做饭｜。

12-25 Q ＝不会做饭？｜。没有没有。我们走的时候**那女孩儿**正在做饭呢。
　　　　　　她说"哎,你们别走,我正在做饭呢"｜。

12-26 N ＝啊,真的？｜

12-27 Q ＝啊,在那儿做｜。她不会做饭吗？｜

12-28 N ＝不会做饭｜。

例(12)の日本語訳

12-1 N ＝李紅建の家には行きましたか？

12-2 Q ＝行きました。えー···

12-3 N ＝彼らは幸せに過ごして···

12-4 Q ＝そうです、ちょうど：ちょうど···

12-5 N ＝張さんに会いました？

12-6 Q ＝ガールフレンドが来ました。

12-7 N ＝ああ、張さんに会ったんですね。

12-8 Q ＝ええ。あなたは彼女を張さんと呼ぶんですか？うん、ちょうど彼女が来ました、えー、雲南の人で、おもしろかったです、眼鏡をかけていました。

12-9 N ＝とても上品で大人しいですね。見たところでは。うん。

12-10 Q ＝とても上品でおとなしいです、うん。それから、私が李紅建に「ねえ、彼女は大人しいよね。」と言うと、李紅建は「大人しいだって？フン！」と言いました。ハハハ…

12-11 N ＝「誰もいないときは大人しくないよ。」(と李紅建は言いました) ハハハ…面白いですね。彼女は多分：先週来たばかりですね？

12-12 Q ＝知りません。私は：これまで彼女と会ったことがなく、初めてです。

12-13 N ＝ヘー。彼（李紅建）はとても面白いです。前回、私たちが一緒に集まった時、後から彼はその女の子を連れてきました。

12-14 ＝連れて来てから、彼は二人がどういう関係なのか、私たちに紹介しませんでした。もし本当（に彼女）だったら「これは僕のガールフレンドです」とか言うでしょ。

12-15 Q ＝彼らは手続きが終わったの？つまり結婚の手続きです。

12-16 N ＝私はよく知りません。うん、それで、私たちに「これは僕のガールフレンドです」と紹介して、それから：みんながお祝いをして、それから…

12-17 Q ＝彼女は東京で就職したようです、彼女がそう言いました。

12-18 N ＝私は知りません。私はよく知りません。それから…

12-19 Q ＝それから：でも彼らはもうすでに：えー…

12-20 N ＝同棲している？

12-21 Q ＝同棲しています。夫婦：夫婦の生活を送っています。その女の子は、その女の子は：私は「李紅建は大したものだ、良いのを見つけましたね。」と言いました。そしたらその女の子は「彼は私を騙しました。」ハハハ「彼は私を騙しました。」と言いました。

12-22 N ＝実際私はその女の子は満足するべきだと思いました。その女

　　　　　の子は何もできない。
12-23 Q ＝何もできないって、あなたは何のことを言っているんですか？
12-24 N ＝ご飯を作ることです。
12-25 Q ＝ご飯を作れない？そんなことはありません。私たちが行った時、その女の子はちょうどご飯を作っていました。彼女は「ねえ、あなたたちは帰っちゃだめですよ、私は今ちょうどご飯を作っていますよ。」と言いました。
12-26 N ＝えっ、本当ですか？
12-27 Q ＝ええ、あそこで作っていましたよ。彼女はご飯を作れないんですか？
12-28 N ＝ご飯を作れません。

　'李红建'はインフォーマント（N）と（Q）の共通の知り合いである。両者は彼のガールフレンドである'小张（＝張さん）'にも会ったことがあり、そのことはこの談話の中で両者によって初めて確認されている（12-5 N～12-8 Q）。この'小张'は（N）によって12-13 Nで'那小女孩儿'、12-22 Nで'那女孩儿'、（Q）によって12-21 Qで'那个女孩儿'、12-25 Qで'那女孩儿'と表現されている。これは牧野（1993：103）が「エピソード記憶指示」と呼んでいる'那'と同じものであり、発話以前に話し手と聞き手の双方の記憶の中にすでに共通して存在する特定の人物である。それは記憶の中の存在であるので、そこには「遠」という認識があり、そこで'那'で指示されることとなる。そして、話し手と聞き手の両者がそのことをお互いに認識している場合に、'那个人'と指示することが可能となる。
　先の例(10)の10-13 Ｉと例(11)の11-3 Ｐの'这个人'は、その談話において話し手と聞き手が初めて共通の領域を持ったことを表明する用法であった。これに対して、上記の例(12)の'那个人'は、その談話以前からすでに話し手と聞き手が共通の領域を持っていたことを示すものである。したがって、例(10)の10-13 Ｉと例(11)の11-3 Ｐの'这个人'と、例(12)の'那个人'は、「近／遠」の対立関係にあると捉えることができる。

第4章　談話に登場する指示対象に対する話し手のモダリティー

### 4.3.5.3　提示文の'那个人'

最後に、聞き手にとって未知で不定の人物が、話し手によって'那个人'で談話の中に提示されている例を見ていく。

下記の例(13)は言語資料03の談話の一部である。ここでインフォーマント（C）は、日本で留学生活を送る中で、どのように日本語を学ぶかということについて語っている。ここでは13-5 Cで'那些日本的大学生'と表現している。

例(13)

13-1 C ＝学习呢｜，这个学期的学习呢，比上学期要紧多了｜，天天学习吧，就得两三个小时｜。

13-2 ＝每天还得写作文｜，还得做练习｜。觉得：属于自己的时间太少了｜。

13-3 ＝所以有的时候儿｜，但是：因为我觉得：来日本就应该：了解日本的各各方面哈｜，光固定在（这个）教科书上，就是学校里学习｜，特别不够哈｜。

13-4 ＝而且｜，这样对自己丰富自己的这种：看问题的方法呀｜，这种：都是有限，都是有所限制的。

13-5 ＝所以呢｜，但<u>我现在住的那个地方呢，周围全是</u>：<u>那些日本的大学生</u>｜，经常呢，做完作业呢｜，我就和她们聊聊天儿｜，就跟她们：了解了解日本现在的生活｜，了解了解她们的想法｜。

13-6 ＝然后，再比较比较：我上学：我上大学的时候儿｜，和她们：现在的这种想法有多少差哈｜。

例(13)の日本語訳

13-1 C ＝勉強はね、今学期の勉強はね、前学期よりも大変で、毎日2、3時間勉強しなければなりません。

13-2 ＝毎日さらに作文を書かなくてはいけないし、さらに練習しなければなりません。自分の時間が少なすぎると感じています。

13-3 ＝だから時には、でも：日本に来たら：日本のいろいろなことを

398

理解しなければならないから、教科書だけで、つまり学校だけ
　　　　　で勉強するのは不十分だと思いました。
13-4　　＝それに、こうするのは自分の問題の見方を豊かにすることに対
　　　　　して、これは：限界がある、限界があります。
13-5　　＝だからね、でも私が今住んでいるところはね、まわりは全部：
　　　　　あれらの日本人の大学生で、いつも、宿題が終るとね、私は彼
　　　　　女たちとおしゃべりをして、彼女たちから：日本の今の生活を
　　　　　理解したり、彼女たちの考え方を知ろうとしています。
13-6　　＝それから、さらに私が大学に入学したころと比べると、彼女た
　　　　　ちの：今の考え方とどれくらい差があるのかを比較しています。

　この談話の中で（C）は、13-5 Cで「'那些日本的大学生'（あれらの日本人の大学生）」と表現している。聞き手はこの'那些日本的大学生'のことを知らない。つまり、この'那些日本的大学生'は、聞き手にとってこの発話以前に聞いたことのない未知の情報であり、誰と特定することのできない不定の情報である。しかし話し手の頭の中では、同じアパートに住んでいる数名の日本人の学生が特定されている。
　もう1つ、同様の例を見ていく。
　下記の例(14)は、言語資料13におけるインフォーマント（Q）と（R）の談話の一部である。ここでは14-18 Qでインフォーマント（Q）によって'那个教授'と表現されている。（Q）と（R）は中国で同郷の出身である。例(14)では、14-1 Q～14-16 R まで、（R）の中国での出身中学の辺りのことについて語られている。そして 14-17 R で（R）が話題を転換して、（Q）に彼女の近況について聞いている。これに対して（Q）は 14-18 Q から自分の現在の状況を説明していき、それは 14-20 Qまで続く。その中の 14-18 Qで、以前から自分と共同研究をしている教授を'那个教授'と表現している。
例(14)
14-1 Q　　＝英语没学过？｜
14-2 R　　＝嗯｜。因为我在初中开始就一直学日语｜。在我们学校：我刚开

第4章　談話に登場する指示対象に対する話し手のモダリティー

　　　　　　始在（那个）初中的时候，在那：那儿三中｜。嘿嘿嘿···

14-3　Q　＝三中｜。

14-4　R　＝你知道吧｜，在（那个）：在车：车站那边···

14-5　Q　＝车：车站附近｜。

14-6　R　＝对对｜。然后开始上（那个）：朝鲜族中学｜。

14-7　Q　＝朝鲜族中学｜，啊，你要这么说：朝鲜族中学：噢：对了，你们家住那地方好像是：好像我有：我有一个认识的：有一个朋友好像也住在你们家附近｜。

14-8　R　＝噢，是吗？｜

14-9　Q　＝嗯。好像在哪儿，什么七马路一带，是不？｜

14-10 R　＝噢｜，跟那方向相反。我们家在铁北那边｜，在火车站的（那个）后面｜。

14-11 Q　＝噢噢噢｜。

14-12 R　＝嗯，有那朝中，有四中，然后还有铁中什么的｜。

14-13 Q　＝噢，哈哈那一带，那一带｜。

14-14 R　＝对，那一带｜。

14-15 Q　＝知道了，嗯｜。

14-16 R　＝那一边｜。

14-17　　＝你现在怎么样啊？｜

14-18 Q　＝我现在：我吧：怎么说：现在：到现在以前吧，一直和**我们那个教授**哈搞（那个）共同研究｜。

14-19　　＝研究的内容呢，是（那个）法华经诗｜,（那个）法华经诗文哈｜。就是:(那个)法华经就是:(那个)佛:佛教的（那个）经典哈｜，它是：那个研究的吧哈不是那种：不是宗教｜，是（那个）对日本书呢｜，就是有：有个日本人哈，对这本书进行（那个）注释哈，那种：嗯：书｜，完了之后研究这本书｜。

14-20　　＝这本书呢怎么说呢哈｜,（那个）是日本人吧哈用（那个）古代日语写的书｜，就是说从（那个）文章上来说，因为我们在国内也学过日本的古语法哈，内容上还是比较哦：容易理解｜。

例 (14) の日本語訳

14-1 Q ＝英語は勉強したことがないですか？
14-2 R ＝ええ。なぜなら私は中学で日本語の勉強を始めてずっと日本語を勉強しました。私たちの学校では：私が勉強を始めたのは中学の時で、あの三中です。ハハハ・・・
14-3 Q ＝三中。
14-4 R ＝知っているでしょ。駅のあたりの・・・
14-5 Q ＝駅の近く。
14-6 R ＝そうそう。それから朝鮮族中学に進学しました。
14-7 Q ＝朝鮮族中学、あ、ということは、朝鮮族中学、ああ：そうそう、あなたの家のあるところは多分：私の知り合いの：一人の友達が住んでいるところの近くです。
14-8 R ＝あ、そうですか？
14-9 Q ＝ええ。たぶん、何か七馬路のあたりでしょ？
14-10 R ＝ああ、それと方向が反対です。私の家は鉄北のあたりで、駅の裏です。
14-11 Q ＝ああ。
14-12 R ＝んー、その朝鮮族中学があって、四中があって、それからさらに鉄中などがあります。
14-13 Q ＝ああ、ハハあのあたりね、あのあたりね。
14-14 R ＝そう、あのあたりです。
14-15 Q ＝分かりましたね、うん。
14-16 R ＝あのあたり。
14-17   ＝あなたは最近どうですか？
14-18 Q ＝私は今：私はね：何と言うか：今：今までね、ずっと<u>私たちのあの教授</u>と共同研究してきました。
14-19   ＝研究の内容はね、法華経詩、法華経詩文です。つまり：法華経は：仏教の経典でね、それは：その研究はね：宗教ではなくて、日本の本に対して、ある日本人がね、この本に対して注釈を行い、それで：その本を研究しています。

14-20　　＝その本は何と言うか、日本人がね古代日本語を用いて書いた本
　　　　　で、つまり文章から言うと、私たちは（中国）国内でも日本
　　　　　の古語文法を学んだから、内容は割合と：容易に理解できます。

　例(14)では、14-18で（Q）が、以前から自分と共同研究をしている教授を「'那个教授'(あの教授)」と表現している。しかし聞き手である(R)は、この教授については、その存在すら知らない。(R)にとっては、この発話以前に（Q）が大学教授と共同研究をしていたことさえ未知の情報であり、当然この教授は、(R)にとっては誰と特定できない不定の情報である。しかし（Q）の頭の中では特定されている教授である。
　聞き手にとって未知で不定である名詞（句）を談話の中に提示する表現形式としては、中国語においては動詞'有'を使った表現や存現文などがある。そしてこれらの表現形式では、聞き手にとって未知で不定である名詞(句)は述語動詞の後ろに置かれる。しかし例(13)と例(14)で示した'那个人'は、聞き手にとって未知で不定の人物であるが、このような方法をとっていない。では例(13)と例(14))で示した'那个人'にはどのような特徴があるのか。
　例えば例(13)の場合には'我现在住的那个地方呢，周围全是那些日本的大学生'というように、「'那些日本的大学生'（＝あれらの日本の大学生）」が「'我现在住的那个地方呢，周围全是'（＝私が今住んでいるところの、私の周囲にいる）」学生たちであるというように、その存在の範囲を限定するような情報が聞き手に与えられている。また例(14)の場合も同様で、この場合には'我们那个教授'というように、'那个教授'の前に「'我们'(私たち)」と表現することによって、'那个教授'が（Q）が所属している大学の教授であるという情報を聞き手に提供している。このように、その存在の範囲を限定するなどの情報を伴って、聞き手にとっては未知で不特定である人物を'那个人'と表現して、談話の中に初めて登場することを可能にしている。しかし、聞き手にとっては、未知で不特定なこの人物は「遠」の存在であるので、'这个人'ではなく'那个人'が用いられるという、話し手が聞き手を配慮した表現となっている。

402

梁慧（1986：14）にも、「「那」は・・・聞き手がまだ知らないものを指示するのに用いる」との記述が見られる。しかしそこにはその'那'がどのような状況のもとで使用されているのかということについて、何も記述されていない。

### 4.3.6 おわりに

以上、文脈指示による'这个人／那个人'を「近／遠」と判断する要因を分析した。その結果は、下記の表のようにまとめることができる。

| 話し手の﹁近／遠﹂の認識の判断の対象 | 指示対象のみ | 心理的距離 | 近＝'这个人'（好感、親近感、親族間、情報量が多いなど）<br>遠＝'那个人'（恐怖感、嫌悪感、違和感、敬服、情報量が少ないなど） |
|---|---|---|---|
| | | 談話の展開上の空間的距離 | 近＝'这个人'<br>遠＝'那个人' |
| | | 談話のトピックにおける主題性 | 高＝前景化＝近＝'这个人'<br>低＝後景化＝遠＝'那个人' |
| | 指示対象＋聞き手 | 同一領域内表明 | 近＝'这个人'（新しい話し手が新しい聞き手と同じ領域に居ることを示す） |
| | | エピソード記憶 | 遠＝'那个人'（発話以前に話し手と聞き手の双方の記憶の中にすでに存在している特定の指示対象） |
| | | 提示文 | 遠＝'那个人'<br>（話し手にとっては既知で特定の指示対象）<br>（聞き手にとっては未知で不定の対象） |

なお、本節の分析が人物指示以外の'这个／那个'にもあてはまるものであるかどうかについては、稿を改めて検証する。

# 第Ⅲ部

## 談話における対話の呼吸の日中語比較

# 第5章　話し手と聞き手の対話の呼吸
　　　　　―「あいづち」の日中語比較

　この章では、「あいづち」に焦点を絞って、日中両言語の特徴を比較していく。


5.1　はじめに
5.2　本分析の言語資料
5.3　あいづち
　5.3.1　従来の研究
　5.3.2　あいづちの定義
5.4　話し手があいづちを要求する場合
　5.4.1　句や節の切れ目
　　5.4.1.1　日本語の場合
　　　5.4.1.1.1　（ⅰ）「ⒷⒶ｜」型の音声的特徴
　　　5.4.1.1.2　（ⅱ）「Ⓒね｜」型の音声的特徴
　　　5.4.1.1.3　話し手の使用意図
　　5.4.1.2　中国語の場合
　　　5.4.1.2.1　（ⅰ）「ⒷⒶ｜」型の音声的特徴
　　　5.4.1.2.2　（ⅱ）「Ⓒ啊｜」型の音声的特徴
　　　5.4.1.2.3　話し手の使用意図
　　5.4.1.3　日本語と中国語の比較
　5.4.2　文の完結の直後
　　5.4.2.1　日本語の場合
　　　5.4.2.1.1　（ⅲ）「ⒺⒹ‖」型の音声的特徴
　　　5.4.2.1.2　（ⅳ）「Ⓕね‖」型の音声的特徴
　　　5.4.2.1.3　話し手の使用意図
　　5.4.2.2　中国語の場合

- 5.4.2.2.1 （ⅲ）「Ⓔ Ⓓ ‖ 」型の音声的特徴
- 5.4.2.2.2 （ⅳ）「Ⓕ啊‖」型の音声的特徴
- 5.4.2.2.3 話し手の使用意図
- 5.4.2.3 日本語の文末の「ね」と中国語の文末の'啊'の比較
- 5.4.2.4 日本語と中国語の比較
- 5.5 聞き手の側から積極的にあいづちを打つ場合
  - 5.5.1 話し手の発話と重なったあいづち
    - 5.5.1.1 日本語の場合
      - 5.5.1.1.1 文の終結部分に重なって打たれるあいづち
      - 5.5.1.1.2 文の途中で話し手の発話と重なって打たれるあいづち
    - 5.5.1.2 中国語の場合
  - 5.5.2 'participation'
    - 5.5.2.1 'finishing up'
    - 5.5.2.2 'supplement'
    - 5.5.2.3 'question'
- 5.6 あいづちの種類と頻度
  - 5.6.1 あいつちの種類
  - 5.6.2 あいづちの頻度
- 5.7 日中両言語の対話のモデル
- 5.8 おわりに
- 付記（本節で取り上げた中国語対話例の日本語訳）

## 5.1 はじめに

通常の対話において、話し手は聞き手の存在を、聞き手は話し手の存在を常に意識しながら発話行為が交わされる。その間、話し手は聞き手に常にいろいろなサインを送り、また聞き手は話し手からのサインを受けてそれに応えたり、あるいは逆に聞き手の側からサインを送ったりする。そのサインの送り方や受け方は各言語によって異なっており、その相違は、その言語の特徴の1つと見なすことができる。

本節では、日本語と中国語の両言語の話し手と聞き手のサインの送り方と受け取り方の特徴が顕著に現われる「あいづち」に焦点を絞り、日本語と中国語の「あいづち」を比較対照しながら論を進めて行く。それによって、日中両言語の特徴の一端を明らかにする。

対話には、一対一の場合や一対複数の場合、あるいは話し手と聞き手が直接向かい合った場合や、電話によるものなど、いろいろなケースがある。本節では、話し手と聞き手の意識が相手一人に集中する、一対一の直接向かい合った対話に限定して考察する。

また、話し手と聞き手のサインは、音声言語的手段によるものと、非音声言語的手段によるものと、大きく2つに分けることができるが、本節では、音声言語的手段によるものを、その分析の対象とする。

## 5.2 本分析の言語資料

分析の対象とした発話の言語資料は下記の通りである。各インフォーマントの発話は、日本語については共通語、中国語については'普通話'と判断できるものである。

各インフォーマントの年齢は、録音当時のものである。

＜日本語＞：対話約4時間分
(1) テレビ対談番組「徹子の部屋」：1987年録音
　　インフォーマント
　　　　① インタビュー者：女性、50歳前後、俳優

第5章　日中言語文化比較

　　　㋐　被インタビュー者：男性、45歳前後、写真家
　　　㋑　被インタビュー者：男性、55歳前後、小説家
　　　㋒　被インタビュー者：男性、60歳前後、俳優
　　　㋓　被インタビュー者：男性、55歳前後、俳優
(2) 二人の日本人女性の自由な対話：1990年録音
　　インフォーマント
　　　㋔　女性、45歳前後、OL
　　　㋕　女性、45歳前後、教師
　　　㋖　女性、30歳前後、教師


言語資料
（ア）＝㋣と㋐の対話
（イ）＝㋣と㋑の対話
（ウ）＝㋣と㋒の対話
（エ）＝㋣と㋓の対話
（オ）＝㋔と㋖の対話
（カ）＝㋕と㋖の対話


＜中国語＞：序章0.4.1.2に示した中国語母語話者の自由な対話約4時間分
　　言語資料05 ＝（E）と（F）の対話
　　言語資料06 ＝（E）と（G）の対話
　　言語資料08 ＝（H）と（I）の対話
　　言語資料09 ＝（N）と（O）の対話

　また、本文に引用した対話例①〜⑩の例文中の記号については、下記の通りである。
「：」＝話し手の言いよどみ（hesitation）があり、意識的でない音声的停
　　　　頓のあるところ
「｜」＝話し手の意識的な音声的停頓のあるところ
「‖」＝文の完結のところで、その最後の音を言い切っており、話し手の

意識的な音声的停頓のあるところ
「(这个)／(那个)」='这个'や'那个'が指示詞としてではなく、話し
　　　手の言いよどみを表す語として発話されたもの
片仮名＝日本語のあいづち
中国語の発音記号('拼音字母')＝中国語のあいづち

　なお、本節で取り上げた中国語対話例の日本語訳は、本章の最後にまとめて付記する。

## 5.3　あいづち

　ここではまず、従来のあいづちの研究について概観し、次に、本節におけるあいづちを定義する。

### 5.3.1　従来の研究
　日本語のあいづちの分析については、水谷（1984、1985、1988）が挙げられる。これらの中では、日本語のあいづちが統計的に分析され、実際にどのような言葉があいづちとして使用されているのか、そしてその使用頻度について、詳しい分析結果が報告されている。
　また杉藤（1989）は、話し手のイントネーションが聞き手のあいづちと関連のあることを指摘している。
　さらに、対面した二者の自然発話を言語資料とした日本語と中国語のあいづちの比較研究として、熊紅芝（2008）が挙げられ、待遇性という観点から分析されている。
　以下で、先行研究におけるこれらの分析結果を踏まえながら、筆者の収集した対話資料を基に、日中両言語のあいづちの特徴を考察していく。

### 5.3.2　あいづちの定義
　論を進めるにあたり、本節ではあいづちを以下のように定義する。
「あいづち」とは、話し手の発話の内容に対する理解を示したり、また、

理解を深めたりするための聞き手の発言である。したがって、話し手の発言をさえぎるもの（interruption）ではなく、またその発言のために、話し手と聞き手という役割が入れ替わることもない。

　この定義に基づいて考察を進めていくに当たって、5.2 に挙げた言語資料の中から、聞き手のさえぎりや話の流れを変えるような発言がなく、20秒以上話し手の発話が続いている部分だけを抽出し、そしてそれらを観察の対象とした。その結果、あいづちは、日本語においても中国語においても、話し手の側があいづちを要求し、その要求に応じて聞き手が打つ場合と、聞き手の側から積極的に打つ場合の 2 つのタイプのあることが観察された。本分析ではこの 2 つのタイプに着目することによって、日本語と中国語のあいづちの相違を考察していく。

　以下、5.4 で話し手の側があいづちを要求する場合について、5.5 で聞き手の側から積極的にあいづちを打つ場合について、それぞれの特徴を見ていく。

## 5.4　話し手があいづちを要求する場合

　日本語においても中国語においても、話し手は通常、句や節の切れ目か、あるいは文の完結の直後に聞き手があいづちを打つことを要求する。その場合、話し手はその要求を音声的手段を用いて聞き手に明示するが、その際、日中両言語に共通してみられる特徴は、話し手は聞き手のあいづちを確認するため、句や節の切れ目、あるいは文の完結の直後に、意識的な音声的停頓をおくということである[1]。そして、この意識的な音声的停頓の直前の音節が特有のイントネーションを形成し、その特有のイントネーショ

---

1) 5.2 に挙げた言語資料の中には、話し手の側からあいづちを要求する音声的サインを送っておきながら、音声的停頓をおかずに発話を進行させていく場合が、日中両言語に見られた。そしてそれは、対話の最初の部分ではなく、発話が調子に乗り、話し手が饒舌になったところで多く見られた。このような場合は、音声的停頓をおくということが聞き手に話し手の発話をさえぎる余地を与えることにもなるので、それを避けるために、意識的に音声的停頓がおかれなかったものと考えられる。これは、発話をどんどん先に進行させていきたいという話し手の意志の現れであると見られるが、本節ではこれは分析の対象としない。

ンが、話し手があいづちを要求していることを聞き手に知らせるサインの働きをしている。しかし、このイニトネーションは、日中両言語でその特徴に相違が見られる。

　そこで本節では、話し手があいづちを要求する特有のイントネーションの特徴を明らかにするため、5.2に挙げた言語資料の中で、話し手が20秒以上発話を続けていて、句や節の切れ目、あるいは文の完結の直後に聞き手があいづちを入れている部分のピッチ・パターンを、Visi-Pitch（KAY社製）で測定するという方法をとった。その結果、この特有のイントネーションは、日本語においても中国語においても、句や節の切れ目で2つのタイプ、文の完結の所でもやはり2つのタイプのあることがわかった。

　以下、この測定結果を基に、これらのイントネーションの音声的特徴を、下記の4つの要素から分析していく。

　　(1) 音声の強弱
　　(2) 音声の長短
　　(3) 音声の高低
　　(4) 有声音のきわだちと無声化

さらに、それぞれのサインを用いた場合に、話し手はどのような意図をもって聞き手にあいづちを要求するのかという点についても、併せて考察していく。

　なお、Visi-Pitchは、分析レンジを600HZ、時間幅を2秒に設定した。

## 5.4.1　句や節の切れ目

　ここでは、話し手が句や節の切れ目にあいづちを要求していることを示すサインについて考察していく。

　この場合、日中両言語において、2つのタイプのサインが観察されたことはすでに述べた。そのサインとは下記の2つである。

（ⅰ）句や節の最後の音節による特有のイントネーション
（ⅱ）句や節の最後に添加された日本語の終助詞'ね'とその直前の音節による特有のイントネーション、句や節の最後に添加された中国語の語気助詞'啊'とその直前の音節による特有のイントネーション

第5章 日中言語文化比較

　以下、便宜上、（ⅰ）を「ⒷⒶ｜」型と略記し、（ⅱ）を日本語では「Ⓒね｜」型、中国語では「Ⓒ啊｜」型と略記する。
　（ⅰ）の略記である「ⒷⒶ｜」型の中の「｜」は句や節の直後の話し手の意識的な音声的停頓を示し、Ⓐは話し手の意識的な音声的停頓の直前の音節を、Ⓑはそれよりもう1つ前の音節を、それぞれ示している。
　（ⅱ）の略記（日本語では「Ⓒね｜」型、中国語では「Ⓒ啊｜」型）の中のⒸは、日本語の場合には「ね」の直前の音節を、中国語の場合には'啊'の直前の音節をそれぞれ示している。
　以下、5.4.1.1で日本語の（ⅰ）と（ⅱ）について、5.4.1.2で中国語の（ⅰ）と（ⅱ）について、それぞれの特徴を明らかにしていく。

### 5.4.1.1　日本語の場合
　まず、日本語の（ⅰ）と（ⅱ）について分析していく。

### 5.4.1.1.1　（ⅰ）「ⒷⒶ｜」型の音声的特徴
　下記の＜図①＞と＜図②＞は、日本語の「ⒷⒶ｜」型の発話のピッチ・パターンである。

＜図①＞＝言語資料（オ）の㋖　　＜図②＞＝言語資料（カ）の㋖

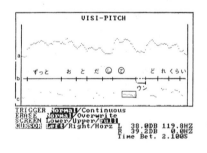 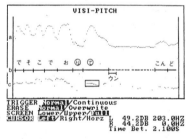

　＜図①＞は言語資料（オ）の㋖の発話、＜図②＞は言語資料（カ）の㋖の発話で、下記がその対話例である。

414

```
                     ⒷⒶ
<図①>＝ずっと音だして｜どれくらい聴こえるかっていうのを…
                   ▲
                   エエ
```

```
                   ⒷⒶ
<図②>＝でそこで降りて｜あのー今度は北へつまり…
                 ▲
                 ウン
```

　図中の縦線のａとｃは Visi-Pitch の測定結果である。ａは音声の強弱を示しており、波が高いほどその音が強く発話されたことを示している。ｃは有声音の高低を示しており、表示された点が密であるほど有声音としてきわだっており、その密な点のかたまりが図の上部に位置しているほど、その音が高く発話されたことを示している。

　またｂは、ａとｃの結果から各音節の調音時間を筆者が読み取り、その調音時間を直線の長さで示したもので、ｂの直線に含まれている点線の部分は、話し手が意識的においた音声的停頓の長さを示している（以下、図③〜㉒についても同様である）。

　これらの対話例におけるⒶとⒷは、<図①>＝／お／と／だ／しⒷ／てⒶ／、<図②>＝／そ／こ／で／お／りⒷ／てⒶ／、である。

　<図①>と<図②>から、日本語の「ⒷⒶ｜」型サインのイントネーションの特徴については、下記の１〜３が観察できる。

1. Ⓑは、それ以前の音節に比べて弱く、その弱まりのあとでⒶが強まる。
2. Ⓑが短くなる傾向があり、そのあとでⒶが少し引き延ばされる調子になる。
3. Ⓑに無声化の傾向が見られ、Ⓐは比較的高音で有声音のきわだった発音になる。

　１〜３から解るように、ⒶとⒷは、音声の強弱、長短、高低、有声音のきわだち・無声化の４つ要素のいずれについても、きわめて対照的に発話されている。話し手はこのような発話のイントネーションとその直後の意

識的な音声的停頓によって聞き手に合図を送り、聞き手はそれをキャッチしてその直後にあいづちを入れている。

次に「Ⓒね｜」型のイントネーションについて考察していく。

### 5.4.1.1.2 （ii）「Ⓒね｜」型の音声的特徴

下記の＜図③＞と＜図④＞は、日本語の「Ⓒね｜」型の発話のピッチ・パターンである。

＜図③＞＝言語資料（オ）の㋔　　＜図④＞＝言語資料（カ）の㋕

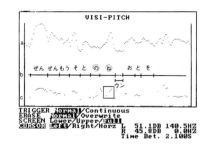 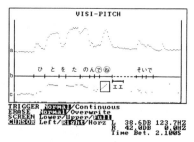

＜図③＞は言語資料（オ）の㋔の発話、＜図④＞は言語資料（カ）の㋕の発話で、下記がその対話例である。

　　　　　　　　　　　　　　Ⓒ
＜図③＞＝あのー：全然もう外の**ね**｜音を遮断した部屋で…
　　　　　　　　　　　　　　　▲
　　　　　　　　　　　　　　ウン

　　　　　　　　　　　　Ⓒ
＜図④＞＝でよく人を頼んで**ね**｜そいであのー…
　　　　　　　　　　　　　▲
　　　　　　　　　　　　エエ

＜図③＞と＜図④＞の対話例におけるⒸは、＜図③＞の場合は「外の」の「の」、＜図④＞の場合は「頼んで」の「で」である。

＜図③＞と＜図④＞から、日本語の「Ⓒね｜」型サインのイントネーションの特徴については、下記の４〜６が観察できる。

416

4. Ⓒはそれ以前の音節と比べて一段と弱まり、その弱まりのあとで、「ね」が急激に強まる。
5. Ⓒは短く、「ね」は少し長めになる。
6. Ⓒは無声化の傾向がみられる低音であるが、「ね」は有声音がきわだち、しかも急上昇の高音になる。

4〜6から解るように、Ⓒの音節と「ね」は、(ⅰ)のⒶとⒷの場合と同様に、音声の強弱、長短、高低、有声音のきわだち・無声化の4つの要素について、すべて対照的に発話されている。

次に以下で、これらのサインの使用意図について考察する。

### 5.4.1.1.3　話し手の使用意図

「ⒷⒶ｜」型も「Ⓒね｜」型も、句や節の最後部に現れるサインであることから、どちらも、聞き手の注意を喚起し、さらに、発話の内容について、聞き手がそれを聞いているかどうかを確認していることを知らせるためのものであると考えられる。そして、その確認に対する聞き手からの具体的な返答として、話し手は聞き手にあいづちを要求する。しかし「ⒷⒶ｜」型と「Ⓒね｜」型の2つのサインは全く同じものではない。

両者を比較すると、まず、「ね」はⒶと比べると、急激に強く、また、急上昇の高音で発話するという、音声上の急激な変化をもって発音される。このような急激な音声上の変化は、聞き手の注意を喚起するのにきわめて有効である。加えて、「ね」はそれ自身、聞き手に働きかける機能をもった助詞である。これらのことから、「Ⓒね｜」型には、単に話し手の確認の意図だけでなく、聞き手を話の内容に引き込もうとする話し手の意図が窺える。

### 5.4.1.2　中国語の場合

次に、中国語の（ⅰ）、（ⅱ）について分析していく。

第5章　日中言語文化比較

### 5.4.1.2.1　（ⅰ）「ⒷⒶ｜」型の音声的特徴

　中国語は Tone-Language であるため、Ⓐの音声的特徴を明らかにするためには、Ⓑとの声調の組合せという要素を考慮する必要があると予測し、各々の声調の組合せについて、すべて Visi-Pitch で測定してみた。その結果、Ⓐのイントネーションを決定する要因は、ⒶとⒷの声調の組合せということだけでなく、両者の統語的関係が大きく影響していることがわかった。しかし、この２つの要因の影響を受けながらも、Ⓐの音節には、音声的に共通の特徴が観察された。その共通した特徴が顕著に見られる例を以下に示す。

　　＜図⑤＞＝言語資料05の（F）　　＜図⑥＞＝言語資料06の（E）

 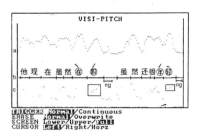

　＜図⑤＞は言語資料05の（F）の発話、＜図⑥＞は言語資料06の（E）の発話における「ⒷⒶ｜」型のピッチ・パターンであり、下記がそれぞれの対話例である。

　　　　　　　　　　　　　ⒷⒶ
＜図⑤＞＝老头呢在炕上**躺着**｜抽旱烟 ‖
　　　　　　　　　　　　　▲
　　　　　　　　　　　　　ng

　　　　　　　　　ⒷⒶ　　　　　ⒷⒶ
＜図⑥＞＝他现在虽然**在职**｜虽然还很**年轻**｜但是他不行 ‖
　　　　　　　　　　▲　　　　　　　▲
　　　　　　　　　　ng　　　　　　　ng

　これらの対話例におけるⒶとⒷは、＜図⑤＞＝／在／炕／上／**躺**Ⓑ／**着**

418

Ⓐ／、＜図⑥＞＝／虽／然／在Ⓑ／职Ⓐ／、／虽／然／还／很／年Ⓑ／轻Ⓐ／、である。それぞれの声調と統語的関係は、以下の通りである。

<図⑤＞ = |躺Ⓑ＋着Ⓐ| → （Ⓑ第3声）＋（Ⓐ軽声）
　　　　　統語的関係 → （動詞）　＋（アスペクト）

＜図⑥＞ = |在Ⓑ＋职Ⓐ| → （Ⓑ第4声）＋（Ⓐ第2声）
　　　　　統語的関係 → （動詞）　＋（目的語）

　　　　　|年Ⓑ＋轻Ⓐ| → （Ⓑ第2声）＋（Ⓐ第1声）
　　　　　統語的関係 →　（Ⓑ＋Ⓐ＝形容詞）

＜図⑤＞と＜図⑥＞から、中国語の「ⒷⒶ｜」型サインのイントネーションの特徴については、下記の〔1〕〜〔3〕が観察できる。
〔1〕Ⓑが弱められてⒶが強められる（＜図⑤＞）か、あるいはⒷに弱まりがない場合は、ⒶがⒷと同じくらいの強さになる（＜図⑥＞）。
〔2〕ⒷとⒶの調音時間は、Ⓑが短くⒶが明らかに長い場合、Ⓐの方が少し長めの場合、両者とも同じくらいの場合などが観察されるが、ⒷよりⒶの方が短いケースはない。
〔3〕Ⓑの韻母が無声化されるされないに関わらず、Ⓐの韻母の有声音がきわだつ。

〔1〕〜〔3〕から解るように、Ⓐは、それが軽声であっても、Ⓑと比べると、音声の強弱、長短、有声音のきわだち・無声化の3つの要素について、Ⓑの特徴を越えるように、意識的に強く、長く、きこえの明瞭な有声音で発音される。
　次に、「Ⓒ啊｜」型のイントネーションについて考察していく。

### 5.4.1.2.2　（ii）「Ⓒ啊｜」型の音声的特徴
　「Ⓒ啊｜」型のサインについても、「ⒷⒶ｜」型と同様、声調という要素

第5章　日中言語文化比較

が'啊'のイントネーションを決定するのに大きく影響すると予測し、©が第一声、第二声、第三声、第四声、および軽声のすべての場合について、Visi-Pitch で測定してみた。その結果、「⑧Ⓐ｜」型の場合と同じく、「©啊｜」型においても、声調という要素の影響を越えて、'啊'の音節には、音声的に共通の特徴が見られた。その共通した特徴が顕著に見られたのが下記の例である。

<図⑦>＝言語資料 05 の（F）　　　<図⑧>＝言語資料 05 の（E）

　<図⑦>は言語資料 05 の（F）の発話、<図⑧>は言語資料 05 の（E）の発話における「©啊｜」型のピッチ・パターンで、下記がそれぞれの対話例である。

　　　　　　　　　　©
<図⑦>＝就是牧师啊｜给他俩：就是：祝福 ‖
　　　　　　　　▲
　　　　　　　　ng

　　　　　　　　　　　　©
<図⑧>＝就是人们的欣赏水平啊｜（这个）：都应该就是：追求更高的…
　　　　　　　　　　　▲
　　　　　　　　　　　ng

これらの対話例における©と、©の声調は次の通りである。
<図⑦>＝　¦牧／师©（第1声）＋啊¦
<図⑧>＝　¦水／平©（第2声）＋啊¦

420

＜図⑦＞と＜図⑧＞から、中国語の「ⓒ啊｜」型サインのイントネーションの特徴については、下記の〔4〕～〔6〕が観察できる。
　〔4〕'啊'はⓒと同程度の強さか、あるいはⓒより強めになる。
　〔5〕'啊'はⓒより長めで、少し引き延ばすように発音される。
　〔6〕ⓒの韻母の無声化の有無に関わらず、'啊'はきこえの鮮明な有声音で発音される。

　〔4〕～〔6〕から解るように、'啊'は強弱、長短、有声音のきわだち・無声化の3つの要素について、意識的にⓒを越えるような特徴をもって発音される。
　次に、中国語の「ⓑⓐ｜」型と「ⓒ啊｜」型のこれらのサインの使用意図について考察していく。

### 5.4.1.2.3　話し手の使用意図
　中国語の「ⓑⓐ｜」型、「ⓒ啊｜」型サインについても、日本語の場合と同様、句や節の最後部に現れるサインであることから、どちらも、聞き手の注意を喚起し、さらに発話内容について、聞き手がそれを聞いているかどうかを確認していることを知らせるためのものであると考えられる。そして、その確認に対する聞き手からの具体的な返答として、話し手はあいづちを要求する。しかし中国語のこの2つのサインは、全く同じものではない。この2つのサインを比較すると、中国語のⓒと'啊'は、日本語のⓒと「ね」ほど音声的特徴に差があるとは言えないが、しかし、'啊'には「ね」と同様、それ自身、聞き手に働きかける機能がある。このことから、中国語の「ⓒ啊｜」型には、確認の意図だけでなく、さらに、聞き手を話しの内容に引き込もうとする話し手の意図があると判断できそうである。

### 5.4.1.3　日本語と中国語の比較
　ここで、日本語の（ⅰ）、（ⅱ）と中国語の（ⅰ）、（ⅱ）を比較する。
　まず音声的特徴については、日本語は、強弱、長短、高低、有声音のき

## 第5章　日中言語文化比較

わだち・無声化、の4つの要素について、すべてⒶとⒷ、Ⓒと「ね」が対照的に発音される。これに対して中国語は、ⒶとⒷ、Ⓒと'啊'が対照的であるとは言えない。中国語は Tone-Language であるため、音声の高低については、Ⓐまたは'啊'を特徴づける要素としてその働きは弱い。その他の要素についても、〔1〕〜〔6〕からわかるように、Ⓐや'啊'を、前音節の特徴を越えるように、意識的に強く、長く、有声音を鮮明に発音するということはなされる。しかし、日本語のⒶや「ね」のように、中国語のⒶや'啊'を前音節と対照的に発音することは不可能である。

次に、話し手のこれらのサインの使用意図については、基本的に両言語について同じであると判断してよい。しかし、使用頻度という観点から比較すると、日中両言語で違いが見られる。日本語では、親しい間柄の対話においては、句や節の切れ目のほとんどの箇所で、このどちらかのサインが使われている。これに対して中国語では、話し手が特に聞き手の注意を喚起したい箇所で「ⒷⒶ｜」型が用いられ、それよりさらに聞き手を引きつけたい箇所で「Ⓒ啊」型が用いられるというように、日本語に比べると、その使用頻度は非常に低い。

以上、日本語と中国語の（ⅰ）、（ⅱ）のサインについて考察してきた。それらをまとめたのが、次の表（1）である。

表 (1)

| サインの種類 | 日本語 |||| 中国語 ||
|---|---|---|---|---|---|---|
| | 「ⒷⒶ｜」 || 「Ⓒね｜」 || 「ⒷⒶ｜」 | 「Ⓒ啊｜」 |
| 各音節 | Ⓑ | Ⓐ | Ⓒ | 「ね」 | Ⓐ | '啊' |
| 音声的特徴 強弱 | 弱 | 強 | 弱 | 急激な強 | Ⓑと同程度かⒷより強め | Ⓒと同程度かⒸより強め |
| 長短 | 短 | 少し引き延ばす | 短 | やや長 | Ⓑと同程度かⒷより長め | Ⓒより長めで少し引き延ばす |
| 高低 | 低 | 高 | 低 | 急上昇 | | |
| 有声音のきわだち・無声化 | 無声化の傾向あり | 有声音がきわだつ | 無声化の傾向あり | 有声音がきわだつ | 韻母の有声音が鮮明 | 明瞭な有声音 |
| 使用意図 | 発話内容について聞いているかどうかを確認する ||| 聞き手を発話の内容に引き込もうとする | 日本語の「ⒷⒶ｜」型と同じ | 日本語の「Ⓒね｜」型と同じ |
| 使用頻度 | 日本語 ||||| > 中国語 |

### 5.4.2 文の完結の直後

ここでは、話し手が文の完結の直後にあいづちの要求していることを示すサインについて考察していく。

話し手が文の完結の直後にあいづちを要求する場合にも、句や節の切れ目の場合と同様、日中両言語において、2つのタイプのサインが観察されたことはすでに述べた。そのサインとは下記の2つである。

(ⅲ) 文の完結部分の音節による特有のイントネーション

(ⅳ) 文の完結の最後に添加された日本語の終助詞「ね」と直前の音節による特有のイントネーション、中国語の語気助詞'啊'と直前の音節による特有のイントネーション

以下、便宜上、(ⅲ)を「ⒺⒹ‖」型と略記し、(ⅳ)を日本語では「Ⓕね‖」型、中国語では「Ⓕ啊‖」型と略記する。

(ⅲ)の略記である「ⒺⒹ‖」型の「‖」は、文の完結の直後の話し手の意識的な音声的停頓を示し、Ⓓは話し手の意識的な音声的停頓の直前の音節を、Ⓔはそれよりもう1つ前の音節を、それぞれ示している。

（ⅳ）の略記（日本語では「Ｆね‖」型、中国語では「Ｆ啊‖」型）の中のＦは、日本語の場合は「ね」の直前の音節を、中国語の場合には'啊'の直前の音節を、それぞれ示している。

以下、5.4.2.1で日本語の（ⅲ）と（ⅳ）について、5.4.2.2で中国語の（ⅲ）と（ⅳ）について、それぞれその音声的特徴を明らかにしていく。

### 5.4.2.1　日本語の場合

まず、日本語について分析していく。

#### 5.4.2.1.1　（ⅲ）「ＥⅮ‖」型の音声的特徴

下記の＜図⑨＞と＜図⑩＞は、日本語の「ＥⅮ‖」型の発話のピッチ・パターンである。

＜図⑨＞＝言語資料（カ）の㋕　　＜図⑩＞＝言語資料（イ）の㋣

 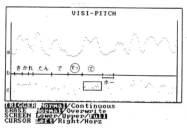

＜図⑨＞は言語資料（カ）の㋕の発話、＜図⑩＞は言語資料（イ）の㋣の発話で、下記がその対話例である。

&lt;図⑨&gt;＝今日も（雪が）積もるなっていうのがわか**る**ⒺのⒹ‖シーンとしてるんで…
フーン

&lt;図⑩&gt;＝小さい時に｜両親を亡くしてね｜辛酸をなめたって書いてあったんですよね‖…
そしたら辛酸をおなめんなってそいで：どんな味がするもんでしょうねって聞か
れたんですⓔって‖これほんとの話しです
ホー

　＜図⑨＞におけるⒹとⒺは「／わ／か／る**Ⓔ**／のⒹ／」、＜図⑩＞におけるⒹとⒺは「／で／**すっ**Ⓔ／てⒹ／」である。
　＜図⑨＞と＜図⑩＞から解るように、両者のⒹとⒺのイントネーションには違いが見られる。まず、＜図⑨＞からは以下の7～9が観察できる。

7. 文の完結に近づくにつれて音は弱まっていくが、Ⓔのあたりで急激に弱まり、Ⓓではさらに弱まっていく。
8. 文の完結に近づくにつれて調音時間の長短の差はなくなり、ⒺⒹともに短めになる。
9. Ⓔのあたりから有声音あるいは母音の無声化の傾向が現れるが、Ⓓでは無声化の現象がさらに顕著になる。

また、＜図⑩＞からは以下の10～12が観察できる。

10. Ⓔはそれ以前の音節と比べて弱くなり、その弱まりの後でⒹが強くなる。
11. ⒹはⒺより長めで、少し引き延ばすような調子になる。
12. Ⓔに無声化の傾向がみられ、Ⓓは明瞭な有声音になる。

　このように、「ⒺⒹ‖」型のイントネーションには2つのタイプがある。これらの使用意図については、次の「Ⓕね‖」型と併せてその特徴を見ていくことにする。

第5章 日中言語文化比較

## 5.4.2.1.2 (iv)「Ⓕね‖」型の音声的特徴

下記の＜図⑪＞〜＜図⑭＞は、「Ⓕね‖」型の発話のピッチ・パターンである。

＜図⑪＞＝言語資料（オ）のⓄ

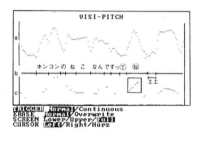

＜図⑫＞＝言語資料（オ）のⓄ

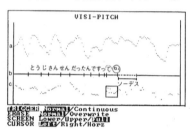

＜図⑬＞＝言語資料（ア）のⓉ

＜図⑭＞言語資料（エ）のⓉ

＜図⑪＞と＜図⑫＞は言語資料（オ）のⓄの発話、図⑬は言語資料（ア）のⓉの発話、図⑭は言語資料（エ）のⓉの発話で、それぞれの対話例は下記の通りである。

426

　　　　　　　　　　　　　　　　　　Ⓕ
<図⑪> ＝ でそういうものを題材にして｜経済の話しされたんですよね‖でそのときに…
　　　　　　　　　　　　　　　　　　　　フーン

　　　　　　　　　　　　　　　　　　　　　　　　Ⓕ
<図⑫> ＝ 市民教室なんて一時間一万円ももらえないくらい五千円とかね‖でもその先生は……
　　　　　　　　　　　　　　　　　　　　　　　　ウンウン

<図⑬> ＝ 「ねこたちよ」っていう本があって｜その中に出てくるんですけど｜これはあのー
　　　　　　　　　　　　　Ⓕ
　　　　香港のねこなんですってね‖それは…
　　　　　　　　　　　　エエ

　　　　　　　　　　　　　　　　　　　　　　　　　Ⓕ
<図⑭> ＝ 切手がはってあって三銭当時三銭だったんですってねえ‖絵はがきというものは
　　　　　　……　　　　　　　　　　　　　　ソーデス

　<図⑪>～<図⑭>の対話例におけるⓕは、<図⑪>＝「／で／す／よⒻ／ね／」、<図⑫>＝「／と／かⒻ／ね／」、<図⑬>＝「／で／すっ／てⒻ／ね／」、<図⑭>＝「／で／すっ／てⒻ／ねぇ／」である[2]。
　<図⑪>～<図⑭>から観察できるように、この4例の「ね」のイントネーションは、音声の高低において微妙な違いが見られるが、これらに共通した特徴として下記の13～15が挙げられる。

13. Ⓕまで音の弱まりが続き、「ね」で急激に強まる。
14. 「ね」はⒻより調音時間が長い。
15. Ⓕに無声化の傾向が見られるが、「ね」は明瞭な有声音で発音され、総じて高音になる。

　以下で、この4つの「ね」の違いをさらに詳細に分析し、併せて「ⒺⒹ‖」型と「Ⓕね‖」型サインの話し手の使用意図について考察していく。

---

[2] 「ね」と「ねえ」は、厳密には話し手の使用意図が異なっていると思われるが、これについては、別稿で検討する。

### 5.4.2.1.3　話し手の使用意図

考察していくにあたって、まず、神尾（1990）の＜情報のなわ張り＞理論は極めて有用な枠組みであることを指摘しておかなければならない。この理論の要点をまとめると、次のようになる。

話し手または聞き手と文の表す情報との間に、一次元の心理的距離が成り立つと仮定し、その距離を＜近＞および＜遠＞の２つの目盛りで測定すると、情報は（A）話し手のみに近いもの、（B）話し手と聞き手の両者に近いもの、（C）聞き手のみに近いもの、（D）両者に遠いもの、の４つに分類することができる。そして、この４類の情報は、日本語ではそれぞれ下記のような異なった形式で表現される（下記は、神尾（1990）の理論をもとに、筆者がまとめたものである）。

（A）話し手のみに近いもの：主述語の言い切りの形、もしくはそれに「ます」「です」（またはそれらの過去形）などを付加した形式（＝直接形）
（B）話し手と聞き手の両者に近いもの：直接形に「ね」を添えた形式
（C）聞き手のみに近いもの：主述語に続いて「らしい」、「ようだ」、「そうだ」、「って」、「みたいだ」などの要素（および「ます」、「です」かまたはそれらの過去形）を付加した形式（＝間接形）に「ね」を添えた形式
（D）両者に遠いもの＝間接形

そして神尾（1990）では、「ね」に関して、（B）と（C）においては必須であるが、（A）と（D）においては任意に添加できるとして、神尾（1990：32）において、次の表を示している[3]。

---

3）　神尾（1990：32）表のA～Dの記号は、本節の（A）～（D）に対応している。

|  |  | 話し手のなわ張り | |
|---|---|---|---|
|  |  | 内 | 外 |
| 聞き手の<br>なわ張り | 外 | A<br>直接形 | D<br>間接形 |
|  | 内 | B<br>直接ね形 | C<br>間接ね形 |

（神尾（1990：32）の表）

以下、この理論に基づいて[4]、「ⒺⒹ‖」型と「Ⓕね‖」型サインの話し手の使用意図について考察していく。

まず、「ⒺⒹ‖」型を見ていく。

先の5.4.2.1.1の＜図⑨＞の対話例は（A）の直接形、＜図⑩＞の対話例は（D）の間接形である。神尾（1990：32）の表から解るように、(A)と(D)においては、どちらの場合にも聞き手は情報のなわ張りの外にいる。したがって（A）と（D）の場合には、話し手は、聞き手が話し手の発話内容を理解したかどうかを確認するためにこのサインを用いるものと判断できる。同時にまた聞き手が発話内容を理解したことを示す具体的な返答としてあいづちを要求している。

しかし、＜図⑨＞と＜図⑩＞とでは音声的特徴に違いがみられることはすでに述べた通りである。

「ⒺⒹ‖」型のこの2つのタイプを便宜的に図⑨型、図⑩型とすると、図⑩型の方が音声的な変化が急激であり、聞き手の注意を喚起する働きはより大きいと言うことができる。したがって、図⑨型より図⑩型を用いたときの方が、つまり（A）より（D）の場合の方が、話し手が聞き手にあいづちを求めるその要求度は高いと言うことができる。

次に「Ⓕね‖」型の使用意図について見ていく。

---

4)「なわ張りの内・外」といっても、内の中にも、より内的な情報からより外に近いものまであり、また外の中にも、より外的な情報からより内に近いものまでさまざまな場合がある。この理論は、こういう観点から更に深められると思われるが、ここでは神尾の枠組みをそのまま応用する。

第5章　日中言語文化比較

　文末の「ね」の意味機能については、これまでに幾多の先行研究が見えるが、それらを踏まえた上で、神尾（1990:71）は次のように述べている。
　「「ね」は話し手の聞き手に対する＜協応的態度＞を表す標識である。＜協応的態度＞とは、与えられた情報に関して話し手が聞き手に同一の認知状態を持つことを積極的に求める態度である。」

　筆者も、神尾のこの見解に総じて異論はない。しかし「ね」は、＜図⑪＞〜＜図⑭＞に示したように、音声的にも高低についてそれぞれ微妙な異なりを見せている。そこで、(A)〜(D)のそれぞれの場合について、「ね」の意味機能をさらに詳細に見ていくと、それは下記のように記述することができる。
　(A)＝＜図⑪＞：話し手は情報をなわ張りの内に持っているが、聞き手はその外にいる。そこで話し手は「ね」を添加することによって、話し手のなわ張りの中に聞き手を引き込もうとする。
　(B)＝＜図⑫＞：話し手も聞き手も、情報をそのなわ張りの内に持っている。したがって話し手は、発話内容に対する聞き手の共通認識を確認するために「ね」を添加する。
　(C)＝＜図⑬＞：情報は聞き手のなわ張りの内にあって、話し手はその外にいる。そこで話し手は、発話内容に対する事実確認をするために「ね」を添加する。
　(D)＝＜図⑭＞：話し手も聞き手も情報をなわ張りの内に持っていない。これは、情報がなわ張りの内か外かという観点から見て、話し手と聞き手が同一の環境にいる、ということになる。したがって、話し手は、発話内容に対する聞き手の共通認識を確認するために「ね」を添加すると見ることができる。

　このように、「ね」は(A)〜(D)の場合においてそれぞれ異なる働きをし、また＜図⑪＞〜＜図⑭＞から明かであるように、音声的にも微妙な異なり

を見せる[5]。そしてさらに「ね」は、上記の働きをすると同時に、これらの確認に対する具体的な返答として、聞き手にあいづちを要求する働きをしている。

### 5.4.2.2 中国語の場合

次に、中国語の（ⅲ）、（ⅳ）について見ていく。

### 5.4.2.2.1 （ⅲ）「ⒺⒹ‖」型の音声的特徴

中国語においては、この「ⒺⒹ‖」型も、声調の組合せがⒹのイントネーションに影響を与えると予測し、ⒹとⒺの声調の全ての組合せについて、Visi-Pitch で測定してみた。その結果、「ⒷⒶ‖」型と同様、声調の組合せだけでなく、両者の統語的関係も影響することが解った。しかしその場合でも、これらの2つの要因の影響を越えて、Ⓓの音節には共通の音声的特徴が観察された。その共通した特徴が顕著に見られる例を以下で示す。

＜図⑮＞～＜図⑱＞は、＜図⑮＞は言語資料 08 の（H）の発話、＜図⑯＞は言語資料 06 の（E）の発話、＜図⑰＞は言語資料 08 の（I）の発話、＜図⑱＞は言語資料 08 の（H）の発話における「ⒺⒹ‖」型のピッチ・パターンである。

＜図⑮＞言語資料 08 の（H）　　　　＜図⑯＞＝言語資料 06 の（E）

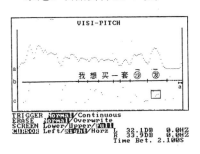 

---

5)　聞き手が話し手の発話以前にその情報を所有していることを、話し手が知っているかいないかによっても、「ね」は音声的な異なりをみせるが、この点については、今後さらに詳細に考察していく。

第5章　日中言語文化比較

<図⑰>言語資料08の(I)　　　<図⑱>＝言語資料08の(H)

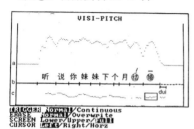 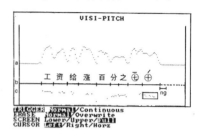

下記がそれぞれの対話例である。

　　　　　　　　　　Ⓔ Ⓓ
<図⑮>＝我就去那儿看我想买一套**沙发** ‖ 那有的沙发不错…
　　　　　　　　　　　　　　　▲
　　　　　　　　　　　　　　　a

　　　　　　　　　Ⓔ Ⓓ
<図⑯>＝富士山周围呀有**五湖** ‖ 富士五湖 ‖ 这五湖…
　　　　　　　　　　　▲
　　　　　　　　　　　ng

　　　　　　　　　　　　Ⓔ Ⓓ
<図⑰>＝听说你妹妹下个月**结婚** ‖ 为什么不告诉我 ‖
　　　　　　　　　　　　　▲
　　　　　　　　　　　　　ng

　　　　　　　　　　　　　　　　　　　　　Ⓔ Ⓓ
<図⑱>＝就听他们：谣传 ‖ 有的说嘛明年啊 ‖ 工资给涨百分之**七十** ‖ 每个人都给涨七十
　　　元 ‖　　　　　　　　　　　　　　　　　▲
　　　　　　　　　　　　　　　　　　　　　　ng

<図⑮>～<図⑱>におけるⒹとⒺは、<図⑮>＝／买／一／套／沙Ⓔ／发Ⓓ、<図⑯>＝／有／五Ⓔ／湖Ⓓ／、<図⑰>＝／下／个／月／结Ⓔ／婚Ⓓ、<図⑱>＝／百／分／之／七Ⓔ／十Ⓓ／である。それぞれの声調と統語的関係は、以下の通りである。

　　<図⑮>＝　｜沙Ⓔ／发Ⓓ｜　→（Ⓔ第1声）＋（Ⓓ第1声）
　　　　　　　統語的関係　　　→　　（Ⓔ＋Ⓓ：名詞）
　　<図⑯>＝　｜五Ⓔ／湖Ⓓ｜　→（Ⓔ第3声）＋（Ⓓ第2声）
　　　　　　　統語的関係　　　→　　（Ⓔ＋Ⓓ：名詞）

432

<図⑰> = |結Ⓔ／婚Ⓓ| → （Ⓔ第2声）＋（Ⓓ第1声）
　　　　　統語的関係　　→　　（動詞）＋（目的語）

<図⑱> = |七Ⓔ／十Ⓓ| → （Ⓔ第1声）＋（Ⓓ第2声）
　　　　　統語的関係　　→　　（Ⓔ＋Ⓓ：数量名詞）

　<図⑮>～<図⑱>から解るように、中国語の「ⒺⒹ‖」型のイントネーションの特徴は、「ⒷⒶ｜」型と非常によく似ている。つまり、ⒹはⒺと比べると、強弱、長短、有声音のきわだち・無声化の3つの要素について、Ⓔの特徴を越えるように、意識的に強く、長く、きこえの明瞭な有声音で発音される。
　次に「Ⓕ啊‖」型のイントネーションについて考察していく。

### 5.4.2.2.2　（iv）「Ⓕ啊‖」型の音声的特徴

　「Ⓕ啊‖」型も、Ⓕの声調が'啊'のイントネーションに影響を与えると予測し、Ⓕが第1声、第2声、第3声、第4声、および軽声の全ての場合について、Visi-Pitchで測定してみた。その結果、この「Ⓕ啊‖」型については、Ⓕの声調の反映によるのではなく、その他の要因によって'啊'のイントネーションが音声の強弱において異なりを見せることが解った。以下に示したのがその例である。

<図⑲> = 言語資料05の（F）　　<図⑳> 言語資料05の（F）

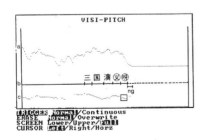
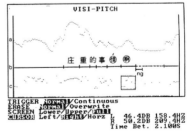

第5章　日中言語文化比較

＜図㉑＞言語資料08の(H)　　＜図㉒＞言語資料05の(F)

　図⑲〜図㉒は、それぞれ＜図⑲＞、＜図⑳＞、＜図㉒＞は言語資料05の(F)の発話、図㉑は言語資料08の(H)の発話における、「Ⓕ啊‖」型のピッチ・パターンである。下記がそれぞれの対話例である。

　　　　　　　　　　　　　　　　　　　　　　　　Ⓕ
＜図⑲＞＝他(那个)：买的那磁带呀不光有歌还有(那个)'三国演义'啊‖就是(那个)：
　　　　　落语‖　　　　　　　　　　　　　　　　　　ng

　　　　　　　　　　　　　　　　　　　　Ⓕ
＜図⑳＞＝结婚本身就是一个比较：按理说是：庄重的事情啊‖应该是认认真真地办这个事情‖
　　　　　　　　　　　　　　　　　　　　ng

　　　　　　　　　　　　　Ⓕ
＜図㉑＞＝好像你感冒了啊‖是吧‖
　　　　　　　　　　　　a

　　　　　　　　　　　　　　　　　　Ⓕ
＜図㉒＞＝哎听说五轮真弓：最近也要在这儿唱啊‖
　　　　　　　　　　　　　　　　　　dui

　＜図⑲＞〜＜図㉒＞におけるⒻとⒻの声调は下記の通りである。
図⑲＝／三／国／演／(义Ⓕ第4声)／啊／
図⑳＝／庄／重／的／事／(情Ⓕ第2声)／啊／
図㉑＝／你／感／冒／(了Ⓕ轻声)／啊／
図㉒＝／在／这／儿／(唱Ⓕ第4声)／啊／

434

＜図⑲＞〜＜図㉒＞は、音声の長短、有声音のきわだち・無声化の２つの要素について、下記の〔7〕、〔8〕の特徴が共通に観察できる。
　　〔7〕'啊'の調音時間はⒻと同程度か、あるいはⒻより短めである。
　　〔8〕Ⓕの有声・無声に関する変化の如何に関わらず、'啊'はきこえの鮮明な有声音で発音される。

　しかし強弱については、'啊'がⒻと同程度かあるいはⒻより強い場合（＜図⑲＞、＜図⑳＞）と、明らかにⒻより弱い場合（＜図㉑＞と＜㉒＞）の２つのタイプが観察された。
　そこで以下で、この'啊'の違いをさらに詳細に分析し、併せて「ⒺⒹ‖」型と「Ⓕ啊‖」型サインの話し手の使用意図について考察していく。

### 5.4.2.2.3　話し手の使用意図

　ここでも、5.4.2.1.3で日本語の「ⒺⒹ‖」型と「Ⓕね‖」型サインの使用意図の分析の際に用いた神尾（1990）の＜情報のなわ張り＞理論を応用して、考察を進めていく。
　日本語において（A）〜（D）の情報は、それぞれ異なる形式を用いて表現される（5.4.2.1.3に示した神尾（1990：32）の表参照）。一方中国語においては、(A)〜（D）の情報は、「(A) と（B）＝直接型」、「(C) と（D）＝間接型」でそれぞれ表現され、また、'啊'は（A）〜（D）のすべてにおいて任意に添加される。このことは次の表（2）のようにまとめることができる。
　表（2）から解るのは、中国語では、情報が話し手のなわ張りの内か外かという対立によってのみ文型が異なり、聞き手のなわ張りは文型に影響しないということである。

表（2）

| 聞き手のなわ張り | | 話し手のなわ張り | | | |
|---|---|---|---|---|---|
| | | 内 | | 外 | |
| | 外 | (A) | 直接〔'啊'〕型 | (D) | 間接〔'啊'〕型 |
| | 内 | (B) | | (C) | |

以下、表（2）に基づいて、「ⒺⒹ‖」型と「Ⓕ啊‖」型サインの話し手の使用意図について分析していく。

　まず、「ⒺⒹ‖」型について考察する。
　＜図⑮＞は（A）の直接型、＜図⑯＞は（B）の直接型で、＜図⑰＞は（C）の間接型、＜図⑱＞は＝（D）の間接型である。＜図⑮＞〜＜図⑱＞から解るように、これらは音声的にも同様の特徴を示している。そして中国語においては、話し手は情報に関して聞き手のなわ張りを考慮しないとすれば、（A）〜（D）のいずれの場合においても、話し手は聞き手が話し手の発話内容を理解したかどうかを確認するためにこのサインを用いるものと判断してよい。それと同時に、聞き手が発話内容を理解したことを示す具体的な返答として、あいづちを要求する。
　次に「Ⓕ啊‖」型について考察する。
　＜図⑲＞は（A）の直接〔'啊'〕型、図⑳は（B）の直接〔'啊'〕型で、図㉑は（C）の間接〔'啊'〕型、図㉒は（D）の間接〔'啊'〕型である。'啊'は音声的強弱において2つのタイプが観察され、＜図⑲＞と＜図⑳＞が、'啊'がⒻと同程度かあるいはⒻより強い場合で、＜図㉑＞と＜図㉒＞が、'啊'が明らかにⒻより弱い場合であることは、すでに述べた通りである。
　また「Ⓕ啊‖」型においても、話し手は情報に関して聞き手のなわ張りを考慮しないとすれば、'啊'は2類に分けられるということになる。しかし、'啊'の音調をさらに詳細に観察することによって、日本語の「ね」と同様、4類に分けられる可能性もある。つまり、'啊'の音調によって、聞き手のなわ張りに対する話し手の考慮が表出されている可能性があるということである。しかし今回の被験資料からは、この点と関連させて'啊'の音調上の違いを明確に区別することはできなかった。これについては今後さらに詳しく検討していくが、今回はこの2類の'啊'について考察していく。
　この2類の'啊'は、直接〔'啊'〕型の場合には話し手はなわ張りの内から、間接〔'啊'〕型の場合には話し手のなわ張りの外から、それぞれ聞き手に、話し手と同一の認知状態を持つことを要求するために用いられている言うことができる。同時に、聞き手が話し手の要求に応じたことを示す具体的

な返答として、あいづちを要求する。

### 5.4.2.3　日本語の文末の「ね」と中国語の文末の'啊'の比較

ここでは、日本語の文末の「ね」と、中国語の文末の'啊'を比較する。

日本語の「ね」は5.4.2.1.3に示した神尾 (1990:32) の表から解るように、情報が話し手のなわ張りの内か外か、聞き手のなわ張りの内か外かによって4類に分けられた。そのうち (B)、(C) の「ね」は、その添加が強制的であるが、(A)、(D) はその添加が任意である。しかし、実際の対話においては (B)、(C) だけでなく、(A) の場合においても「ね」の添加は非常に多く見られ、「ね」が添加されないと、かえって対話が一方通行的であるような印象を与えかねない。

これに対して中国語の'啊'は表 (2) から解るように、情報が話し手のなわ張りの内か外かによって2類に分けられるが、そのすべてが任意のものである。

つまり、日本語においては、話し手は常に聞き手に同一の認知状態を求め、聞き手が話し手と同一の認知状態にあるかどうかをあいづちによって確認しながら対話を進行させていく。一方、中国語は、聞き手に同一の認知状態を求めるかどうかは話し手の自由であり、あいづちの要求や確認も、日本語ほどにはなされないまま、対話が進行されていく傾向にある。

### 5.4.2.4　日本語と中国語の比較

以上、日本語と中国語の (ⅲ)、(ⅳ) のサインについて考察した。それらをまとめたのが下記の表 (3) と表 (4) である。

第5章　日中言語文化比較

表 (3) 日本語

| 話し手のなわ張り | 内 | | | | 外 | | | |
|---|---|---|---|---|---|---|---|---|
| 聞き手のなわ張り | 外 | | | | 内 | | 外 | |
| 文型 | (A) | | | | (B) | (C) | (D) | |
| サインの種類 | 「ⒺⒹ‖」 | | 「Ⓕね‖」 | | 「Ⓕね‖」 | 「Ⓕね‖」 | 「ⒺⒹ‖」 | 「Ⓕね」 |
| 各音節 | Ⓔ | Ⓓ | Ⓕ | 「ね」 | Ⓕ | 「ね」 | Ⓔ | Ⓓ | Ⓕ | 「ね」 |
| 音声的特徴 強弱 | 弱 | 弱 強 | 弱 | 急激に強 | (A)の「Ⓕね‖」と同じ | (A)の「Ⓕね‖」と同じ | (A)の「ⒺⒹ‖」と同じ | (A)の「Ⓕね‖」と同じ |
| 長短 | 短 | 短 少し引き延ばす | 短 | やや長 | | | | |
| 有声音のきわだち・無声化 | 無声化の傾向あり | 無声化の傾向あり 明瞭な有声音 | 無声化の傾向あり | 明瞭な有声音 | | | | |
| 高低 | | | | 総じて高 | | | | |
| 使用意図 | 発話内容に対する理解を確認する | 話し手のなわ張りの中に聞き手を引き込む | 発話内容に対する共通認識を確認をする | 発話内容に対する事実確認をする | (A)の「ⒺⒹ‖」と同じ | (B)と同じ | | |

表 (4) 中国語

| 話し手のなわ張り | 内 | | 外 | |
|---|---|---|---|---|
| 文型 | (A)、(B) | | (C)、(D) | |
| サインの種類 | 「ⒺⒹ‖」 | 「Ⓕ啊‖」 | 「ⒺⒹ‖」 | 「Ⓕ啊‖」 |
| 各音節 | Ⓓ | '啊' | Ⓓ | '啊' |
| 音声的特徴 長短 | Ⓔと同程度かⒺより長め | Ⓕと同程度かⒻより短かめ | (A)、(B)の「ⒺⒹ‖」と同じ | (A)、(B)の「Ⓕ啊‖」と同じ |
| 有声音のきわだち・無声化 | 韻母の有声音が鮮明 | 鮮明な有声音 | | |
| 強弱 | Ⓔと同程度かⒺより強い | Ⓕより強いⒻより弱い | | |
| 使用意図 | 発話内容に対する理解を確認する | 発話内容に対する同一の認知状態を確認する | | |

以下では、聞き手の側から積極的にあいづちを打つ場合について、日中両言語を比較しながら、その特徴を見ていく。

## 5.5　聞き手の側から積極的にあいづちを打つ場合

5.4では、話し手の側からあいづちを要求する場合の特徴について、日中両言語を比較しながら考察した。ここでは、聞き手の側から積極的にあいづちを打つ場合について、日中両言語を比較しながら、その特徴を見ていく。

話し手の発話と重なってあいづちの打たれる場合がある。このようなケースは日中両言語において観察されたが、これは、話し手からの要求に応じて打たれたものではなく、聞き手の側から積極的に打たれたあいづちと判断できる。

また、話し手の発話中に、聞き手が話し手の発話に使用された表現以外のものを用いて、意味的にまとまりのある発言をする場合があり、これも日中両言語において観察された。本分析では、このようなものも聞き手の側からの積極的なあいづちと判断し、以下これを 'participation' と呼ぶ。

以下、5.5.1で話し手の発話と重なって打たれるあいづちについて、5.5.2で 'participation' について、それぞれ考察していく。

### 5.5.1　話し手の発話と重なったあいづち

まず、日本語の場合について見ていく。

#### 5.5.1.1　日本語の場合

日本語のあいづちには、文の終結部分に重なって打たれるケースと、文の途中に重なって打たれるケースが観察された。以下、順次その特徴を見ていく。

##### 5.5.1.1.1　文の終結部分に重なって打たれるあいづち

文の終結部分に重なって打たれるあいづちについて、水谷（1984：267）

第5章　日中言語文化比較

では、「あいづちが、……実際には、話し手の言い終わりに重なっていることが多い。」と述べられている。さらに水谷（1985：66）では、「あいづちの入る部分は音声的に弱まりが見られることが多い（つまり話者があいづちを期待していることを示す）ので、これを文の終わりとすれば…」と述べられている。

　日本語においては、確かに「～だ／です」、「～た／ました」、「～の」などの文の終結を示す表現は、通常、その表現部分に近づくにつれて音声的に徐々に弱まっていき、その表現部分ではさらに一層弱まりを見せる。しかしその音声的な弱まりを、話し手があいづちを期待していることを示すものであるとする見解には、やや疑問が残る。

　下記の例㉓、例㉔は、文の終結部分に重なってあいづちが打たれている対話例である。

例㉓＝言語資料（ウ）の㋐の発話、あいづち：㋒
　　㋐＝アメリカでねえ２ドル：２ドル玉っていうのがいつか<u>出たんですって</u>‖でその２ドル玉…
　　　　　　　　　　　　　　　　　　　　　　　　　　　　㋒：ウン

例㉔＝言語資料（カ）の㋖の発話、あいづち：㋕
　　㋖＝最初の予定では北京を出てそのままあのー：20何時間かな電車に乗って蘭州というところまで｜あのー：ずっと西にね｜<u>行く予定だったんですよね</u>‖でそれがまああのー…
　　　　　　　　　　　　　　　　　　　　　　　　　　　　㋕：エーエー

　例㉓は「出たんです」の部分が徐々に弱まっていき、「って」で急激に強まり、その直後に意識的な音声的停頓がおかれている。また例㉔は「だったんですよ」が徐々に弱まっていって、「ね」で急激に強まり、さらにその直後に意識的な音声的停頓がおかれている。

　つまり、例㉓と例㉔の下線部はそれぞれ5.4.2.1で示した、話し手の側からあいづちを要求する場合の「Ⓔ①‖」型（＝例㉓＝5.4.2.1.1の＜図⑩＞）と「Ⓕね‖」型（＝例㉔＝5.4.2.1.2の＜図⑪＞）サインの典型的な例である。次の例㉕と例㉖も同様の例である。

440

例㉕＝言語資料（イ）の㋑の発話、あいづち：㋣

㋑＝あのー：車の：歴史だとか｜人類の何とかだとか｜あのー：そういう本を読んだりね｜車のそのメカニズムの勉強を<u>したりですね</u>｜あのー：そういう理屈っぽい

㋣：へー

ところから入るのが<u>好きなんです</u>‖すっごく‖

㋣：アーナルホドネエ

例㉖＝言語資料（オ）の㋔の発話、あいづち：㋖）

㋔＝あのー：何で字がねえ｜あのー：上手にならないかっていうと｜素質も<u>あるんで</u>すけどね‖ただね私の家っていうのは…

㋖：エエ

　例㉓〜例㉖では、話し手は文の終結を示す表現の音声的弱まりの直後にあいづちを要求するサインを明示している。このことから、水谷（1985：66）で述べられているような、「音声的弱まりがあいづちを期待していることを示している」ということではないと言うことができる。例㉓〜例㉖が意味しているのは、聞き手は、音声的弱まりを話し手のあいづちを要求するサインとして受け取っているのではなく、文の終結を示す表現形式によって文の完結を予測し、その予測に基づいて積極的にあいづちを打っているということである。このため、あいづちが文の終結を示す表現形式の部分と重なるケースが生じるのである。

5.5.1.1.2　文の途中で話し手の発話と重なって打たれるあいづち
　次に、文の途中で話し手の発話と重なって打たれるあいづちについて検討していく。
　文の途中で、話し手の側からのあいづちを要求するサインもなく、また文の終結を示す表現形式もないところで、あいづちが打たれる場合がある。下記の例㉗〜例㉚がそれである。

第5章　日中言語文化比較

例㉗＝言語資料（イ）の④の発話、あいづち：⑦

　　④＝たとえば：スキーなんてのをね｜岡本太郎さんは40代の半ばでスキーお始になっ
　　　てものすごくお上手になられたそうですけ␣…　　　　　　⑦：エエ

例㉘＝言語資料（ウ）の①の発話、あいづち：⑰

　　①＝アメリカでねえ2ドル：2ドル玉っていうのがいつか出たんですって‖でその2
　　　ドル玉おおきくっていいねってあたしちゆってたらねえ｜一瞬にしてそれが回
　　　収になったの‖どうしてかってゆったらその2ドル玉とね25セントとね｜おん
　　　なじで｜ギサの具合いからいって目の見えない方がさわったときに間違える恐れ
　　　があるっていうことがわかったから｜全部出したのもう引っ込めちゃったのよ‖
　　　　　　⑰：ホー

例㉙＝言語資料（オ）の㋔の発話、あいづち：㋖

　　㋔＝相手のレベルに合って解る言葉で話さなきゃいけないと思うんですけどね‖
　　　　　　　　　　　　　　　　　　　　　　　　　　　　㋖：エエ
　　案外こう：あのー：何ていうのかな医者なんかでも｜わけのわかんない専
　　門用語使って説明すると患者ポカーンとしてて｜で…
　　　　　　㋖：ウン

例㉚＝言語資料（カ）の㋖の発話、あいづち：㋕

　　㋖＝あたしはあのー：長期の例えば留学とかっていうのは一度もしてなくて｜3回ともあ
　　　の1か月ぐらいの｜あのー：短い勉強と旅行と兼ねたっていうようなあのー
　　　　　　㋕：エーエー

　例㉗～例㉚に共通しているのは、文の終末を示す表現や、話し手の意識的な音声的停頓がなくても、聞き手は、話し手の発話の内容を理解した時点であいづちを打っているということである。これは、聞き手が常に話し手の発話の内容を予測しながら聞いている結果生じるものである。このようなあいづちは、聞き手が話し手の発話の内容を正確に理解していることを、積極的に話し手に示す働きをしていると言うことができる。

### 5.5.1.2　中国語の場合

　中国語のあいづちにも、文の途中に重なって打たれるケースが見られた。下記の例㉛～例㉞がそのある。

例㉛＝言語資料05の（F）の発話、あいづち：（E）

　　(F) ＝这可能与那什么有关系：与（那个）：审美观点的：变化有关系 ‖ 因为现在世界从世界整体上说哈你从欧州开始 | 法国那边的时装哈 | 男的那种大肥裤子 ‖

　　　　　　　(E)：ng

例㉜＝言語資料05の（E）の発話、あいづち：（F）

　　(E) ＝在他结婚的时候给人：留下一个比较深刻的印象 ‖ 除了花钱除了到高级饭店之外呢 | 还要找一个：就是比较（这个）：比较吸引人的地方 ‖ 神社呢就是：神社啊 | 还有庙还有这些东西呢显得比较旧啊 ‖

　　　　　　　(F)：ng

例㉝＝言語資料06の（E）の発話、あいづち：（G）

　　(E) ＝泰山坐车坐到一半 | 坐到中天门 | 中天门再往上爬 ‖ 富士山也是一样的 | 就是坐车可以坐到相当程度 | 然后再爬两步就下来就行了 ‖

　　　　　　　(G)：ng

例㉞＝言語資料09の（N）の発話、あいづち：（O）

　　(N) ＝昨天孟老师跟我说他说她那里头的论点啊反正都是：就是说不切合实际而且眼光特别短浅就根本不切 | 就自己瞎猜想的所以有：有好多东西你提出一定的理论你必须有一定的根据 | 你提出一定的观点 ‖

　　　　　　　(O)：ng

　これらは先の5.5.1.1.2に示した日本語の例㉗～例㉚と同様のケースであり、聞き手が、話し手の発話の内容を理解した時点であいづちを打っている例である。これは、中国語においても聞き手が話し手の発話の内容を予測しながら聞いている結果生じるものであり、また日本語と同様、聞き手が話し手の発話の内容を正確に理解していることを、積極的に話し手に

第5章　日中言語文化比較

示す働きをしている。

　この他、話し手と聞き手が入れ替わったことを示すサインとして、新しい話し手の発話の始まりの部分に、新しい聞き手の聞く態度を表すあいづちが観察された。下記の例㉟～例㊲がそれである。

例㉟＝言語資料05、インフォーマント（E）と（F）

　　　（E）＝如果你要是：在神前結婚：佛前結婚吶｜你就只有穿日本和服｜和服呢｜那当然这个：西洋来的白色妇女礼服相比呢｜就：显得上一些啊‖

　　　（F）＝可是他在（这个）结婚：结婚典礼场啊｜就那种：（那个）：挺豪华的那种建筑
　　　　（E）：ng　　　ng　　　ng
　　　　　　里边哈｜就用（那个）：式场搞结婚典礼的时候还稿那种所谓换服装‖就是…

例㊱＝言語資料05、インフォーマント（E）と（F）

　　　（F）＝就是这种现象啊｜和日本的现在就是那种：渐渐渐渐变的就是（那个）：不认真起来的就这种风气呀有关系‖我觉得与那个有关系‖本来吧｜你说呢就象（那个）：在电视里边所见的那些节目啊和那是相通的‖

　　　（E）＝电视节目我倒觉得有许多是不认真的啊‖就是…
　　　　　　（F）：ng

例㊲＝言語資料09、インフォーマント（N）と（O）

　　　（N）＝毕竟我已经教了两年了哈‖里头存在好多问题什么的自己也发现好多问题｜然后那个…

　　　（O）＝就是那个：小钱不是写的那个关于那个理工科的么？‖
　　　　　　（N）：ng

　例㉟では、それまでの話し手（E）が、新しい話し手（F）の発話の開始直後に、3回続けて 'ng' というあいづちを入れている。また例㊱では、それまでの話し手（F）が新しい話し手（E）の発話の開始直後に 'ng' というあいづちを入れ、例㊲でも、それまでの話し手(N)が新しい話し手(O)

の発話の開始直後に 'ng' というあいづちを入れている。これらは、先に挙げた例㉛〜例㉞とは異なるあいづちである。例㉛〜例㉞のあいづちは、聞き手が話し手の発話の内容を理解したことを示すものであるが、例㉟〜例㊲のあいづちは、それまでの話し手であった発話者が、自ら聞き手に回ったことを示す合図である。つまり自分が新しく聞き手となって話を聞く態度を、新しい話し手に表すためのものと考えられる。このようなあいづちは日本語の対話例においては観察されなかったものである。

以上、話し手の発話と重なって打たれるあいづちについて、日中両言語の特徴を見てきた。以下では、話し手の発話中になされる、聞き手の意味的にまとまりのある発言（'participation'）について考察していく。

### 5.5.2 'participation'

話し手の発話中に、聞き手が話し手の発話に出てきた表現以外のものを用いて、意味的にまとまりのある発言をする場合がある。聞き手のこのような発言に対しては、話し手も聞き手も、話し手の発話に割り込み、発話をさえぎったという意識は持たない。これらの発言は、聞き手が話し手との対話に「参加する」という意識の下に行われている。そこで本稿ではこのようなあいづちを特に 'participation' と呼ぶ。

'participation' は、聞き手の発言意図の違いによって、'finishing up'、'supplement'、'question' の3つのタイプに分けることができる。3タイプともに日中両言語において観察されたが、'finishing up' と 'supplement' については、両言語で、聞き手のそれらの発言に対する話し手の対応の仕方に違いが見られた。また 'question' については、両言語で、その発言の場所に違いが見られた。以下、両言語を比較しながら、5.5.2.1 で 'finishing up' について、5.5.2.2. で 'supplement' について、5.5.2.3 で 'question' について、その特徴を見ていく。

### 5.5.2.1 'finishing up'

'finishing up' とは、話し手の発話を聞き手が途中で先取りして引き取り、

第5章　日中言語文化比較

完結させるものをいう。この名称は水谷信子の命名に準ずる。
　下記の例㊳と例㊴は日本語の'finishing up'の例、例㊵と例㊶は中国語の'finishing up'の例である。


＜日本語の例＞
例㊳＝言語資料（イ）の㋑の発話、finishing up：㋺
　　　㋑1＝このあいだあのーテレビを見ておりましたらば山口百恵さんが家をお作りになったっていうところにもう百人ぐらい人が見に行ってるのね‖テレビ生中継したりして中継してるんですね‖でその中であたくし一番びっくりしたのは小学校の先生がね｜
　　　　　　㋺：子ども連れて
　　　㋑2＝子ども連れて来てるでしょう‖あたくしそれがとってもね｜あのー意味が解らなかったんです…


例㊴＝言語資料（オ）の㋔の発話、finishing up：㋖
　　　㋔1＝この頃書くってほらあのー：ボールペンでしょう‖ね‖まだだめなんですねあれって字がなかなかあのー
　　　　　　㋖1：決まらないでしょ
　　　㋔2＝そう｜上手に書けないですね‖だから上手な人はいいんだけど｜へたくそな人は
　　　　　　㋖2：よけいへたくそに見える
　　　　　　　　　㋔3：ええ見えちゃう

＜中国語の例＞
例⑩＝言語資料06の（G）の発話、finishing up：(E)
(G1)＝官僚主义特别严重 ‖ 在西安那地方｜三十五万斤粮食｜野蛮装卸 ‖ 最后：本来就是那个工厂不让卸不让卸 ‖ 加工厂不让卸｜那铁路局铁大王哪｜铁大爷：最后楞硬卸｜卸完之后不到二三天｜那些东西全不能用｜长了芽子了 ‖ 然后铁道部派人追查 ‖ 象这些个王八蛋之类的哈｜

(E)：都得枪毙

(G2)＝都得枪毙哎 ‖ 中国该枪毙的太多了 ‖

例㊶＝言語資料05の（E）の発話、finishing up：(F)
(E1)＝要如果她到名古屋来：演的话我想：去买个票

(F)：去看看

(E2)＝去看看嗯 ‖ 五轮真弓…

例㊳～例㊶における聞き手の'finishing up'に続いて発話される話し手の発話内容から、'finishing up'の内容が、話し手の意図と合致したものであることが解る。そしてこれらの例から、聞き手の'finishing up'に対する話し手の対応には3種類あることが解る。下記がその3種類である。

(1) 話し手が'finishing up'による聞き手の発言を繰り返す場合
　　日本語の例㊳の㋣2
(2) 話し手が聞き手の発言を肯定する返事を入れる場合
　　日本語の例㊴の㋔2
(3) (1)と(2)を併用する
　　日本語の例㊴の㋔3、中国語の例⑩の（G2）と例㊶の（E2）

しかし、'finishing up'の内容が話し手の意図と合致しない場合、'finishing up'に対する話し手の対応の仕方には、両言語で相違が見られた。下記の日本語の例㊷と中国語の例㊸、例㊹で両言語の相違を比較する。

第5章　日中言語文化比較

＜日本語の例＞

例㊷＝言語資料（カ）の㋕の発話、finishing up：㋖

㋕1＝たまにねえ里雪ってね｜ドカーンと里に降ることがあるんですね‖そういう時はねえあの一違うんですよ気配が‖家の中にいると｜今日は積もるなっていうのがわかるの‖シーンとしてるんです音がないの‖細かい雪は音を吸収するのかしらシーンとして

　　㋖：真空状態みたい

㋕2＝んー：シンシンと降るっていうでしょ‖そういう感じなんです‖

＜中国語の例＞

例㊸＝言語資料08の（H）の発話、finishing up：（I）

（H1）＝比如说我明年结婚｜我这两千块钱今年我能买一套家具，明年它要涨了价我这两千块钱买不了一套家具‖所以好多人就抢‖打破脑袋抢也抢‖最后：这些东西都抢完了之后开始抢什么啦？｜铝制品‖铝锅铝盆儿

　　（I）：也涨价

　　（H2）＝也抢‖

　例㊷から解るように、日本語の場合、'finishing up'の内容が話し手の意図に合致していなくても、例㊷の㋕2の「んー」のように、話し手は聞き手の発言を受け取り、その発言に肯定的でない対応を示してから発話を続けていく。

　これに対して中国語は、話し手の意図に合致しない'finishing up'は、例㊸のように、話し手に無視されるケースが多い。これはあくまでも1つの傾向であって、絶対的なものではないが、日中両言語を比較すると、相対的にこのような特徴が見られる。

　しかし、中国語にも、聞き手の'finishing up'の内容が話し手の意図に合致しない場合でも、それを無視しないケースも観察された。それが下記の例㊹である。

例㊹＝言語資料06の（E）の発話、finishing up：（G）

(E1)＝小学生上课都要手背在后面｜坐得板板的‖其实小学生和幼儿园这个时候啊｜
就正是（这个）学生（这个这个）：怎么说呢：就是它（这个）

(G)：最愉快的时候

(E2)＝对对对｜它的各种可能性啊

｜就是如果你：引导好他就能够发挥出来‖可是这个时候你限制得特别
死吧就特别限制他（这个）：学生本身的能力啊‖

例㊸と例㊹を比較してみる。

　例㊸と例㊹は、'finishing up'に続いて発話される話し手の発話内容から判断すると、聞き手の'finishing up'の内容は両者ともに、話し手の意図に合致した発言であるとは言い難い。しかし、例㊸においては、話し手（H）は聞き手（I）の'finishing up'を無視しているが、例㊹においては、話し手（E）は聞き手（G）の'finishing up'を、（E 2）において'对对对（そうそうそう）'と肯定的に受け取ってから、さらに発話を続けている。話し手のこのような対応の違いはどのような理由によるものなのか。

　例㊸の話し手（H）と聞き手（I）は同年齢であり、（録音当時）両者ともに日本での身分は大学院生である。これに対して、例㊹の聞き手（G）は話し手（E）より8歳年上であり、社会的地位も、聞き手（G）は話し手（E）より上である（録音当時）。したがって話し手（E）は、年齢的にも社会的地位においても自分よりも上である聞き手（G）に対して敬意を表す態度を示すために、自分の発話内容と合致しない'finishing up'に対して、まずそれを肯定的に'对对对（そうそうそう）'と受け取ってから、さらに発話を続けたと判断できる。

### 5.5.2.2　'supplement'

　'supplement'とは、聞き手が話し手の発話の内容を補足したり、また発話の内容に付加したりするものである。

　'supplement'においても、日中両言語で、'finishing up'の場合と同様の違いが観察された。

第5章　日中言語文化比較

　下記の例㊺〜例㊽は、'supplement'に続いて発話される話し手の発話内容から、'supplement'の内容が、話し手の意図と合致していると判断できる例である。
　例㊺と例㊻は日本語の例、例㊼は中国語の例であり、このようなケースの'supplement'に対しては、話し手は、両言語で同様の対応を見せている。

＜日本語の例＞
例㊺＝言語資料（エ）の㋩の発話、supplement：㋪

　　㋩1＝普通ねいままであのー：幼稚園｜保育所｜そういうところへ行くとねえ｜あのー異常興奮してる子供たちが｜もうワーワーいっててねで車がついてもワーッていうわけね‖だから：そういうのに慣れすぎてたせいなのか｜あのね車がね学校ん中入ってってね砂利をねパンチって：あのーはねる音まで聞こえるのね‖
　　　　　㋪：静かですねえ
　　　　　㋩2＝うんそれでね校長先生がお部屋に入って…

例㊻＝言語資料（カ）の㋖の発話、supplement：㋕

　　㋖＝で外国人専用のパオがちゃんと作ってあるんですよね‖でそこはなんと水洗トイレで｜シャワーも出てて｜でもまあシャワーっていってもまあ：あのー大きなホテルみたいに｜あのーおもいっきりこうー：水がねザーっと出たりはしないですよねちょろちょろしか出てこないんだけど｜それでもね｜シャワーがあるっていうのはねえ
　　　　　㋕：完備してるわけね 6)
　　　　　㋖2＝ええびっくりしましたねえ

---

6) 例㊻-㋕のように、話し手の発話の内容を聞き手が自分のことばで再現することを、水谷(1984)は「'reinforcement'（ナゾリ）」と呼んでいるが、本稿ではこれも'supplement'に含むことが可能であると考える。

450

＜中国語の例＞

例㊼＝言語資料05の（E）の発話、supplement：（F）

  (E1)＝合身的衣服给人一种（这个）：美的感觉啊 ‖ 可是呐这个：有些日本人呐｜就
    是：也许他们（这个）：漂亮的衣服穿腻了 ‖ 现在就是：去追求（那个）：比如
    说袖子很长的衣服啊 ‖ 还有（这个）：有的女孩儿呢：穿：男的西装啊 ‖
            （F）：故意故意给它搞旧了
                （E2）＝哎故意穿：
    穿男的西装哈 ‖ 而且呢（这个这个）：故意给它弄一个弄一个窟窿啊 ‖

　このように、話し手の意図と合致した'supplement'に対しては、日中両言語共に、話し手は聞き手の発言を肯定する返事を挿入して聞き手の発言を受け取ってから、発話を続けていくという対応をしている。日本語の例㊺の㊅2の「うん」と例㊻の㊋2の「ええ」、中国語の例㊼の（E2）の'哎'が、聞き手の発言を肯定した話し手の返事である。
　しかし、'supplement'の内容が話し手の意図と合致しない場合、'supplement'に対する話し手の対応の仕方には、両言語で違いが見られる。
　下記の例㊽～例㊿は、話し手の意図と合致していない'supplement'の例で、例㊽は日本語の例、例㊾と例㊿は中国語の例である。

例㊽＝言語資料（オ）の㊍の発話、supplement：㊋

  ㊍1＝ラップトップっていうのは｜まだいま出始めだから｜あのー画面が液晶
    でしょ ‖ あれって目がすごく悪くなるからね｜でもこれからあのー改良されるだ
    ろうから ‖ でほんとうはラップトップがいいんだけれど｜あのー
         ㊋：持ち運びできますもんね
           ㊍2＝うんうんあのー：まあ
           そういう点ではラップ
           トップはいままだ画面
           のこともあるし｜あの
           ーちょっとまだ早い：
           時期早い ‖ それで…

例㊾＝言語資料05の（E）の発話、supplement：(F)

（E）＝五轮真弓岩崎宏美啊长得不太好看 ‖ 但都是歌声好 ‖ 就是（那个）：唱得

(F1)：都一般的

有情另外音质也好啊 ‖

(F2)：有内在的东西

例㊿＝言語資料08の（H）の発話、supplement：(I)

（H1）＝后来呢：毛线原来就是紧张 | 现在照样现在纯毛毛线你根本就买不到 ‖
原来我记得十几块钱一斤：纯毛毛线大概 ‖ 现在呀：三十块钱一斤不
说你买不到 ‖ 后来的抢什么啦 | 抢棉毛制品 | 棉毛的球衣球裤 ‖ 哈哈
哈噢抢 ‖

(I)：背心裤叉之类的

（H2）＝抢什么呢？ | 小花布都抢 | 黑布白布红布 ‖

これらの例から解るように、日本語の場合は、'supplement' の内容が話し手の意図に合致していなくても、例㊽の㋔2の「うんうん」のように、話し手はまず聞き手の発言を受け取り、その後で発話を続けていく。

これに対して中国語は、話し手の意図に合致しない 'supplement' は、'finishing up' の場合と同様、例㊾や例㊿のように、話し手に無視されるケースが多い。しかしこれも 'finishing up' の場合と同様、あくまでも一つの傾向であり、日中両言語を比較して、相対的にこのような特徴が見られるということである。

また、中国語において、年長者の 'supplement' についても、'finishing up' の場合と同様のことが観察された。下記例(51)がそれである。

例㉕＝言語資料 06 の（E）の発話、supplement：(G)

(E1)：=在北京根本就：北京吃个鱼困难哪哎呀排队呀 ‖ 现在：就是：现在倒不困难了贵了现在 ‖ 黄花鱼好几块钱一斤你买呀？ ‖

(G)：三块多钱哪

(E2)：=啊 | 就是：我记得：大连那时候我小的时候 | 就五六毛钱一斤虾那个时候都觉得贵啦 ‖ 那时候五六毛钱一斤虾现在呀：不要你十几块钱才怪呢啊 ‖

例㊾と例㉕を比較する。この 2 例の話し手である（E）は、例㊾においては聞き手である（F）の 'supplement' を無視しているが、例㉕においては聞き手（G）の 'supplement' をまず（E2）で '啊' と発話して肯定的に受け取ってから、発話を続けている。(E) は当時 33 歳で、例㊾の聞き手である（F）は当時 24 歳、例㉕の聞き手である（G）は当時 41 歳である。例㊾と例㉕の 'supplement' は、その後に続いて発話される話し手の発話内容から判断して、どちらも話し手の意図に合致した発言であるとは言えない。しかし、例㉕で話し手（E）が聞き手（G）の 'supplement' を肯定的に受け取ってから発話を続けているのは、自分より年長者である（G）に対する、話し手（E）の敬意の態度の現れであると言うことができる。

### 5.5.2.3 'question'

話し手の発話の内容をより深く理解するために、聞き手が話し手の発話の進行中に質問をすることがある。このような発言を本稿では 'question' と呼ぶ。

'question' も日中両言語で観察され、これについては両言語とも、話し手は聞き手の発言を無視せず、それに答えている。しかし、聞き手がその発言をする場所に両言語で違いが見られる。以下でその違いについて考察し、まず日本語についてその特徴を見ていく。

下記の例㊱と例㊳は日本語の 'question' の例である。
例㊱＝言語資料（オ）の㋕の発話、question：㋖

## 第5章　日中言語文化比較

　　　㋔1＝今年からほらうちはまああのー健康診断：法律が変わったから｜健康診断で：
　　　　　チョウリョクなんかもやらなくちゃいけなくなって
　　　　　　　　　　　　　　㋖：チョウリョクっていうのは：耳：ですか
　　　　　　　　　　　　　　　　　　　　　　㋔2＝そう耳の｜ね‖
　　　だからもう全然外のね｜音を…

例㊺＝言語資料（カ）の㋖の発話、question：㋕
　　　　㋖1＝とにかくどっかね｜泊まらないと｜野宿：することになりますよねえ‖だから
　　　　　　3人でホテル捜して｜ほかの20人はまあ駅のホーム：ホームっていうか待合室
　　　　　　みたいなとこでね｜こう立ったり座ったりみんな
　　　　　　　　　　　　㋕：何か夜だっておっしゃったでしょ
　　　　　　　　　　　　　　　　　　　　㋖2＝そう｜
　　　夜の夜中ですよ‖でこう何とか泊まれるところを捜してね｜…

　例㊸と例㊺から解るように、聞き手は、話し手の意識的な音声的停頓も、いいよどみもなく、発話の続いているところで、自分が疑問に思ったり、感じたりしたことについて、話し手の発話と重なって発言している。そして話し手はその発言に答えてから、また発話を継続している。このことについては、John Hinds（1986：8）が3人の日本人女性の対話を例に挙げて言及している。そこでJohn Hindsは、話し手の発話の続いているところで聞き手が質問をしていることに驚くばかりでなく、その質問に何の抵抗もなく答え、その後また発話を継続していく話し手の対応にさらに驚きを表している。しかし日本語においては、話し手の発話の内容に対する理解を深めるための、話し手の発話の意図に沿った質問であれば、その発言が、話し手の意識的な音声的停頓の箇所やいいよどみの箇所でなくても、話し手はそれを発話を遮る'interruption'と意識することはない。これは日本語母語話者の対話の大きな特徴である。

　次に、中国語の'question'について見ていく。
　中国語の'question'も、その状況は日本語の場合とよく似ているが、ただ、

たとえそれが話し手の話しの内容に対する理解を深めるためのものであっても、日本語のような所構わず的な質問は、日本語ほど多くはないようである。
　下記の例㊴と例㊶が中国語の'question'の例である。
例㊴＝言語資料 06 の（G）の発話、question：（E）
　　　(G1)＝但是：因为中国土地（那个）土地没有开发｜没有利用起来｜周围的环境不好啊 ‖ 所以就是等于是块废地 ‖ 我原来去内蒙的时候｜就是：嗯—
　　　　　　　　　　　　　　　　(E)：插队的时候么？
　　　　　　　　　　　　　　　　　　　　　(G2)＝啊｜
　　　我住的那个地方啊｜就是…

例㊶＝言語資料 08 の（H）の発話、question：（I）
　　　(H1)＝现在就什么呢｜洗衣箱带洗衣机那比较比较缓和不是特别紧张 ‖
　　　　　　　　　　　　　　　　(I)：便宜？
　　　　　　　　　　　　　　　　　(H2)＝也不能说便宜｜
　　　就是说呢大家抢的不太厉害 ‖

　中国語の'question'は、例㊴のように話し手のいいよどみの箇所か、例㊶のように話し手が言い切った後の意識的な音声的停頓の箇所でなされることが多く、話し手の発話との重なりは、日本語ほど多くないようである。しかし、話し手がその発言に答えてから発話を継続していくという、'question'に対する話し手の対応の仕方は、中国語も日本語と同様であると言うことができる。

## 5.6　あいづちの種類と頻度

　最後に、あいづちの種類と頻度という観点から、日中両言語を比較する。

### 5.6.1　あいづちの種類
　日本語のあいづちの種類、つまり実際にどういうことばがあいづちとし

て使われているかということについては、水谷（1984）に統計的な調査報告があり、そこには、ハア、ハイ、エエ、ウン、フーン、アハハ、エヘ、アア、ホウ、ナルホド、ソウデフカ、ソウ、ネエなど、45種のあいづちが挙げられている。

　本節の、5.2に挙げた言語資料をもとに日中両言語のあいづちの種類を調査した結果、日本語では69種、中国語では35種が観察され、中国語のあいづちの種類は日本語の約半数であることが解った。それらを類別し、両言語を対照させたのが表（5）である。

表 (5) 日中両言語のあいづちの種類

| 類 | 日本語 | 中国語 |
|---|---|---|
| 1 | エエ、エーエー、エーエーエー、アーエーエー、アア、アーアー、アッ、アッアーアー、ハイ、エーハイハイ、アーハイ、ハア、ハーハー、ハーン、ハーハーハー、 | aa、aaa、a —、a — a —、a！、ai、ei、aiei、ha、 |
| 2 | ウン、ウンウン、ウンウンウン、ンー、ンーンー、アッウンウン、アーウンウン、 | ng、ngng、ngngng、ng —、a ng、ha ng、 |
| 3 | ソウ、ソーソー、ソーソーソー、エーソーソー、アッソーソー、ウンソーソー、 | dui、duidui、duiduidui、dui a、a dui、ai dui、shi a |
| 4 | フーン、ホー、ヘー、 | ou、ha —、ha a |
| 5 | ウフフ、アハハ、エヘヘ、 | haha、hahaha、henghengheng、 |
| 6 | アーソウデスカ？ | shi ma ?、a shi ma? |
| 7 | ソウデスカ、アソウデスカ、アーソウデスカ、アッソウデスカ、ヘーソウデスカ、アソウ、アーソウ、アッソウ、ソウナンデスカ、 |  |
| 8 | ソウデスネ、ソウデスネエ、アッソウデスネ、ソウネ、ソウネエ、ネエ、ソウデスヨネ、ソウデスヨネエ、アーソウデスヨネ、アーソウデスヨネエ、ソウデショウネ、ソウデショウネエ、ソリャソウデスヨネ、ウンソリャソウ、 | dui |
| 9 | ナルホド、ナルホドネ、ナルホドネエ、アーナルホド、アッナルホドネ、アーナルホドネ、アーナルホドネエ、 |  |
| 10 | 話し手の発話の繰り返し | |
| 11 | 'participation' - 'finishing up' 'supplement' 'question' | |

　表(5)から、中国語の中には、日本語の第7類の「ソウデスカ」類、第8類の「ソウデスネ」類、第9類の「ナルホド」類に対応するあいづちの表現がほとんどないことが解る。そして日本語のこの3類のあいづちの合計は30種にもなり、この数の違いがそのまま両言語のあいづちの種類の差となっている。この3類のあいづちは、終助詞の有無、あるいはその種類によって、また音調の違いによって、話し手に与える印象が異なるが、しかし、総じて話し手の発話の内容に対する共感や、感心を表したり、あ

第5章　日中言語文化比較

るいは発話の内容に対する関心の度合を示したりするのに用いられるあいづちで、その種類の多様さから、日本語においてはこれらのあいづちを使用する際の適切さが、話し手の発話の進行を促すのに、大きく影響していると判断できる。

さらにまた、日本語において、第7類の「ソウデスカ」類、第8類の「ソウデスネ」類、第9類の「ナルホド」類の3類のあいづちに対して、話し手がこれらのあいづちを明確に受け取る対応をする場合がある。以下の例㊶～例㊸がそれである。

例㊶＝「ソウデスカ」類（言語資料（オ）の㊃の発話、あいづち：㊗)
　　㊃1＝退職されると｜あのー：お手紙：退職しましたお世話になりましたってあのー：たいていみんなくださるんですよ‖そいでそういう時には｜やっぱりいただいたからってまたあのー：お疲れさまでしたって：下手だけれどもね｜私はハガキ出すんですよね‖
　　　　　㊗：ア̇ソウデスカ
　　　　　　　㊃2＝ウ̰ン‖そいでね文章が今日は長く書けないなと思うときは｜絵ハガキにするの‖

例㊷＝「ソウデスネ」類（言語資料（カ）の㊍の発話、あいづち：㊗)
　　㊍1＝それがどこでも降るでしょ雪って‖そうすると：屋根の上に降りますよねえ‖でねえたくさん降った時はあのー：家がこう重みを感じて｜襖なんかがね動かなくなるんですよ‖
　　　　　㊗：ア̇ーソウデスヨネエ
　　　　　　　㊍2＝エ̰エ‖雪ってたくさん降ると重いですよ‖

458

例㊿＝「ナルホド」類（言語資料（イ）の㋑の発話、あいづち：Ⓣ）

㋑1＝今の時代っていうのはあのー：大人の女の人がほんとにこう素敵になってきたんじゃないかっていう気がとてもしますし｜どんどんこのー：年を加えるにしたがってねえ｜40、50なんて序の口で｜60、70になっても：なんとなくこうほれぼれするようなね｜そういう素敵な女性がどんどん増えてくるんじゃないか｜また増えてこなきゃ嘘だっていうふうに思いますよね‖

Ⓣ：ナルホドネエ

㋑2＝エエ‖

でそういう人の素敵さっていうの：あのー解るようにならなきゃあ日本の男ってのはいつまでもガキだ‖ですから…

例㊻～例㊿では、話し手はそれぞれ㋔2の「ウン」、㋕2の「エエ」、㋑2の「エエ」によって、聞き手のあいづちを受け取ってから発話を続行している。そしてこの3類のうち、特に第7類の「ソウデスカ」類について、話し手がそれを受け取る返事を入れるケースが多く見られた。それは、話し手の側が、聞き手のあいづちの種類によって、聞き手が話し手の発話をどのように受け止めているのかを確認しながら発話を進行させているからであると考えられる。

このように、聞き手のあいづちを受け取る返事を入れるという話し手の対応の仕方は、中国語においては、5.5.2.1で扱った‘finishing up’と、5.5.2.2で扱った‘supplement’の場合以外には、ほとんど見られなかった。

### 5.6.2　あいづちの頻度

日本語のあいづちの頻度については、水谷（1984）にその調査結果が報告されている。それによれば、日本語のあいづちの平均頻度は1分間に約20.29回（11組の話し手と聞き手の対話の平均値）である。この結果を基に、日本語と中国語のあいづちの1分間の平均頻度を比較してみる。

表（6）は、5.2に挙げた中国語の発話資料の中から、8組の話し手と聞き手の対話について、話し手が1分余り発話を続けている部分を抽出し、その間の聞き手のあいづちの使用回数を調査したものである。

表（6）中国語の対話1分間のあいづち回数

| | 言語資料 | 話し手 | 聞き手 | 発話時間 | あいづち回数 | 1分当りの回数 |
|---|---|---|---|---|---|---|
| 1 | 05 | (F) | (E) | 1分 | 12 | 12.00 |
| 2 | 05 | (E) | (F) | 1分12秒 | 17 | 14.16 |
| 3 | 06 | (E) | (G) | 1分10秒 | 10 | 8.57 |
| 4 | 06 | (G) | (E) | 1分25秒 | 14 | 9.88 |
| 5 | 08 | (H) | (I) | 1分10秒 | 14 | 11.99 |
| 6 | 08 | (I) | (H) | 1分13秒 | 13 | 10.68 |
| 7 | 09 | (O) | (N) | 1分08秒 | 8 | 7.05 |
| 8 | 09 | (N) | (O) | 1分10秒 | 12 | 10.28 |
| | 中国語母語話者8組の対話1分間のあいづち平均回数＝10.57回 | | | | | |

この調査から、中国語母語話者の対話1分間のあいづち平均回数は約10.57回であるという結果が得られた。これは水谷（1984）の日本語母語話者の対話1分間のあいづち平均回数約20.29回のほぼ半数である。この数値の差は、1つには、5.4において述べた通り、話し手の側からのあいづちの要求が、日本語と比較して中国語の方が少ないということ、もう1つには、5.6.1で述べた通り、中国語のあいづちの種類が日本語の約半数であるということに、その原因があると判断することができる。

また、水谷（1984）では仮説として、日本語において、発話の内容が聞き手に取って承服しがたい場合は、あいづちの頻度は低下するのではないかと述べられている。筆者もこの点については同様の見解に立つ。しかしこの場合、日本語母語話者より中国語母語話者の方が、発話の内容に承服できないという態度を、「あいづち$\phi$」というサインによって、はっきりと明示する傾向にある。その例が下記の例(59)である。

例(59)＝言語資料05の（E）の発話、あいづち：(F)

（E）＝电视节目：我倒觉得有许多是不认真的啊 ‖ 就是：按理说 | （这个）：经济发达 |

▲ng ▲ng ▲ng

（这个）文化教育比较发达 | 按理说就是人们的欣赏水平啊 | （这个）：都应该就

▲ng ▲ng

是：追求更高的（这个）嗯ー：从文化的角度从艺术的角度追求更高的更（这个）：

▲a

更高的一些东西啊 ‖ 可是现在呢 | 就是：电视许多东西却与（这个）现实与人的

▲ng

想像的相反 | 去追求一些低级趣味的东西啊 ‖ 这是现实啊 ‖ 可是：我觉 得：跟结

▲（F1）：$\phi$ ▲（F2）：$\phi$ ▲（F3）：$\phi$

婚我觉得还是另一回事情！ ‖

▲（F4）＝我认为呢…

例(59)では、話し手（E）があいづちを要求するサインである「ⒷⒶ | 」型と「Ⓕ啊 ‖ 」型サインを送っているにも関わらず、発話の後半部分で、聞き手（F）は突然あいづちを打つのを止めている。その箇所は下記の通りである。

1. 話し手（E）があいづちを要求する「ⒷⒶ | 」型サインのあと
＝聞き手のあいづち（F1：$\phi$）
2. 話し手（E）があいづちを要求する「Ⓕ啊 ‖ 」型サインのあと
＝聞き手のあいづち（F2）：$\phi$ （F3）：$\phi$

聞き手である（F）は話し手（E）があいづちを要求するサインを送っているにもかかわらず、(F1)、(F2)、(F3) であいづちを打たず、話し手（E）の発話が一段落した所で、今度は自分の意見を述べようとしている。その箇所が（F4）の「‘我认为呢’（私はこう考えます)」である。話し手の発話の内容に承服できないことを、聞き手が「あいづち$\phi$」サインで示し、話し手の発話が一区切りついたところで反論したり、自分の意見を述べる例は、中国語の対話においては、他にも幾つか見られた。

第5章　日中言語文化比較

　また、このような聞き手の「あいづちφ」サインの場合でも、中国語においては、話し手はそのまま発話を進行させていく。しかし日本語話者の対話においては、聞き手の「あいづちφ」の場合、話し手はそのまま発話を続行していくことに抵抗を感じるようである。下記のの例⑩がその例である。

例⑩＝言語資料（カ）のキの発話、あいづち：カ

　キ1＝それからあのー：バター茶っていうような訳を｜あの一付けて呼んでますけど｜あのー羊の｜あのーミルク：のお茶っていう｜あーそういうのも
　　　ウン　　　　　　ウン　　　　　　　　　　　　　　　フーン
のみましたね‖で普通ミルクっていうと｜あのーなんていうんですかお砂糖
　　　　　　ヘー　　　　　　　　エエ
入れますよね‖
　カ1：(φ)
　キ2＝普通の感覚では‖
　　　カ2：アーソウデスカ？
　　　　　キ3＝入れるとすれば‖
　　　　　　　カ3：アソウ
入れるとすればソウデスネエ
キ4＝とすればね‖　キ5＝だけどそれはねあのーお砂糖よりもお塩を入れた方がおいしかった‖
　　　　カ4：アーソウデスカ

　例⑩において、話し手キは、カ1の箇所で聞き手からのあいづちを得ることができず、何とかして自分と同じ見解に立ってもらおうと、キ2の発言をしている。しかし、またもやカ2の箇所で、話し手の発話の内容に承服しかねる態度を表すあいづちを打たれたために、話し手キはキ3でキ2よりさらに譲歩した内容の発言をしている。そしてカ3の発言によって、聞き手カにやっと同一の見解に立ってもらうことができたことを確認し、その後安心して発話を再開している。

このように日本語母語話者は、聞き手のあいづちが得られない場合、発話の継続に不安を覚え、そしてあいづちが得られるよう努力する傾向が見られる。これに対して中国語話者には、聞き手のあいづちが得られなくても、それをあまり意識せず、自らの発話を進行させて行く傾向があると言えそうである。

## 5.7　日中両言語の対話のモデル

　以上、日本語と中国語の対話の呼吸について、あいづちを中心に、その特徴を考察してきた。これらのことから、両言語の対話の特徴は、下記の図のようにモデル化することができる。なお、モデルの中のＳ＝話し手、Ｌ＝聞き手を、それぞれ表している。また、実線部分（——）は「情報単位」、点線部分（……）は「あいづち」を表している。

第 5 章　日中言語文化比較

＜日本語母語話者の対話：モデル1＞

S：―――――
L：　　　　……
　　　　　　　―――――
　　　　　　　　　…
　　　　　　　　　　―――――
　　　　　　　　　　　　………
　　　　　　　　　　　　　　―――――
　　　　　　　　　　　　　　　　……
　　　　　　　　　　　　　　　　　　―――――
　　　　　　　　　　　　　　　　　　　　…
　|――unit (1)――|――unit (2)――|――unit (3)――|― ― ― ―|――unit (n)――|


＜中国語母語話者の対話：モデル2＞

S：――――　――――　――――　――――　――――
L：　　……　　　…　　　　　　　　……

　日本語母語話者の場合には、モデル1で示したように、情報単位[7]ごとに話し手が聞き手にあいづちを要求し、そしてさらに話し手は、聞き手のあいづちの有無、あるいはその種類を確認し、そのあいづちを受けとめた上で、発話を続行していく。したがって、日本語母語話者の対話の場合、話し手の区切った情報単位（モデル1のS：―――の部分）と、聞き手のあいづち（モデル1のL：……の部分）とが、1つの対話の単位となって、円滑な対話が進められていく（＝unit (1) … unit (n)）。
　これに対して中国語母語話者の対話においては、モデル2で示したように、話し手が、日本語母語話者の場合ほど、聞き手のあいづちの有無やその種類に左右されることなく発話を進行していく傾向が見られる。つまり、日本語が「対話の単位＝情報単位＋あいづち」であるのに対して、中国語

---

[7]　情報単位については本書序章0.2で詳述した。

は「対話の単位＝情報単位」であるということができる[8]。

## 5.8 おわりに

　以上、日本語と中国語の「あいづち」を比較することによって、日本語母語話者と中国語母語話者のそれぞれの対話がなされる際の相違を詳細に観察し、その結果を対話のモデルとして両言語の特徴を示した。この特徴の差異から、spoken discourse における談話の展開の仕方が、日中両言語において大きく異なることが予測できる。そしてそれは、spoken discourse に限らず、日中両言語の written discourse の展開の仕方の差異をも予想させる結果であると言うことができよう。

## 付記（本節で取り上げた中国語対話例の日本語訳）

図⑤＝おじいさんはねオンドルのところで横になって｜タバコを吸っていました‖
　　　　　　　　　　　　　　　　　　　　　　　　　ウン
図⑥＝あの人は今在職中だし｜年もまだ若いけど｜でも彼はだめなんです‖
　　　　　　　　　　　ウン　　　　　　　ウン
図⑦＝牧師がね｜彼ら２人を：んー：祝福しました‖
　　　　　　　ウン
図⑧＝人々が鑑賞する水準というのはね｜（あのー）：さらに高いものを
　　　追求しなければならなくて…　　ウン
図⑮＝私はそこへソファーセットを買いに行こうと思ったんですよ‖あそ
　　　こには結構いいソファーがあって…　　　　　　　　　　アー
図⑯＝富士山のまわりにはね五湖があります‖富士五湖‖この五湖は…
　　　　　　　　　　　　　　　　ウン

---

8) 水谷（1988a：92）では、日本語と英語の対話をそれぞれモデル化しているが、そこに示されている日本語のモデルは、むしろ中国語のモデルに近いものである。本分析の検証の結果、日本語の対話のモデルは、本節に示した＜モデル１＞の方が、より言語事態に近い。

第5章　日中言語文化比較

図⑰＝妹さんが来月結婚すると聞きました‖どうして知らせてくれなかったんですか‖
　　　　　　　　　　　　　ウン

図⑱＝デマ：を聞いたんだけど｜それによると来年ね｜月給が七割アップされるそうです‖みんな七十元アップです‖
　　　　　　　　ウン

図⑲＝彼が（あのー）：買ったカセットテープはね歌だけじゃなくて（あのー）'三国演義'もありますよ‖つまりそのー：落語です‖
　　　　　　　　　　　　　　　　　　　　ウン

図⑳＝結婚それ自身は1つの割りと：道理から言うと：厳粛なことですね‖まじめにやらなきゃいけない‖
　　　ウン

図㉑＝かぜひいたみたいですね‖そうでしょう‖
　　　　　　　　　　　　　エエ

図㉒＝ねえ五輪真弓が：最近ここでも歌うそうですね‖
　　　　　　　　　　　　　　　　　　ソウ

例㉛（F）＝これはたぶんあれと関係があります：（えー）：美的センスの：変化と関係があります‖なぜかというと今世界は世界全体から言うとねヨーロッパから始まって｜フランスのあたりのファッションはね
　　　　　　　　　　　（E）：ウン
　　　｜男性のあのダブダブズボンです‖

例㉜（E）＝彼は結婚するときに人に：強い印象を残そうとしてるんです‖お金を使ったり高級レストランへ行ったりする他にね｜もう1つ：ちょっと（あのー）：人を引き付けるところを捜したいんです‖神社は：神社はね｜それからお寺やなんかはねちょっと古くさい感じがするんですよ‖　　　　（F）：ウン

例㉝（E）＝泰山は車で途中まで行って｜中天門まで行って｜中天門からさらに上に登って行きます‖富士山も同じです‖つまり車でかなりの所まで行くことができて｜それからさらに少し登ってから降りればいいんです‖　　　　　　　　　　　　　　　（G）：ウン

例㉞ (N) ＝きのう孟先生が私に言いました、彼女の論文の論点はねつま
　　　　り：実際と合っていなくて、しかも考えが浅くて全然｜自分で適
　　　　当に考えたもので、だから：ある一定の理論を出すには一定の根
　　　　　　　　　　　　　　　　　　　　　　　　　(O)：ウン
　　　　拠がなくてはいけなくて｜一定の観点を出す必要があります‖
例㉟ (E) ＝もし：神前結婚：佛前結婚だったら｜日本の和服を着るだけ
　　　　です‖和服はね｜それは当然あのー：ヨーロッパから来た白いウ
　　　　エディングドレスと比べるとね｜あのー：(ウエディングドレスの
　　　　方が) ちょっと上ですね‖
　　(F) ＝だけど (あのー) 結婚：結婚式場ではね｜ (あのー)：とても
　　　　　　　　　　　　　　(E)：ウン　　　ウン　ウン
　　　　豪華な建物の中でね｜ (あのー)：式場で結婚式を挙げる時にはい
　　　　わゆる'おいろなおし'もやります‖　　　えー…
例㊱ (F) ＝こういう現象はね｜日本の今とは：だんだん変わりました、
　　　　それは (えー)：不真面目になってきたこういった風潮とね関係が
　　　　あります‖私はそれと関係があると思います‖もともとねえ｜ (あ
　　　　のー)：テレビのああいう番組はね、こういったことと通じるとこ
　　　　ろがあります‖
　　(E) ＝テレビの番組はむしろ不真面目なものが多いと思いますね‖
　　　　えー…　　 (F)：ウン
例㊲ (N) ＝私は教鞭をとってもうすでに2年になるでしょ‖その中にた
　　　　くさん問題点があって自分でもたくさん問題を発見して｜それか
　　　　ら (えー) …
　　(O) ＝ (あのー)：銭さんが書いたのは (えー) 理工科に関してでしょ？‖
　　　　　(N)：ウン

第5章　日中言語文化比較

例⑩（G1）＝官僚主義は特にひどいです‖西安では｜35万斤の食糧を｜無理やり積みおろしました‖とうとう：もともとその工場は積みおろししてはいけないんです‖加工工場は積みおろしさせないのに｜その鉄路局のおやぶんが｜鉄道のお偉いさんが：とうとう無理やりおろしたんです‖積みおろして2、3日もたたないうちに｜それらのものは全部駄目になりました｜芽がはえちゃって‖それで鉄道局が人を派遣して調査しました‖こういうバカなやつらはねえ｜
　　　　（E）：みんな銃殺すべきですよ
　　　　　　　　　（G2）＝みんな銃殺すべきですそう‖中国には銃殺しなきゃいけないやつらが余りにも多すぎます‖
例㊶（E1）＝もし彼女が名古屋に来て：コンサートするなら：チケットを買って
　　　　（F）：見に行きたい
　　　　　　（E2）＝見に行きたいうん‖五輪真弓は…
例㊸（H1）＝例えば私が来年結婚するとすると｜2千元で今年は家具一式買えるけど、もし来年値上がりでもしたら2千元じゃ家具一式買えなくなります‖だからみんな取り合いするんです‖人をかき分けて頭がぶつかっても手に入れたい‖最後には：これらを全部奪い終わったら今度は何を取り合うと思いますか？‖アルミ製品ですよ‖アルミの鍋にアルミの桶
　　　　　　　　（I）：も値上げ
　　　　　　　　　　（H2）＝も奪い合うんです‖

例㊹ (E1) ＝小学生は授業中はいつも手を後ろに置いて｜きちんと座らなくてはいけません‖本当は小学生と幼稚園の時はね｜ちょうど(この)：なんと言うか：(このー)
　　　　　(G)：一番楽しい時期
　　　　　　　　　　(E2)＝そうそう｜そのいろんな可能性はね｜もし：いいふうに導くことができれば発揮できます‖しかしこの時期にすごく厳しく制限をするとねそれは本人の：その子のもともと持っている能力まで制限してしまいます‖

例㊼ (E1) ＝体に合った服は一種の(えー)：美しい感じを与えますね‖でも(んー)：一部の日本人はね｜んー：彼らは(このー)：きれいな洋服を着飽きたのかも知れません‖今は：(えー)：たとえば袖がとても長い服を求めています‖それから(えー)：ある女の子はね：男性の背広を着ていますね‖
　　　　　(F)：わざと古くしてね
　　　　　　　　　(E2)＝そうわざと：男性の背広を着ます‖しかも(そのー)：わざと穴を開けてね‖

例㊾ (E) ＝五輪真弓や岩崎宏美はねそれほどきれいではありません‖で
　　　　　　　　　　　(F1)：まあ普通ですね
も歌はうまいです‖ (そのー)：情のある歌い方をするし声の
　　　　　　　　　(F2)＝内面的なものがあります
質もいいですね‖

469

例(50)（H1）＝それから：毛糸はもともとあまり無い｜今も無いです、今純毛の毛糸はもう全然買えません‖むかしは確か500グラムで10何元だったと思いますが：純毛の毛糸はたぶん‖今はね：500グラムで30元というように値段が高いだけでなくて手に入りません‖その後の人は何を奪い合うかというと｜純綿製品｜純綿のトレパントレシャツを奪い合います‖ハハハハ本当に奪い合います‖

（I）：ランニングシャツやパンツの類ですね

（H2）＝何を奪い合うかというと｜小さい花柄の布を奪い合って｜黒い布白い布赤い布もです‖

例(51)（E1）＝北京ではもともと：北京で魚を食べるのが難しいです。ああ並ばなくちゃいけない‖今は：（えっと）：今は困難ではないけど高いです今は‖黄花魚が1斤数元で、あなたは買いますか？‖

（G）：3元以上します

（E2）＝ええ｜私が：大連にいたころ私が小さい頃｜エビが1斤5、6角だったと記憶しています、あの頃それでも高いと思いました‖当時1斤5、6角だったエビが今はね：10数元しないということはあり得ません‖

例(54)（G1）＝でも：中国の土地（えー）土地は未開発だから｜まだ利用してないから｜周囲の環境はよくないです‖だからそれは荒地と同じです‖私が以前モンゴルに行ったとき｜んー

（E）：（人民公社の）農村労働に行ったとき？

（G2）＝ええ｜私が住んでいたところはね｜えー…

例㊽ (H1) ＝今はね｜洗濯機洗濯機はそれほど手に入れにくくはないです‖
　　　(I) ＝安いですか？
　　　　　　　(H2) ＝安いとは言えないけど｜みんなの奪い合いがそんなにひどくないということです‖
例㊾ (E) ＝テレビの番組は：結構不真面目なものが多いと思いますね‖
　　　　　　ウン　　　　　　　　　　　　　　　　　　　　ウン
　　　　　つまり：理屈から言えば｜（このー）：経済が発展して｜（えー）
　　　　　　　　　　　　　　　　　　　　　　　　　　　ウン
　　　　　文化教育のレベルが比較的高くなると｜つまり人々の鑑賞のレ
　　　　　　　　　　　　　　　　　　　ウン
　　　　　ベルはね｜（このー）：もっと高いものをんー：文化の面からも
　　　　　　　　　　ウン
　　　　　芸術の面からももっと高いのを（えー）：追求しなければなり
　　　　　　　　　　　　　　　　　　　　　エエ
　　　　　ませんね‖でも今はね｜えー：テレビの多くの番組は現実や
　　　　　　ウン
　　　　　人々の予想に反して｜低級なものを追求してますね‖これが
　　　　　　　　　　　　　(F1)：φ　　　　　　　　　(F2)：φ
　　　　　現実です‖でも：私は（これと）結婚とはまたべつのものだ
　　　　　(F3)：φ
　　　　　と思います‖
　　　　　　　(F4)：＝私はこう思うんですが…

471

## 参考および引用文献

[日本語によるもの]
荒川清秀(1990)「中国語の可能表現 —／能ＶＲ／と／Ｖ得Ｒ／—」、『愛知大学外語研紀要』第 14 号
アンドレイ・ベケシュ(1987)『テクストとシンタクス』くろしお出版
飯塚朗訳(1956)『家(上)、(下)』岩波文庫
池上嘉彦(1983)「テクストとテクストの構造」、『談話の研究と教育Ⅰ』国立国語研究所
池上嘉彦・豊田昌倫訳(1988)『ことばの働き』紀伊國屋書店
池田武雄(1962)「＜給＞(gei)の発生について」『中国語学』122 号
泉子・Ｋ・メイナード(1997)『談話分析の可能性』くろしお出版
入谷敏男(1981)『話しことば — その仕組みと展開』中央公論新社
上野田鶴子(1989)「文法とイントネーション」、『講座日本語と日本語教育第 2 巻 日本語の音声・音韻(上)』明治書院
大河内康憲(1980)「中国語の可能表現」、『日本語教育』第 41 号
大河内康憲(1982)「中国語構文論の基礎」、『講座日本語学 10 外国語との対照Ⅰ』明治書院
大河内康憲(1997)『中国語の諸相』白帝社
太田辰夫(1958)『中国語歴史文法』江南書院
太田辰夫(1988)『中国語史通考』白帝社
太田信夫編(1988)『エピソード記憶論』誠信書房
小野秀樹(1991)「中国語のおける可能表現の"否定"—"他動性"を通しての「不能ＶＲ」および「Ｖ不Ｒ」の考察 —」、『中国語学』238 号
小野秀樹(2001)「"的"の「モノ化」機能 —「照応」と"是……的"文をめぐって」、『現代中國語研究』No.3、朋友書店
小浜逸郎(2007)『言葉はなぜ通じないのか』PHP 研究所
郭春貴(2014)『語用から学ぶ中国語 続編 1』白帝社
筧寿雄訳(1991)『機能文法のすすめ』大修館書店

勝川裕子（2015）「中国語における＜不可能＞とモダリティー」、『ことばの科学』第 29 号、名古屋大学言語文化研究会
樺島忠夫（1983）「文章構造」、『朝倉日本語新講座 5 運用 I』朝倉書店
神尾昭雄（1990）『情報のなわ張り理論』大修館書店
川越菜穂子（1991）「日本語の話しことばと書きことば」、『日本語学』Vol.10 No.5、明治書院
岸陽子・斎藤泰治訳（1993）『棺を蓋いて』早稲田大学出版部
木村英樹（1990）「中国語の指示詞 ―「コレ／ソレ／アレ」に対応するもの―」、『日本語学』Vol.9 No.3、明治書院
木村英樹（1992）「中国語の指示詞「遠近」対立について」、『日本語と中国語の対照研究論文集（上）』くろしお出版
木村英樹（2002）「"的"の機能拡張――事物限定から動作限定へ」、『現代中國語研究』No.4、朋友書店
木村英樹（2012）『中国語文法の意味とかたち』白帝社
金珍娥（2013）『談話論と文法論』くろしお出版
久野暲（1978）『談話の文法』大修館書店
倉石武四郎（1981）『ことばと思惟と社会』くろしお出版
児玉徳美（1991）「＜例解＞選択体系機能文法の実際」、『月刊言語』Vol.20 No.4、大修館書店
佐々木勲人（1996）「"被……給"と"把……給"― 強調の'給'再考 ―」、『中国語学』243 号
佐藤信夫（1981）『レトリック認識』講談社
讚井唯允（1988）「中国語指示詞の語用論的再検討」、『都立大人文学報』No.198
塩沢孝子（1979）「日本語の Hesitation に関する一考察」、『ことばの諸相』文化評論出版
柴谷方良他（1982）『言語の構造 意味・統語篇』くろしお出版
杉藤美代子（1989）「談話におけるポーズとイントネーション」、『講座日本語と日本語教育 第 2 巻 日本語の音声・音韻（上）』明治書院
杉村博文（1979）「能学好・学得好・能学得好」、『日本語と中国語の対照研究』

第 4 号、大阪外国語大学中国語研究室日中語対照研究室

杉村博文（1982a）「「是……的」――中国語の「のだ」の文」、『講座日本語学 12 外国語との対照』明治書院

杉村博文（1982b）「中国語における動詞の承前形式」、『日本語と中国語の対照研究』第 6 号、大阪外国語大学中国語研究室日中語対照研究室

杉村博文（1983）「"的" 前移せよ」、『伊地智善継・辻本春彦両教授退官記念中国語学・文学論集』東方書店

杉村博文（1984）「処置と遭遇 ―"把" 構文再」、『中国語学』231 号

杉村博文（1991）「可能を表す助動詞と補語」、『中国語学習Ｑ＆Ａ 101』大修館書店

杉村博文（1992）「可能補語の考え方」、『日本語と中国語の対照研究論文集（上）』くろしお出版

杉村博文（1994）『中国語文法教室』大修館書店

杉村博文（1995）「中国語における動詞句・形容詞句の承前形式」、『語学研究大会論集 3』大東文化大学語学教育研究室

杉村博文（1999）「"的" 字构造，承指与分类」、『汉语现状与历史的研究』中国社会科学出版社

鈴木孝夫（1973）『ことばと文化』岩波書店

鈴木孝夫（1975）『閉ざされた言語・日本語の世界』新朝社

鈴木孝夫（1976）「自称詞としてのひと」、『慶応義塾大学言語文化研究所紀要』第 8 号

鈴木孝夫（1996）『教養としての言語学』岩波書店

鈴木直治（1969）「漢語の存在文における場所語の位置とその発話の重点」、『密田良治教授退官記念論集』金沢大学教育学部国語研究室

鈴木直治（1972）「「以字句」・「把字句」における発話の重点について」、『鳥居久靖先生華甲記念論集・中国の言語と文学』天理大学

鈴木直治（1994）『中国古代語法の研究』汲古書院

鈴木晴子（1988）「"把" 字句の機能的分析」、『中国語学』235 号

鈴木英夫（1984）「文章の構造」、『講座日本語と日本語教育 5』明治書院

瀬戸賢一（2002）『日本語のレトリック』岩波書店

竹内好訳（1976）『魯迅文集（第一巻）』筑摩書房
竹島永貢子（1991）「代詞"它"の指示対象と機能」、『中国語学』238号
田窪行則（1989）「名詞句のモダリテイ」、『日本語のモダリテイ』くろしお出版
田窪行則（1990）「談話管理の理論」、『月刊言語』Vol.19 No.4、大修館書店
田畑佐和子・田畑光永編訳（1981）『天雲山伝奇』亜紀書房
張威（1998）『結果可能表現の研究』くろしお出版
角田太作（1991）『世界の言語と日本語』くろしお出版
寺村秀夫（1982）『日本語のシンタクスと意味Ⅰ』くろしお出版
寺村秀夫他（1990）『日本語の文章・談話』桜楓社
董将星（1986）「中国語の対称詞をめぐって」、『言語生活』416、筑摩書房
藤堂明保（1974）「中国語の敬語」、『敬語講座8 世界の敬語』明治書院
内藤正子（1997）『中国語研究 ことばの性相』白帝社
中野美代子（1973）「『子夜』論：中国近代小説の限界」、『北海道大学人文科学論集』10
長田久男（1984）『国語連文論』和泉書院
永野賢（1983）「談話における叙述の構造」、『談話の研究と教育Ⅰ』国立国語研究所
永野賢（1986）『文章論総説』朝倉書店
成瀬武史（1989）『意味の文脈』研究社出版
西香織（2000）「口語における三人称代名詞"它"の一考察」、『中国語学』247号
西香織（2002）「無生物主語"它"に関する一考察」、『中国語学』249号
仁田義雄（1989）「現代日本語文のモダリテイの体系と構造」、『日本語のモダリテイ』くろしお出版
野村真木夫（1986）「パラグラフにおける文の展開をめぐって」、『表現研究』44
野村真木夫（1987）「現代日本語のトピック・センテンス」、『弘学大国文』第13号
畠山弘己（1985）「主題の展開と談話分析」、『国際商科大学論叢』第31号
波多野完治（1973）『現代レトリック』大日本図書

日比谷潤子（1991）「社会言語学からみたハリデー」、『月刊言語』Vol.20 No.4、大修館書店

平井昌夫（1986）『文章表現法』至文堂

平井勝利・村松恵子（1993）「現代中国語の'才'の使用意図」、『ことばの科学』第6号、名古屋大学言語研究会

平山久雄（2000）「「給」の来源—「過与」説に寄せて—」、『中国語学』247号

廣瀬幸生・長谷川葉子（2010）『日本語から見た日本人』開拓社

福地肇（1985）『談話の構造』大修館書店

福地肇（1991）「言語分析における機能的視点」、『月刊言語』Vol.20 No.4、大修館書店

ポリー・ザトラウスキー（1991）「会話分析における「単位」について」、『日本語学』Vol.10 No.10、明治書院

牧野美奈子（1993）「中国語の指示詞とテクスト」、『中国語学』240号

松枝茂夫・吉田幸夫訳（1971）『現代中国文学6 郁達夫』河出書房

松村文芳（2017）『現代中国語の意味論序説』ひつじ書房

丸尾誠（2005）『現代中国語の空間移動表現に関する研究』白帝社

水谷修（1979）『日本語の生態』創拓社

水谷修（1983）『話しことばの表現』筑摩書房

水谷信子（1984）「日本語教育と話しことばの実態——あいづちの分析」、『金田一春彦古希記念論文集』三省堂

水谷信子（1985）『日英比較 話しことばの文法』大修館書店

水谷信子（1988a）「話しことばの比較対照」、『話しことばのコミュニケーション』凡人社

水谷信子（1988b）「あいづち論」、『日本語学』Vol.7 No.12、明治書院

水野義道（1988）「中国語のあいづち」、『日本語学』Vol.7 No.12、明治書院

南出康世・内田聖二共訳（1989）『談話分析』研究社出版

南不二男（1983）「談話の単位」、『談話の研究と教育Ⅰ』国立国語研究所

宮地裕（1963）「話しことば書きことば」、『講座現代語1 現代語の概説』明治書院

村松恵子（1990）「対話の呼吸 — 日本語と中国語の話し方・聞き方〜あいづちを中心として（一）〜」、『四日市大学論集』第 3 巻第 1 号

村松恵子（1991）「対話の呼吸 — 日本語と中国語の話し方・聞き方〜あいづちを中心として（二）〜」、『四日市大学論集』第 3 巻 2 号

村松恵子（1993a）学位論文『現代中国語の談話分析〜談話の展開とその表現形式〜』（名古屋大学大学院文学研究科文博第九号）

村松恵子（1993b）「現代中国語の'能ＶＲ／不能ＶＲ'と'Ｖ得Ｒ／Ｖ不Ｒ'」、『名古屋大学中國語學文學論集』第六輯、名古屋大学中國文學研究室

村松恵子(1996)「「現代中国語における'这个人'と'那个人'」、『名城商学』第 45 巻別冊、名城大学商学会

村松恵子（1997）「談話の視点からみた現代中国語の代名詞「它」」、『名古屋大学中國語學文學論集』第十輯、名古屋大学中國文學研究室

村松恵子（1998）「現代中国語における'我'と'你'（一）」、『名城大学人文紀要』第 59 集 34 巻 2 号、名城大学人文研究会

村松恵子（1999）「現代中国語における'我'と'你'（二）」、『名城大学人文紀要』第 60 集 34 巻 3 号、名城大学人文研究会

村松恵子・潘寿君（2000）「現代中国語における'人家'— 特定の個人を指示する'人家'について」、『名城論叢』第 1 巻第 1 号、名城大学経済・経営学会

村松恵子（2004a）「現代中国語"把"構文の修辞学的分析」、『平井勝利教授退官記念 中国学・日本語学論文集』白帝社

村松恵子（2004b）「王蒙の『坚硬的稀粥（堅いお粥）』における'并列（並列）'と'排比（くりかえし）'」、『名城論叢』第 4 巻第 3 号

村松恵子（2006）「現代中国語における「V 的 N」構文の考察」、『名城論叢』第 6 巻第 4 号、名城大学経済・経営学会

村松恵子（2013）「現代中国語の"给"— 文法化からモダリティー化へ —」、『名城論叢』第 14 巻第 1 号、名城大学経済・経営学会

森宏子（1997）「三人称代名詞"它"の意味機能について」、『中国語学』244 号

森岡健二（1965）『文章構成法』至文堂
山梨正明（1985）「照応論」、『言語生活』406、筑摩書房
安井稔（1978）『新しい聞き手の文法』大修館書店
安井稔（1991）「英文法からみたハリデー」、『月刊言語』Vol.20 No.4、大修館書店
安井稔・奥田夏子共訳（1990）『英語語用論』研究社出版
金谷武洋（2002）『日本語に主語はいらない』講談社
山口直人（1988）「"在＋処所"に関連する2つの問題」、『北九州大学大学院紀要一』
熊紅芝（2008）「日本語と中国語のあいづち表現形式についての比較」、『日中言語研究と日本語教育』創刊号、好文出版
劉建華（1987）「電話でのアイヅチ頻度の中日比較」、『月刊言語』Vol.16 No.12、大修館書店
梁慧（1986）「『コ・ソ・ア』と『这・那』」、『都立大学方言学会会報』No.116
林芳訳（1992）『応報むくい』白帝社

［辞典類］
『新版 哲学・論理用語辞典』（1995）思想の科学研究会編、三一書房
『岩波 哲学・思想事典』（1998）廣松渉等編集、岩波書店
『新装版 哲学用語辞典』（1999）村治能就編、東京堂出版

［中国語によるもの］
李连元（1986）＜谈副词"才"的用法＞、《大庆师专学报：哲社版》1986年第1期、《语言文字学》1986年第5期、中国人民大学书报资料中心
李临定（1986）《现代汉语句型》商务印书馆
林兴仁（1983）《句式的选择和运用》北京出版社
刘月华（1980）＜可能补语用法的研究＞、《中国语文》1980年第4期
刘月华等（2001）《实用现代汉语语法(增订本)》商务印书馆
鲁晓琨（1993）＜"不能ＶＲ"和"Ｖ不Ｒ"＞、『中国語学』240号

鲁晓琨（2014）＜"Ｖ得／不了"与"能／不能ＶＲ"＞、『現代中国語研究』第16期、朝日出版社

吕叔湘（1955）＜把字用法的研究＞、《汉语语法论文集》商务印书馆

吕叔湘（1979）《汉语语法分析问题》商务印书馆

吕叔湘（1984）《汉语语法论文集》商务印书馆

吕叔湘主编（2000）《现代汉语八百词(增订本)》商务印书馆

马真（1981）《简明实用汉语语法》北京大学出版社

倪宝元等（1985）《实用汉语语法》福建人民出版社

秦旭卿・王希杰（1989）《修辞・语法・文章》湖南教育出版社

饶长溶（1990）《把字句・被字句（教学语法　书之十三）》人民教育出版社

杉村博文(1999)＜"的"字构造,承指与分类＞、《汉语现状与历史的研究》中国社会科学出版社

史存直（1989）《语法新编》华东师范大学出版社

宋玉柱（1981）＜关於"把"字句的两个问题＞、《语文研究》1981年第2期

宋玉柱（1986）《现代汉语语法十讲》南开大学出版社

王还（1957）＜说"在"＞、《中国语文》1957年第2期

王还（1959）＜"把"字句和"被"字句＞、《汉语知识讲话（合订本）五》上海教育出版社1987

王还（1980）＜再说说"在"＞、《语言教学与研究》1980年第3期

王还（1985）＜"把"字句中"把"的宾语＞、《中国语文》1985年第1期

王力（1943）《中国现代语法》、《王力文集（第二卷）》山东教育出版社1985年

王力（1945）《中国语法理论》、《王力文集（第一卷）》山东教育出版社1984年

王力（1946）《汉语语法纲要》、《王力文集（第三卷）》山东教育出版社1985年

薛凤生（1987）＜试论"把"字句的语义特性＞、《语言教学与研究》1987年第1期

谵开第（1983）＜把字句谓语中动作的方向＞、《中国语文》1983年第2期

张伯江（1998）＜论汉语"把"字句的句法隐喻＞、首届汉语语言国际学术讨论会提交论文

张黎（2000）《漢語範疇語法論集》中国書局

张志公顾问・周振甫・张寿康（1991）《修辞通鉴》中国青年出版社

朱德熙（1982）《语法讲义》商务印书馆

朱德熙（1985）《现代汉语语法研究》商务印书馆

朱德熙（1981）＜"在黑板上写字"及相关句式＞、《语言教学与研究》1981年第1期

传雨贤（1981）＜"把"字句与"主谓宾"句的转换及其条件＞、《语言教学与研究》1981年第1期

北京大学中文系1955,1957级语言班编（1982）《现代汉语虚词例释》商务印书馆

《史記》（1959）中華書局

[英語によるもの]

Halliday,M.A.K.（1970）*Language structure and language function*：NEW HORIZONS IN LINGUISTICS, Penguin Books.

Halliday,M.A.K. and R.Hassan.（1976）*Cohesion in English*：Longman.

James H-Y.Tai.（1975）ON TWO FUNCTIONS OF PLACE ADVERBIALS IN MANDARINCHINESE. *JOURNAL OF CHINESE LINGUISTICS*, VOL.3, NO.2/3

John Hinds（1976）*Aspects of Japanese Discourse Structure*：Tokyo, KAITAKU-SHA.

Jon Hinds and Shozo kurokawa（1986）*Talking:An Anaiysis of Discourse*：Tokyo, Nan'un-do

Li and Thompson（1981）*Mandarin Chinese*：Uiversity of California Press.

## おわりに

　名古屋大学大学院文学研究科に修士論文を提出してから三十数年が過ぎ、同じく博士論文を提出してから二十五年の時が流れた。この間、中国語の言語現象について考えるということを柱に据えて、中国と中国語に関わってきた。一貫して同じ分野に関わりながら時を過ごすことができたのは、幸せなことだと思う。

　今回、修士論文、博士論文から考え続けてきたことを、一冊の著書としてまとめるという機会を得ることができた。これもまた幸せなことだと思う。

　それらをまとめるに当たり、これまで考えてきたことを再考してみた。その際、あらためてもう一度、中国語母語話者の対話の集積である話し言葉の談話と、小説やエッセーなどの書かれた文の集積である書き言葉の談話を言語資料として、中国語の言語現象を見直した。その時間の中で、中国語に対して、これまで以上に生き生きとした中国語の息づかいを感じることができた。それを感じながら、これまでのテーマを再考するという時間を過ごすことができたのも、またまた幸せなことであった。

　しかし、再考しても、まだまだその本質には近づくことができずに、積み残してしまったテーマがたくさんある。今回、本書で取り上げた言語表現は、「現代中国語の談話の仕組み」の中の極一部分にすぎない。今後も、今回積み残してしまったテーマについて、そしてさらに新たなテーマについて、中国語の生き生きとした息づかいを感じながら、本書と同じ観点で検証、考察していくことで、現代中国語の談話の仕組みの本質に少しでも近づく努力をしていきたいと思っている。

　　　　　　　　　　　　　　　　　　　　　　　　村松　恵子

【著者略歴】
村松恵子（むらまつ・けいこ）

名古屋市生まれ。
名古屋大学大学院文学研究科博士課程後期課程修了。
文学博士（名古屋大学大学院文学研究科文博第九号）
名城大学商学部教授を経て、現在名城大学経営学部教授。

現代中国語談話論 ― その帰納的実証研究 ―

2019年3月14日　発行

著　者　　村松恵子

発行者　　尾方敏裕

発行所　　株式会社 好文出版
　　　　　〒162-0341　東京都新宿区早稲田鶴巻町540　林ビル3F
　　　　　電話 03-5273-2739　FAX 03-5273-2740

©Keiko MURAMATSU 2019　Printed in JAPAN　ISBN978-4-87220-220-5

本書の一部または全部を著作権法の定める範囲を超えて、無断で複製・転載すること
を禁じます
乱丁落丁の際はお取替えいたしますので、直接弊社宛お送りください
定価はカバーに表示してあります